金山碑刻資料選輯

上海市金山區檔案局 編

黃兆歡 輯校

上海古籍出版社

序

張青雲

　　"碑刻"之名，由來尚矣。考其本源，始名"碑碣"，蓋方者爲碑，圓者爲碣也。"碑碣"之濫觴，則昉自先秦。秦二十八年，始皇嬴政東行郡縣，上鄒嶧山，立石，鐫《嶧山碑》一文，以頌秦德，復議封禪望祭山川之事，其文渾樸雍容，洵乃秦文學之首創，亦開樹碑立碣之風氣矣。是年及厥後，爰有《秦二十八年泰山刻石文》《秦會稽刻石文》《秦琅邪臺刻石文》《秦之罘刻石文》《秦東觀刻石文》《秦碣石刻石文》諸作，矜誇鴻業，紀功自鳴，特所謂"封禪刻石文體"，文字固無多可取，然亦不乔爲碑銘之祖，後世碑銘，靡不承其法乳也。降自東漢，碑碣盛行，其目則有碑頌、碑記等，而墓碑亦隨興，率以銘勛載德，而諛墓之風亦漸滋焉，時人至有"勢重者稱美，財富者文麗，疑誤後世"之譏。故曹魏之際，當政者屢禁立碑，兩晉之時，亦頻申禁絕之旨，然則時尚所被，流風未艾，况厥中亦有才士所爲可觀之作也。南朝劉彥和《文心雕龍・誄碑》篇云："自後漢以來，碑碣雲起，才鋒所斷，莫高蔡邕。觀楊賜之碑，骨鯁訓典；《陳》《郭》二文，詞無擇言；《周》《胡》衆碑，莫非清允。其叙事也該而要，其綴采也雅而澤；清詞轉而不窮，巧義出而卓立；察其爲才，自然而至矣。"此謂東漢蔡邕雅擅碑記，并列舉其傑特之作，皆切中肯綮，議論殆無虛耳！劉氏又云："夫屬碑之體，資乎史才，其序則傳，其文則銘。標序盛德，必見清風之華；昭紀鴻懿，必見峻偉之烈：此碑之制也。"則又申論創作碑文之法度要訣，殊見矩矱之嚴，戛戛乎其難哉！迄于唐宋以還，古文勃興，碑碣不廢，紀事功而昭懿德，申景慕而托哀思，碑志之文遂極一時之盛，文苑名公及儒林巨擘無不精擅此體，《新唐書・張説傳》云："爲文屬思精壯，長于碑志，世所不逮。"唐宋八大家中，韓、柳、歐、蘇諸家，摛詞捵藻，各有碑志名篇，試誦韓昌黎《平淮西碑》《柳子厚墓志銘》、柳河東《唐故御史周君碣》《陸文通先生墓表》、歐陽永叔《瀧岡阡表》、蘇子瞻《潮州韓文公廟碑》諸文，足知其筆力雄肆，氣象正大，堪謂碑志之典範，信不誣矣。

　　迨至趙宋天水一朝，金石學發軔，實肇吾華考古學之前身，揆其構成載體，則不外古代銅器與石刻二端。泊乎晚清末造，甲骨、簡牘、印章、封泥、瓦當大量出土，益增其研究載體，然碑刻仍不失爲大宗也。良以碑刻問世既早，歷兩千餘年之歲華，始于廟堂名山，漸及草萊荒服，無遠弗屆，已儼然爲中華文化符號之一種也。若其形制，亦有碑碣、畫像石題記、摩崖、墓志、石闕等類別，合刻石藝術與書法藝術于一體，益以文獻史料之價值，尤能反映一城一邑之歷史、文化、人物、墓葬、勝迹、政治、宗教、城建等概況，有足可補史乘之罅漏者。故碑刻資料之用，豈不重歟？

　　吾友黃君兆歡，少誕松隱，久寓朱溪，雅嗜國故，博通文史，亦今代金山嶔崎之士也。君平居覃研鄉獻，飽閱志乘，痛邑碑之淪湮，慨金石之零落，乃發願甄采金山歷代碑刻資料，匯成專書，期爲前賢補忽略，爲後學作津梁。噫！亦苦心孤詣之盛舉也，猗歟壯哉！遂兀兀窮年，徵文考獻，勤加董理，所喜焚夜籌燈，漸成卷帙。亦嘗剔蘚剗苔，訪殘碣于廢宇，尋斷碑于窮谷，所得遂益夥矣。自庚寅迄于乙未，忽焉星紀五載，篇積二百，裒爲一輯，顏之曰《金山碑刻資料選輯》，擬付剞劂，奈世賞難求，出書匪易，竟閑置篋中多年，乏人問津，識者扼腕耳！然則人有善願，天必助之，邇歲以來，中華優秀傳統文化之復興漸成時趨，醇學不泯，亦現來復之機。金山區檔案局（館）暨地方志辦公室，本修志之職事，守弘文之初心，聿起新猷，迭生懋績，村志遍修，已馳譽乎海上；區志啟纂，將奏功于蘭臺。復獨具慧眼，一秉卓識，慨然列黃君此書于出版規劃，將由上海古籍出版社鋟版印行，且謬采好聲，徵序于予。予夙欽該局（館）執事者之宏遠器識，又極敬黃君之高懷雅抱，爰敬諾之。今觀夫《金山碑刻資料選輯》全帙，厘爲宗教、建設、名迹、墓冢、餘編、相關、考證、附錄諸卷，體例精審，臚列清晰，歷代金山之碑版文字，碑碣猶存者，收之；碑碣無存而拓片有存者，收之；碑拓俱無存而文獻有載者，收之：堪謂叢殘廣徵，鴻編斯出矣。其中元代牟巘撰文、趙子昂所書《松江寶雲寺記》、明代陳眉公撰文、董香光書《重修泖橋澄鑒寺記》諸碑，鐫墨妙于貞石，發翰藻于彩筆，海內共寶，一經收錄，彌增聲價焉。頃者，是書綉梓在即，行見一編壽世，爲金山金石碑版之學導夫先路，厥功至偉，曷勝忭喜贊嘆！予既快先睹，乃不揣譾陋，援筆縷述碑刻源流暨斯編價值，叙諸末簡，以作讀者清覽之助，并志嗟佩云爾。

歲次己亥（2019）中秋前五日叙于楓溪寓廬

（作者係上海市文史研究館特聘研究員、上海市中山學社社員、

金山區詩詞楹聯學會會長）

自序

　　金山向無金石專志，府縣鄉鎮志其疏漏久矣，邑先賢姚光爲保存一方之文獻計，輯《金山藝文志》，列金石一章，也僅存目而已。二〇一〇年底，我于網絡中偶見光緒《金山縣志》，始對鄉邦文獻興趣大增，隨見隨記，漸有積累，而其時邑碑于我也祇是文獻之一種而已。至二〇一三年夏檢視筆記，忽然感嘆歷來大多祇存碑目，邑碑文獻散佚，欲一睹其碑文而每每不可得，久思必得一編在手，縱覽上下，方爲快事。竊謂專家賢達，眼界必高，而敝帚自珍，捨邑人其誰也？目今網絡發達，玉刻罕秘，唾手可得，至爲幸事，遇此可爲之時，懷此有爲之心，豈可袖手而旁觀焉？乃不自量力，自此著意搜羅整理。故紙滿眼，夜想日思，兩年時光，倏忽已過，而是編粗成。我聞莊子曰，人生忽然而已，年歲愈久，于此體悟也愈深。人生如走馬觀花，繁花觀盡終有時焉，而人過不留痕迹，後人不知所際。我以個人愛好從事地方文獻搜集整理，幸喜未嘗虛度。輯邑碑數卷，存文獻之一葉，掛漏之譏，知不免也，輯之俾便同道者有所取而稽焉。

二〇一五年六月邑人黃兆歡識于北圩

例言

一、本書輯録金山歷代碑文，總以碑刻在金山境內爲準，地域範圍包括今金山區全境，以及歷史上曾屬金山管轄之區域，時間範圍上起 841 年，下迄 1963 年。

二、收録金山碑文計 196 篇，加之與金山歷史有較大關係之碑刻文獻 4 篇，成 200 之數，分纂爲宗教、建設、名迹、冢墓、餘編、相關六卷，并考證、附録各一卷。

三、分類本無定法，無非因事制宜。本書宗教，含民間信仰；建設，含社會制度建設；名迹，含名人踪迹；冢墓，含各類墓銘；除此以外，歸入餘編。

四、録文以存舊、求全爲原則，盡可能保留原文面貌。缺字以“□”“上缺”“下缺”表示。爲整潔起見，除個別外不保留平抬、挪抬等行文格式。

五、碑目以從舊爲主，以便文獻檢索，名目歧出者擇善從之，僅對個別欠完善者予以重擬。碑目之下標注碑文年份或時期，後附干支、公元紀年，爲免繁瑣省去歲次等字樣。碑目獨立于碑文，碑文中確切含碑目者不憚煩録之。

六、所録必有刻石記載或説明，寧缺毋濫。

七、各卷碑文以時間先後排列，年份不詳者列于同時代最後。

八、碑文後附按語，説明來源，比較異同，考訂未知，闡發私見。另有校注，根據需要對碑文進行注釋。

目録

卷二　建　設

卷三　名　迹

卷四　冢　墓

卷八　附　　録

卷一　宗教

001 唐會昌元年集右軍書碑

唐會昌元年(841) 愚公谷人

大唐三藏聖教序
蓋聞二儀有像顯覆
唐船子和尚東游泊釣船處
和尚東來泊釣船，一溪秋水月明天。此中定有高
人出，爲憶前身幾百年。愚公谷人記。
大唐三人二儀有像師兼太
會昌元年八月日

附：得會昌碑記

清嘉慶六年(1801) 朱 棟

嘉慶辛酉四月二十七日，朱涇法忍寺天空閣毀于火。余時艤舟寺畔，出一碑于灰燼中，闊尺餘，長尺有□寸，厚四之一，堅瑩如玉而碎爲四。首行"大唐三藏聖教叙"七字，次行"蓋聞二儀有像顯覆"八字，結體、大小同懷仁[一]；三行楷書"唐船子和尚東游泊釣船處"十一字；四、五行有詩一絶云："和尚東來泊釣船，一溪秋水月明天。此中定有高人出，爲憶前身幾百年。"下有"愚公谷人記"五字，詩與款皆楷書，差小。上有"大唐三人二儀有像師兼太"十一字。左有"會昌元年八月日"七字。因此碑文義不貫，見者不知愛重。余按：懷仁《聖教》都從山陰劇迹摹刻而成，若非文皇[二]出内府所藏，在懷仁亦難集成此序。余將古拓《聖教》與此碑細意比較，知不從懷仁集本出，却自右軍真迹來。會昌距咸亨百年，疑當時亦欲效懷仁之舉，集不成篇棄之可惜，故即將碑首十五字刻石以傳也。三、四、五行之楷體近《樂毅》，取大者爲題，小者集成一詩也。愚公谷人應是當時集書之人，惜不傳其姓

氏也。"大唐三人"十一字皆叙中所有,不成文,故另刻于上也。"會昌"七字,記年月也。四面蟠以螭者,見當時鄭重且示完好無缺也。人惜此閣之毁,余惜此石之斷也,猶幸是碑之存且喜適遇于余也。然余不敢私也,爲語丁君子香[三]呕收藏之。蓋朱涇之寶,仍當存之朱涇也。詳記之而繫以詩曰:"西亭橋下艤歸船,傑閣焚時焰逼天。喜得唐碑兼晋字,行間明勒會昌年。滄江虹貫米家船,墨寶由來光燭天。嘉慶六年辛酉夏,鑒家詳記得碑年。"

【按】

《唐會昌元年集右軍書碑》録自吳貴芳《上海唐代銘刻考録》一文(見《淞故漫談》第66頁),原注:"華亭封氏舊藏《雲間金石録》鈔本謂:'原碑在金山縣法忍寺。嘉慶六年,寺毁于火,碑始出。凡七行七十七字。'"《續機緣集》(見《船子和尚撥棹歌》,華東師範大學出版社1987年版)録有碑文中之七絶詩,題"船子和尚東游泊釣船處",署"唐愚公谷人"。光緒《金山縣志》卷十五《藝文志·金石部》葉十三:"集右軍書碑,唐會昌元年八月。碑在朱涇法忍寺,闊尺餘,長尺有四寸,厚四之一。首行'大唐三藏聖教序'七字,次行'蓋聞二儀有象顯覆'八字,三行'楷書唐船子和尚泊釣船處'十一字,四、五行有詩一絶云:'和尚東來泊釣船,一溪秋水月明天;此中定有高人出,爲憶前身幾百年。'下有'愚公谷人記'五字。詩與款皆楷書,差小。上有'大唐三人二儀有象師兼太'十一字,左有'會昌元年八月日'七字。按:此碑文義不貫,而四面蟠螭完好無缺。"

《得會昌碑記》録自清嘉慶《朱涇志》卷三《藝文志·碑版》葉十一,清朱棟撰,原題"朱棟得會昌碑記",記述其于法忍寺天空閣灰爐中發現此碑的經過,頗有文獻價值,特附録于後。《續機緣集》第1頁録有此碑,原注:"辛酉三月二十七日,法忍寺天空閣毁于火,得小碣于灰爐中。前集右軍書聖教二行,中刻此詩,後勒會昌元年十一月,款書愚公谷人記,乃知唐人刻石而隱其姓名也。二垞居士拂拭出之,并和二詩附于後:⋯⋯"

【校注】

[一] 懷仁:唐代長安弘福寺僧人懷仁,曾集王羲之書迹。

[二] 文皇:指唐太宗李世民。

[三] 丁君子香:丁益琳,字子香,監生,清代朱涇人。

002 　大唐蘇州華亭縣顧亭林市新創法雲禪寺記

唐大中十四年(860)　沈　珹

　　院在市西北隅,其地阜勢極秀。有二大長者:朝議郎、前試左金吾衛長史、上柱國吾仁約[一]及兄瑛、弟緒并諸子侄,處士楊仲欽[二]及男敬琮、仁敬、敬璿,發心相謂曰:此市信人極衆,僧徒頗多,可以買此地爲瞻禮之所。尋請堅修上士二僧,詣于京洛,請其院名。不旬月而返,果遂其志。廣慕信心,使[三]築基址,貿他山之棟材,召彼郡之良工,不逾二載,大中十三年春建,至十四年冬成。月殿巍峩,屹如湧出,門廊盍匝,可謂化城。工費之間不足者,悉二家之自備,豈止于一二,乃各數百緡焉。非我二家之志虔,造次而不可及也。續奉祠部牒,改院名爲寺訖。奉命紀其年月,以俟未來。

　　大中十四年歲在庚辰十月廿五日記,吳興沈珹述并書。大都料匠吳晏。主持僧契真。仲然、自厚、法□、□從。助修施主,陸□、張元□、陳犖、朱□窰、唐素、吳喜、李阜、周□、邵窰、顧伯津、張文義、顧□、□□、吳紳、劉幼真、鍾離□、曹政、陳雅、沈度、胡鄆、吳康、吳友□、徐勤、施慶。

【按】

　　録自《全唐文》卷七九二葉二十一,唐沈珹撰并書,原題"大唐蘇州華亭縣顧亭林市新創法雲禪寺記"。參考國家數字圖書館網站所載《法雲寺碑》拓片,補落款、日期、助修名録。《江蘇通志稿·金石六》葉二十三録有全文,題"新創法雲禪院記,顓褾本",補闕字若干。沈珹,《江蘇通志稿》作"沈斌"。施蟄存《寶雲寺碑刻》一文(見《北山談藝録》第304頁)著録:"此碑有陰,宋慶曆七年刻。"據筆者《亭林寶雲寺碑刻考略》一文考證,"碑陰"所刻爲《大宋秀州華亭縣顧亭林法雲寺重修護伽藍神堂碑》。《上海佛教碑刻資料集》第9頁著録全文。

【校注】

［一］吾仁約：《松江寶雲寺記》（1308 年）作"吴仁約"。

［二］楊仲欽：《松江寶雲寺記》（1308 年）作"楊師厚"。

［三］使：《全唐文》作"便"，據《江蘇通志稿》改。

003 一切如來白傘蓋大佛頂陀羅尼真言石幢

唐咸通二年(861)

一切如來白傘蓋[一]大佛頂陀羅尼真言

(經文從略,《雲間金石録》謂如《續文獻通考》釋家總紀引白傳集語,約三千二十言。)

特進試鴻臚卿開府儀同三司肅國公食邑二千户贈司空謚□□□廣智大興善寺三藏沙門不空奉詔譯。

同勾□□□□朝議郎前處士楊仲欠。

大唐咸通二年,歲次辛巳,九月壬申,朔十五日丙戌建。勾當人,清河張光陟。同勾當人,渤海吳宗。

助緣人:吳筠爲母□并爲叔捨一十五千文,吳筠并弟宗捨二十千,李質并弟爲母親捨卅千文,陸舉捨十五千文,唐素捨五千文,顧皋、陳學、胡郢、周榮各捨二千文,沈文、王約、尹仲甫、陸儒各捨二千,顧慶一千六百,管華、張弘楨、張□平、向俞升、曹瓚、孫登各捨一千文,李岫、李雪、李□、倪弼、陸文德、唐□育、葛□、顧□、劉昌、陸千載、郁□、任□、湯峰、徐子凝、樊汀各捨五百。小二注疏有四千七百。住持僧□真仲□自厚可□良□都科彭城劉恭。京陵蕭宏書,吳郡陸從簡鐫。

【按】

録自吳貴芳《上海唐代銘刻考録》一文(見《淞故漫談》第68頁),唐蕭宏書,陸從簡鐫。"(經文從略……)"一句爲吳文原注,原文:"《一切如來白傘蓋大佛頂陀羅尼真言》石幢,今存松江縣亭林鎮。府志載,杜鎮球《華婁二縣金石志稿》謂,舊存亭林鎮寶雲寺,幢身八面,經文每面九行,行五十七字,爲咸通二年(861年)遺物。《雲間金石録》作者嘗摩抄通體,依式録之。今特轉録如下:……經文結銜與《册府元龜》所載不空贈官詔及唐嚴郢不空和尚碑均合,按不空爲西域胡僧,'敏智多聞,學通釋氏經論,曉知番漢意旨。翻譯貝葉經數萬言,帝甚敬之'。他死于代宗大曆八年,帝下詔贈官,即石幢所刊列的顯赫命秩。石幢用他譯的陀羅尼經文,大概在當時成了通行的版本。下開勾當人即辦理人。助緣人吳筠一名,《唐書》有吳筠傳,惟時地均不相及,顯是另外一人。"吳文原文爲簡體,碑文未標點,格式經筆者重排。《華婁續志殘稿·金石志》第 318 頁:"寶雲寺陀羅尼真言石幢。咸通二年,歲次辛巳,九月壬申朔十五日丙戌建,都料彭城劉恭蘭陵蕭□[和]書,吳郡陸從鐫,正書,八面刻,每面九行,行五十七字。今存浦南亭林鎮本寺。"施蟄存《寶雲寺碑刻》一文著録:"張元涉等造白傘蓋真言幢,八面刻,蕭宏正書。咸通二年九月十五日建,目見《府金石志》《藝風堂金石文字目》,《古鐵齋金石考》著録全文,此幢見存。"施文稱"張元涉",而吳文所録爲"張光陟",未知孰是。此幢又稱"楞嚴塔",殘存中段現在亭林中心小學内。《亭林鎮志》(1993 年)第二章第三節《亭林八景》第 200 頁:"楞嚴塔(又稱飛來塔),在寶雲寺内西南隅(今大寺新村)。豎有石幢一座,幢身以青石雕鑿製成,座基蓮花紋,浮雕佛像,猶如仙子,姿勢優美,中柱六角形,鐫刻陀羅尼經,覆頂雕有蓮花,高約丈許。建于唐咸通二年(861),于 1956 年底因上半部傾斜危險而拆除,下半部又于'文化大革命'初期被拆除。後因保管不善,以致散失,僅存中柱豎于亭新中心小學内。"

【校注】

[一] 一切如來白傘蓋:原文作"一切如來白白傘蓋"。

004　顧亭林法雲寺感夢伽藍神記

後晋開運二年(945)

　　開運元年仲春月十有一日,造寺成,匠者畢手,其夜三更夢二人青衣來云:"梁朝侍郎至也。"後忽見一人,紫衣金魚,儀容清秀,謂曰:"此地吾之故宅,荒已久矣,師今爲我于上造立佛寺,吾甚忻喜,請立吾形象,吾當護此寺也。"明日,道珍、智暉各言所夢,其事不異,皆未信之。明夜復夢云:"師何不信?但尋舊寺基水際古碑文爲據。"二人明旦乃彼求之,果見損折古碑,皆文字破滅分散,獨一片分明,云:"寺南高基,顧野王曾于此修《輿地志》。"二人嘆曰:"此寺當興,冥感如此。"遂于東偏,別選良材,構屋一間,立像當面,并二青衣侍衛,集僧衆唱唄具香火,用以□贊,當是年季冬月望日也。其夜衆感夢神來謝曰:"吾獲其利,皆師之故也,凡有吉凶,無不預報。"具在別録,今聊以直筆紀其實事,其游□□□□此,知其所以然也。時開運二年,歲次乙巳,孟春月二十一日。

　　寺主僧道珍同僧衆立石　維那僧　智恩　勾當

　　檀越弟子禪□□　皇甫

【按】

　　録自國圖數字圖書館網站所載《顧亭林法雲寺感夢伽藍記》拓片,并據至元《嘉禾志》卷十、《江蘇通志稿·金石七》所載《顧亭林法雲寺感夢伽藍記》補缺字若干。《江蘇通志稿》録文題下原注:"在華亭。拓本高二尺八寸,廣一尺六寸,正書十四行,行二十九字。"碑文稱"果見損折古碑,皆文字破滅分散,獨一片分明",則《大唐蘇州華亭縣顧亭林市新創法雲禪寺記》(860年)之後,《顧亭林法雲寺感夢伽藍神記》(945年)之前,或另有一碑。

005 大宋秀州華亭縣顧亭林法雲寺重修護伽藍神堂碑

北宋慶曆七年(1047)　釋靈鑑

大宋秀州華亭縣顧亭林法雲寺重修護伽藍神堂碑

錢塘西湖石函寶勝蘭若傳天台教(下缺)

顧亭林法雲寺護伽藍神者,故梁黃門侍郎兼太學博□□□也,諱野王,字則□□□□□學,聲振當時,至今名公巨賢,史書相繼,多所稱美。唐大中十一年,朝議郎前試左金吾衛長史上柱國吾仁約率子侄等施財,建精舍于市之西北隅,大□□□□衆居之□□□□界護衣攝食,布薩自恣,各得其所,無闕事也。上首堅脩二具壽詣京洛,請其額,□□□□□明年,奉祠部牒,更曰"寺"。至天福五年歲次庚子,大雨滂澍,爲水潒没,基址卑毁,非□□□□也。有道珍、智暉者,與衆謀曰:"寺南有地,形勢廣平,中有高基,疑昔臺榭之所,故瓦舊材,賦□□□,近而且勝,省費易就,若之何?"衆皆然之,乃遷于此。明年春,首建堂舍,衆工齊事,至開運元年□□仲春月十有一日,寺成工訖。是夜夢二小豎報曰:"梁朝侍郎至矣。"有頃,見一大官,金紫甚潔,丰神清秀,且曰:"吾昔居此處,今爲佛宮,吾獲其利矣。當立吾像主而護焉。"珍、暉所夢,各如其言,咸未之異也。明夕,又夢之,曰:"師謂我爲妄耶? 明日可尋古院基側水中斷碑爲驗。"二人晨起,遂往求之,果得斷碑,其文剥缺,不可盡識,唯一處分明,云:"寺南高基,顧野王曾于此修《輿地志》。"因始異之,即于東偏構屋,立像以安之,其諸靈異事載于碑。及今聖宋慶曆六年十月五日,寺僧曉因、遇澹睹梁桷隤壞,圖像就滅,幾不可治,乃因故而新之。今年季春望日,工告畢功,率比丘具香火蔬食以祠焉。咸願鑱之于石,以著厥美,而繫之以詩。乃作詩曰:

惟此佛寺,梁賢故宅。厥初感夢,斷碑明白。立祠于偏,寒暑迭遷。室隤像暗,惰不告虔。今新斯堂,丹青舊迹。以瞻以獻,神喜來格。用永成美,琢辭于石。

慶曆七年五月十有一日，住持主紹仁尊宿僧慶邦書，丹丘僧思恭篆，勾當僧懷讓、元净，綱維僧慶華，典座僧脩惠。

右侍禁金山海口并秀州界海内巡檢陳古立石。

【按】

録自《江蘇通志稿·金石八》葉五十，北宋釋靈鑑撰，釋慶邦書，釋思恭篆，陳古立石，原題“法雲寺重修護伽藍神堂碑”原文：“在華亭。拓本高三尺，廣一尺七寸，書二十行，行三十七字，字徑八分許。”校以臺灣“中央研究院歷史語言研究所”網站所載拓片，補“黄（門侍郎）”“（請其）額”等字，改“懷謙”爲“懷讓”，碑拓左下角另有“當寺□人交□”等字。據《大唐蘇州華亭縣顧亭林市新創法雲禪寺記》，補“左金吾衛長（史）”。此碑“錢塘西湖石函寶勝蘭若傳天台教”以下闕，據《全宋文》第 31 册卷六六一《釋靈鑑》第 101 頁所載《重遷聰道人墓志銘》（慶曆八年閏正月）署“錢塘西湖石函寶勝蘭若傳天台教沙門靈鑑撰”，第 102 頁所載《大宋秀州華亭縣顧亭林法雲寺重修大殿記》（1061 年）署“（缺）雲間傳天台教觀沙門靈鑑撰”，原注：“靈鑑，天台宗沙門，釋遵式弟子。慶曆間住杭州西湖石函寶勝蘭若，嘉祐中居華亭（今上海市松江區）。”據此推斷此碑當爲釋靈鑑所撰。據筆者《亭林寶雲寺碑刻考略》一文考證，此碑記刻于《大唐蘇州華亭縣顧亭林市新創法雲禪寺記》碑陰。

006 大宋秀州華亭縣顧亭林法雲寺重修大殿記

北宋嘉祐六年（1061） 釋靈鑑

　　雲間傳天台教觀沙門靈鑑撰，唐□□書。

　　功與德故自有優劣，祀事故自有豐約。社與稷得遍天下，祀其佐享□□□□□□□□□□□□乎，然皆壇而無屋，豈若缺孔子、釋迦殿設形容與弟子配坐，通天下□□□□□□□□□□□□□孔子以王道既衰，諸侯競霸，力扶忠孝，貫乎五常，尊王黜霸。釋迦復□□□□□□□□□□□□□孝，使天下悉臣、悉子。一二聖之道，與日月長新，究論儒釋，不謂之□□□□□□□□□顧□□法雲寺大殿者，即安釋迦之形貌焉。其寺乃梁陳大儒顧君□著書之處，□□□三十年如□□□□以置之。奉祀部牒，爲法雲寺。天福年中，大水浸損，乃遷斯地。因感□□□□□□□□□告祭巨賢，無不游覽稱美。若今侍讀學士唐公詢[一]《十咏》以《顧亭林》爲卷首□京西轉運學士□□□□□爲斯邑勝景故，親題屋□，名儒高僧歌詩留題膾炙人口，不可悉數。端拱二年，邑人胡彦瑫□□□□□歲月陳久，瓦木盡損，圖像幾滅。今主殿沙門元秀者，乃議重修，與徒弟自捨長財，重裝佛相□□□□□陳承福□□其事，乃□興人總十萬金，重換梁栱、曲欄、雨楷，易瓦砌地，供具莊嚴，以畢其福。□□□□□□□□□□□事亦廢，諸弟子尚欲隨波，如子貢欲去告朔之餼羊，仲尼曰：“爾愛其羊，我愛其禮。”□□□□孔聖力□□興已矣之言，今聖宋垂衣，崇奉儒釋，二聖殿宇，天下興祀，師嚴道□□□□□□□□無爲而化，□□何幸得盡忠孝，共樂于太平之時。靈鑑早入空門，無生爲樂□□□□□□□□□□□□。

　　嘉祐六年龍集辛丑臘月望日記，寺主沙門紹林□□□宗元書。

　　勾當殿主沙門元秀，徒弟虛□、青用。

　　將仕郎守秀州華亭縣尉兼河堤□□王世安。

朝奉郎守太子中舍知縣事□管勾煎鹽貨河塘溝□公事武騎尉□□□。

【按】

録自《全宋文》第 31 册卷六六一《釋靈鑑》第 102 頁，北宋釋靈鑑撰，釋宗元書，文末原注："《蒐古彙編》卷五二"。校以《江蘇通志稿·金石九》葉二所録《宋秀州華亭縣顧亭林法雲寺重修大殿記》，"得通天下"改"得遍天下"、"三十年始"改"三十年如"、"古今巨賢"改"告祭巨賢"、"卷百"改"卷首"、"子愛其羊"改"爾愛其羊"、"紹彬"改"紹林"、"李元"改"宗元"，補入"（佐）享""通（天）下""（釋迦）復""顧□□法雲（寺）""（著書之）處""（轉運）學士""爲斯邑勝景故，親題屋□，名儒高僧歌詩留題膾炙人口，不可悉數。端拱二年，邑人胡彦瑶□□□□□""重裝（佛相）""（陳承）福""孔聖力""靈（鑑早入）""（無生爲）樂""（河）堤""（塘）溝"等。《江蘇通志稿》似録自原碑或拓本，録文較詳細，缺字處能注明字數，而《全宋文》不論缺字多少或者挪抬，僅注一"闕"字，但也有互補之處。此碑文前有"唐□□書"，後有"宗元書"，則書者或爲"唐宗元"？爲何重複落款，不明。

【校注】

　　［一］詢：原文闕。宋唐詢，字彦猷，曾任翰林院侍讀學士、華亭縣令，著有《華亭十咏》，第一首即爲《顧亭林》，據補。

007　刹竿石題字

北宋熙寧五年(1072)

範熙寧壬子孟□三
日游此寺僧用元鐫

【按】

錄自光緒《金山縣志》卷十五《藝文·金石部》葉十四,原文:"刹竿石題字,宋熙寧六
年。石在西林寺,以漢廬儌尺度之,高四尺七寸,闊一尺二寸。石僅存二片,首行'範熙寧
壬子孟□三'七字,二行'日游此寺僧用元鐫'八字。""熙寧壬子"應爲熙寧五年而非六年,
姚光《金山藝文志·金石部》(見《姚光全集》第 621 頁)轉錄光緒縣志記載,亦誤作六年。
另,舊志記載,法忍寺俗稱西林寺。

008　海惠院經藏記

北宋治平元年至熙寧九年間(1064—1076)　陳舜俞

　　秀州,檇李之奧壤。華亭縣,唳鶴之名邑,白牛村在其西,有人烟之富,海惠院于其間,爲蘭若之勝。先是,賜紫僧奉英,智力膚敏,傑爲主者,乃募人書所誦之經[一],其函八百,其卷五千四十有八。而居人[二]吳氏子,行義施仁[三],號爲長者,爲之募財傭工,作轉輪而藏之。其屋若干楹,載礱載琢,飾以金碧,以某年某日落其成也。白牛居士陳舜俞叙其義而贊之曰:天下之險,東有泰、華,南有衡、岷,西有崑崙、龍門,北有太行、羊腸,此天所以限方域也。然而寶貨出焉而負重者至,草木禽獸生焉而樵蘇弋獵者往,馮者[四]躓而傷,下者踣而死,又生生之大患也。聖人爲之觀轉蓬而作車以載之。嵯峨決而蹊通,崒屼碎而塵飛,視千仞以爲夷,化顛踣以爲安,其車[五]之爲利益遠矣。無明之山,慳貪之阻[六],嗔恚之岡,癡暗之崔巍,詐妄之叢棘深林,淫亂之坑谷溪澗,而衆生莫之能免也。于是教之以法爲車,以布施爲軸,以禪定爲軫,以忍辱爲轂,以持戒[七]爲轄,以勇猛精進爲輻,以般若爲輪,度脫諸險,不墮生死,始于自載,終于載人,故此經之輪不爲無意也。況夫我爲法輪,致遠由己,有相雖外,發心必内,心轉輪駛,心止輪扼。舉真如之性海,一指而遍,盡塵沙之法門,有念斯足。須彌納于芥子,滄海入于毛端,其體道[八]之樞機、利物之關鍵,作之可謂妙用,施之者不爲無窮之利乎?若夫山澗同平,夷險一致,馳騁乎無退[九]之駕,遨游乎無方之機,非作非止,孰溺孰載,吾非斯人之徒,其誰與游?然殊塗同歸,何遠之有?陳舜俞記。

【按】

　　録自至元《嘉禾志》卷十九葉九,北宋陳舜俞撰。正德《松江府志》卷之十八《寺觀上》葉二十九録有全文,題"經藏記",有異文,其中寺廟名稱均作"海慧",原文:"海慧教寺,在風涇白牛市。宋建隆初,里人姚廷睿捨宅建,初名興國福壽院,治平元年改爲海慧院,今祀姚爲伽藍神。寺有水波壁、留春亭、精進閣,并廢。歸并庵七。"崇禎《松江府志》卷之五十一《寺院二》葉一録有此文,題"陳舜俞經藏記略",有異文,其中寺廟名稱均作"海慧",相關記載與正德府志相同。至元《嘉禾志》此文稱"海惠院",則當作于治平元年(1064)以後。紹熙《雲間志》卷下《記》第225頁録有此文,題"海惠院藏經記",誤。《重輯楓涇小志》卷二《志建置·寺觀》葉十八録有此文,題"宋陳舜俞經藏記",有異文,原文:"海慧教寺,在鎮北。宋建隆初,里人姚廷睿捨宅建。初名興國福壽院,治平元年改爲海慧院。"陳舜俞《都官集》卷八葉一載有此文,題"海惠院經藏記",有異文、缺文。可知,其一,祇有崇禎府志標題爲"記略",其二,大約宋元時稱"海惠院",明清時稱"海慧院""海慧教寺"。陳舜俞卒于1076年,故此文當撰于1064—1076年間。

【校注】

[一] 所誦之經:崇禎《松江府志》作"所傳之經"。

[二] 而居人:崇禎《松江府志》作"居人"。

[三] 行義施仁:至元《嘉禾志》作"行義施",據崇禎《松江府志》補。

[四] 馮者:至元《嘉禾志》作"馬者",據崇禎《松江府志》改。

[五] 其車:至元《嘉禾志》作"其率",據崇禎《松江府志》改。

[六] 慳貪之阻:至元《嘉禾志》作"慳貪之祖",據崇禎《松江府志》改。

[七] 持戒:至元《嘉禾志》作"持載",據崇禎《松江府志》改。

[八] 其體道:崇禎《松江府志》作"真體道"。

[九] 無退:至元《嘉禾志》作"無傲",據崇禎《松江府志》改。

009 法忍院結界記

北宋元豐三年(1080) 釋智圓

　　船子和尚,名德誠,不知何許人,嘗泛小舟放浪江湖間,垂綸無棹,歌咏自適。洎道傳夾山^[一],遂覆舟而逝。而朱涇多所游止,故立像于此院。元豐三年暮秋月望,予以衆命結界,負錫至此。考其創置之始,而古無傳記,惟石幢所載,乃唐咸通十年立也。又尋井闌題記,仍有會昌之號,疑其古刹經廢,至咸通復興耳。舊名建興,今朝治平中易爲法忍。前世住持累不得人,零落尤甚。今惟秀者,力勤營治,漸復完密。又謂僧居不結界,則法律不可行,法律不行,則與靈祠、郵舍何以別乎? 乃和悦院衆,面闡斯法利。至于立標分相,集僧唱結,皆遵律範,來者幸無疑焉。僧智圓撰。

【按】

　　録自正德《松江府志》卷十八《寺觀上》葉二十五,北宋釋智圓撰,原文:"法忍教寺,在朱涇鎮,唐咸通十年建,宋法忍院也。其地本船子和尚覆舟處,寺有船子及夾山會禪師遺像,至今祠焉。有魯般殿、推蓬室、萬峰秋軒。元季兵毁。洪武十二年,僧本一重建,歸并庵五。"崇禎《松江府志》卷之五十《寺院上》葉五十録有全文,相關記載相同。清刻本《續機緣集》卷下(見《船子和尚撥棹歌》第 71 頁)録有全文,題"法忍寺結界記",録文中將"經廢"誤作"今廢","靈祠"誤作"靈詞","傳記"誤作"記傳","前世"誤作"前代"。嘉慶《朱涇志》卷二《寺觀》葉十六録有節略文,題"法忍寺結界記",原文:"法忍教寺,俗呼西林寺,在龍淵里。未詳創始。……宋釋智圓《法忍寺結界記》:……據《續機緣集》校正。"該志卷三《藝文志·碑版》葉十二:"法忍寺結界記,宋釋圓智立。"碑記原文明寫"元豐三年(歡按,1080年)暮秋月望",而嘉慶《松江府志》卷七十三《藝文志·金石》葉一、光緒《金山縣志》卷十五《藝文·金石部》葉十四均著録爲:"法忍院結界記,宋景定三年(歡按,1262 年),僧智圓撰。"明顯有誤。

【校注】

［一］夾山：善會（804—881），唐高僧。俗姓廖，漢廣峴亭（今湖北襄陽）人。九歲于潭州龍牙山出家，受戒後往江陵聽習經論，該練三學。後師華亭德誠。咸通十一年卜居澧州夾山，世稱夾山和尚。

010 呂益柔書船子和尚撥棹歌

北宋大觀四年(1110)　釋德誠

有一魚兮偉莫裁,混虛包納信奇哉。
能變化,吐風雷,下綫何曾釣得來。

千尺絲綸直下垂,一波纔動萬波隨。
夜靜水寒魚不食,滿舩空載月明歸。

莫學他家弄釣船,海風起也不知邊。
風拍岸,浪掀天,不易安排得帖然。

大釣何曾離釣求,抛竿捲綫却成愁。
法卓卓,樂悠悠,自是遲疑不下鈎。

別人祇看采芙蓉,香氣長粘繞指風。
兩岸映,一船紅,何曾解染得虛空。

靜不須禪動即禪,斷雲孤鶴兩蕭然。
烟浦畔,月川前,槁木形骸在一船。

莫道無修便不修,菩提癡坐若爲求。
勤作棹,慧爲舟,這個男兒始徹頭。

水色春光處處新，本來不俗不同塵。
着氣力，用精神，莫作虛生浪死人。

獨倚蘭橈入遠灘，江花漠漠水漫漫。
空釣綫，没腥羶，那得凡魚總上竿。

揭却雲篷進却船，一竿雲影一潭烟。
既擲網，又抛筌，莫教倒被釣絲牽。

蒼苔滑净坐忘機，截眼寒雲葉葉飛。
戴篛笠，掛簑衣，別無歸處是吾歸。

外却形骸放却情，蕭然孤坐一船輕。
圓月上，四方明，不是奇人不易行。

世知我懶一何嗔，宇宙船中不管身。
烈香飲，落花茵，祖師元是個閑人。

都大無心罔象間，此中那許是非關。
山卓卓，水潺潺，忙者自忙閑者閑。

鼓棹高歌自適情，音稀和寡出囂塵。
清風起，浪元平，也且隨流逐勢行。

浪宕從來水國間，高歌龜枕看遥山。
紅蓼岸，白蘋灣，肯被蘭橈使不閑。

一葉虛舟一副竿，了然無事坐烟灘。
忘得喪，任悲歡，却教人唤有多端。

一任孤舟正又斜，乾坤何路指津涯。

抛歲月，臥烟霞，在處江山便是家。

愚迷未識主人翁，終日孜孜恨不同。
到彼岸，出樊籠，元來祇是舊時公。

古釣先生鶴髮垂，穿波出浪不曾疑。
心蕩蕩，笑怡怡，長道無人畫得伊。

一片江雲倏忽開，翳空朗日若爲哉？
適消散，又徘徊，試問本從何處來。

不妨輪綫不妨鈎，祇要鈎輪得自由。
擲即擲，收即收，無踪無迹樂悠悠。

釣下俄逢赤水珠，光明圓澈等清虛。
靜即出，覓還無，不在驪龍不在魚。

臥海拏雲勢莫知，優游何處不相宜。
香象子，大龍兒，甚麼波濤颭得伊。

雖募求魚不食魚，網簾篷户本空無。
在世界，作凡夫，知聞祇是個毗盧。

香餌針頭也不無，向來祇是釣名魚。
波沃日，浪涵虛，萬象籠籠號有餘。

乾坤爲舸月爲篷，一屏雲山一罨風。
身放蕩，性靈空，何妨南北與西東。

終日江頭理棹間，忽然失濟若爲還。
灘急急，水潺潺，争把浮生作等閑。

有鶴翱翔四海風，往來踪迹在虚空。
圖不得，算何窮，日月還教没此中。

釣頭曾未曲些些，静向江濱度歲華。
酌山茗，折蘆花，誰言埋没在烟霞。

吾自無心無事間，此心祇有水雲關。
携釣竹，混塵寰，喧静都來離又閑。

晴川清瀨水横流，蕭灑元同不繫舟，
長自在，恣優游，將心隨逐幾時休。

歐冶銛鋒價最高，海中收得用吹毛。
龍鳳遶，鬼神號，不見全牛可下刀。

動静由來兩本空，誰教日夜强施功。
波渺渺，霧濛濛，却成江上隱雲中。

問我生涯祇是船，子孫各自睹機緣。
不由地，不由天，除却簑衣無可傳。

媚俗無機獨任真，何須洗耳復澄神。
雲與月，友兼親，敢向浮漚任此身。

逐愧追歡不識休，津梁渾不掛心頭。
霜葉落，岸花秋，却教漁父爲人愁。

二十年來江上游，水清魚見不吞鈎。
釣竿斫盡重栽竹，不計工程得便休。

三十餘年坐釣臺，釣頭往往得黄能。

錦鱗不遇虛勞力,收取絲綸歸去來。

雲間船子和尚,法嗣藥山,飄然一舟,泛于華亭、吳江、朱涇之間,夾山一見悟道。常爲撥棹歌,其播傳人口者,纔一二首。益柔于先子遺編中,得三十九首,屬辭寄意,脫然迥出塵網之外,篇篇可觀,決非庸常學道輩所能亂真者,因書以遺風涇海惠鄉老,俾鑱之石,以資禪客玩味云。船子事實備見《傳燈》,此不復載。大觀庚寅三月十六日書于揚子步,松澤叟呂益柔。

【按】

録自《船子和尚撥棹歌》(1987 年)第 21 頁,唐釋德誠撰,北宋呂益柔書并跋,原題"撥棹歌"。光緒《金山縣志》卷十五《藝文·金石部》葉十三、嘉慶《松江府志》卷七十三《藝文志·金石》葉一記載相同:"船子和尚撥棹歌,宋大觀四年呂益柔撰。""撰"字不確。嘉慶《朱涇志》卷三《藝文志·碑版》葉十二:"船子撥棹歌,宋大觀中呂益柔書。"當以"書"爲是。《船子和尚撥棹歌》(1987 年)所載原文,後有呂益柔跋,推測其當刻于撥棹歌之後,以致前人誤認爲"呂益柔撰"。

011　西亭蘭若記

南宋隆興二年至淳祐六年間(1164—1246)　釋居簡

誠禪師,號船子,蜀東武信人,在藥山三十年,盡藥山之道。逮其散席,浮一葉往來華亭、朱涇上下百餘里林塘佳處,意所適則維舟汀烟渚蒲間,咏歌道妙,其言與志公[一]、玄覺[二]諸老脫略,筆墨畦町處若合符節。識者味其滿船載月,未嘗不嘆其汲汲于得人,以爲不負祖宗計。夾山去後,覆舟而歸,乃知佛祖在人間世斷無他事。西亭三咏,照耀天地,雖乳兒竈婦能歌之。即其言,觀其行,凜凜所不死者,不與凡輩共盡,自是松澤山水益明秀,至今稱水國名勝。一經品題,千古改觀。妙賢企遺烈,結茅于咏歌處,曰西亭蘭若,樊圃樹藝,一竹一石,皆有次序,菱茨浮實,蘋蓼交映,落帆半夜,荷笠亭午,開扉相延,抵掌嘯咏,冀遇如船子者,求一言之益,而拔俗于千仞之上。使其徒若圭問余所以相遇之道,則謂之曰,船子之昭昭如日麗天,爾之拳拳如水在地。彼以不息照臨,爾以不息流注,均具不息之道。故曰:"天行健,君子以自強不息。"又何俟一言之益,然後爲得哉? 書以授圭,使歸以告賢。

【按】

録自《續機緣集》卷下第 75 頁(見 1987 年出版的《船子和尚撥棹歌》),南宋釋居簡撰。嘉慶《朱涇志》卷四《名迹志·古迹》葉三題"宋釋北磵簡西亭蘭若記",原文:"松澤西亭,宋釋妙賢與若圭建,即船子留詞處。"該志卷三《藝文志·碑版》葉十二:"西亭蘭若記,北磵簡撰。"光緒《金山縣志》卷十五《藝文·金石部》葉十四:"西亭蘭若記,宋景定三年九月林希逸撰并書。又記,宋釋北磵簡撰。"釋居簡生于 1164 年,卒于 1246 年,姑以此大致年代繫之。

【校注】

［一］志公：南朝梁高僧寶志。

［二］玄覺：唐代高僧。

012 寶雲寺牒

南宋嘉熙元年(1237) 錢良臣 釋湛然

中書門下　牒

秀州奏：准明堂赦，保明到未有敕額寺院宮觀敕額，伏候。敕旨：華亭縣法雲寺宜賜寶雲寺。

牒奉敕如前，宜令本州翻録赦，等降付逐，寺院宮依今來敕命所定名額。牒至准敕，故牒。

治平元年十月二十七日牒。

吏部侍郎參知政事趙

吏部侍郎參知政事歐陽

中書侍郎兼戶部尚書平章事曾

右僕射兼門下侍郎平章事

帖華亭縣寶雲寺，奉敕右具如前事，須翻　頭連帖華亭縣寶雲寺，敕命指揮旋到居或主掌替換，遞相交割，常住□不時損失。治平元年十一月詔。

守司戶參軍王臣

守録事參軍朱臣

權軍事推官李臣

軍事判官杜臣

尚書水部郎中通判軍州事薛臣

秘書監知軍州勸農使葛臣

參知政事大資錢公鈞翰

本府　于雲間鄉田畝入寶雲寺，常住供僧，分洪濤寺主方退可，望交付常住，永充供僧。淳熙九年二月廿四　巳。

歲次丁酉嘉熙改元甲辰月圓日。
常住頭首　宗慶、懷寶
山門首座　師可、義倫、法泉
都勸緣主持宗天臺教觀兼管長堂釋　行謹立石。
始終心要　荆溪[一]説

夫三諦者，天然□□□也，中諦者，説一切法真諦者，泯一切法俗諦者，立一切法舉□□□三□前後也，含生本具□遠□□所得□□，夫秘藏不顯，蓋三惑之所覆也，故無明□□□乎，法性塵沙障乎，化尊鬼田阻乎，空□□兹三惑乃躰上□虛妄也，于是大覺□□尊喟然嘆曰：真如界內絶生佛□□□□□中無□化之形相，但以衆生妄想不□□莫之能至也。由是立乎三觀破□三惑□□智成□三佛空觀者破息思惑證一□□□然□□假觀者破虛少惑□□□□□□□中□□者破塵明惑證一切種智成□別□兹三説三讀三觀三智，非各別也，非異時也，天□之理具讀法□□此三諦性之自爾造□□諦轉□三惑，藉乎三觀□成□□□□□□□三讀證因，果非漸修也□次弟□□□大□目可得矣。雲間寶雲比丘立石。

【按】

録自《江蘇通志稿·金石十六》葉四十二。“參知政事大資錢公鈞翰”，南宋錢良臣撰；“始終心要”，唐釋湛然撰，北宋釋知禮書；釋行謹立石。原題“寶雲寺牒”，題下原注：“拓本高三尺四寸廣二尺四寸，三截刻，正書，大字邊一寸三分，小字邊五六七分不等。”文末原注：“按，寶雲寺即法雲寺，在顧亭林市西山隅，治平元年賜今額。此碑上截治平牒，中截淳熙九年交常住田畝文，嘉熙改元，釋行謹刻下截《始終心要説》。《雲間志》以爲治平中，誤。”光緒《重修華亭縣志》卷二十《藝文·金石》葉二十七：“寶雲寺碑。凡三層，上層治平元年十月中書門下牒，次層參知政事大參錢公鈞翰，下層四明法智尊者真迹。嘉熙元年甲辰月圓日，釋行謹立石。今存。”光緒《松江府續志》卷三十七《藝文志·金石補遺》葉五十：“寶雲寺碑，宋嘉熙元年，釋行謹立石。案，碑凡三層，上截：治平元年十月中書門下牒；中截：參知政事錢公書；下截：釋法智真迹。今存。”九〇《金山縣志》第917頁《歷代碑刻簡目》：“寶雲寺碑，宋，行謹，亭林。”施蟄存《寶雲寺碑刻》一文（見《北山談藝録》第304頁）轉録《古鐵齋金石考》之著録，題“寶雲寺題刻”。碑分三截，分涉北宋治平元年（1064）甲辰、南宋淳熙九年(1182)壬寅、南宋嘉熙元年(1237)丁酉,是否分刻未能確定,姑以最晚之嘉熙元年繫之。釋法智,即知禮(960—1028),北宋僧人,字約言,稱法智大師、四明尊者,四明(今浙江寧波)白塔巷人。未見"參知政事大資錢公"姓名記載,據嘉慶《松江府志》卷五十《古今人傳》葉十五:"錢良臣,字友魏,紹興二十四年進士,淳熙五年,由給事中除端明殿學士,簽書樞密院,復除參知政事,……九年,罷政事,除資政殿學士……"當即此"錢公"。

【校注】

[一] 荆溪:湛然(711—782),唐代天台宗高僧,稱荆溪尊者,常州晋陵荆溪人(今江蘇宜興市)。

013　金山順濟廟英烈錢侯碑

南宋淳祐五年(1245)　趙孟堅

　　夫聰明正直,謂曰神靈,膺國褒封,饗世血食,歷祀不泯,主福主灾,赫然炳靈,人恒斯畏,豈偶然哉!克孝克忠,爲國犯難,生昭直節,歿助陰靈者也。英烈錢侯,所以身陪正祀,封受顯號,其以斯乎?紀石傳芳,示垂奕世,請從具載,寧厭纖委。西浙諸州,禾、興最爲邊海,華亭縣小金山者,又在郡東,插脚滄溟,峻岸截起,驚濤四浮。《吳國備史》載,漢博陸侯霍公附小黄門謂吳主曰:"國之疆土,東蘁海濤,虧蝕侵尋。臣漢舊輔,今當爲神,駐小金山,爲禦海斥,使不衝蕩,全護國封,當爲建祠,于彼金山,示所旌顯。"自時厥後,封祀不絶,今爲忠烈王順濟廟焉。

　　維英烈侯家閥,氏錢,行位居七,航海而商,舶帆輕從,入廟致禮,儼觀威爽,雪浪東來,一山若峙,岩岩殿宇,卓冠山椒,地勢神靈,軒赫斯稱,又諗王忠存漢社稷,歆生敬慕,若曰:浮沉罔利,膠轕迷塗,汨溳塵中,何終底止?歿事忠臣,愈浪生死,猛念倏發,幽明洞符。玉立廡間,叉手瞠視,不攲不倚,宕然化歸。異哉!于是驚怪顯迹,爲廟部臣。老宿相傳,幾百年矣。季夏之月廿二日,維侯生辰,沿海祭祀,在在加謹,廣陳鎮金山祠祀尤嚴。常歲是日,鹽商海估,寨伍亭丁,社鼓喧迎,香華羅供。然前無位號,未應國經,仗隊弓刀,遥稱太尉,殆幾野廟,殊闕聲猷。屬青齊向化之年,金人猶競,東鄙興師,侯能助順,虛無之際,神證用彰,霧滃雲飛,陰兵千萬,排空而下,旌旗著號"華亭錢太尉",智識昭明。逮及交鋒,敵勢披靡,風驅電掃,冥助維多。主兵上之公朝,訪尋允合,爰加封敕,謚以英烈,庸答靈休。端笏垂紳,榮被章服,從飾仗衛,益變魚雅。孟堅母弟孟淳,今嗣秀安僖王曾元孫,曩居里日,嘗謂言曰:"英烈侯神靈國勛,如是其偉,兄志于文,盍爲紀述,其永聲聞?當備樂石,以奉刻詞。"兹以書來,石既就礱,紀弗可後。乙巳[一]上春甲子,熏篆滌毫,寓誠歷叙,因作言曰:夫所謂"聰明正直謂神"者,豈誣哉?忠烈王功存漢祀,雖世禄不嗣于當時,而廟食乃存于異代，蓋忠誠勛績，迄莫泯忘。英烈侯初焉非衣逢掖道先王者，一念向正，即隸明祠，惟王與侯，肸蠁相應，如斯至者，心公忠耳。故侯卒能效順佐邦，却殄强敵，使侯居廟堂而職臣事，殺身成仁，夫豈難能者！鄙夫身縻好爵，畏事齷齪，當言不斷，口若置筲，鼠計自營，盼視同列，苟利飲啄，縮縮循墻，鬼蜮斯靡，何有何無？若拜侯祠，有泚其顙。孟堅疇昔之夕，矚視岳神，節仗旋歸，繽紛肅截，璧月當午，簫吹撼空，文綉兒郎，粉黛優女，畫燭椽列，夾道秉行，敬拜奉安，一無醉懈。顧而問曰：“此嬰曰社稷臣也，心實歆焉。”曰：“有親在，無伐言。”曰：“人死留名，豹死留皮，丈夫大節，雖死猶生。睢陽之忠，常山之操。平原叱希烈，太尉擊朱泚。讀史凛凛，恨九原之不作也。神之爲神，其以是夫！”因述侯事，溯頌王忠，夙心忠鯁，不覺宣露，爲之銘曰：

正直爲神，維忠維孝。國有常經，祀典崇報。博陸在漢，擁昭立宣。雖曰世禄，不吾以延。逮及異朝，血食廟祀。爲禦堤封，叱捍潮水。毋使侵齧，虒厥疆理。至于今世，靈威若存。英烈錢侯，起身七閩。浮舶而商，致禮英靈。惟公與直，志合心傾。一誠默孚，旋隸部下。拱立廟廡，杳然冥化。東海之濱，奉祀畢虔。位號封崇，若有待然。厥敵不競，東鄙興師。維侯助順，若響之隨。神兵千萬，陰雲擁之。敵勢旋靡，電掃風披。昭靈顯功，褒號英烈。服爵儀衛，一變綿蕞。我刻銘石，匪事誇雄。寓勸若人，知孝而忠。爲食君禄，當勇于事。事依違者，將焉用彼。致忠于君，奮不顧身。身死不死，其名永存。史傳紀績，廟食薦馨。吁嗟鬼蜮，狗苟蠅營。

宋彝齋趙孟堅記。

附：忠烈昭應廟碑略

南宋淳祐五年（1245）　趙孟堅

西浙諸州，禾、興最爲邊海，華亭金山又在郡東。插脚滄溟，峻岸截起，驚濤四浮。《吳國備史》載，漢博陸侯霍公附小黄門謂吳主曰：“國之疆土，東齧海濤，虒蝕侵尋。臣漢舊輔，今當爲神，駐于金山，爲禦海斥，使不衝蕩，全護國封。當爲建祠于彼金山，示所旌顯。”自時厥後，封祀不絕，今爲忠烈王顯濟廟焉。維英烈侯家閩氏錢，行伍居七，航海而商，舶舩經從，入廟致禮，儼觀威爽，虐浪東行，一山若峙，岩岩殿宇，卓冠山椒，地勢坤靈，軒赫斯稱。又諗王忠存漢社稷，歆生敬慕，若曰浮沉罔利，繆轕迷途，汩澳塵中，何終底止？没事忠臣，愈浪生死，猛念倏發，幽明洞符，玉立廡間，叉手睁視，不欹不倚，宵然化歸，驚怪顯迹，爲廟部臣。老宿相傳，幾百年矣。季夏之月二十二日，維侯生辰，沿海祭祀，在在加謹，廣陳鎮金山祠祀猶嚴。常歲是日，鹽商海賈，寨伍亭丁，社鼓喧迎，香花羅供。然前無位號，未應秩經，杖隊弓刀，遥稱太尉，殆幾野廟，殊闕聲猷。屬青齊向化之年，困獸猶競，東鄙興師，侯能助順。虚無之際，神證用彰，霧消雲飛，陰兵千萬，排空而下，旌旗著號“華亭錢太尉”，神識昭明。逮及交鋒，虜勢披靡，風驅電掃，冥助維多。主兵上之公朝，訪尋允合，爰加封敕，謚以英烈，庸答靈休。端笏垂紳，榮被章服，從飾仗衛，一變魚雅。孟堅母弟孟淳，嘗謂堅曰：“英烈侯神靈國勲，如是其偉，兄志于文，盍爲紀述，當備珉石以奉刻辭。”因言曰：“英烈侯初非衣逢掖道先生者，一念向正，即隸明祠，惟王與侯肸蠁相應，如斯至者心公忠耳。故侯卒能效順，佐幫家，殄醜虜，使侯居廟堂而職臣事。殺身成仁，夫豈難能！切彼鄙夫，身縻好爵，畏事齷齪。當言不斷，口若置箝，鼠計自營，眄視同列，苟利飲喙，縮縮循墻，鬼域斯靡，何有何無，若拜侯庭，有泚其顙。孟堅疇昔之夕，恭祝嶽神，節仗旋歸，繽紛肅截，壁月當午，簫吹撼空，文綉兒郎，粉態優女，晝燭椽列，夾道秉行，敬拜奉安，一無醉懈，顧而問曰：“此嬰臼社稷臣也，心實歆焉。”因述侯事，溯頌王忠，夙心忠耿，不覺宣露，爲之銘曰：

正直爲神，維忠維孝。國有常經，祀典崇報。博陸在漢，擁昭立宣。雖曰世禄，不我以延。逮及異朝，血食廟祀。爲御提封，叱捍潮水。毋使侵齧，虧厥疆理。至于今世，靈畏若存。英烈錢侯，起自七閩。浮舶而商，致禮英靈。推公與直，志合心傾。一誠嘿孚，旋隸部下。拱立廟廡，杳然冥化。東海之濱，奉祀式虔。位號封崇，若有待然。醜虜不競，東鄙興師。維侯助順，若響之隨。神兵千萬，陰靈擁之。虜勢旋靡，電掃風披。昭靈顯功，褒號英烈。服爵儀衛，一變綿蕞。我銘兹石，匪事誇雄。寓勸若人，知孝而忠。爲食君禄，當勇于事。事依違者，將焉用彼。致忠于君，奮不顧身。身死不死，其名永存。史傳紀績，廟食薦馨。吁嗟鬼域，狗苟蠅營。

【按】

《金山順濟廟英烈錢侯碑》録自《彝齋文編》卷四葉二十五，南宋趙孟堅撰。乾隆《金山縣志》卷之二十《藝文二·碑記》葉十録有節略文，題“忠烈昭應廟碑略”，署“元趙孟堅”，缺字、異文較多，特附録于後。崇禎《松江府志》卷之五十三《道觀》葉二十八有節略文，缺字似更多，原文：“忠烈昭應廟，在金山。《吴國備史》云：吴主皓染疾，忽有神附小黄門曰：‘國主封界華亭谷極東南，有金山鹹塘，風激重潮，海水爲害，非人力能防，金山北，古之海鹽，一旦陷没爲湖，無大神力護也。吾漢之霍光，可立廟于鹹塘，當統部屬以鎮之。’遂立廟歲祀。宋宣和中，賜額顯忠，旋封忠烈公。建炎三年，辛道宗領舟師，繇海道護行在，所奏加封忠烈順濟，且賜緡錢，以新廟貌。四年，加封昭應。昔有閩錢行居，七航海而商，至廟，慨曰：‘浮沉罔利，何終底止，没事忠臣，愈浪生死。’即立廡間，叉手而化。青齊向化之年，興師拒金，俄有陰兵千萬，排空而下，旌旗著號“華亭錢太尉”。及交鋒，敵勢披靡，于是敕封英烈侯，歲時居民以錢配享云。今郡人稱利濟侯,不知何年敕封也。……別廟二。一在府南七十步,元元統中,知府申秉禮修葺,至正六年毀,十四年,達魯花赤哈散沙、頤浩寺僧希顔復之,今俗訛爲錢總管廟云。一在蓬萊道院中。"至元《嘉禾志》卷二十四葉七録文與《彝齋文編》略有異文,錯字大多相同,可能即録自《彝齋文編》。乾隆《金山縣志》卷之四《秩祀》葉四:"金山忠烈昭應祠,在海中金山上,祀漢博陸侯霍光,相傳三國時吳主皓建。今祠毀祀廢,土人各祀于其家,號爲金山神主,以其部英烈錢侯配食云。吳國備史:……。見淳祐中趙孟堅所撰碑。別廟,在朱涇鎮惠民橋東。"該志卷之十五《墳墓·古墓存疑》葉十五:"漢博陸侯霍光墓,在金山下,勝山上。"光緒《金山縣志》卷七《建置志上·秩祀》葉十四:"忠烈昭應廟,在朱涇鎮惠民橋東,祀漢博陸侯霍光,以英烈錢侯配,康熙二十六年改爲問香庵,今呼金山廟。一在衛城篠管街,今廢。"正德《金山衛志》下卷之二《祠祀》葉四:"忠烈昭應廟,在小官街,廟有英烈錢侯配祀,初在海中金山上,三國時吳嘗建鹽塘北,并廢。山上石爐至今猶存,海人相傳是忠烈廟中物,按《吳國備史》云,皓嘗寢疾,有神降于小黄門曰……《嘉禾志》有冠軍神廟,又有金山廟,皆云忠烈昭應,則以一廟爲二。案,霍去病爲冠軍,霍光乃爲大將軍,吳越王鏐祭文亦云"以報冠軍之陰德",則以昭應爲去病,豈未常考備史而訛之邪。"

【校注】

[一] 乙巳:趙孟堅生于南宋慶元五年(1199),卒于景定五年(1264),一説卒于咸淳三年(1267),"乙巳"當爲南宋淳祐五年(1245)。

014　興塔禪寺蓮社記

南宋淳祐十二年(1252)　黃英復

　　雲間夙壯縣,崇尚梵教,雖地里廣袤,風俗淳厖,管下十有三鄉,寺院大小凡四十六所。有如井邑闤闠之地,檀那輻輳,殿宇鱗差,金碧交輝,固不費經營抄注之力。若夫僻壤荒郊,古刹孤立,自非賢厚長者興之外護,則棟瓦傾頹,粥飯廢缺,僧徒不能自給,飄然渙散。雖有靈踪異迹,亦將沉沒于榛荆之域,豈不惜哉!

　　考之紀載,興塔院乃我朝治平初海慧月禪師重修祈禱道場,屢有感應。紹興間奉敕立額,僧師展主之,續當里淡軒居士盛熙,舉于開禧丙寅,創建懺堂等屋,效廬阜作蓮社會。寶慶丁亥,忽遭震淡[一],掃蕩幾盡。免解進士直學盛熙朝嘅成規之遽廢,憫先志之湮微,遂率里之信士褚友璿,究心經畫,改建法華經會。同邑李塔匯進士錢相,印施《蓮經》六十部供檢,楊萃裝彩普賢菩薩聖像及寶塔一所,于淳祐九年四月內啓建,自是遠近翕然歸向,舊觀復興。鄉進士朱浹又慮經會每月旋注了日,必難悠久,約同志各助錢置租,命寺僧清了、道芳主之,經官給據,鎸石以垂不朽,并求余記其實。予少游庠序,已知盛君賢而有文,勤于教子,今其子時以童科敕免文解。觀其游心內典,仰承先志之傅,刻志義方,俯垂家庭之訓,作善之報,固宜有此。繼是入社者,盍相興勉之。淳祐十二年歲次壬子,三月三日[二],奉議郎特差通判平江軍府兼勸農事黃英復撰。

【按】

　　録自正德《松江府志》卷之十八《寺觀上》葉二十八,南宋黃英復撰。原題"蓮社記",原文:"興塔禪寺,在泖橋西,即宋興塔院,創建無考,治平初,僧慧月重修,紹興四年(歡按,1134年)賜額,歸并庵堂二。"《全宋文》第 344 冊第 333 頁録有全文,題"蓮社記",文前原注:"黃英復,秀州華亭(今上海松江)人。淳祐中官奉議郎、通判平江府。見正德《松江府志》卷一八。"文末原注:"正德《松江府志》卷一八,《天一閣藏明代方志選刊續編》本,又見康熙《松江府志》卷二六,嘉慶《松江府志》卷七六,光緒《金山縣志》卷八。"崇禎《松江府志》卷之五十《寺院上》葉五十八錄有節略文,題"黄英復蓮社記略",原文:"興墻禪寺,在泖橋西,即宋興墻院。創建無考,治平初,僧慧月重修。紹興四年賜額,歸并庵堂二。"。光緒《金山縣志》卷八《建置志下·僧寺》葉四錄有節略文,題"宋黄英復蓮社記略",原文:"興塔禪寺,在泖橋西,二保十圖,即宋興塔院。創建無考。治平中,僧慧月重修。紹興四年賜額。同治九年,毀于兵。"據良孫《興塔禪寺誕地名》(見 2010 年 3 月 28 日《楓涇報》),興塔院原址在今金山區蔣涇小學,即金山區朱涇鎮蔣涇村二組 5031 號。

【校注】

[一] 淡:《全宋文》原注:"康熙《松江府志》作'凌',當是。"

[二] 三月三日:原文作"三月日",據崇禎《松江府志》補。

015 西亭蘭若記

南宋景定三年（1262） 林希逸

　　西亭者，檇李[一]僧若圭所作也，其地則船子誠師游歌舊處也。圭宗天台之學，而慕船子高風，即其故地作爲此亭，聚群衲講誦其間，冀一遇如船子者焉。四方聞而高之，爲歌咏者甚衆，而圭猶將有記焉，俾泳屬余。余曰：圭之所以慕于師者，何以哉？余嘗求師之本末矣。師蜀人也，事藥山三十年，盡得藥山之道，晚節游吳，寄以葉舟，往來華亭、朱涇，自爲歌詩，時以唱咏，漁者傳而和之。既又思其學之未傳也，以其意屬之道吾。道吾指夾山，即江次謁之，一語而契，乃蹴其舟自没以化，師之自立孤高如此。圭之所慕者何以哉？嗟夫！學伯夷之清者，不必皆餓于西山；學屈原之忠者，不必皆沉于汨羅。堂序雖安，居之以無心，則猶虛舟也；軀殼雖存，視之以無我，則猶浮漚也。迎其始[一]而知所以得，則藥山猶在也，溯其終而知所以傳，則夾山未死也。船子何人哉？余素愛船子之歌，而又嘉圭之志，故爲之記且書，俾泳篆其顔。泳，余子也，亦與圭爲方外友。

　　景定三年九月，朝奉大夫行尚書考功員外郎兼禮部郎官兼直舍人院兼國史院編修官實錄院檢討官兼崇政殿説書林希逸撰，主持雲間南北兩廣福教寺傳天台教觀沙門若圭立石。

【按】

　　録自正德《松江府志》卷十八《寺觀上》葉二十五，南宋林希逸撰并書，林泳篆額，釋若圭立石，原題："附西亭蘭若記"，原文："法忍教寺，在朱涇鎮，唐咸通十年建，宋法忍院也。其地本船子和尚覆舟處，寺有船子及夾山會禪師遺像，至今祠焉。有魯般殿、推蓬室、萬峰秋軒。元季兵毁。洪武十二年，僧本一重建，歸并庵五。"崇禎《松江府志》卷之五十《寺院上》葉五十一録有全文，略有異文，無落款，原文："西亭蘭若，船子和尚維舟咏歌處，即松澤

035

西亭。"嘉慶《朱涇志》卷四《名迹志·古迹》葉二録有全文,略有異文,題"宋林希逸西亭蘭若記",原文:"松澤西亭,宋釋妙賢與若圭建,即船子留詞處。"卷三《藝文志·碑版》葉十二:"西亭蘭若記,宋林希逸撰并書,泳篆額。"《續機緣集》亦録有全文,且較崇禎《松江府志》、嘉慶《朱涇志》所載更爲完整。光緒《金山縣志》卷十五《藝文·金石部》葉十四:"西亭蘭若記,宋景定三年九月林希逸撰并書。又記,宋釋北磵簡撰。"

【校注】

［一］檇李:古地名,在今浙江省嘉興市一帶。

［二］迎其始:嘉慶《朱涇志》作"原其始"。

016 推蓬室記

元大德六年(1302)　釋明本

　　竊觀佛祖，洞悟一心之至理，具大解脫，哀群生以虛妄情識滯于此岸，以不動智設萬行[一]之善巧，遣其識，破其情，咸俾其直造彼岸而後已。原夫一心之道如巨舟，萬行之善巧如舟之有蓬也。舟乃蓬之體，蓬乃舟之用，一心萬行，相融相攝，體用均資，涉入無間，曾何處所之擇哉！昔船子和尚神心廓悟，嘗泛扁舟[二]于烟波蘆葦間，日與漁歌牧笛，互相酬酢，似無意謂于傳唱之門者。逮遇夾山，則其迅機峻令，電走風飛，破執蕩情，一髮無貸。末後一句，命若懸絲，踏破虛空，有誰敢擬？爲人痛快，未有如是之作者。今朱涇法忍寺，乃其覆舟委蓬之地也。寺之沙門舜賓[三]，始習賢首教[四]，觀于大方之家，穎悟玄要，一旦思欲解文字之縛。大德壬寅，嘗構別室于寺之側，時有勝侶來集，禮懺摩以祛業習，克期觀以證自心，扁其室曰"推蓬"，蓋有意于推船子既委之蓬也。尋而繼伏臘之士，日資月聚[五]，頗有成規，將有待于同志之士也。余丐食吳江，會師于梅堰之正受，語及建立之由，慮來者罔其初志，囑爲文以記之。余曰：船子既没，其所不與舟同覆蓬俱委者，是道也。道之即文字而謂教，離文字而謂禪。今五百年矣，駕其既覆之舟于蒲團禪板之間，推其已委之蓬于方等懺摩之上，融古今于一瞬，空迷悟于寸心。餘烈遺風，尚可想見，經世傳遠，相續不斷，推蓬之義豈虛設也哉？故直筆以記之。

【按】

　　録自元刻本《船子和尚撥棹歌》卷下(見 1987 年出版的《船子和尚撥棹歌》第 108 頁)，元釋明本撰，趙雍書，署"幻住"。題又作"推蓬室記"。《續機緣集》卷下第 78 頁(見 1987 年出版的《船子和尚撥棹歌》)録有節略文，署"元明本幻住"。正德《松江府志》卷十八《寺觀上》葉二十五録有全文，題"僧明本推蓬室記"，原文："法忍教寺，在朱涇鎮，唐咸通十年建,宋法忍院也。其地本船子和尚覆舟處,寺有船子及夾山會禪師遺像,至今祠焉。有魯般殿、推篷室、萬峰秋軒。元季兵毀。洪武十二年,僧本一重建,歸并庵五。"崇禎《松江府志》卷之五十《寺院上》葉五十二録有全文,題"釋中峰明本記",有缺字,卷之五十六《畫苑·金石》葉四:"推篷室記,僧明本撰,趙雍書,在洙涇法忍寺。"嘉慶《朱涇志》卷三《藝文志·碑版》葉十三:"推篷室碑記,元釋明本撰。建于至正,明季猶存。""至正",誤。卷四《名迹志·古迹》有節略文,題"元釋明本推篷室記",原文:"推篷室,在法忍寺明照院。元大德年,沙門舜賓建,釋明本有記勒石。"光緒《金山縣志》卷八《建置志下·僧寺》葉六:"推篷室,舊在法忍寺,元大德年建,明移建下圩。有幻生碑及陳繼儒額。今圮。""幻生碑"當爲"幻住碑"之誤。卷十五《藝文志·金石部》葉十四:"推篷室記,元大德六年僧明本撰。"

【校注】

[一] 萬行:崇禎《松江府志》作"萬有"。

[二] 泛扁舟:崇禎《松江府志》作"泛舟"。

[三] 舜賓:崇禎《松江府志》、《續機緣集》作"舜濱"。

[四] 賢首教:指佛教華嚴宗,因其創始人法藏號稱"賢首國師"而得名。

[五] 日資月聚:崇禎《松江府志》作"日聚月資"。

017 松江寶雲寺記

元至大元年(1308) 牟　巘

前朝奉大夫大理少卿牟巘撰

集賢直學士朝列大夫趙孟頫書

資德大夫江浙等處行中書省右丞廉密知兒海牙篆額

顧亭林湖在華亭東南三十五里,湖南有顧亭林,顧公野王嘗居此,因以爲名。具載圖志,可覆視也。其地今爲寶雲寺,本號法雲,在顧亭林市西北。唐時有大長者吳仁約、楊師厚買地于此,立毗尼精舍,使堅脩二上士入京請院額,繼遂賜額爲法雲寺。大中十三年庚辰,寺始成,猶未言顧公斷碑事。天福五年,以水潦,遷寺于南,石晉開運元年十二月十日始畢工。寺之徒二人者,同夢金紫一偉丈夫,云是梁朝侍郎,若有所屬然。明夕,二人又同夢其至,且告以斷碑處。晨起尋舊寺基,果見片石,水次引絙出之,已殘缺,僅有十四字,曰:"寺南高基,顧野王曾于此修《輿地志》。"衆始駭愕,乃即寺東偏立祠,奉之惟恪。

烏乎! 鬼神之情狀,蓋難言矣,弗燭厥理,往往推之茫昧之域。夫精氣爲物,游魂爲變,《易·大傳》之辭也。自其變者而觀之,氣有所感,形諸夢寐,如聞音聲,如見容貌。而夢,則有安閑自夢者,曰正夢;恐懼而夢者,曰懼夢。二者固不同,彼用物精多,魂魄强,或有依憑,使人恐懼,因爲妖厲,非正也。顧公自梁、陳、隨、唐、後梁、後唐、石晉,朝代隔絶,死而不亡,發于久幽,無所恐懼而夢,近乎正者也,未可以怪誕疑之。略考其一二:西漢有馮野王,列九卿,性剛潔。顧公字希馮,蓋慕之也。晚歸陳朝,嘗撰《輿地志》三十卷,此云修志,意即其時也。陳宣帝時,除黃門侍郎,此云梁朝,不忘梁也。劉漢嘗稱天福十二年,以與石晉異,歐陽公非之,此天福五年則唐天福也。皆有關于寺及斷碑,因書之,使觀者無疑焉。王金陵介甫,梅宛陵聖俞,嘗有詩記顧公遺迹,嘆其窮寒,亦不及斷碑事,蓋一時暫游，不暇考靈鑑等記耳。宋垂拱[一]時，邑人胡彦瑶興修其寺。治平甲辰，始改"法雲"爲"寶雲"。淳祐戊申、景定庚申，相繼營修，庚申之役最爲壯麗。大元升華亭爲松江，歲逾老，寺多頹圮。净月師素習台衡教[二]，自雪慈感，侍香來歸，寔爲住持，再加整葺。辛丑七月，盲風怪雨之厄，罄捐己資，由中徂外，殿堂門廡，大作新之，不煩化施。但見碧瓦雪脊，朱甍穹礎，甃飾其垣墉，砥平其塗徑，翬飛其井亭，横亘其石梁，頓異舊觀。而千石巨鐘，春容叩擊，聲震四遠。諸天人，諸菩薩，圓通大士，應真羅漢，與夫靈山一會，儼然未散，亦各歡憙。乃莊嚴其相，蠲供具以奉之，復期懺以祝之，其願力所充，有以致此。

丁未臘八日，净月因來求記，夫成之難，繼之尤難，後之人尚毋忘前勞，益加持守，將使寺東顧公之香火，相爲無窮焉。銘曰：

宇宙中間，萬法咸備，此理流通，有一無二。善教曰佛，妙用曰神，雖若不同，厥理則均。顧公有祠，寶雲是依，發幽著靈，殊塗同歸。顧亭之湖，餘潤滲漉，寶雲之雲，奇彩[三]紛郁。洒爲法雨，普沾沙界，法與理貫，無在不在。

至大元年五月望日，前住持釋净月立石。住山：妙音。耆舊：師古、處新、行果、文思。

【按】

録自國圖數字圖書館網站所載拓片圖像，元牟巘撰，趙孟頫書，廉密知兒海牙篆額，釋净月立石，原題"寶雲寺碑"。參考宣統《江蘇通志稿》卷十九《金石》葉四十三（見《石刻史料新編》第一輯第13冊第9933頁）所録全文，及《趙孟頫墨迹大觀》上冊第83頁所載碑文墨迹本。宣統《江蘇通志稿》抄録有此碑篆額："重修寶雲寺記"，原注："篆書，三行，行二字，字逕三寸許。"文末有注："國初舊拓"。墨迹本署"趙孟頫書并篆額"，落款"大德十一年十有二月，前主持釋净月建"，缺字甚多。正德《松江府志》卷之十九《寺觀中》葉二録有此文，題"重修寺記"，有異文，原文："寶雲寺，在亭林鎮，初名法雲，在市西北。唐大中十三年建，晋天福五年，湖水壞寺，始遷于今所。其地即梁顧野王故宅。寺之初成，有野王顯夢事，因祠爲伽藍神，其詳見記。宋慶曆六年重修，治平中賜今額。國朝洪武中，僧戒智重建，歸并庵三。"崇禎《松江府志》卷之五十一《寺院二》葉十九録有此文，題"牟巘重修寺記"，有缺字，相關記載與正德府志相同。《全宋文》第355冊第394頁録有全文，闕字較多。此碑又稱"子昂碑"，殘片現藏金山區博物館。

【校注】

[一]垂拱：垂衣拱手，謂不親理事務，多用以稱頌帝王無爲而治。紹熙《雲間志》作"端拱"。"端拱"爲宋太宗時年號。據文意，此處當確指"垂拱"年間而非泛指宋代，爲何避

"端拱"而寫作"垂拱",不明。

　　［二］台衡教：台,指天台山之智顗;衡,指南岳衡山之慧思。慧思爲師,智顗爲弟子,後人乃并稱爲"台衡",猶習稱之"曹洞"。

　　［三］奇彩：墨迹本作"容彩"。

018 報德院記

元至大元年(1308)　牟　巘

　　距松江五十四里而近,曰下橫涇,時思報德懺院在焉。蓋佛氏有《大報恩》七篇,柳子厚以爲此七篇皆由孝而極其業,以儆夫世之蕩誕慢弛,好違其書者。夫報恩即報德也,報其父母生成之德也,而其報德又莫若懺罪。報德者,昊天罔極而致其時思也;懺罪者,改過遷善而致其愧悔也。豈不五體投地、千聲齊唱而求其罪消滅哉?

　　院之主僧曰友懽,派出顧亭林寶林寺。自幼敏悟,聽講天竺[一],能背誦《法華經》,修長期觀。氣貌古樸,不事外飾。兼通《周易》,默參妙義,非苟焉者。宋咸淳辛未,易徐氏基地,結廬以庇風雨,以事香火。度弟子元吉、普潤等,善治生,廣業。普潤習台衡教于超果,分任院事,次第而舉。懽間語吉與潤曰:"吾年七十,行且去矣,盍爲我馨衣盂,建九品觀植净土緣?且市田爲供給,刻之石以示久遠。"元貞乙未,啓長期,申祝贊,首創三門兩廡僧堂,歲役未竟。大德庚子壬寅,懽與吉、普相繼示寂,潤竭蹶嗣乃事,置法堂,砌祖塔,構鐘臺,建釋迦殿,塑左右侍從、普陀大士、羅漢諸天,備極莊嚴。壁有金彩,沼有紅蕖,層閣飛檻,高切雲漢,平蕪絕島,近在目睫,殊偉莊嚴,遂爲一方勝處。先是啓長期之歲,東北隅忽竹園産靈芝。夫竹之有筍,四時不改,柯易葉,已非凡植,況靈芝煌煌,與寒光翠氣交相映發耶?衆皆歡曰:"造物者生祥下瑞,以有此芝。"振動時人之耳目,故一切興修有相之道,次第而成,不待懺罪而德已報矣。越至今日,咸歸功于潤焉。潤自號澤翁,篤實而疏通,是能盡報德之義,克與先業,盛其福澤。至大戊申春,賜金襴袈裟,號慧光普照大師,尤有榮耀焉。良月遠來,求文以記,予蓋不獲辭,乃銘曰:

　　于惟懽公,秉志夙堅。爰發弘誓,獨奮空拳。始來橫涇,把茅三椽。殿堂樓觀,一旦屹然。翠樾之杪,華榜高懸。是曰時思,以報所天。報之維何?懺罪是先。誘化澆俗,崇植勝緣。絪緼和氣,芝實鍾焉。九莖三秀,衆美具全。厥在報德,其應尤專。人所創見,競誇以傳。潤也師吉,後克繼前。晨夕薰修,不懈益虔。施于奕葉,益昌以賢。如澤之潤,獲福無邊。

【按】

　　録自《牟氏陵陽集》卷十一葉三,元牟巘撰。據碑記,報德院全稱爲"時思報德懺院"。正德《松江府志》卷之十九《寺觀中》葉七:"東報德懺院,在十一保。宋咸淳間,僧友懽易徐氏地結庵,度弟子普潤爲成勝刹,元至大中,牟巘有記。"崇禎《松江府志》卷五十一《寺院》葉二十六記載與正德府志相同。嘉慶《松江府志》卷七十三《藝文志·金石》葉八:"東報德懺院記,元至大年,牟巘撰。"可知其又名"東報德懺院"。崇禎《松江府志》卷四十八《冢墓》葉三十四:"山西布政使孫豫墓,在下横涇,報德懺院後。"孫豫墓碑尚存,在今歡娱寺旁(上海市金山工業區歡興村),可知歡娱寺即明代報德懺院所在。

【校注】

　　[一]天竺:當指浙江杭州天竺峰之天竺寺。

019　萬峰秋軒記

元延祐二年至明洪武十二年間(1315—1379)　貝　瓊

　　法忍寺之沙門敬梓山,開[一]室爲燕坐之所,西江清涼尊者題曰萬峰秋。蓋山之環其居者,如青芙蕖萬朵,而朝嵐夕翠之變,接乎起居飲食之時,其境湛以虛,其氣凄以勁,其容慘以肅,蓋不待夫恢台既收,白露先降[二],而山中之四時常秋也。行人已去,松聲不斷,悲風生而猛虎嘯,素月出而清猿哀,則有默會于休而定,神以悟者[三]。于是招虎溪而結社,與鳥雀[四]以爲徒,飲卓錫之飛泉,分鳥殘之霜柿,可以外榮辱而一死生矣。且復徵余爲記,無乃贅乎?然余知梓山之所造已,大雄氏之道本一,而爲其徒者歧而二之:宗于禪者,不假文字,直以求心爲要;宗于教者,以爲行必先于知,不然,則造道之門,孰從而入邪?二家之相矛盾,不啻水火。而梓山始亦以禪之高虛爲難[五],因居船子覆舟之所,而取藏室之書及止觀語録,盡讀之。閉門謝客,旁通博覽[六],凡十餘年。及其老也,一旦大契其旨于文字之外,由是斂其華而反其本,且病昔之纏于紛揉,則其于道何如哉?或乘小舟往來江上,往往賦詩,有貫休[七]、密殊[八]之趣,初非出于有意者,後復置而不作。人多邀而致之,輒辭不就,其峻絶之行又如此。余方囂囂然,東西南北,未知所届,又安得遁之[九]萬峰,相與掃白石、覽歸云,逍遥倘佯,以成二老而忘世之風濤火宅邪?姑舉其説,俾刻諸石云。

【按】

　　録自嘉慶《朱涇志》卷四《名迹志·古迹》葉七,元貝瓊撰,原題"元無名氏萬峰秋軒記",原文:"萬峰秋軒,在法忍寺。釋梓山敬建。"《全元文》第 44 册卷一三七九《貝瓊七》第 349 頁録有此文,題"萬峰秋記"。嘉慶《朱涇志》所載文字較簡略,且缺字較多,可能直接録自碑石。據《貝瓊集·前言》(2010 年)考證,貝瓊生于元延祐二年(1315),卒于明洪武十二年(1379),姑以此繫之。

【校注】

［一］開：《全元文》作“闢”。

［二］降：《全宋文》作“戒”。

［三］神以悟者：《全宋文》作“定而悟者”。

［四］鳥雀：《全宋文》作“鵲巢”。

［五］難：嘉慶《朱涇志》作“觀”，據《全元文》改。

［六］博覽：《全元文》作“博考”。

［七］貫休：五代著名畫僧。

［八］密殊：北宋僧人仲殊，號密殊。

［九］遁之：《全宋文》作“遁于”。

020　風涇仁濟道院高王祠碑記

元大德五年至元統元年間(1301—1333)　虞　集

　　高王,本畏吾兒之地所自出,其先實帖木補花。漢初,城于西凉之永昌,爲君長,以分自存,不侮于中國,且爲邊鄙扞禦,歲執貢,與中國通,錫賚甚厚。稱都護,小國王號也。既薨,葬于其城之東北隅之高昌山,以神靈顯乎中國,福佑列郡而歷歷足徵。詔許建廟,遠邇人民罔不崇祀,陰功居多。永興初,敕賜爲靈應高王。自是,人之灾患,有禱即應,刻期而驗。至唐,邦人以封章具聞。爰奉王敕,追贈靈應高王,擬王者服用,殿宇復新,祀事加豐,時爲武德九年也。惟王陰翊唐祚,福庇黎元,功施普天之下,莫能悉考其實,豈止一邦一邑而已哉?其後裔蕃衍,自唐而五代,皆能茂著勛業,奕振聲光。顯德七年,陳橋兵變,宋太祖夢神人冕旒衮服而言曰:"今天下爲宋祚矣。"問之何爲,答曰:"吾高王也。"寤而鏤諸心。後嗣大曆建祠于汴洛,以嚴祀之。

　　建炎初,高宗南渡,扈駕從經東吳。適皇妹薨,痛戚無涯,擇窀嶨山以葬。采訪吳會中僧道宮之精嚴,元風闡揚者修薦之。時有以仁濟道院典教道士朱太初爲舉,特命奉行齋事,頒彩緞六匹、錢二十緡,事畢具實以聞,上因知有護教高王,即汴洛之高王也。賜空閑腴田五十畝,供神祠祀事。考諸仁濟之所自,蓋梁天監元年,有道者張半山,不知何許人,由西蜀來寓風涇,道行高而善地理,言此境亦一福地,指一區建道院,民安而物阜也。人未之信,至夜分,鐘鼓法樂齊鳴,居民異之。有檀越舍地捐財,不久而落成。四境有灾疫旱溢,祈禱必遂所懇。半山道者工竟,刻日而尸解,于是道風大振,高行雲集,而未有額。唐貞觀十九年,具實以請,賜額仁濟道院。歷年寖久,殿宇廊廡,屢損屢葺。太初歸真,鄉之善士大有戴暘谷,協贊衆議,重其新而撤其舊,輪焉奐焉。高王神祠建于殿之西旁,設像冠冕,旒服華衮,事之惟謹。道士陳玉琳、朱道明,道德兼資之士也,懷香走都下,再拜請言爲記,刻石于祠,用表神靈,以詔後世。

予惟王之生也，鍾毓山水之靈秀，文武忠義，輔世長民，薨而受封靈應高王，福民之功，施于天下，愈久而愈彰。其神潔，其儀肅，所以戒茹葷者不享非禮之祭故也。予嘗觀《神僧傳》，有聰法師者，受戒于風涇高王，此其謬也。王之代天理物之德，其盛矣乎，豈有是哉！在唐時，嘗封卜古罕爲高王。我朝仁宗皇帝，以紐林的斤嗣亦都護，册封高昌王，皆實王之裔。於戲！王之所自出，事甚神異，其傳迄今，數十代再世而三王存歿，爲天下後世景仰。王之仁德，如天之雨露，沛然澤物，王之靈應，如天之風雲，不測變化。高王由仁濟而安，仁濟由高王而顯，豈非元化之昭昭，而合符神靈之赫赫者乎？姑述其顛末，使後之嗣法于仁濟道院、延奉于高王祠者，有所考知所自云。

【按】

錄自《重輯楓涇小志》卷二《志建置·寺觀》葉十七，元虞集撰，原題"元虞集高王祠碑記"，原文："仁濟道院，在鎮南仁濟坊。梁天監元年建，唐貞觀十九年賜今額，宋建炎時重建，附高王祠，俗因呼高王廟。"《全元文》第 27 册第 464 頁虞集《風涇仁濟道院高王祠碑記》，文後原注："清康熙六十年《嘉興府志》卷一五。"虞集生于 1272 年，卒于 1348 年，此碑記稱"陳玉琳、朱道明，道德兼資之士也，懷香走都下，再拜請言爲記"，故當撰于虞集在"都下"即元大都（1267 年至 1368 年間爲元朝國都）期間。《虞集年譜》第 28 頁："大德五年辛丑（1301）三十歲。【事迹】至大都，客授董士選之館。"第 147 頁："元順帝元統元年癸酉（1333）六十二歲。【事迹】……乃以病謁告歸臨川。十月，至家。"中間又有"丁內艱""丁憂"各三年。據此可知《風涇仁濟道院高王祠碑記》大致當撰于 1301 年至 1333 年間。光緒《嘉興府志》卷八十六《金石》葉四十七："（嘉善縣）風涇仁濟道院高王祠碑記。文存，虞集撰，嘉興湯志。伊案，此記荒誕不經，恐非伯生作。"王頲《瘿裂得嬰——高王祠與元高昌王世系》一文（見王頲《內陸亞洲史地求索（續）》第 313 頁），亦認爲《高王祠記》可能係僞托之作。

021 松隱庵記

元至正十四年（1354） 宋 濂

　　唯庵然禪師，有道之士也，嘗謁石室珙公于霞霧山，公告之曰："子去我而求憩息之所，其必松江之華亭乎？華亭民富而趨善，富則樂于施與，趨善則可化以吾佛之道，其必有以處子矣。"書"松隱"二字授之以行。師如其言，至華亭郭匯之陽止焉。郭匯者，去華亭三十里，赤松溪之所注也，前有查山，後有九峰，皆先哲示化之地。師憶懸記，遂結茅而居其中。里人吳某聞之，捐金帛、割土地之籍來上，願師止勿去。遝邐相繼，輂石與土，堙匯增址，以相其役。而金、彭、邵三氏，以創建爲己任。始工于元至正壬辰，越二年甲午，而佛有殿，僧有堂，亢而爲門，夾而爲廡，凡日用之所宜有者皆具。取石室所書，名之曰松隱庵。師恐歲月滋久，無知庵之始末者，命其徒慧開，同凈慈、藏史、可傳請文而刻之。夫天下之民，未有與人以物而不求報者，爭尺布銖金，多至相毆詈戕害，雖親戚不復顧念。至見釋氏之徒，獻所有捨所愛，累千萬不敢靳者，其故何哉？蓋我大雄氏以慈悲方便攝受群迷，慧力足以破貪，法智足以祛惑，故人樂而趨之，庶幾期于妄息而真顯乎？或者不知，徒謂釋氏能以禍福鉗制人，故有所冀而爲之。嗚呼，是何待釋氏之至淺哉！然余有一言焉，今之細民，竭三時之力，欲其室廬之完、饘粥之充而不可得，釋氏之徒，皆坐而享之，苟不力求其道，無忝于大雄氏之教，則因果之曬然者，甚可懼也。有若師者，無求于民，而民自赴之，其道蓋有度越于人者矣。承已成之業者，多怠而不知自修，故詳其辭以告後之人，豈非師之所願乎？師松江人，少祝發于無用貴公，中謁千岩長公于聖壽寺，遂傳其道，後嗣主其席，刺血寫經，天花氄氄滿庭云。

【按】
録自《芝園續集》卷一（見《宋濂全集》第 1485 頁），元宋濂撰。光緒《金山縣志》卷十七

《志餘·遺事》葉二十七："宋太史潛溪先生嘗作《松隱庵記》有云,今之細民,竭三時之力,欲其室廬之完、饘粥之充而不可得,釋氏之徒,皆坐而享之,苟不力求夫道,無忝于大雄氏之教,則因果之皎然者,甚可懼也。其論甚正而足以寒緇流,今志不載此碑,當命其徒刻而傳之,亦不爲無助。"

022　松隱禪院建華嚴塔記

明洪武二十二年（1389）　釋清濬

僧録司左覺義靈谷禪寺住持沙門清濬撰文

徵事郎[一]中書舍人新安詹孟舉[二]書丹

文林郎太常典簿東吳顧禄篆額

松江華亭有大善知識唯庵禪師，乘宿願輪巧以方便，作諸佛事，利益有情，誠謂世所希有也。始元戊子歲，禪師居其鄉之郭匯，里人有山子才，與邑之施者，感其德化，爲建精舍一區，以迎候禪侶往來之食息者，名之曰松隱。後三十有二年，地日益闢，衆日益盛，門廡殿堂，凡叢林所宜有者悉具，參游之士至無虛日。于是復遣其徒慧旲[三]、道安等，走謁施者，建寶塔七層，以奉藏血書《華嚴經》八十一卷，而以華嚴名其塔。蓋塔所以奉佛舍利，華嚴則佛法身舍利也。其制七層，爲梯級以升，飛榱外出，扶欄傍翼，高百又五十尺，廣三十又五尺。其下二級，周以崇閣，上奉千佛，下嚴釋迦、多寶二如來像，旁列翊衛諸天神。始作基于洪武庚申八月，畢工于甲子九月。

初，禪師瀝指血，命高行僧道謙書《華嚴經》時，感天爲之雨花，遂名其軒曰雨花[四]，楚石禪師嘗爲之記。後升巨木以柱塔，垂至塔顛，忽掣斷懸索，木躍然入塔中，若有神爲之者。及置寶珠于塔頂之日，天又雨花，紛紛鬱鬱，盤空而下，衆皆仰視，莫不駭愕。蓋禪師精誠之感，其祥異沓見，有若此也。惟塔之見于佛經非一，而此土則始于漢摩騰、竺法蘭，吳康僧會之建，後世極其崇侈，至鐸聲聞十里者，乃有爲功業也。雖然，如來世尊蓋嘗有云，不住無爲，不盡有爲，使瞻是塔者謂是塔之有，固皆瓴甓木石、黝堊丹漆之爲，而何以爲塔？謂是塔之無，則風鐸鏘鳴，雲彩交映，又巍然煥然若天降而地湧也。若是，有爲本乎無爲，而無爲不外乎有爲也。誠能有見于是，則禪師之建是塔也，豈徒其所謂利益有情，垂之無窮者乎！

禪師名德然，族華亭，張氏子，出家杭之天龍寺，初參石屋珙和尚于吳，繼謁千巖長和尚于金華聖壽山，留侍左右，久之有警悟，居郭匯，縛茅而坐，足不越閫者三年，復往謁千巖，遂承其印可，于是道風日盛，爲學者所歸。初參石屋時，嘗囑以“汝緣在吳淞”，特爲書“松隱”二字與之，庵名松隱，以此也。塔之建，亦承千岩遺命，千岩既化，嘗繼席聖壽，晚退休于此。天目屢以書敦請，不忍棄此，歲往來而已。其垂示學者，多見之偈語，諸方老宿咸敬讓之。余備員僧録，因其請而爲之記。

洪武二十二年，歲次己巳，五月吉日立。

【按】

録自《上海佛教碑刻文獻集》第 106 頁，明釋清濬撰，詹孟舉書丹，顧禄篆額，原題“松隱禪院建華嚴塔記碑（明洪武年間·1368—1398 年）”，後附按語：“松隱禪院華嚴塔位于金山松隱鎮北。……該記碑似立于明代初期，青石質，碑身高 123 厘米，寬 93 厘米，厚 26厘米，碑文 21 行，滿行 39 字，左上側已破損 9 行。碑現存于松隱禪寺内。該碑記于 2001年 3 月 5 日據碑石抄録。”多缺字。校以《華嚴寶塔歷朝題詩碑文志·碑文》葉九所載《松隱禪院建華嚴塔記》，補文末立碑日期及缺字若干。

【校注】

[一] 徵事郎：《華嚴寶塔歷朝題詩碑文志》作“徵仕郎”。

[二] 詹孟舉：即詹希元，字孟舉，號逸庵、丙寅訥叟，新安（今安徽歙縣）人。明洪武初爲鑄印副使，官至中書舍人。《華嚴寶塔歷朝題詩碑文志》作“詹益舉”，誤。

[三] 慧昺：《華嚴寶塔歷朝題詩碑文志》作“慧照”。

[四] 名其軒曰雨花：《華嚴寶塔歷朝題詩碑文志》作“名其軒曰雨華軒”。

023 敕賜松隱禪寺記

明景泰元年（1450） 張 益

賜進士出身翰林院修撰姑蘇張益撰文

文林郎直隸松江府華亭縣知縣桐江郭文書丹

特晋榮禄大夫左柱國太保成國公鳳陽朱勇篆額

雲間明上人用彰，既得以其所居松隱禪寺請于朝，承賜額爲松隱禪寺，而禮部復以用彰爲其寺之主持，因自念曰："吾以一介緇流，仰被聖恩，拓庵爲寺，皆本佛力，與祖師道行所致，吾何能與。然而寺之創構之緣□，不可無述，用告方來。"爰以狀請。

按狀，去郡南二十七里，元至正間，有唯庵禪師，實來卓錫。唯庵乃郡中張氏子，體相端巍，性資穎敏，蚤剃髮受具。初參石屋禪師，隨所指示，即能領悟，石師大器之。時屋前有松一株，陰覆庭户，謂唯庵曰："子猶是松，後當廣陰于人。"乃書"松隱"二字與之。唯庵由是遍游諸方，而嗣法于金華聖壽禪寺千嚴長禪師，補席説法，騰譽叢林。及退而歸華亭，里人山子才素致景仰，深樂其至，即施地構丈室，請唯庵居之。唯庵問地何名，子才曰："故老相傳，爲赤松子常游于此，因號赤松溪。"唯庵默悟其師昔日所書之旨而曰："吾道當行于此處。"遂揭"松隱"之匾。斯創寺之由也。唯庵深窮佛理，勤于化導，語言文字，動示嚮方，學徒日至。嘗刺指血，集高行僧，書《華嚴》大部八十一卷，而有瑞花天雨、祥光虹燭之應，僧俗快睹，雲趨水赴，華嚴七級寶塔及雨花軒，于是乎建，楚石琦公記之以文。此寺之所由盛也。唯庵世緣將盡，先期告衆，端坐入寂，實洪武二十九年丙子四月十四日也。衆建塔于華嚴之西北，安奉全身。其徒默堂昭公別建髮塔于郡城北四十里，銘曰松隱佘山塔院，侍其法者，遠近四方未易枚舉，而大川首座順禪師、自明炅禪師、金山指揮李嵩慧銘、長者李公最先入室。繼其席者，爲圓明戒公鼎，建方丈。宣德丙午，無咎吉禪師與正傳宗公、無瑕琭公、楚芳馨公，暨用彰等後人，募緣重修塔殿，鼎建輪藏、廊廡衆宇。正統庚申，大機顯公創造圓通殿,而凡厨庫齋堂,莫不完美,誠足爲雲間之大刹也。用彰自幼受業兹寺,志行堅固,于所修建任力居多,常掌僧録司右善世兼大功德寺主持。雨庵宗師藏鑰,實會中得法之高弟也,故能不憚勞勛,恭領師叔顯大機命,來請額于朝,殆有志于遠承近接者與。余嘗觀學士宋先生景濂《松隱語録序》,亟稱唯庵爲有道之尚哉,故備書之,俾來者得有所考云。

景泰元年庚午孟夏四月八日,始主持沙門道明立石。

【按】

録自《華嚴寶塔歷朝題詩碑文志·碑文》葉十一,明張益撰,郭文書丹,朱勇篆額,釋道明立石。

024 重建寶雲寺記

明成化四年(1468) 錢　溥

　　寶雲寺初名法雲,在顧亭林市西北,唐宣宗大中十三年建,越八十六年爲石晉開運元年,以水潦遷寺于南,即陳侍郎顧野王遺址也。寺將成,野王夢于寺僧,告以斷碑處,明尋舊寺基,果有碑殘缺,止存"寺南高基,顧野王曾于此修《輿地志》"十四字可驗,乃即寺東偏立祠奉之,以護寺,蓋野王歿已三百九十餘年矣。一百二十年,爲宋英宗治平元年,改法雲爲寶雲,理宗淳祐、景定之間,繼葺加舊。元成宗大德五年,寺遭雷雨、震凌之變,净月師捐貲峻修,大理少卿牟公記其成,則武宗至大元年夏也。記後一百六十年爲皇明天順六年,主僧德津憫寺久弊,募衆倡建,厥功尤茂,去野王立祠則又五百餘年,而祠與寺復偕新矣。德津既圓寂,而其高弟宗詠,懼師之功無以昭于後而顯其寺之復興也,于是來請記。

　　夫佛典自漢明帝時始譯入中國,一西域誘人以善之法爾,馴至梁陳之主,皆捨身入寺,以徼福于來生,不復志于當世,甚至百官賫錢一□□表贖還朝。則野王于是時位九卿之列者,然常倡率義軍討侯景之亂,以正彼君臣逆順之理。生報主以敵愾,歿祀佛以妥靈,一氣感通于幽明,越千載而不爽,其用物之多,歷宦之顯,故精魄之强,有若是也。雖然,野王我東吳之獻,其所修不止《輿地記》,又有《玉篇》《國史記録》等書,皆有益于學者,禮于鄉先生,歿祭于社,何當以游業之所感,而神明之佛藉之以護法,野工亦憑之愈久而益神者哉。噫!神與怪,孔子所不語也,而于行怪則曰後世有述焉。以是觀之,弗信矣乎?

　　德津,上洋人,正統間來主斯寺,奮于營構,首新伽藍祠,建觀音殿,像旁列五十三參,塑三世尊像,香積有厨,齋供有堂,山門、步廊以次興舉,而後大雄正殿,環以石柱,塗以金碧,鞏飛趐翼,完美一新。終始贊理其事者,唯宗詠,而檀信則吳宗黻、沈文藻輩,率義來助也。余故記之,俾後于此亦可以考其世而知其人。

　　成化四年戊子夏五望,歸閒錢溥撰。

【按】

　　録自正德《松江府志》卷之十九《寺觀中》葉三，明錢溥撰，原題“重建寺記”，原文：“寶雲寺，在亭林鎮，初名法雲，在市西北。唐大中十三年建，晋天福五年，湖水壞寺，始遷于今所。其地即梁顧野王故宅。寺之初成，有野王顯夢事，因祠爲伽藍神，其詳見記。宋慶曆六年重修，治平中賜今額。國朝洪武中，僧戒智重建，歸并庵三。”崇禎《松江府志》卷之五十一《寺院二》葉二十一録有節略文，題“錢溥重建寺記略”，其相關記載與正德府志相同。嘉慶《松江府志》卷七十三《藝文志·金石》葉九著録：“重建寶雲寺碑，明成化四年夏五，錢溥撰。”

025 松隱禪寺大雄寶殿記

明成化九年(1473)　張天駿

京闈進士徵仕郎值文華殿中書同掌制誥事郡人張天駿書并篆額

松隱舊有庵，未有寺也，庵昉于然公，寺拓于無咎，至顯大機者，先後創置，垂百年而始迄成功。嗚呼！亦難矣。按，顯字大機，古橋李鄒昇甫之子，今吏部尚書員外郎金公禮之母同所出也。大機生即穎悟異凡人，長而勤恭慎約，在在有歡喜緣。居錢唐，憫役夫之憊，躬爲煮茶設粥，而飢渴賴施與者萬計。游吾松，禮松隱無咎，祝髮披緇，力振其業。郡太守趙公豫，禮請之主持東禪寺。寺之舊者新，隳者復，盡所有，無蚤暮休。且念松隱自里人山子才施其地，爲天下大善知識唯庵卓錫之所，率其徒孫道明，請于朝，敕賜松隱禪寺，實正統丁卯歲也。又三年，大機還主其寺，孟殫心力爲之。越天順甲申，凡十八寒暑，而兩寺之殿閣以數仞計者五座，廊廡以間計者三十二所，聖佛以像計者一千軀，磚石之工，丹雘之飾，無不良且簡焉。

嗚呼！世有持禄自安，一切事漠然弗之顧，能復其隳而新其舊者幾人？吾故記其事，使鑱諸石，以謹告後之人，他日高車駟馬，有過焉者，將不問而知顯大機之名，不與草木皆塵也。復爲贊以繫之：

維郡之南，郭溪之涘。青松□□，陰匝逾里。誰其隱斯，有師曰唯。東瞻野王，西望船子。佘阜北來，金山南峙。寶塔藏經，天花散雨。地以物靈，事以人舉。我顯大機，越來斯宇。豎大法幢，慈雲旖旎。撞大法鐘，德音巋巋。帝錫之額，寺日以侈。遐邇率從，百廢一起。勒石紀文，用告終始。日月有明，何百千祀。

成化九年龍集癸巳夏五月端陽日，主持山顯大機立，邑人姚景暹鐫。

助資善士
金山衛指揮使劉惠、西賢

同知侯寅

耆碩高昇遠、盛松泉、盛聞遠、沈孟容、楊叔寅、郁尚質、盛以昇、楊悦清

本山耆舊正宗、圓馨、宗瓅

徒孫道祥、景福、文淵、廣信、文瑜、景巘、曇晟、廣清、福源

【按】

録自《華嚴寶塔歷朝題詩碑文志·碑文》葉十三，明張天駿書并篆額，姚景暹鐫，釋山顯大機立石。

026 重修鳳仙道院記

明成化二十一年(1485)　張　悦

　　松江漕溪,在郡城東南七十里許,其南不數里即大海。瀕海居民惟以魚鹽爲業,餘無所資。每歲夏秋間颶風作,陰雨晦冥,海洋簸蕩如□,甚至決堤浸田漂毀室廬者,其利小而害大也,若此居民甚苦之。元至正時,有徐六萬戶者,憫其民爲海洋所苦,以謂海陰以幽,而幽則有鬼神,非假鬼神威靈以鎮之,奚以去害而就利耶? 于是捨基地六畝,西距溪二百八十步,創祠宇其上,奉香火以祈禱焉,此鳳仙道院所由建也。國朝永樂初,道院毀于倭寇,舊基鞠爲茂草,幾不可踪迹者四十載,其地之賦,則里民王文亨與其子若孫累歲輸官,因以其地三之一爲塋墓。正統間,總賦長楊公拯,實里中巨擘也,欲爲重建,白郡守趙公豫,可之,乃歸命牧者楊道誠董其事,即其基創三官殿,復其院之名如故。景泰末,鄉人陸用初有志爲道士,遂出家,禮郡道紀李志道爲師,成化丙戌請度牒,壬辰來住持。居無何,道誠物故。用初獨立募緣,不飲酒食肉茹葷,竭誠殫慮,己亥作玉皇殿,作東西兩廡,壬寅作鐘鼓樓,作外之三門,至若庖、湢、橋、井、賓客講演之所,亦皆以次完美。刓像設莊嚴,丹堊鮮麗,巋焉奂焉,制度倍蓰疇昔,于其前人創始之意,益爲有光,而居民藉以爲保障計,又豈不益爲永久也哉! 是不可以無記。郡庠生楊傅以生長茲土,略述所聞者,請書其成。予雖差長,然亦未聞其詳,如所謂鳳仙者,莫究其義,萬戶者,莫識其名,詢諸故老,無所于考。姑記其大略,以告來者,庶不泯于永久,并無所聞焉。

【按】

　　録自《定庵集》卷之三《記、序》葉八,明張悦撰。正德《松江府志》卷之十九《寺觀中》葉十九:"鳳仙道院,府東南七十里,元至正間,徐六萬戶建,以鎮海隅。國朝永樂初毀于倭,正統間里人楊拯重建。"崇禎《松江府志》卷之五十三《道觀》葉十八録有全文,有異文,題

“張莊簡公悦重修記”，原文：“鳳仙道院，元至正間，徐六萬户建，以鎮海隅。國朝永樂初，毁于倭。正統間，里人楊拯重建。在府東南七十里。”嘉慶《松江府志》卷七十三《藝文志·金石》葉十六：“重修鳳仙道院碑，明成化二十一年八月，張説撰。”“張説”當爲“張悦”。光緒《松江府續志》卷三十八《名迹志》葉十一：“鳳仙道院，在漕涇，相傳張莊懿鎣讀書于此，咸豐十一年寇毁，同治年，邑人周思達等重建，復構四賢祠于殿旁，祀名張悦、張鎣、包節、包孝。妻縣章未有記。并參華亭志。”《浦東碑刻資料選輯》第 202 頁録有此文，略有異文，并附按語：“鳳仙道院舊址在金山區漕涇，元至正年間（1341—1368 年）建。明永樂初年間毁于倭寇，正統年間（1436—1449 年）里人楊振重建。該記文爲張悦撰于明成化二十一年（1485 年）八月。”

027 玉虛堂碑記

明成化年間(1465—1487)　周　鼎

　　舊制，張真人位，置諸寺監、卿士上，禄秩視大宗伯，領道教事。于凡政體無大關繫者，得專治之，非有司文移所得而預聞焉，蓋以客禮外之，故不官而錫以虛號，或檜襄可陰翊皇度，未必無少裨也。郡、邑亦各設官以分領之，曰道紀、道會，在京曰道録，皆有印有吏，自相爲文牘，以行其教門事。真人府下之道録，道録下之道紀、道會，猶縣之上奉郡檄，郡上奉省部符也。人崇信之如神明然，謂朝廷重其教爲民祈福，庶民體朝廷心，敢褻視之哉？洪熙初元，集京師羽流赴靈濟宮齋，嗣四十四代真人奉詔處右席，從掌書許拱盟之請，改風涇鎮真武祠之額曰玉虛觀，俞道宗爲住持，備行行在。禮部下之本郡縣紀、會二司，俾遵守之，一如真人言，此觀額之所由始，不可不登之石，以詒來者，知有其自也。

　　先是，祠廢于宋之靖康，而新于嘉熙，又毁于元社之將屋時，再新之于國初，倡是役者張仲實氏。張禱而得女，亦自慶慰，爰捨地以益厥址。旁舍火，祠獨無恙，亦不毀張所居，益歸心焉。嗣而葺之者顧子俊氏[一]。顧爲張女之後，不墮其前志，謂兩厄于夷禍而祠以廢，神亦厭亂而有待也。時和物豐而祠以新，幸治之心，神人攸同，無旱乾、水溢于一鄉，維神之庥，維聖王爲百神群祀主，夷不亂華，而年穀乃順成也。欲報上恩，維祀報神，可以信吾誠，祠不可不葺矣哉[二]。子俊没，子宗玉又益以址建二殿，一未果，囑其子文昱、文昺成之。拱盟繼主祠事，又益募衆施，新真武殿，作兩廡，以次就緒。蔡復初師拱盟，爲兄宗玉妹郁節婦孫謹諮訓鍊，皆左右之。募于外者拱盟，經度乎内者復初，終始而成之者顧氏父子、孫，作山門者高年士、王倫，皆因舊而爲新，同衆志而集事。雖一祠之廢興，不大繫于政，而人心之知報與否，時物之和與乖，神人之相流通而不相違[三]，亦于是乎繫焉。

　　此祠事之概，因觀額而相連得書也。拱盟化去，而拱盟之弟子胥守元[四]者，介史凌霄以二事來謁，余不詳書其作屋之工費與凡歲月，當詳其爲子孫、爲師弟子[五]善繼而新其爲志。道教之與時政，似各有專而相資以福乎民，似有不可以相無者，亦在所當詳也。

【按】

　　録自光緒《重輯楓涇小志》卷二《志建置·寺觀》葉十九，明周鼎撰，原題"明周鼎碑記"，原文："玉虚觀，俗呼聖堂，在鎮南。創建莫考，明洪武元年改賜今額，天順二年，里人顧宗玉偕道士許拱盟募建彌羅大殿及配殿，後屢損屢葺，節善志。國朝咸豐十年毁于兵，光緒初，里人擇香雨堂道房址，重建六楹。"校以光緒《嘉善縣志》卷六《建置志下·寺觀》葉三十八，原文："玉虚觀，在治東北奉四中區清風涇，距城二十里。舊名真武祠，宋嘉熙間建，元末圯。明宣德初重建。時張仲實禱而得女，遂捐地以益厥址，旁舍火，祠獨無恙，衆益神之。洪武元年改賜今額，天順二年邑人顧宗玉偕主持許拱盟鼎建。"此碑記云"拱盟化去，而拱盟之弟子胥守元者，介史凌霄以二事來謁"，而許拱盟于天順二年募建大殿等，則此碑記當撰于明天順年（1457—1464）之後，約在成化年間（1465—1487）。

【校注】

　［一］顧子俊氏：光緒《嘉善縣志》作"顧子俊民"。

　［二］祠可不葺矣哉：光緒《嘉善縣志》作"祠不可不葺矣哉"。

　［三］相流通不相偪違：光緒《嘉善縣志》作"相流通而不相違"。

　［四］弟子守元：光緒《嘉善縣志》作"弟子胥守元"。

　［五］爲師弟：光緒《嘉善縣志》作"爲師弟子"。

028　重建金山衛城隍廟記

明弘治四年(1491)　侯　方

　　金山鉅海前橫，諸蕃外植，實維重地。異時倭舶屢爲邊患，永宿重兵以鎮之。自元社已屋，太祖高皇既正大統，始立衛以奠安海陲，誠仁聖之用心也。故有衛則有城，有隍、有神以司之，矧兹重寄，民命攸繫，宜視列郡，此城隍廟之所申建也歟？廟在衛東可百餘步，迄今百有餘年，風雨鳥鼠，蠹敗滋其，神罔攸棲，人罔攸瞻。守帥總督楊淮海道、都指揮僉事六合楊公政，奉命作鎮于兹，治戎講武，綜理周密，出號施令，風動雷行，僚屬繫之以承式，軍民仰之以依歸，用能邊境晏然，高枕無事矣。

　　公時祇謁審祠，顧瞻咨嗟，謂斯城斯隍，高深雄偉，實東南一大藩籬也，而廟乃凋弊弗治，曾謂春秋有事，于斯吉蠲饎，敬共明神，可若是耶？乃捐己貨，規畫料理，市餘地以拓充舊址，徵材運甓，諏日庀工，作正殿若干楹，參以高軒，翼以兩廡，前建重門以司啓閉，庭墀潔瑩，彩繪鮮明，繚以周垣，既堅既好，裝嚴神像，儼乎如在。凡公斯舉，加于舊觀而不浮于度。公乃齋沐，且牲宰，率僚屬，湛焉肅焉，秉厥丹誠，駿奔走廟，祇告成功，神歆人悅，祚有攸歸。公既瞻拜而退，掌衛事指揮使翁君熊謂公：「此舉不煩于官，不勞于衆，獨以己帑，作新斯廟，宜有文以示永久。」遂爲書，介其僚有侯君寅、蕭君元輩來，曰：「石謹具，幸錫我一言。」方既以未得造公之庭，聆警欬以觀所謂海不揚波者爲憾，竊幸自喜如昌黎韓子、滕王閣故事，得載名其上，托大君子之政績以同示不朽，有榮耀焉。

　　公嘗以舊勳宿衛禁名稱籍，甚有古良將風，比來總理海道，單心畢治，公爾忘私，以志豐功偉績，焯焯可道又如此。且天人相與之際，非持正明理之士不能易，日視履考詳。《詩》曰「求福不回」，皆由政以致之，故凡事神者，必先正其心中之神，然後不愧不怍而降福穰穰，此又公作廟之本，尤不可略。夫觀隅知室，聞樂知德，信斯言也。方請觀于公事神治人之宜，施爲緩急之序，而公之所存，其可徵矣乎！廟之作，經始于弘治四年八月九日，而訖工于是年十二月十二日云。

【按】

　　録自正德《金山衞志》下卷之二《祠祀・廟貌》葉一，原題“刑部員外郎侯方記”，原文：“城隍廟，在衞治東小官街。洪武二十年，指揮僉事李武建，三十年，廟祝董啓募緣修，宣德九年，指揮使西貴塑置神像，正統□年，貴之弟賢構兩廡、三門及騶從，弘治四年，楊總督政重建。”乾隆《金山縣志》卷之四《秩祀》葉三：“城隍廟，在縣署東北，即金山衞城隍廟，明洪武二十年指揮僉事李武建，三十年，廟祝董啓修，宣德九年，指揮使西貴塑置神像，正統九年，貴弟賢構兩廡。弘治四年，指揮僉事楊政重建，刑部員外郎侯方有記。”光緒《金山縣志》卷七《建置志上・秩祀》葉十一録有節略文，題“明侯方記”，有異文而不通，原文：“城隍廟，在朱涇鎮明真道院左。順治年建。……別廟，……一在衞城縣治東北（華界），明洪武二十年指揮僉事李武建。康熙三十六年參將王功建修。”卷十五《藝文志・金石部》葉十四：“重建金山衞城隍廟碑，明弘治四年十二月，華亭侯方撰。”光緒《重修華亭縣志》卷二十《藝文・金石》葉三十：“重建金山衞城隍廟碑。弘治四年十二月，華亭侯方撰。”

029 重修蔣莊庵記略

明弘治十三年(1500)　張　悦

　　松江府治南有蔣莊庵，元至正間，越僧岳安所創也。岳安至華亭，里人李伯真俠助經營蘭若，殿堂門廡，巍然煥然。永樂初，復有僧名法椿者，傳其徒道明，嘗加修葺，歲未久，圮。道明繼之，謀諸衆而修焉。庵之東，建橋以通行路，名曰濟生。經始于弘治六年，落成于九年。余致仕歸，道明恐無以垂後，乞文諸石。余竊嘆天下事，成于同而敗于異者多矣，自元以來，名公碩輔之家，存者百無一二，而是剎獨巋然存，蓋其人異世而同心，故業足以相繼，況其不爲佛者乎？是可借以警也。弘治庚申正月。

【按】

　　録自光緒《松江府續志》卷三十八《名迹志》葉二十六，明張悦撰，原題"張悦重修蔣莊庵記略"，原文："法雲寺，在十一保十一圖，原名蔣莊庵，元至正間，僧岳安建，明成化間，僧道明重建，同治年修。參華亭志。"據該志卷一葉十五《疆域志一·十三鄉分隸表》，十一保十一圖時屬華亭縣。九〇《金山縣志》第 1093 頁《全縣寺庵簡表》："法雲寺，在漕涇蔣莊，創建于元至正年間。僧岳安建，原名蔣莊庵。明嘉靖三十四年毀于兵燹，四十三年重修。1969 年改爲小學。"《上海宗教史》第 116 頁："法雲寺，原名蔣莊庵。元至正年間(1341—1368 年)僧岳安始建。明成化年間(1465—1487 年)僧道明重建。嘉靖三十三年(1554 年)又遭兵燹。僧人明德募修，里人潘浩、張秉弟等捐助，經三年復新似前。其正殿和法堂，爲潘浩所獨建。有林樹聲撰《重修庵記》以記其事。後廢。"

030 重建真武廟并義塾碑記

明嘉靖二十八年(1549)　唐志大

　　史氏道卿悦者，華亭張堰之世家。堰中舊有真武神祠。相傳洪武之八年，海寇猝犯金山張堰，堰民束手待斃。俄而，寇遥見皂旗指揮，視皆昏障，大駭退走。官兵至，遂掃平之。永樂十有一年，倭寇入界，是方復賴神助以全。民德之，各以率出錢立祠，以奉其祀。

　　自祠之興也，無富室傾貲之捨，無士女淫祀之利，春秋父老敬事致禮而已。是以廟貌靡飾，歲久益就荒穢。道卿見而慨然曰：“嘻，此非神之所居。豈昔人所以崇奉之意固如是哉？”乃請于郡佐張公，悉以己貲鼎新其制。計其所用工費，視昔加倍，而衆不煩。既又取近祠田一十五畝以付道士沈載春，俾世掌之。予因是獲聞其詳。夫先王之制能爲民禦大灾、捍大患者，死必廟食于民，所以崇德勸功，示民不背本也。然神怪之言，儒者則未之道。鮑王之魚，李君之樹，其傅會滋多。堰民傳聞之語，其或果有之耶，吾未可知也。雖然，子玉敗于河瓊，魏顆勝于結草，是固有爲于其間者，自古有之。況以神之靈武顯功于昭代者，非一端父老之傳，吾奚以知其果無也。且天之好生亦至矣，其忍以一方之元元，喂諸豺狼之睑哉？則人所弗勝而假手于明神，理亦宜矣。夫其信有之，則所謂禦灾捍患，誠莫大于斯。凡堰之生齒室家，相望而安堵者，莫非神之所遺。推厥由來，廟而嚮之，乃古人義起之禮，不容以久湮廢也。今民所賴以奉神者，史氏之田而已。粢盛之潔，黝堊之修，咸取具于斯。田之不朽，則神德之不朽，史氏之澤亦與之俱存乎！所謂義塾者，亦道卿所建，即祠後爲之，又別有田云。

　　夫念功而報本，大忠也，輕財而樹德，大義也。里多善人，是宜神之所福。父老之傳，其信不誣歟！奕世之後，堰之遺黎：其毋或背乃史氏之義，以忘神之功、攘神之食；其毋或惰乃穡事，以匱神之祀；其毋或淫乃畜牧，以犯田之禾；其毋或恃乃强智欺乃寡昧，以鹽食于田之土疆。有一于斯者，非堰民之子也，是堰民之仇也，倭海之寇也，人或不能勝之，神將殛之。遂銘之，銘曰：

海之鯨鯢，揚鰭吹腥。竊逞頑冥，元旗一鼓。咸駭而左，惟神之武。絶島之夷，繼蹂于坼。民涣莫支，活我堰民。克靖其塵，惟神之仁。皇皇梠楹，俗俗劍旌。史氏落成，面神之前。禾黍芊芊，惟神之田。耕者謳歌兮，荷其有年。遺黎報德兮，奕世其傳。

嘉靖二十八年己酉十月。

【按】

録自民國《重輯張堰志》卷二《祠廟》葉八，明唐志大撰，原題“明唐志大重建真武廟并義塾碑記”，原文：“真武廟，在洞橋街南。明嘉靖二十六年，史悦重建。廟有義塾，久廢。董體仁有記。唐志大有重建廟碑記。國朝嘉慶九年修，錢永錫立石記之。咸豐十一年，毁于兵。”該志卷九《志藝文·金石》葉十：“重建真武廟并義塾碑記，明唐志大撰。”《金山藝文志·金石部》著録（見《姚光全集》第 623 頁）：“重建真武廟并義塾碑記，明唐志大撰。張堰鎮。”

031 松隱禪寺僧如玉、如瑄、定志、德儒懺頌平泉林學士恩存古殿疏

明嘉靖三十六年(1557)　朱　煦

　　伏以佛教慈悲道隆,兼濟禪家空寂,旨在超凡,自中古以至今,從來信尚爲多,人所師慕,罔不欽承。故凡崇山峻嶺,絶境幽岩,每託靈宫,討尋真訣,時妙契乎玄□,每洞昭于心性,脱然羽化,代有其人,追惟遠公[一],遐□可想。嗟我松隱禪寺,肇元至正,創本唯庵,歷世相傳,漸加恢拓,繇盦而繼之以塔,繇塔而繼之以殿,寶刹琳宫,積累非朝夕之故,善男信女捨施,罄今昔之緣,繪像呈奇,良工盡制,且浮圖成而天花□雨,洪殿畢而紫氣隨騰,越此祥和,共成秘迹,睹兹靈異,若有神機。況名香寶炬,祝聖壽于萬年,暮鼓晨鐘,聲聞聽于數里,冠裳游謁,後髦藏修,館寓鴻寶,投棲逆旅,是誠淞南之勝概,而豈僻地之荒祠。不圖喪亂之餘,輒起變遷之議,約日見侵,繫存亡于一旦,鳩工相毀,覽頹廢于須臾,骈巖頓失,鳥雀尚憫其無依,風雨斯侵,精爽奚容其暴露,老衲嚱嘘而涕下,里人悵惋以心悲,不得已星赴良緣以幸萬一。得蒙郡望翰林學士平泉林老大人,性地慈祥,特加哀憫,捐資贍役,上下兩全,俾斯殿幾毀而復存,如餘爐將殘而又熾,屹然砥柱,獨障横流,實本良心,匪希冥報。僧玉等感激至恩,無繇涓答,咸賴在殿諸天尊,默佑貞良,宣膺繁禮,壽考維祺,永作調羹之鼎鼐,禎祥啓後,咸爲翊運之鸞凰,庶幾感應之神,允稱報施之義,刊垂不朽,用範將來。

　　功高再造,義切永懷,用敷德音,復綴五韻:

　　百年臺殿欲銷沉,幸沐公恩似海深。山磬□鳴回斷響,禪燈久照徹丹心。篆爐香暖僧仍撲,畫棟巢繁鳥更尋。一度登臨一吟賞,誰留形勝屹叢林。

　　嘉靖三十六年,歲在丁巳,孟夏四月二十五日吉辰立。

　　里人文山朱煦撰文兼歌咏

　　平湖見川王校書丹并篆額

董承學贈石
吳門馬相鎸

【按】

録自《華嚴寶塔歷朝題詩碑文志·碑文》葉十五，明朱煦撰，王校書丹并篆額，董承學贈石，馬相鎸。

【校注】

［一］遠公：晋高僧慧遠，居廬山東林寺，世稱遠公。

032 重修蔣莊庵記略

明嘉靖四十二年(1563) 陸樹聲

　　府治南五十四里許,舊有蔣莊庵,蓋葺于道明,而張莊簡公、里人戚源實有力焉。嘉靖甲寅,島夷倡亂,漕涇、柘林尤賊所出没之地。蔣莊素稱富庶,瞬息間盡爲丘墟,而庵亦焚毀殆盡。兵燹後,有寶雲寺僧明德者,從西方來,徘徊瓦礫間,嘆曰:"吾當復興之。"里人潘譜、張秉弟者,捐資以助,迄三年而庵復新,前後左右,僧舍更張而宏大之,正殿、法堂則潘譜之所獨建也。殿中更置萬歲龍牌,朝夕禮焉,此尤向所未有者。明德持身清介,修誦外,絲毫不與,恂恂然有儒者之風,能以其教倡于身,而又以祝聖之舉,爲此方勸諭,即人心之性且同者爲之,何有于茲庵之興哉? 嘉靖四十二年四月望日。

【按】

　　録自光緒《重修華亭縣志》卷二十二《方外·寺》葉十二,明陸樹聲撰,馮恩書,朱念祖書丹,原題"明林樹聲重修庵記略",原文:"法雲寺,原名蔣莊庵,在十一保十一圖,元至正間,僧岳安建,明成化間,僧道明重建。"九〇《金山縣志》第1093頁《全縣寺庵簡表》:"法雲寺,在漕涇蔣莊,創建于元至正年間。僧岳安建,原名蔣莊庵。明嘉靖三十四年毀于兵燹,四十三年重修。1969年改爲小學。"光緒《重修華亭縣志》卷二十《藝文·金石》葉三十一:"蔣莊庵記。嘉靖四十二年四月,林樹聲撰,馮恩書,朱念祖書丹,今存,文載《方外》。"林樹聲,即陸樹聲,《明清時期上海地區的著姓望族》第193頁:"陸樹聲,字與吉,號平泉,學者稱之爲平泉先生。松江府青浦縣人,鞠于母家,嘗蒙其姓爲林,居青浦縣林家角。"

033 華亭法忍寺施地修殿記略

明嘉靖四十四年(1565) 陸樹聲

　　出邑治西南二十餘里，有大蘭若，曰法忍寺，南通平湖，爲船子道場，創于唐咸通十年，宋治平間更今額。洪武初，拓大鼎新之。歲久殿宇僅存地漏，入民版者幾易主矣，而業于平湖之陸氏者，更若干年，而至少塘君。君嘗究心禪乘，慕船子宗風，修善果以資伍塘公冥佑也。既歸其他，復捐資以助莊嚴。緇褐之衆隨喜贊嘆者，謂如是殊勝功德，宜記之以昭久遠。陸君名光宅，與其兄文選郎光祖，皆由世典洞明宗乘。

　　募衆立石：比邱圓晨、志恒、介以。請余文者，禪居士方君道成也。

【按】

　　録自嘉慶《朱涇志》卷二《建置志·寺觀》葉十六，明陸樹聲撰，董宜陽書，釋圓晨、釋志恒、釋介以立石，原題"明陸樹聲華亭法忍寺施地修殿記略"。該志卷三《藝文志·碑版》葉十三："法忍寺施地碑記，陸文定樹聲撰，董宜陽書。"光緒《金山縣志》卷十五《藝文志·金石部》葉十四："法忍寺施地碑記，明嘉靖四十四年七月，陸樹聲撰，董宜陽書。"嘉慶《松江府志》卷七十三《藝文志·金石》葉十九："華亭法忍寺施修殿碑記，明嘉靖四十四年七月，林樹聲撰，董宜陽書。"

034　亭林錢郡王廟碑叙略

明萬曆十一年(1583)　朱　煦

　　顧亭林中市一神宇,號錢郡王者,其來久矣。案,華亭舊志《金山神記》曰,漢大將軍霍光爲海神,有功于民,廟食百世,繼有閩商錢氏行七者,托處以奉香火,後亦爲神,禱之輒應,俗稱金山神,是已歲久湮滅。昔有劉長者,市地一方,當石梁之衝,建宇設像,詎遭罔利者升神于閣,易爲市肆,褻亦甚矣。仰齋徐公璠,慨然仗義,恢復故宇。有鄉老張儒賔者數輩,捐資市石,命工鎸題,因以書之。

　　萬曆癸未十一年。

【按】

　　録自光緒《重修華亭縣志》卷六《祠祀》葉十五,明朱煦撰,原題"明朱煦廟碑叙略",原文:"錢郡王廟,在亭林鎮三登橋,其上爲星主閣,今改建平屋。"光緒《松江府續志》卷三十七《藝文志・金石補遺》葉五十一:"錢郡王廟碑。明萬曆十一年,朱煦撰,今存。案,朱煦碑文謂,神,閩人,姓錢,名七。考馮大受《竹素園集》謂,神即錢良臣。《一瓢集》謂,神即錢若水。不知孰是。"

035　重修永壽道院碑記

明萬曆三十六年(1608)　曹　蕃

　　高皇帝初奠金陵，凡江南草莽豪民，雄據一村落自恣肆者，咸芟薙無孑遺。時干溪之鎮，干氏家焉，聞其豪首冠金冠，服緋衣，擅此方生殺無憚，乃籍其家輸之官，僅存一髹几，規製偉麗特甚，今猶存永壽道院中，則永壽之建久矣。院在干溪震方。我先世凡用儒術取科第顯庸于世者，遇朔望，必潔衣冠，鞠躬下拜，成禮而退。爾時我宗貧甚，不能施大力，殿稍稍圮矣。羽士沈儀卿于萬曆壬辰始主院事，僅數載，即拓舊址創五雲閣，奉梓潼。美哉輪奐，高甍雄傑。及叩其木植、磚甓、餼廩之費，捨自十方大眾者十之五，而捐于儀卿之囊橐者亦十之五，鄉善士靡不心重儀卿。儀卿乃率其徒若孫，考鐘伐鼓，焚香稽首，為一方祝釐，嚴冬酷暑靡間。余築小西閣，實鄰于院。晨起，手一編坐閣上，發呷哦聲。而鐘韻之鏗然、鼓韻之填然從五雲來者，聲相答也。戊申春，儀卿將復籍眾力新廟貌，就余圖之。然慳吝之障未易闢，而木石之料未易鳩也，深為儀卿慮。儀卿毅然任之，募疏未離院門，遠商小賈、婺夫嫠婦靡不捐貲樂助，捆載而集。甫彌月，梓人掄材，冶人治煅，旅人運甓，凡繕營室所亟需者悉庀焉。于是欹者正，朽者更，萬瓦鱗次，黯黯如雲屯，丹艧藻繢，煥乎若新，兩閱月而事竣。余不覺瞿然曰：嗟乎！利欲最易浸淫，愚夫婦儘堪觸發，有如是哉！且財帛貨賄，萬命倚托焉。逢墨吏，朝桁楊，暮棰楚，民終如吸膏吮髓，寧藏鏹而斃也。里豪挾蜜口，巧為聚斂，民猶互相較量，孰肯棄錙銖令里豪觭重也？今羽士持疏募金錢，無煩振鐸乞哀，在在響應，則激于昔年創建五雲，非朝伊夕矣。能為儀卿解囊橐，豈非儀卿之善于激勸乎？亦見斯里之樂于為善也。余特為文以記之。

　　羽士號慶雲，儀卿其名也。其徒倪志修，其孫顧敏政、楊士楨，及捐貲人吳儒、褚細、王廷訓、褚山、柳可成、蔣應魁、金學禮、倪儒、沈道傳、趙秀、孫芳枝、陳鎛，皆勒之碑。時萬曆三十六年中秋日。

【按】

　　録自嘉慶《干巷志》卷六《藝文三》葉一，明曹蕃撰，署“曹蕃介人”。該志卷三《寺觀》葉三十六：“永壽道院，宋寶慶間羽士張清隱建。一修于洪武，再修于萬曆，曹通守介人有記泐石。”光緒《金山縣志》卷八《建置志下·道觀》葉十二：“永壽道院，在干巷鎮。宋寶慶間，道士張清隱建。一修于洪武初，再修于萬曆年間。曹蕃有記。内有烟蘿窟及五雲閣，額爲孫克宏書，梓潼閣，道士沈儀卿建。陸樹聲有記。今僅存真武殿、天君殿。”光緒《松江府續志》卷三十八《名迹志·金山縣》葉十九：“永壽道院，在干巷鎮。曹蕃有記。烟蘿窟諸勝皆廢，今僅存真武殿、天君殿，光緒三年，附貢生倪寶賢、附生王懋績等于殿旁設陸清獻祠，以張昺、焦袁熹祔祀。”

036　重修泖橋澄鑒寺記

明崇禎元年(1628)　陳繼儒

　　澄鑒寺與洙涇、楓涇東西相望，前後皆空水，而有甫田居其中，溝圳環匝于四旁，泖橋橫攔之于巽上。今橋圮岸斷不可行，獨僧寮、佛閣露于菰蒲竹樹之間。景幽地僻，游人未嘗過而問焉。

　　此寺建于唐天寶六年者，爲隆禪師。毁而重建者，爲宋本一净慧禪師。入吾明至嘉靖，困倭困役，寺頹僧孤。自筠所、果林二公至，奮土礫，薙草萊，募修四殿，而後敢葺静室，栽蔬種竹，稍有一枝之安。自是召集法侶，爲慧燈、梵儒、空外、梵儀、紹初、了微、廬岳、一音，經營拮据，殫厥心力，日諷誦水聲中，絶不與世緣相附麗。

　　余聞其鐘鼓分明，又見其僧儀嚴肅，就之談，無秋毫塵土粥飯氣，嘆曰："此浮屠中避世隱君子也。"因信信宿宿，朝朝暮暮，或泛月放棹，或聽雨聯床，慨然想慕白牛居士之高風，船子、夾山之古德，而不及見，猶幸有寺中本色道人，可與聚頭磕膝作無生話耳。因相與商略指點，按休咎，顧向背，漸次部署整頓之。繇榆陰迤逦而入，爲山門，額曰泖上第一山。繇門而入，兩天王踞于左右，額曰澄鑒禪寺。又入，額曰大雄寶殿，供如來應尊。繇殿東南竇一門，額曰小補陀，其内曰大參同[一]、曰觀音殿。繇西北竇一門，曰收綸禪，又竇一門，曰清音堂。清音堂之後，曰竹君堂，竹君堂之後，曰香印齋，香印齋之左，曰竹篠東偏頭。其他，静照軒、掛笠軒、庖湢場圃之屬，不勝紀。東南竹扉，濱水而居，捨筏登者自此始，曰渡錫。渡錫而外，無橋可接，無市城村聚落人往來。

　　其地以水勝，以月勝，以竹勝。其僧以戒律勝，以詩畫勝，以幽淡枯寂勝。其内外榜書，以剛峰海中丞、元美王司寇、荊 石王文肅、思白董宗伯、凡夫趙徵君署題勝。此皆緣主僧上慈而下孝，前恭而後儉，好莊嚴聖像門庭，而不好私藏，好文好潔而不好求人知，故士大夫樂與之游。顧其地，緑净不敢吐[二]，入其室，如見草衣木食之高流，動色相敬，周旋徙倚,而不忍遽捨去也。今筠所、梵儀、果林,已供影堂,而諸弟子念其權輿之所自始,如燕壘,如蟻宮,瓣泥撮土,一一從口血銜掇中來。廢剎中興,厥惟艱哉,後之繼者,辛勤善守之,大檀度、宰官長者,悲憫而擁護之,此寺世世金湯不朽矣。故陳子諾照白之勤請而爲之記。

【按】

　　録自崇禎《松江府志》卷之五十《寺院上》葉五十六,明陳繼儒撰,董其昌書,錢龍錫篆額,原題"陳繼儒重修泖橋澄鑒寺記",原文:"澄鑒禪寺,俗呼泖橋寺。橋在洙涇西,跨長泖之上,北引大泖,南合長泖,東出洙涇塘。唐船子和尚載月釣魚處也。唐天寶六年,僧隆建,後毀于兵。僧本一淨慧復建。萬曆間,重加修葺。董宗伯題其門曰:蒹葭蒼蒼,綠竹漪漪。歸并庵一。"《陳眉公全集》第 199 頁録有全文,題"重修泖橋澄鑒寺記",有缺字。《華婁續志殘稿·金石志》第 340 頁:"重修泖橋澄鑒寺記,崇禎戊辰元年中秋,佘山七十一叟陳繼儒撰,董其昌書,錢龍錫篆額,碑分六截,如法帖式,行書計一百九行,行八字。今存本寺。"光緒《金山縣志》卷八《建置志下·僧寺》葉三録有節略文,題"明陳繼儒重修記略",原文:"澄鑒禪寺,在泖橋,俗呼泖橋寺,相傳僧德誠載月釣魚處。唐天寶六年,僧隆建,後毀于兵。宋僧本一淨慧重建。明萬曆間,僧筠所果林修,復構香印齋、清音堂,爲陳繼儒讀書處,并塑繼儒像。有董其昌諸詩碑。同治元年,清音堂毀于賊,僅存詩碑二塊,并重修澄鑒寺碑記。九年,僧春山復構五楹。"卷十五《藝文·金石部》葉十四:"重修澄鑒寺碑,明崇禎元年陳繼儒撰,董其昌書。"嘉慶《松江府志》卷七十三《藝文志·金石》葉二十四:"重修泖橋澄鑒寺碑,明崇禎元年中秋,陳繼儒撰,董其昌書,錢龍錫篆。"光緒《松江府續志》卷三十八《名迹志·金山縣》葉十七:"澄鑒禪寺,在泖橋,香印齋、清音堂爲陳繼儒讀書處,同治元年寇毀。"碑現藏金山區博物館。

【校注】

　　[一]大參同:《陳眉公全集》作"大參洞"。
　　[二]不敢吐:《陳眉公全集》作"不吐"。

037 重修仁壽庵記

明崇禎二年(1629)　曹　勳

賜進士出身翰林院庶吉士曹勳撰文
賜進士出身工部營繕清吏司主事徐石麒篆額
賜進士出身知寧波府慈溪縣事李沾書丹

自春申浦而南，爲仙山鄉，鄉以山得名也。山有仁壽庵，按志，仁壽庵去府治南六十里，不言其所在。予登查山，其上蓋有趙承旨題額云。相傳查山者，祖龍[一]涉秦望山視海，見驚波怒濤，盡爲此中樹所遮隱，赭其山，因名赭山。或曰：海水不時至，囓民廬產，而茲山若爲屏障，故亦云遮山。後查玉成采藥于此，亦成仙去，遂名查山，而前二名俱廢。山之南坡即仁壽庵，庵建于勝國初年，僧名若愚，自肅皇帝時，島夷躪海上，官廨市廛道宮梵宇之屬，盡投灰燼，而查山若掃矣。僧如月本仁師弟二人，不愛項踵，力圖鼎新，至萬曆甲午，始告成事。更三十五年○今上改元，如月之嗣孫普勳復加廓埤，輪奐視昔十倍，而普勳復自補陀天台歸裝△華嚴諸典數十種，大爲此山增色，庵之朝陽有丹井，紺白而甘，爲雲間第二泉。東北三十武，即查玉成煮丹石屋，至今多細鍼砂，時時有紫光發現，視其夕陽，則勝國名臣潘景安公墓。山故無喬木，壙前二銀杏，扶疏百尺，△廣數畝，予友潘稺修懋穀蓋公十世孫，指示予，輒低徊留之不能去。普勳適介東西斗絕處，結築經閣，碧幄丹夢，與大雄殿迢遙相望，隱隱隆隆，成勝觀焉。予時過稺修，每嘆謂山靈顯伏，盛因廢興，豈不以人哉！查山之奇峰峭石，嵌空玲瓏，儘堪與九峰爭勝，而僻處海隅，不能盡邀名筆。昔袁履善先生，與七子相上下，其所經天下名山最多，曾過此山，留連稱快。其所題石壁，苔莓斑駁，已不可讀。而稺修尊人慎餘先生，有查山八景詩，今亦無傳。惟是普勳聿追往烈，而其徒通遜、心證克咸厥功，使數百年遺趾，復得開朗；而是時賢郡侯廣搜郡內山川仙釋之迹，用襄郡志，適因普勳之請，遂不敢以不文辭也。

崇禎二年歲次己巳十一月吉旦立石，主持僧普勳、徒通遜，孫心正，曾孫源匯，行童廣志、續明。

【按】

録自民國《金山縣鑑》(1936 年 7 月第二期)第十章《藝文》第 173 頁，明曹勳撰，徐石麒篆額，李沾書丹，釋普勳等立石，原題"重修仁壽庵記"，題下原注："碑立查山仁壽庵。"此處文字標點，一仍其舊，文中符號"○""△"，未見説明。民國《重輯張堰志》卷九《志藝文·金石》葉十："重修仁壽寺碑記，明曹勳撰，李沾書。"

【校注】

［一］祖龍：指秦始皇。

038 金山衛武聖宮碑

明崇禎九年(1636) 曹 勳

　　金山濱海,南射島夷,代有倭患、巨寇竊發,亦恃海爲窟。金山于淞海爲衝,而未嘗罹夷寇之害,雖國計包固師武臣,力究所馮依,則神之呵護多焉。中爲萬壽寺,建自趙宋,有子昂額對。先爲仁壽院,至我明爲祝聖道場,是名萬壽寺,其所從來遠矣。南有三官堂,面一小梁,于志滾龍橋,其舊迹也。定遠侯築城隍,則東爲城隍廟。西司善滃,爲一境福年。西則爲圓通庵,初一草刹,大士現身接引,徽之富商某,感而修葺成勝斿壇,蓋其地用武人習戰鬥,大士願以慈心壓其殺氣也。達于筱管街渚,曰關聖行宮。聖之靈,無所不在,而茲地爲尤赫。世宗廟,倭入寇,犯城下,陴不爲守,賊見城上赭面美髯,風旋雲擁而下,驚誠退去,破川柘而金山無恙,則聖之功德于茲地爲無量矣。善信范明武、宋昌詐、岑耀先、魯嘉胤、徐鼎臣、呂一文、林筠茂等,願與衆信共香火之計,祠壇量香烟等,日時料資費,寧益無損,寧贏無乏,蓋已數年于茲矣。又慮事習易玩,意久易衰,總捐資買地陸畝,量地所出,准前所供,香火不斷,如地永存。

　　嗟乎! 善哉! 里邑井疆,惟神之賜,何惜彈丸,不彰美報,願以尺土,壽茲方寸。今之供養,緩之興起,共茲不壞,永種福田,惟神有靈,惠福無疆,則衆善信大有造于海上云,因樂爲之記。

　　翰林院編修曹勳撰,翰林院左中允楊汝成書,欽差分守南直隸蘇松等處地方參將周建舍石,崇禎九年十二月日具。

【按】

　　録自《金衛志》第四卷第三章第四節《名勝古迹文物》第333頁,明曹勳撰,楊汝成書丹,周建立石,原文:"武聖宮碑,有3座,原立于衛城四組關帝廟前。一爲明崇禎九年重修關帝廟時立,後移于衛城六組民宅後,今在紙筒管廠地下。碑文如下：……一爲清光緒五年秋《重建武聖宮碑》,係進士吳福謙撰文,金山營游擊張德龍立。今該碑移在衛城村民委員會旁渠道下。另一座爲'下馬碑',鐫有'文武官員軍民人等至此下馬'12字,今該碑在衛城化纖廠内。"

039 梵香林碑記略

清康熙十五年(1676) 王無欲

　　梵香林自順治六年擇地,經營之始,友人尤元章、何君泰輩協力共襄,不日告竣。地藏右側立我生像,與常在祠,一體并垂,并勒諸石。

【按】

　　録自光緒《婁縣續志》卷九《祠祀志·庵觀》葉二十七,清王無欲撰,原題"王無欲碑記略",原文:"梵香林,在楓涇鎮東,里人王無欲捨宅爲庵,華亭董其昌題額,咸豐十年毁于兵。"光緒《重輯楓涇小志》卷二《志建置》葉十三:"梵香林,在鎮北凌家堰。順治六年,里人王無欲建,尤元章、何君泰襄贊成之。有十景,曰碧泛亭,雙桂軒,鑑古閣,静勝居,望月堤,看竹處,洗硯池,聽松石,狎鷗渚,落雁灘。咸豐初,僧宏道募修,十年毁于兵。光緒八年,里人重建山門。采入婁續志。"《華婁續志殘稿·金石志》第350頁:"梵香林碑記。康熙十五年九月,王無欲記,碑分四截,行書五十行,行七字,有額,行書陰文横列五字。今存楓涇鎮。"

040 重修海慧教寺碑記略

清康熙三十二年(1693)　楊應標

　　風涇屬吴越交境,市衢之北有海慧教寺,創自宋初,里人姚諱廷睿,授將軍之職,捨宅建造。陳令舉、楊鐵崖諸先生題咏猶存。數百年間,陵谷幾變,大抵補救扶傾,人謀是賴。若予所見,貫庵師之勞于修壞,後先因果之奇,誠足證天人而垂不朽也。師工詞,善書法,予筮仕之前,即時步上方,周觀諸寶相,丹青剥落。歲戊午,修繕山門、兩殿,一日,衆匠方升木,誤損文殊金身,師驚愓之際,仰見火焰,柱上隱留墨迹,緣梯諦視,有"成化中本山普亮捐貲塑成。倘日久凋落,繼序其新"之字,于時稽首領囑,未幾而殿工告竣,而塑像之役尚有待也。

　　今癸酉春,師過予,乞募疏。疏一啓,沈君思雲均野、顔君俊生、僧湛虚,并允獨塑大像,予亦稍捐舊俸,以佐洪工。其餘願捨善姓,悉無靳色。計佛、菩薩六十六尊,浹旬之内,各任無遺,而當日像虧書現,若假執役之手,昭示衆人,不亦奇乎?夫乃知佛之神通不可思議,而師之福德不可量也。貞珉之勒,其可缺乎?予既樂觀其成,更欲使人知志堅者行必卓也,于是援筆而爲之記。

【按】

　　録自宣統《續修楓涇小志》卷二《志建置・寺觀》葉十九,清楊應標撰,原題"楊應標重修碑記略",原文:"海慧教寺,在鎮北。宋建隆初,里人姚廷睿捨宅建。初名興國福壽院,治平元年,改爲海慧院。舊傳寺有八景,曰:水波壁,留春亭,轉藏殿,精進閣,并久廢;金沙灘,圓田匯,留慶河,八角井,今尚存。國朝康熙十七年,重茸山門及兩殿、禪堂,額曰風溪第一山,乾隆時趙金簡書。二十二年,僧貫庵復建精進閣于寶華堂後。咸豐十年,悉爲兵毁。同治十三年,僧真通建地藏殿、精進閣。光緒二十二年,里人沈崧重建寺。"

041　重修金山衛城隍廟記

清康熙三十七年（1698）　楊　瑄

　　金山衛城隍廟一區，創始于明洪武二十年指揮僉事李公武，蓋設衛之明年也。弘治四年，總督楊公政駐節于此，復鼎新之，規制稱大備矣，迄今二百餘稔，屢葺屢壞，旁風上雨，廟貌勿嚴，群衛之人皇皇焉，惟隕越明威是懼。于是分鎮王君功偕諸將佐，率先經畫，而衛之人士某輩，咸踴躍從事，鳩工庀材，罔或勿飭。始丁丑冬，訖戊寅夏，其規模無改于昔，而重檐修栱，危垣文陛之制，視昔有加焉。工既竣，某等謂瑄，宜爲文以紀其事，瑄雖不敏，其何敢辭。

　　竊惟神之命于天也，猶人臣之受職于君也，而神之有城隍也，則猶州縣吏之守土親民者也，有禱焉必應，有籲焉必聞，操陰隲之權以助政教之不逮者，神爲之也。是故祀典之載于有司者，城隍爲特重，不與他祀比。衛城南臨大海，北控泖澱，自明初置戍設防，而本朝遂因之，蓋詰戎奮武之地也。比歲以來，島嶼削平，鯨鯢偃仆，四境宴然，里巷無吠犬之警，若商賈之往來于浙閩，于粵東西，于登萊、津門者，帆檣絡繹如行階除間，豈非國家聲教四訖，海隅率俾之明效歟？雖然，今之可患者厥有二焉。海潮之自南匯嘴而西也，漴闕爲首衝，明郡守方公所築石塘，日就傾圮，秋月潮盛，間值風雨，水勢洶湧，高與塘平，其穴石罅以入者，聲轟然如雷，則患在海潮之衝決也。環城地皆斥鹵，其通潮汐以資灌溉者，惟運鹽河是賴，今則河底日高，河身日狹，苟夏秋間十日、二十日不雨，農人相顧，無所措手，而田禾且盡槁，則患在內河之淤塞也。蓋舉百里內外，數萬生靈，與夫田疇室廬，資生之計，胥託命于一綫之塘與一綫之水，其可患也如此，苟非神之默施補救，以惠此一方，其能旦夕保哉？夫蒙其利矣，必隆其報，舉其祀矣，必竭其誠，宜諸人士之祇肅歆慕，相與趨事恐後也。繼自今以往，庶幾風雨以時，陰陽不忒，天吳海若，奉職效靈，俾我民樂業遂生，永享太平無事之福。維神之休，豈有艾歟？瑄世居衛城之西北郊，幸嘗與邀神庇，故于廟之成，舉其事之繫于民生者，書而勒之于石，用揚靈爽于無窮，非徒爲一廟志廢興也。又考《松江府志》，于"城隍"條下記云："別廟六，一在金山衛小官市東。"是以今廟爲府城隍別廟，非也。明初軍衛之體尚尊，故其神與府并爵爲公，迥出州縣上，今州縣皆有專祠，而獨絀衛爲郡之別廟，可乎？敢并正之，以告後之觀者。

【按】

録自乾隆《金山縣志》卷之二十《藝文二》葉十三，清楊瑄撰，署"國朝楊瑄"。光緒《金山縣志》卷七《建置志上·秩祀》葉十二有節録文，題"國朝楊瑄記"，原文："城隍廟，在朱涇鎮明真道院左。順治年建。……別廟，……一在衛城縣治東北（華界），明洪武二十年指揮僉事李武建。康熙三十六年參將王功建修。"

042　松隱禪寺禪堂贍僧田記

清康熙四十六年（1707）　焦袁熹

鄉進士焦袁熹撰文

太學生沈爾垣書丹

郡庠生沈宗鑑篆額

原夫理超生滅，建立皆有漏之因；道絶思維，福德非無我所受。然而鐙王贈席，香積惠餐，既胎善以成緣，亦因敬而生悟，豈不以法之爲言也？貫有無，等空色，融理事，混中邊。諸佛體之，則三菩提；菩薩修之，則六度行。海慧變之爲水，龍女獻之爲珠，天女散之爲無著花，善友求之爲如意寶。故知解脱之法門，正賴有爲之功德矣。況乎觀自在，咸因色身，諸净土皆爲搏食智慧之火烟[一]，若方中煩惱之薪，燒之不盡，詎以不周之靈粟能停常轉之食輪者哉？

松隱在浦南[二]二十里，文士之所盤桓，道流之所栖遁。語其幽勝，桃源云樹之思；論其逸迹，芝嶺烟霞之想[三]。機山既地主流聲，船子亦德鄰騰譽。當元至正間，有唯庵禪師者，以善巧方便作諸佛事，利益衆生。里人山子才等感其德化，爲創精廬，後乃建七級浮屠，貯血書《華嚴經》，名之曰華嚴塔。三十二種之相，月朗毗耶；八十一卷之文，雷轟震旦。迨明正統間，有主持顯大機[四]，請額于朝，遂爲松隱禪寺。拈莖[五]建刹，指柏參禪。天外錫飛，則開林薙草；山中石桄[六]，則紐業承基。百餘年間，若斯而已。臺池[七]屢變，堂構仍虧。寶筏載浮而載沉，智幢迭起而迭仆。斯緇素之所憫惜，人之所喟嘅者也。

本朝康熙癸丑歲，天童之後人冠嵋禪師，始應里人徐振南、沈元功、朱又班、徐聖嘉等請，總持兹寺。迄乙丑弟子柏山繼席焉，母啐而子啄，山鳴而谷應，用闡宗風，思營衆業，一瓶一鉢，類次第于王城某水某坵，等栖遑于貧里。丙子歲，里人徐振藩、沈彥生、黃昇彥、朱靖遠等，仍請柏山之嗣[八]鑑古主持法席。衆推白足之奇，上掩黄晴之智[九]。楗槌待叩，沙門之關鍵斯開;法鼓裁鳴,性海之波瀾益暘。既乃糾集[一○]善宿,啓誦《金剛經》道場,捐資勸助,贍僧田如干畝。净財既集[一一],段食攸資。香帔成畦,即是伊蒲之饌;秧歌振木,便參梵唄之聲。是日福田可續,慧命鐫之翠琬,敢忘桑海之形;勒以銀鈎,爰記恒沙之數。

捐資善信

沈元功子會,膽助田二畝,坐落:婁縣七保二區二十圖海字圩七十九號。

徐介服、徐仲生、胡秀卿、楊門王氏,共助銀二兩六錢。

沈蒼期,助田二畝,坐落:婁邑七保二區二十圖翔字圩六十三號。

胡念如,勸緣姚門陳氏,助銀十兩正。

楊仁甫子友清,助田二畝,坐落:華邑十保二區七圖大冬字圩六十二號。

楊靖公,助田二畝,坐落:華邑十保二區十一圖騰字圩六十九號。

徐益賢,助田二畝,坐落:婁邑七保三區六圖遜字圩五十五號。

吳授卿,助田一畝,同前號。

沈君治,助田一畝,同前號。

朱静庵,助田二畝,坐落:華邑九保二區十九圖闕字圩五十二號。

冠嵯説監院湛音鐏,捐資二兩五錢。

勸募前列善信捐資契買七保二區十九圖伐字圩六號田三畝四分、二十圖翔字圩六十四號田二畝七分。

康熙四十六年丁亥仲春月立。

共田二十畝另五分。塔基二十四畝二分八厘,西房和尚有澄山户完納土啓。

【按】

　　録自《華嚴寶塔歷朝題詩碑文志·碑文》葉十七,清焦袁熹撰,沈爾垣書丹,沈宗鑑篆額,原題"松隱禪寺禪堂膳僧田記"。《此木軒文集》卷八《碑記》(見《清代詩文集彙編》第207册第402頁)録有此文,無"捐資善信"名單,題"松隱寺贍僧田記"。

【校注】

[一]火烟:《此木軒文集》作"火炳"。

[二]浦南:《此木軒文集》作"郡城南"。

[三]語其幽勝……烟霞之想:《此木軒文集》中此句在"德鄰騰譽"之後。

［四］顯大機：《此木軒文集》作“僧某”。

［五］拈莖：《此木軒文集》作“拈莖”。

［六］石桄：《此木軒文集》作“石俛”。

［七］臺池：《此木軒文集》作“池灰”。

［八］柏山之嗣：《此木軒文集》作“柏山之嗣田”。

［九］衆推白足之奇上掩黄晴之智：《此木軒文集》中此句在“益暘”之後。

［一〇］糾集：《此木軒文集》作“糾習”。

［一一］净財既集：《此木軒文集》作“净財稍集”。

043 仁濟道院重修記略

清乾隆七年(1742)　錢陳群

　　清風涇古刹以十數,獨仁濟道院爲最著。院當涇東南隅,林野夷曠,山禽水鳥,千百爲群。樓殿出古木間,掩映邃密,惟是山門庫隘,沿而未革,觀覽者以爲未足壯玄都紫宫之色。乾隆七年,敕封妙正真人朗齋婁君,念是院爲入道受籙所從昭也,捐貲重建,擴而大之。凡經營規制,賴有蔡君星若,實爲之董事,閱一載乃告成。余與朗齋,素爲方外交,屬記其顛末,將刻石以垂諸久遠。余惟浮屠、老子之宫,其赫然擅勝于名區都會間者何限?然而訪寒山之殘鐘,過瓊花之遺址,適足供後人欷歔而憑吊,則凡以得其人以興復之難也。清風涇,江浙間僻壤耳,朗齋獨注意于少時之所棲託,則洵乎勝地之必待人而顯。而朗齋之敬恭桑梓,不忘淵源,尤足見宅心之厚且周。其所以荷兩朝之寵遇者,且有本原也。爰不辭而爲之記。

【按】

　　録自光緒《重輯楓涇小志》卷二《志建置·寺觀》葉十九,清錢陳群撰,原題“錢陳群重修記略”,原文:“乾隆七年,妙正真人妻近垣捐貲,蔡維熊經理重修,禾郡錢陳群有記。”

044 重修滌塵壇記略

清乾隆十七年(1752)　談思永

　　滌塵壇者,守貞孝女沈氏焚修處也。孝女大父有文,自篠梓里遷龍泉港,築別業以奉斗尊,父湄鷗繼之,壇所由名也。孝女生而至性過人,父母絕愛憐之,受四子書,通大義。自幼撤環瑱、屏綺紈,讀書至北宮嬰兒子事,慨然慕之,念父母春秋高,兄病廢莫爲侍奉,遂矢志不字,日處是壇,翻閱道藏,茹齋頂禮,爲父母祝釐,閑事女紅以供甘脆。父母倚爲命,遂不復願爲有家強孝女。

　　康熙庚子,母病痢,瀕于死,臥床且兩載,侍疾不少懈,母得瘳。雍正丁未,爲母解煩熱,晝夜不輟,母痊而孝女之右臂拘攣成痼疾矣。既父母歿,值儉歲,兄力不辦,則變產典揭任之。迨兄病亡,無子,所以醫藥殯殮者,如父母。孝女念兩親未葬,日夕痛心,即壇中設館訓蒙,積脯資,先櫬得入土,然後知向之焚修一室,守貞不字者,惟此孺慕之誠,而無所作意于其間也。壇之重修,乾隆甲子,里黨慕義樂輸,縣貳尹吳公亦爲倡慕,則皆孝行感動也。

　　孝女今年且六十一,告其戚曰:"女僧願乞記于大人先生,俾先人遺迹垂之永久。"予惟孝弟之德,通于神明,天、親一也,未有能事親而不能事天者,亦未有不能事親而能事天者也。彼黃冠緇衣,離父母,絕塵垢,焚修寺觀中,精勤苦者多矣,視孝女之篤慕二人、齋心一室,其證地之淺深,爲何如也。松郡浮屠、老子之宮以百數,輪奐莊嚴,聳人耳目,孰若此數椽茅屋,能使過者歆歆、聞者嗟嘆,孝弟之心,有不覺其油然自生者乎?夫琳宮梵宇之記,非予所當與,而闡幽發潛、表揚貞孝,則予素志也。

　　孝女名文機,字曉西。

　　乾隆十七年春王月[一]。

【按】

録自光緒《重修華亭縣志》卷二十二《方外·寺》葉十六,清談思永撰,原題"談思永重修記略",原文:"滌塵壇,在龍泉港,孝女沈氏焚修之所。"龍泉港,位于今金山區東部,據九〇《金山縣志》第二編第四章第一節《骨干河道》第 84 頁:"龍泉港,位于(金山)祝家港東,北起黄浦江,經松江境段爲葉榭塘,至盛梓廟入金山境,過運港東口,……穿紅旗港直達運石河。原龍泉港自山陽鄉河缺口折西抵金山衛東門段,今稱老龍泉港。"

【校注】

[一] 王月:原文如此,或當作"正月"。

045 重建關帝廟碑記

清乾隆三十年(1765) 沈若潜

　　張溪爲金山重鎮,市廛稠密,而寺觀古刹亦錯處其間。乾隆十六年,長沙常公莅治我邑,鳴琴之暇,與同邑諸君子纂輯縣志,旁搜古迹,網羅殆盡。即我里之赤松舊地,以及元真道院、濕香等寺,并列簡編,班班可考。獨關聖祠宇,比櫛水月一庵,相傳爲前朝金氏所創,志闕有間,豈采訪之疏略與。蓋我朝開國以來,營房容有未建者,凡汛兵之來守兹也,雜處其中,幾忘爲莊嚴之地矣。且故老無存,而搢紳先生亦難言之。歲在甲申,柏鄉楊公具詳各憲別創營房,夫而後神人各得所歸焉。但百年來,棟拆榱崩,墻垣頹墮。明經慕桓黄先生心竊傷之,因其故址擴其規模,捐資獨任。氣象一新,則此廟豈可不爲計長久也哉。勒諸貞珉,用垂悠遠,庶使後之人瞻廟堂而觀圖記,穆然思慕桓先生之盛德焉。而創始之金氏,亦因之不朽矣。然則是碑也,即以補縣志之闕略也可。

【按】

　　錄自民國《重輯張堰志》卷二《志建置·祠廟》葉六,清沈若潜撰,原題"沈若潜武帝廟碑記",原文:"武帝廟,在汛署北,明金氏創建。乾隆三十年,黄榮年(歡按:榮年字慕桓)重建。咸豐十一年,寇毁,僅存大殿。同治年何錫等籌修,又于殿左右增建三楹,爲同善、惜字兩公所。光緒二十五年,楊求禮集捐,重建大門、殿宇,中庭築月臺,焕然一新。并水月庵基址改建同善堂,于殿左建樓三楹,設留溪學堂。謹案:武帝于咸豐三年奉旨升入中祀,樂用六成,文武舞各用八佾。欽頒樂章祝文,禮節悉如帝王廟。加封帝曾祖光昭王、祖裕昌王、父成忠王。七年又頒御書'萬世人極'匾額于京師、各直省州縣廟,一體謹懸。又案,各州縣文武二帝別廟甚多,今典禮嚴重,宜靜肅供奉。"該志卷九《志藝文·金石》葉十:

"重建關帝廟碑記,乾隆三十年沈若潛撰。"光緒《金山縣志》卷七《建置志上‧秩祀》葉十:"武帝廟,在朱涇鎮鳳翔里。……別廟,……一在張堰鎮,乾隆三十年黄榮年重建,沈若潛記。"

046 重建推篷室記

清嘉慶四年(1799)　朱　棟

　　唐神僧船子委篷以去,元沙門舜賓創別室于法忍寺側,顏曰推篷,幻住道者爲記勒石。不知何時移建下圩,年久失修而圮。嘉慶三年春,余與丁君子香、張君六華同游寺中,住持漪雲上人指院後隙地曰:"此元建推篷室之遺址也。"慨然有興葺意。于是日誦《華嚴》,多方勸募,兩君復貲助之,重建三楹于初地,逾年落成,請余爲記。余曰:善作者必善成,善繼者必善終。方其室之議葺也,如解維遇石尤,縴挽猶恐不及。及其既建也,如順風揚帆,一瞬百千餘里。迨今既成也,又如卸帆停泊,安臥楓灣荻渚間。昔余嘗從漢及江,渡洞庭,達星沙,復由湘水灘行經江右,渡鄱陽、錢塘而返,走水程四五千,所恃一篷于未推既推、可委得委之時。親涉其境,大概始難繼易,而後即安。一日如是,萬里如是,終身行道,罔不如是。作室如是,凡事如是,我道與釋道亦莫不如是。噫,推篷之義大矣哉! 夫船子上無片瓦,下無錐地,終委篷、始推篷者也。舜賓若考肯堂,厥子肯構,繼推篷、終委篷者也。能委篷而推篷,今日之漪雲即舜賓、即船子也。後來之推篷,皆船子,皆舜賓,皆漪雲也。余非知道者,仍以委之推之之義,繼幻公而爲記。嘉慶四年三月。

附: 重建推篷室記

清嘉慶四年(1799)　朱　棟

　　唐神僧船子委篷以去,元沙門舜賓乃創別室于法忍寺側,顏曰"推篷",有中峰明本《記》勒石。明季移建下圩,年久失修傾廢矣。嘉慶三年春,主持明照院漪雲上人達邃,指院後隙地示余曰:"此元建推篷室之遺址也。"慨然有興復意。日誦《華嚴》,多方勸募,重建三楹于初地。又以落成有日,屬余先志其本末焉。夫善作者必求善成,善繼者必得善終。方其室之未葺也,如舟行遇石尤,雖有帆檣無所用。及其將建也,如順風揚帆,一瞬千百里。迨至既成也，又如卸帆停泊，安臥楓灣荻渚間。昔余嘗從漢及江，渡洞庭而達星沙，復從湘水灘行，經江右，渡鄱陽、錢塘而返，走水程四五千，所恃一篷于未推既推、可委得委之時。親涉其境，大概始難繼易，而後即安。一日如是，萬里如是，終身之行，罔不如是。作室如是，凡事如是，我道與釋道亦莫不如是。噫，推篷之義大矣哉！夫船子上無片瓦，下無錐地，終委篷、始推篷者也。漪雲若考肯堂，厥子肯構，繼推篷、善委篷者也。余非知道者，即以推之委之之義，繼中峰而重爲記。嘉慶四年。

【按】

《重建推篷室記》前者録自嘉慶《朱涇志》卷四《名迹志·古迹》葉六，清朱棟撰，原題"本朝朱棟重建推篷室記"，原文："推篷室，在法忍寺明照院。元大德年，沙門舜賓建，釋明本有記勒石。明時移建下圩，久廢。嘉慶己未春，漪雲上人多方勸募，丁上舍益琳、張明經清新出資興建，陳鳳喈、丁安愚、錢昆英、丁芷田、張靜渠、陸伯仁、丁衡甫、陳鳳翔、嚴訪漁諸君襄助，重作三楹于初地。先君子仍書舊額，棟爲文以記之。"《續機緣集》卷下（見1987年出版的《船子和尚撥棹歌》第80頁）録有全文，題"重建推篷室記"，署"本朝朱棟二垞"。嘉慶《干巷志》卷六《藝文》葉四十所載全文，題"重建推篷室記"，署"干巷朱棟二垞"，頗有異文，特附録于後。嘉慶《朱涇志》纂成于清嘉慶十二年(1807)，而嘉慶《干巷志》于嘉慶六年(1801)由柘湖丁氏種松山房初刻刊行，故嘉慶《朱涇志》所載可能又經撰者改訂。

047　奉敕新建文帝宫碑記

清嘉慶十年（1805）　鄭人康

　　皇帝御極之初，承列聖丕顯之緒，重華協于帝，浚哲文明，光被四表上下，俊乂在官，百僚師師，亮采有邦，誕敷文德，光天之下，至于海隅，蒼生罔不昭明于變，共惟帝臣。于是皇猷炳焕，帝載緝熙，并日月，撫五辰，觀天文，稽天象，其司厥命與禄者，知有默宰于冥穆，以佑啓我群生，特崇帝君鴻號，載入祀典。詔侯甸男邦伯，下郡縣所在建祠宇，春秋定日，其祀事惟謹。人康承天子命，用集邦之大夫、士，宣布綸言，即首捐廉俸，邦人士咸拜手稽首，捐輸恐後。相地厥既，得卜則經營，初卜朱水西，惟震方吉，又卜灘水南，亦震方吉，乃定地鳳翔里東林禪寺之右。用白金若干兩，建大殿五楹，東西各三楹，宮三門，門三塗，四圍繚以垣，不侈不陋，期年而告成。按《禮》祭法，七祀、五祀，皆先司命。《周禮·大宗伯》：“以檜燎祀司中、司命。”《尚書》：“禋于六宗。”《小宗伯》：“兆四類于郊。”《月令》：“季冬之月，畢祀天之神祇。孟康、鄭康成皆謂司中、司命與焉。”《史記·天官書》：“斗魁戴匡六星爲文昌宮：曰上將、次將、貴相、司中、司命、司禄。”《漢志》《晋志》，小有異同，皆指文昌之名也。文者精所聚，昌者揚天紀，惟天陰騭下民，相協厥居，首重彝倫攸序，故《洪範》陳九疇。自五行、五事以至嚮用五福，威用六極。惟皇極之敷言，是彝是訓。于帝其訓，凡厥庶民，亦惟皇極之敷言，是訓是行，以近天子之光。此邦最號有風俗，不僅以文辭稱，帷邦之人益淬屬于聖賢之途、圖書之府，一以帝訓祗承，用副聖天子作人雅化，佇見人文愈盛，髦士攸宜。願與邦人敬承祀，以共天子尊天之休命，謹集詩三章，俾歌以侑神。其辭曰：

　　維北有斗，明星煌煌。如日之升，休有烈光。矢其文德，以謹無良。秉文之德，自獨俾臧。無日不顯，示我周行。赫赫在上，雝雝在宮。春秋匪解，夙夜在公。各敬爾儀，神罔時恫。既愆爾止，鮮克有終。有如曒日，穆如清風。于薦廣牡，自羊徂牛。其香始升，旨酒思柔。帝命不違，云何其憂。思皇多士，何天之休。上帝是祗，百禄是遒。

【按】

　　録自嘉慶《朱涇志》卷二《建置志·宮廟》葉六，清鄭人康撰，原文：“文昌閣，……嘉慶十年，鄭邑侯人康首先捐俸，紳士踴躍樂輸，建正殿五楹、東西兩廡。”該志卷三《藝文志·碑版》葉十三：“奉敕新建文帝宮碑記，鄭邑侯人康撰。”《朱涇鎮志》第229頁記載此碑：“立于清代嘉慶十年(1805年)，知縣鄭人康撰文。原在鳳翔里東林寺右面，民國26年日軍入侵時被毀。”

048　法忍寺達真禪師塔銘

清嘉慶十二年(1807)　朱　棟

　　嘉慶丁卯秋,主福源寺漪雲和尚以其師達真禪師行狀來乞銘。余與漪公在俗爲中表兄弟,且與禪師數游處,故不敢以不文辭。

　　按狀,師諱顯相,號塈亭,俗出平湖俞氏。父惺機,晚年入空門,禮天台清凉寺鏡臺長老。師年十三亦依天台師祖義,初參普明宗意禪師受具戒,繼參東林允輝和尚閱金經,無所住而生其心,豁然頓悟,因自號半癡道人,開法元和[一]之明因[二],後主嘉善之慈雲寺。周廉使山茨、曹農部秋漁敬禮如神明,諸方衲子傾慕,挈瓶挾錫,問法座下者,日夜踵相接,遠近檀越施衣、施食、施財帛者,不絶于途。師平生無篋笥,隨施隨散于衆,不私一錢,道俗益重之。居數年,忽示微疾,不説偈,但聞異香,合掌跏趺而逝,嘉慶乙丑閏六月十一日也。世壽六十有六,僧臘五十有三。受度弟子若干人。越二年,受法門人漪雲建塔慈雲,奉龕入塔焉。

　　師狀清癯,賦性警悟,精通釋典,并讀儒書,好爲詩,工大草,兼長蘭竹,所到之處,索書畫者紛然。一日因朱涇諸名士咸集,有以舊紙四幅索師書者,既書其三,末幅寫"青山"二字于上而擱筆曰:"誤矣。"因顧余曰:"居士可于青山字下續成一詩。"余即應聲曰:"青山遥指白雲間,躐屐穿雲曾往還。今日轉從迷誤處,過溪又見一重山。"師微笑曰:"居士根基不淺。"由是深契,拉余游慈雲,事阻不果,孰知竟成永訣也。知師警余,故并述之。銘曰:

　　師號達真,師真能達。心性空靈,語旨解脱。何有何無,一衣一鉢。擅畫詩書,皆臻活潑。無心酬應,隨手塗抹。因誤成詩,迎機便喝。一言投契,三乘綜括。識得去來,忌却死活。巍巍窣堵,蒼蒼松栝。水流雲飛,天長地闊。

【按】

録自嘉慶《朱涇志》卷十《遺文》葉三十五(見《上海鄉鎮舊志叢書》第5册第168頁),

清朱棟撰,署"朱棟二垞"。該志卷九《方外傳》葉八:"達尊和尚,諱顯相,號埜亭。……年六十餘,合掌跏趺而逝。受法弟子漪雲來乞銘,余特志其塔云。"光緒《金山縣志》卷二十八《方外傳》葉五:"達真,字簡庵,姓楊氏,瑄之叔,受度于超果寺,居西來堂,後居廣富林之福城庵。戒律精嚴,兼工書畫。王鴻緒嘗以所畫扇進呈聖祖仁皇帝,甚稱賞之。雍正六年,諭徒衆曰,明午吾當逝矣。衆問:師何往?答曰:吾家自有通霄路,不向他人行處行。至明午,果然。"同卷葉八又有"達尊和尚"一條:"達尊和尚,名顯相,號埜亭。俗出平湖俞氏,父惺機,晚年入空門。師年十三依天台師祖義。初參普明宗意禪師,受具戒。繼參東林允輝和尚,閱金經。無所住而生,其心豁然頓悟,因號半癡道人。精通釋典,好儒書,能詩,工大草,善蘭竹。平生無篋笥,不私一錢,道俗益重之。年六十餘,合掌跏趺而逝。"則塔銘標題或當作"法忍寺達尊禪師塔銘"。

【校注】

［一］元和:清代元和縣,今屬蘇州市。

［二］明因:當指明因寺。

049 釣灘庵船子和尚真像贊

清道光七年(1827)　釋道忞　釋悟開

釣灘船子和尚真像

繞灘寒日嘆黃能，船子蹋翻念始灰。

落照灣前潮又汐，清風誰挽得重來。

古越平陽後學道忞贊偈

超群逸格，不以説説。華亭水邊，停橈釣雪。

等個人來，達摩面壁。至竟翻舟，藏身没迹。

無盡鐙光，藥山嫡血。

道光歲丁亥春月

古吳後學悟開謹贊

【按】

録自宗瓅《施蟄存與船子和尚》一文(見《新文學史料》2001年第3期)，清釋道忞、釋悟開撰。原文："洙泾某庵有石刻船子和尚像，并贊二首，録于下……"《金山藝文志·金石》(見《姚光全集》第625頁)著録："釣灘船子和尚真像，清改琦重摹。有平陽道忞、古吳悟開、海昌悟靈及張真傄贊頌。案，《朱泾志》稱，釣灘庵中藏船子畫像，紙墨甚古，款書'開元戊申小春周治寫'，上有木陳和尚詞云云。改氏重摹，乃依此本。《朱泾志》又稱，法忍寺有沈白岩寫本，稜稜露骨，想是暮年色相異于周所寫者。今周沈兩本均失。此摹本石刻原在朱泾釣灘庵，庵中供船子像鐫木塗金結跏趺坐。後里人廢庵，拓爲校舍(即縣立初中)，遷象庵右呂祖祠，于座背得此刻石，并移置祠之庭隅，已苔蝕土積。由丁承宗、承溥兄弟洗拓傳世。"

050　重建東林禪寺觀音殿碑記

清道光十六年(1836)　葛其仁

　　余以今年春奉檄權學篆來金山邑治。朱涇鎮東西距三里有奇,間以暇日訪求古迹,得舊剎二。一爲法忍教寺,建于唐咸通十年,宋治平中易今額。其地爲船子和尚覆舟處,遺像今存。自法忍而東一里許爲東林禪寺,殿宇高敞,法相莊嚴。規制與法忍埒。邑之人士相率告余曰:寺之觀音殿,道光乙酉不戒于火,住持念杯上人名仁渡者瞿然奮起,謂"名剎不可不修,慧命不可不續",廣爲募勸,鳩集善緣,志在必成,不辭勞攄。一時善信歡喜,檀施麇集,度工庀材,經始九年之秋,告蕆于十一年之冬。蓋閱三載而克潰于成,規模一如舊,而壯麗過之。嗚呼,可不謂之勝緣歟!

　　余惟大雄氏立教于世間,一切無所戀著,視其身之生滅俱非實相,寫經造寺爲人天小果有漏之因,然象教東來,實籍琳宮,法宇巍峨藻煥;瞻禮膜拜,以發人敬信之念,堅人持受之誠。合智愚以同歸,超四空而獨耀,而又得善知識,爲之力加保護,頹者以舉,廢者以興,詎概薄爲小果而棄弗道哉?考寺自元至大年僧妙因創建,皇慶初元智開山其後,以詣都進銅佛像,奉敕祈雨應,賜號"佛日普照大德禪師"歸寺。蓋世以梵得精嚴,著聲遐邇,念杯其將以繼起乎。爰書其事,鑱諸石以諗來者。其董事出錢,姓名別籍于冊,不復贅云。

　　道光十有六年歲次丙申五月,署金山學訓導、前景山官學教習嘉定葛其仁。

　　里人陸亦吾書。

【按】

錄自《金山文化志》第十七章《文物勝迹·碑記》第292頁,清葛其仁撰,陸亦吾書。

051 拈花林禪院碑記

清道光二十二年(1842)　顧　瑜

　　沙溪拈花林禪院,係雍正十二年間鄉賢輪彩吳公獨力創建。院成,塑年尊大士像于其中,爲衆姓瞻禮,即爲附近文人會課之所,誠善舉也。年久失修,日就傾圮,三世賢裔歲貢生諱□雲,號立居,見而心惻,謂地方善舉莫敢輕廢,況斯院溯所自始,後之人尤有不忍聽其瘝敗者。乾隆六十春,爰出資斧,整理重新,并捐田畝齋僧,比時衆共嘉之。奈經非人,以致廟貌漸頹,金光剝落,且田畝亦被私售,幾及成訟。太孺人翁氏因以重新爲其任,鳩工里約壁,經宗族聚議,贖出原田,歸于住持收掌,而舊觀得以重振。及十數年來,又爲風雨漂搖,柱裂墙傾,蓬棘叢生,幾成廢址。太孺人唐氏亦念斯院重建之責,匪類人任,遂乃忼慷捐金,以成其事。積善之家,後先輝映,豈不懿歟。第院鄰故多踐擾,業經錢銘等具呈請禁在縣,更恐後有不肖族人稔知斯院及田俱係吳氏捐造,不由外助,非惟無志續修,且將肆意擅賣,因命顧瑜等具呈存案外,略綴數言,勒之珉石,俾知斯院創修捐贖之始末,于以嗣前徽而杜後弊,庶得垂永遠焉。

　　華邑□□爲字圩丈田叁佰拾陸號貳畝柒分,叁佰三十捌號四畝五分肆厘,三佰四拾陸號伍畝,共計丈田壹拾□畝零貳分四厘正。□□顧□□正租□□□斗,蔣炎松正租叁拾拾貳斗,倪秀學正租壹□四斗。

　　奉縣憲□□如有□□□□分行,□□□係□拈花林户,壹兩叁錢捌分正。主持僧人三榮。

　　道光二十二年(1842)歲次壬寅桂月之吉旦,闕里子婿顧瑜頓首百拜謹撰并書。

【按】

録自《上海佛教碑刻資料集》第455頁,清顧瑜撰并書,其按語云:"此碑青石質,立于道光二十二年(1842)，顧瑜撰并書，碑額篆體 5 字，分三行，豎 2，1，2，碑文楷體豎書，14 行，行 38 字。拈花林，又名拈花禪院，舊址天曹涇沙八圖(今金山區漕涇鎮沙磧村)，尚有廟屋殘存，碑在壁間。碑文録自原碑，并據上海古籍出版社 1995 年《漕涇志》、2004 年《上海佛教碑刻文獻集》互校。"《漕涇志》第五章第一節《碑記》第 291 頁録有節略文，題"拈花碑"，原注："立于清道光二十二年(1842)，存于茶庵(今沙積村 1 組内)。"

052 移建文帝廟記略

清宣統元年(1909) 姚裕廉

　　我鎮文帝廟舊在廣福寺左，形家謂："寺高于廟，且地非爽塏，不利文星。"咸豐中，諸先達曾邀上海賈明經履上相于新街濟嬰局地，議移未果。辛酉，廟毀于兵，恢復後祝帝誕辰，十餘年來無恒所，非所以致其誠而昭其敬。光緒紀元，我師廣文、范夫子諱駿聲，邀同汪君進昌、張君昌熙暨裕廉等，決議遷祀。買公前相之濟嬰餘地，費由同人倡捐外，又請抽米捐一年，買賣與牙主各捐二文，合石抽六文。時知縣歸安潘公樹辰諸其事，未竟去任。繼之者爲仁和龔公寶琦，訖之。于是得有藉手，徵材運甓，度規大起，建傑閣三檻，前庭繚以垣，中立門。始于丙子十一月，越戊寅二月告成，糜錢八百餘緡。諏吉供奉帝位于上層，并記奎斗星君，下作文會講學之所。嗣是齋沐將事，庶幾竭誠盡敬。與是役也，地則屬于濟嬰，非咄嗟可辦，捐則牽制于坦荒，非反手而得。文牘之勞，唇舌之敝，幸而成之。而我師旋歸道山，厥後汪、張二君相繼辭世，裕廉從事于後。回溯諸先達之有志未逮，而我師等又經始之，如是之難，烏可不爲此廟計久長，用垂于後哉。爰不揣譾陋，撮其始末云。宣統元年己酉正月。

【按】

　　録自民國《重輯張堰志》卷二《建置志‧祠廟》葉六，清姚裕廉撰，原題"姚裕廉移建文帝廟記略"，原文："文帝廟，舊在廣福寺大殿左。咸豐十一年，寇毀。光緒二年，巢人范駿聲、汪進昌、姚裕廉、張昌熙等集捐，移祀新街濟嬰局餘址。謹案，文帝于咸豐六年奉旨升入中祀，樂奏六成，文舞六佾。欽頒樂章祝文，禮節均同文廟。"

053　重修妙常寺碑記

清(1644—1911)

重建妙常寺觀音大士佛宇碑記

我鎮之妙常禪寺,乃唐文宗時船子和尚講法處也,千百年中恒住古德,而前明寂照闐禪師最其表著者。寺正中爲大士佛(下缺)

【按】

録自《上海佛教碑刻資料集》第489頁,其按語云:"此碑在金山區朱涇鎮金山博物館後院,是博物館從民間收集到的寺院殘碑,青石質,殘碑高45厘米,寬43.5厘米,厚15厘米。僅從碑文看,爲清代石碑,殘碑僅是其中的四分之一至三分之一,碑額'重修妙常寺碑記'隸書豎書,外有一方框。另有碑額爲'重建妙常寺觀音大士佛宇碑記',正文楷書豎書,8行,行8字,每4行空一行。"光緒《重輯楓涇小志》卷二《志建置‧寺觀》葉七:"妙常庵,在鎮南王家橋西。唐太和中創,後毁。時有船子和尚者,緇素挹其道化,因結庵請居。元末僧静輝重建。明成化間,有普明禪師出,而名始播于叢林。萬曆中,僧妙峰建寂照堂。國朝嘉慶時,里人許煌捐貲重建大殿。咸豐十年毁于寇,同治初,僧本空募建觀音殿、僧房數楹。"卷六《志人物‧方外》葉四十九:"普明,字寂照,鎮東闐氏子,人呼闐和尚。披剃妙常庵,後居杭之西山。……晚年歸庵,……荼毗時,火光五色,香聞數里,獨舌不灰,人咸異之。馮猶龍、袁了凡各有碑記。"

大覺寺

署理江蘇金山縣知事朱

給示勒石,以垂永久事：據公民姚汝賢、葉心嚴、徐正、姚其廉呈稱,竊本邑東一鄉七保十一二圖地方有大覺禪寺,俗稱培蒲廟,歷來已久,溯本鄉姚紳文采曾于前清同治七年八月,將七保十一二圖光字圩第一百八十六號則田二畝肆厘玖毫正,租叁石陸斗,捐置該寺爲惜字善舉費用在案,迄今已有五十餘載。後來有普陀僧開定爲該寺主持,其徒了學亦能耐苦勤修,師徒兩人慈心和氣,不愧法門弟子,結成香火因緣,繼而該僧積有餘金,并募集捐款,重行改造該寺房屋前後二進,并置買本圖奈圩第七十五號田叁畝肆分捌厘柒毫正,租三石伍斗伍升。以上兩項田産亟應謀一永久保存方法,公民等熟思至再,似非呈請立案給示勒石則不可,爲此檢呈方單請求准予立案給示勒石等情到縣。據此,查該項寺田昔由故紳姚文采捐棄暨該寺僧開定購置,收租納賦歷有多年,既據呈請勒石保存,以垂永久。事屬可行,除批示立案外,合行出示曉喻。爲此示仰該鄉居民、地保人等知悉：須知該寺田産爲惜字善舉費用,自行保存,自示之後,如有不肖之徒,藉端侵擾,一經覺察或被指告,定即拘究不貸。各宜凜遵毋違,特示。

中華民國九年拾貳月拾陸日給示

告(金山縣印)示　邑人沈士元書丹　松江朱炳生刻

【按】

録自原碑,民國朱宗衡撰,沈士元書丹,朱炳生刻。碑文稱"署理江蘇金山縣知事朱"。據《上海舊政權建置志》第 209 頁所載《1912—1949 年金山縣民政長、縣知事、縣長一覽表》：“朱宗衡，四川夔縣，民國 9 年（1920 年）。”可知撰者爲朱宗衡。光緒《金山縣志》卷八《建置志下·僧寺》葉十一：“大覺寺，在七保十一二圖，俗呼培蒲廟。初建無考。寺後有銀杏二株，甚蒼古。同治七年，里人重修。”《上海佛教碑刻文獻集》第 284 頁録有此碑文，題“大覺寺置田告示碑”，并附按語：“大覺寺在金山新農慧農村。建造年月莫考，從寺後兩棵有六百餘年樹齡的銀杏樹推算，建寺應在元代。1965 年 1 月，全部神佛像燒毀。現尚存一垜房屋，置田碑即在其房屋墻壁間。碑石立于民國九年（1920 年）。碑文録自《新農志》第五章《文物古迹》。”《新農志》第 266 頁：“大覺寺在七保十一二圖，即慧農村珍字圩西南。……培蒲廟原在東南首一座荒墳上，將要倒塌，同治七年大覺寺翻修時，搬到大覺寺一起。因此大覺寺也叫培蒲廟。大覺寺建造年月莫考，從寺後兩棵高大銀杏樹推算，樹齡650 年，建寺應在元代。……墙壁中還保存石碑一塊。碑文如下：署理江蘇金山縣知事書……”碑在今金山區朱涇鎮新農社區慧農村惠農路北側，有額，篆字三，曰“大覺寺”。

卷二 建設

055 華亭縣浚河置閘碑

南宋乾道二年(1166)　許克昌

皇帝克肖天德,剛健精粹,高明悠久,夙夜于治道,日月以照之,雷風以動之。小大之臣乃震乃肅,丕應徯志,奔走率職,智不敢閟謀,勇不敢愛力,成順致利,罔不從欲,以能大宅。天命昭彰,光堯之盛烈,群生雍雍焉。惟蘇、湖、常、秀四郡,涇渠數百,畎澮數千,脉絡交會,旁注側出,更相委輸,自松江、太湖而注于海。而所入之道,歲久填闕,雨小過差,則泛濫彌漫,決齧堤防,浸灌阡陌。乃隆興甲申秋八月,淫雨害稼。明年大饑。上臨朝咨嗟,分遣使者,結轍于道,發廩賦粟以活饑者。乃博謀于庭曰:"維雨暘之不時,予敢不懋于德?然使水旱之不能灾者,寧無人謀?"或曰:"巨家嗜利,因歲旱乾,攘水所居以爲田,則雖以鄰爲壑而不恤,既潴水之地益狹,則不得不溢。盍盡核所占而鑿之,以還水故宅,庶民病其少瘳乎?"上曰:"是誠有之,然不可悉鑿也,寧疏水下流而導之。"會有言:"蘇、秀勢最下,華亭尤近海,十八港皆有堰捍潮,可一切決之,四湖所潴水,宜爲斗門以便節減。"上覽而異之,亟命兩浙轉運副使姜詵與令丞行視其宜。

姜侯開明強濟,誠愛果達,有仲山甫匪懈之節。既受旨,即馳布德意,諏訪故老,周覽川野,窮源委,度高下,審逆順,取衝要,盡得其便利,以聞曰:"東南瀕海之地,視諸港反高,雖有神禹不能導水使上也,盡開諸堰,適能挽潮爲害,閘河以潴水可矣,將以決洩而下流猶壅,則無益也。今宜浚通波大港,以爲建瓴之勢,又即張涇堰旁,增庳爲高,築月河,置閘其上,謹視水旱,以時啓閉,則西北積水順流以達于江,東南鹹潮自無從入也。"上稱善,即丐以常平之帑贍其役,且與守臣鄭聞會其事。制許焉,則相與庀徒、揆日、賦材、計功,一木一石一夫一工,皆窮校研核,纖悉周密,費而有節。既具,以授之縣令侍其銓。侍其亦健吏也,始協謀,終盡力,威以柅奸,說以使人。一木一石一夫一工,必手自賦給,不可廋匿。檢程視作,弗容苟簡。乃浚河自斛山達青龍江二十有七里,其深可以負千斛之舟,因其土治高岸護青墩旁,故水所敗田數萬畝還爲膏腴。爲閘于邑東南四十有八里,增故土七尺,甃巨石,兩趾相距常有四尺,深十有八板,板尺有一寸。月河之長,三千三百五十有五尺,廣常有六尺。凡浚河之工,萬有一千二百,金工、石工、木工,畚築之工,伐取運致之工,總其數,概七倍于浚河。靡錢緡九千三百五十四,粟石二千三百有九十。始于仲冬之朔,凡五十有五日而畢。蓋斂未嘗及民,而民亦若不知有是役也。

于是,耕夫野人相與來言曰:"昔也,十日不雨,吾倚鋤而待澤,十日而雨,吾捧土以增防。今四州之人自是知耕斂而已,雨暘惟天可也,此吾君之澤,而二三大夫之力。吾儕,鄙人也,持牛尾抃蹈而歌,嗚嗚言語,下俚不可聽也,盍爲我文之?"克昌竊迹前事,鄭白之渠成,而關中沃野無凶年,其民歌之,班固志焉,于今蕩耳目也。今天子仁聖勤儉,宮中無一椽之營,獨念稼穡之艱難,遇災而懼,食不甘味,寐不奠枕,務以興天下之利。而忠恪之臣,畢智慮、展四體,迄此成功。乃野人之歌,不足以被管絃、垂汗青。倘太史氏又以爲主上盛德大業固已不可勝載,茲特一方之細,故略而不悉,則是使四州之大利,曾不得齒于關中之二渠,垂光萬世。此承學之罪也,乃爲歌五章,以遺斯民,使叩角擊壤,以極其鼓舞懽愉之情,用發揚聖德,亦使知自今農爲可樂,而招之反本云。若夫念圖功之孔艱,嗣美績于無窮,加治于未壞,時浚而勿壅,尚屬諸來者。其詞曰:

水橫流兮無津涯,浩浩洋洋兮誰東之。帝不寧兮謀臣,來謀臣兮夙夜。水滔滔兮迤而下,不搴芟兮但耕稼。君王智兮如神禹,川後雨師兮莫余敢侮。且決且溉兮,介我稷黍,我受一廛兮,終善且有。汝行四方兮,曾不足以糊其口。盍歸來兮,君王錫汝以萬金之畝。帝謂兮三臣,錫之福兮慰汝勤。報我君兮歲後天,施我孫子兮彌豐年。

乾道二年十二月二十五日記。

【按】

録自紹熙《雲間志》卷下《記》第236頁,南宋許克昌撰。正德《松江府志》卷之三《水中·治績》葉廿二録有全文,題"許克昌浚河置閘碑",原文:"乾道二年,轉運副使姜詵開通波大港,港即顧會浦,置張涇堰閘。"民國《重輯張堰志》卷三《志名迹·古迹》葉二有節略文,題"宋許克昌置閘碑記",原文:"張涇閘,在鎮東南。宋隆興甲申八月,本路漕臣姜詵奏請于張涇堰增庳爲高,築月河置閘其上,以時啓閉,鹹潮無自而入。今其地猶名'閘上'。許克昌有記。《雲間志》。"卷九《志藝文·金石》葉十:"浚河置閘碑,宋乾道二年許克昌撰。"光緒《金山縣志》卷十二《名迹志上·古迹》葉三:"張涇閘,在張堰東南三多里。宋邱崈置堰十八所,姜詵奏請築月河,置閘其上,以時啓閉,故鹹潮無自而入。今惟此閘,猶以閘上名其地。宋許〔克〕昌記。"卷十五《藝文·金石部》葉十四:"浚河置閘碑,宋乾道二年許克昌撰。"

056 風涇驛記

元至元三十年(1293)　張之翰

　　環雲間皆水,惟西南塘路可通郡,故郡以風涇爲喉襟,蓋出入無不由此。至元癸巳,南省許置驛[一],視公帑一錢莫敢動,有鄉之好事者張某及近保數巨室來助木瓦之費。余與同僚度其地,令站官[二]陳青創屋十二間,雖未盡輪奐之美,館之所須亦略備。古者國野之道,十里曰廬,三十里曰路室,五十里曰候館,有飲食,有委積,皆所以待朝聘之官也。今吏是驛者[三],賓至旁午,固宜奉符閱數,執牘書物,展蠲潔之敬,致供餽之禮,勞迎餞別,俾盡歡而去,過是驛者朝憩夕庇,其可折蒿斷牽,破舩碎鸕,污敗其室廬,廢毀其器用,略不顧惜乎?起四月十五日[四],畢七月十六日[五]。至于規模日宏,締構日增,擅浙右傳舍第一之稱[六],又當俟後來諸君。姑勒石以告厥成。

【按】

　　錄自《西巖集》卷十六《記》葉二,元張之翰撰。正德《松江府志》卷之十四《驛傳》葉三十一錄有全文,略有異文、缺字,文末原注:"舊志已逸作者氏名。"崇禎《松江府志》卷十九《驛館》葉三十八錄有全文,題"風涇驛記略",文末原注:"舊志已逸氏名。"文後有注:"風涇驛設于宋,記稱'環雲間皆水,爲西南塘路可通郡,故郡以風涇爲咽喉,出入無不繇此'。"光緒《重輯楓涇小志》卷二《志建置·鋪驛》葉一:"風涇驛,在秀州塘。宋時設驛船五隻,船戶四十戶,今廢。"并錄有節略文,題"元無名氏記略"。《全元文》第11冊卷三八五《張之翰四》第328頁錄有此文,題"風涇驛記",題下原注:"至元三十年",文末原注:"以上清文淵閣《四庫全書》本《西巖集》卷一五。"

【校注】

[一]許置驛:崇禎《松江府志》作"始置驛"。

〔二〕站官：原文作"端官"，據正德《松江府志》改。

〔三〕今吏是驛者：原文作"今也吏驛者"，據正德《松江府志》改。

〔四〕十五日：原文作"某日"，據正德《松江府志》改。

〔五〕十六日：原文作"某日"，據正德《松江府志》改。

〔六〕浙右傳舍第一之稱：原文作"浙右傳舍之稱"，據正德《松江府志》改。

057 邵氏義塾記

元至正二年（1342） 黄　溍

　　翠岩處士邵君[一]，家于華亭縣西南六十里，遺世弗仕，而志在澤物，遇其鄉之人委曲纖悉，一以惠利，不自謂若是爲已足，又將使之修其孝悌忠信而爲士君子之歸。患夫去庠序之遠，而其子弟無所于學，乃捐私錢即所居之旁，闢義塾，贍以胥浦、風涇、仙山三鄉之田二百十六畝[二]有奇，禮名士主其席，聚里中之俊秀而教育之。二子彌遠、彌堅，克成君之志，力相其事。君既高壽終，彌堅尋卒，而彌遠亦老矣，懼來者或隳其成，則列[三]其田之步畝、鄉落，以狀白于官，示不敢有，且求鄉貢進士陸君景龍叙次顛末[四]，徵予書之于石，以告後人，俾永勿墜。

　　予觀先王教民之法，二十五家之間，必有塾，以有道有德者爲左右師，而閭中之子弟無不學焉。黨之有庠，遂之有序，則歲時屬民行射飲、讀教法、正齒位之所也，爲士者固不必常在庠序之間，而朝益暮習之功，必本于閭塾，蓋無地而無學，亦無人而不學，故其詩曰：“攸介攸止，烝我髦士。”民生其時，抑何幸歟。三代而下，禮缺學廢，以漢唐之盛，而郡縣不皆有學，雖或有之，而設置不常。宋制，唯藩鎮乃得立學。其後，因執政大臣之請，而學始遍于郡縣。我朝因之，自京師至于偏州下邑、海陬徼塞、四方萬里之外，莫不有學。凡所以嘉惠而振飭之者，視昔有加，可謂備矣。然以爲民師帥者[五]，恒迫于職務之繁，而不得專意教事。其以禮屬民，僅若有見于春秋二仲與月之旦望。況夫里居之遠于州邑者，欲以時會于庠序，而瞻其禮容，聆其言論且不可得，非其鄉之善士垂意于斯文而有以爲私淑之地[六]，則秀民之能爲士者，果何賴乎？處士君誠所謂一鄉之善士，而鄉之秀民賴之以爲士者也。

　　君今已不可作，而其嗣人能汲汲焉迓續之，如君之存。弦誦之聲久而愈振，將見藏修游息于斯者，皆得以培其根而達其枝，成其材而就其實，他日論于鄉、登于天府[七]，必有能以幼之所學爲壯之所行，而措諸事業者矣。至是，然後爲學之成而可以見君父子有功于斯文,則其善之所及[八],又奚止一鄉而已哉！此予之所喜聞,而樂書者,不得以鄙陋爲辭也。

處士君諱天驥,字千里,彌遠字子猷,彌堅字子固。義塾建于元統二年之夏四月,其來謁記,則至正二年秋九月也。

奉政大夫、江浙等處儒學提舉黃溍撰,中順大夫、松江府知府兼勸農事、知渠堰事楊仲[九]書并篆額。

【按】

録自正德《松江府志》卷之十三《學校下》葉二十六,元黃溍撰,楊仲書并篆額,原題"義塾記",原文:"邵氏義塾,在胥浦鄉。"《金華黃先生文集》卷十《記》葉十録有此文,有異文。崇禎《松江府志》卷之二十四《學政下·義塾》葉五十八録有節略文,有異文。乾隆《金山縣志》卷之四《義塾》葉八:"邵氏義塾,在胥浦上。元元統二年,處士邵天驥建,至正二年,江浙等處儒學提舉黃溍撰記。"卷之二十《藝文二》葉二將此文列入"記"類:"邵氏義塾記,元黃溍。"該卷同時另有"碑記"類。光緒《金山縣志》卷十四《學校志·縣學》葉十:"邵氏義塾,在胥浦鄉。元元統二年,處士邵天驥建,今廢。"并録有記文,題"元黃溍義塾記"。該志卷十五《藝文·金石部》葉十四:"邵氏義塾碑,元元統二年黃溍撰,楊仲書并篆。"據碑文"義塾創于元統二年(歡按,1334年)之夏四月,其來謁記,則至正二年(歡按,1342年)之秋九月也。"故當撰于至正二年。

【校注】

[一]翠岩處士邵君:《金華黃先生文集》作"華亭邵君天驥,……自號翠岩處士"。

[二]二百十六畝:《金華黃先生文集》作"二百十八畝"。

[三]列:《金華黃先生文集》作"刊"。

[四]且求鄉貢進士陸君景龍叙次顛末:《金華黃先生文集》作"且求予記之"。

[五]然以爲民師帥者:《金華黃先生文集》作"然以郡守縣令爲民師帥者"。

[六]非其鄉之善士垂意于斯文而有以爲私淑之地:《金華黃先生文集》作"非其鄉之善士以義起禮,采古人建塾之遺意,以爲私淑之地"。

[七]他日論于鄉登于天府:《金華黃先生文集》無此句。

[八]"則其善之所及"以下一段:《金華黃先生文集》作"豈不偉哉",且僅有建義學、謁記年月,而無黃溍等落款。

[九]楊仲:據《上海舊政權建置志》第六章《人物》第二節《人物表(元代)》記載,公元1340至1342年期間,松江府知府爲"楊伯野召"。

058 華亭胥浦義冢記

元至正九年(1349—1367) 楊維禎

　　葬不得埋曰棄,不得其屍曰捐。衣以周身,棺以周衣,槨以周棺,土以周槨,禮也。自夷鬼陀林之教行,始有畔中國之禮,而忍棄其親者,人心之陷溺也久矣。吁,可憫哉!淞之民,類不以禮葬其親者,人謂無丘陵之地,則有付之水火[一],亦勢使之然也。仲尼觀延陵季子葬其子,其坎深不至于泉。淞之葬也,獨無坏土可窽乎?此華亭夏君尚忠義冢之所以作也。得不食之地于胥涇之東,周垣一里所爲之封域,名義冢,使藏無地者歸焉。什伍曹其子孫氏,各樹幟表,而有異日[二]展享之托。又規地一隅爲精舍,俾浮屠者主之,以掌其籍焉。其有貧不克葬者,又出資力以助之。於乎,君之用心亦仁矣!文王更葬朽骨,而天下恩之;宋世良、賀蘭祥輩收瘞暴骸,而境旱得雨。夏君之仁,其不有感于天人乎?吾聞君之先人清潤處士,嘗憫人積喪不足土者,捐金粟至千斛,縉弗計。義冢之舉,其又不爲善繼先志者乎?余固樂書其事,而況君重有請也,于是乎書。

　　君,郡之義門教武公[三]孫,字文[四],承直郎鎮江路府判官,棄而歸隱,益讀書,習禮文事,又創立夏黃書院,以祔享其外祖橘隱公,其好古崇禮類此。

【按】

　　録自《東維子文集》卷十二《記》葉十四,元楊維禎撰。正德《松江府志》卷十七《冢墓》葉廿六録有全文,題"楊維禎記",原文:"義冢,在華亭胥浦東,縣人夏尚忠捨地建。"崇禎《松江府志》卷之四十八《冢墓》葉五十二、《全元文》第四十一册第341頁録有全文。乾隆《金山縣志》卷之十五《義冢》:"元夏君義冢,在胥浦,里人夏尚忠捨地。(楊維禎記。)"卷之二十《藝文二》:"義冢記,元楊維禎,在華亭胥浦東,縣人夏尚忠捨地建。"光緒《金山縣志》卷十三《名迹志下·義冢》:"元夏尚忠捐置義冢,在胥浦。楊維禎記。"卷十五《藝文·金石部》葉十四："義冢記,元楊維禎撰。"此文無刻石說明,九〇《金山縣志》第三十三編第一章第二節《碑記》附錄《歷代碑刻簡目》："胥浦義冢記,元,楊維禎,(原所在處)呂巷。"未知何據。孫小力《楊維禎年譜》第 152—159 頁："元順帝至正九年己丑,一三四九,五十四歲。……五月五日,呂輔之兄潤齋宴請楊維禎……夏景淵諸人。……夏景淵,雲間人。呂潤齋婿。家有清潤堂,姑號清潤處士。……(據《東維子文集》卷十二《華亭胥浦義冢記》及上引詩文。)"《華亭胥浦義冢記》稱"君之先人清潤處士",可知此文撰于至正九年(1349)之後,而楊維禎卒于1370年,故此文撰于1349—1370年之間,或可大致言之爲至正年間,九年以後(1349—1367)。

【校注】

[一] 付之水火:原文作"何之水火",據《全元文》改。

[二] 異日:原文作"異可",據《全元文》改。

[三] 教武公:《全元文》作"敦武公"。

[四] 字文:《全元文》作"字士文"。

059　夏氏義塾記

元（1271—1368）　貫雲石

　　古者天子無學，不學則不聖，辟雍是也。既聖矣，又求聖輔，不輔則聖不大，庠序是也。惟伊周傅呂，能以聖學輔人，湯以七十里，文王以百里，一怒而天下安，後世竟無如者，蓋以學力大乏。三代而下，各隅一天，生殺自期，春秋至戰國，聖賢六七作，而莫之有思焉。孔子不得在位，自悲不遇其時。顏子早逝，百幾年又生孟子，其學欲闢放蕩之言，進不能佐興唐虞雍熙之和，退不能信三代之餘風，遂燋肝爛肺，終于沒聞。自是紛亂，華夏堯舜之道，實有舛廢。嬴氏有地關內，嗜兵強暴，奄噬六上，大壞學道，《詩》《書》燼滅，大夫逃遁，學者辟禍，是功欲法萬世，未幾沛變。漢興四百年，内醜幾露，嚎戚鳩趙，壁衣沈逆，雖叔孫通治禮之揚，實多損闕，謀臣尚智，不得謂有學儒之者。文景有行力學之心，一時言臣皆未有以道對者，終寢于末，遂致三分，禮義未成，而言好清談，妄誕之世，外夷入夏，天下至乎不安。李氏有國，則宗祖尚好功名，不及禮義，因而武凶腥穢，韋繼後病，終壞于楊禍。浸浸内官用事，一韓子不能頃刻在朝，以至門下天子，一時綱常俱零。遂五姓亂傳，血汗相參，民物百困。及歸趙氏，位幾年而不得其死，後有用儒者之謳，無用儒者之實。澶淵辱後，寇準南行，富弼直言不采，范希文西行邊事，司馬光在位不長，終陷爲黨，其大儒雖有小官，而弗行其用。至金馬南牽，二三子直入孤境，京師大震，尚由腐臭口頰叨叨下議，一笑而宋陵荒沒，父兄沙漠，孤馬南駐，不去臣字，心殺力將，喂奸細之口，苟安卯冰之位，耽耽摭于委靡咕囁之文，百幾年來，了不一悟。已而權臣用挾，學者不復出，勢乃大喪，惟一文天祥是節而已矣。何自三代以下，學者出而不時，時而不位，是以天不欲治歟？

　　惟我聖祖，代天啓運，一化中州，德歸南土，日出月没，靡不臣妾，有天有國，有君有臣。首信許公衡，舉相天下，《詩》《書》大振。今行學者不□□，□□一人之聖，取于庶民，庶民之學，□于天子□，□□□□邑，務親學規，薰沐自成，人材并用。今四海可越而環，豈上世區區避燕秦之落肝膽邪？人無不學，莫盛吾元；學無不用，莫盛今日也。有饑寒不得其學者，唯義人在焉。皇帝幾年，松江夏君椿建義學，請師育諸英秀，以舉大義。學模既成，則錄吾儒李君道坦所撰《義士家傳》，暨前翰林待制江南諸道行御史臺監察御史周君馳所撰《義士碑》，遺予請文刻石，以示子孫永行不廢。唯兩文能備行義之端目，予不復重舉也。君尚儒術，曉諸嗣曰："里有塾，俾民悉知義。今予將興，願後愈予者，將多義之。"其學也，聖哲有位，師道有席，生員有給，經史有籍，糧廥有畝，廣義如此，學者敢不經心勉志，孜孜焉，彬彬焉，勿傲冠帶，勿止弦誦，勿配青白，勿勇血氣，行時有用，才展王佐，上格堯心，下澤萬物，皆學之助也。舉一義而能助天下者，義莫大焉。予史氏也，謹作贊以揚其義，贊曰：

義行所宜，尊師乃道。餘力學文，本務忠孝。唯學有用，唯國有報。嗚呼小儒，敬嗚敬告。

【按】

錄自正德《松江府志》卷之十三《學校下》葉二十五，元貫雲石撰，原題："貫雲石記"，原文："夏氏義塾，在府治東南，凈土橋東。"《全元文》第 36 册卷一一四四《貫雲石》第 192 頁錄有此文，題"夏氏義塾記"，題下原注："題目代擬"，文末原注："明刊本《松江府志》卷一三。"當即指正德《松江府志》。崇禎《松江府志》卷之二十四《學政下·義學》葉五十八錄有節略文，題"貫雲石記略"，原文："夏氏義塾，在府治東南，凈土橋東。"九〇《金山縣志》第 917 頁《歷代碑刻簡目》著錄："夏氏義塾記，元，貫雲石，（原所在處）呂巷。"

060　金山衛廟學記

明正統六年(1441)　錢　溥

衛有廟學非古也,而古教行焉。孔子當諸侯尚武則救之以文,曰"俎豆之事則嘗學之";當萊兵劫魯則濟之以武,曰"有文事者必有武備,請設左右司馬"。顧當用者則先之,未嘗舉一而廢一,此孔子所以備文武之全材,體天衷立民極者。與後以文廟祀孔子,有十哲配;武廟祀太公望,亦有十哲配。文有學,學講誦,武有學,學騎射,判爲二塗,竟莫能一,其能損武祀、罷武學,而武置文廟學,亦未聞焉。噫!是孰知文武如陰陽相互,不可一日歧之也。知文武不可一日而歧之,則孔子之道亦何地不宜尊,何人不可教哉?

我國家君師宇内,作養文武士幾八十年,自京師暨郡縣學,有習射爲武備,而尤慮武臣弟子,安于熙洽之久,動作進退,鮮克由禮,英偉間生,或局其材。于是命天下軍衛,立文廟學如郡制,典教者亦如郡,曰教授,而訓導則半之。麗郡縣者則從郡縣學,教其官之適庶與凡軍士之俊秀登第者,隨其材而庸之,定爲著令,班之天下後世。隆網常而原性之同乎天,兼文武而見材之周其用,然後知孔子之道,如日在天,無微而不燭,如水行地,無往而不得也。

金山距松城七十二里許,遵海而居,地僻費繁,未易容度[一]。幸而巡撫工部侍郎廬陵周公、提調學校御史吉豐彭公,同心輔化,而松郡守保定趙公克相斯舉,工善材良,不勞而集。廟自大成殿、兩廡、戟門、欞星門,學自明倫堂、東西序,以及賓客之所、肄業之室,靡不完美,采繪焕然,聳人瞻視。一旦斥鹵之境,兜鍪之士,得被冕服俎豆之化,升降揖遜之容,而作其親親尊[二]之心者,皆由三君子起家。學校有志文武之業,故能祗奉德意于有成,敏人才[三]之效于無窮。嗚呼!魯類獻馘,史克頌之,晋師有禮,楚人懼焉,而況舞羽而苗格因壘而崇降將見,孔子之教大行,而其賢才文化駸駸乎虞周之盛者,皆自茲始。

是役也,經始于正統五年夏,成于次年之冬。始終董其事者,管衛指揮使劉公。請予記其成者，衛學訓導陳師興^[四]、傅鴻介、吾郡博孫先生，而謂予史職可當紀事者，則又出于今提調侍御公云。

【按】

　　録自正德《金山衛志》下卷之一《學校志·宫墙》葉二十三，明錢溥撰，劉惠立石，原題"檢討錢溥廟學記"，原文："學在衛治東北，東鄰城隍廟，西耳錢鏐王廟，南苨通衢，北枕流水，周環以垣。"正德《松江府志》卷之十三《學校下》葉十八録有全文，題"錢溥廟學記"，原文："金山衛學，在衛東北隅，篠管街之北。正統己未，巡撫工部侍郎周忱奏立，御史劉福、嚴洤、劉魁相繼增修。弘治戊午，指揮翁熊重建大成殿、兩廡、戟門，飾聖像。壬戌，指揮西寧新學門。甲子，備倭都指揮王憲製文廟祭器、學制，迄今完整。"崇禎《松江府志》卷之二十四《學政下》葉三十九録有節略文，題"錢溥廟學記"，原文："金山衛學，在衛東北隅，篠館街之北。"乾隆《金山縣志》卷二十《藝文二》葉五録有節略文，題"金山衛廟學記，節録，明錢溥"。光緒《金山縣志》卷十五《藝文·金石部》葉十四："金山衛建學記，明正統六年郡人錢溥撰。"嘉慶《松江府志》卷七十三《藝文志·金石》葉十四："金山衛建學記，明正統六年冬，郡人錢溥撰，衛學訓導陳師興、傅鴻介□，管衛指揮使劉□□（歡按，原文如此）。"據《修金山衛儒學記》（1461年）、《松隱禪寺大雄寶殿記》（1473年），"管衛指揮使劉□□"當指劉惠。《浦東碑刻資料選輯》第80頁録有此文，注稱録自崇禎《松江府志》，而標題却亦作"金山衛建學記碑"。

【校注】

[一]容度：崇禎《松江府志》作"營度"。

[二]親親尊：崇禎《松江府志》作"親親尊上"。

[三]敏人才：崇禎《松江府志》作"毓人才"。

[四]陳師興：崇禎《松江府志》作"陳興"。

061　修金山衛儒學記

明天順五年(1461)　陳　鑑

　　古昔盛時，文武一途，黨術皆學，未聞有無學之地，亦未嘗有不學之人。周田不助，文武異轍，事詩書者視武事爲長物，事師旅者視文學爲虛器，若是而欲求世之治、俗之善，是猶炊沙而欲其成飯，播稗而欲其生黍也，豈不難哉？予于金山儒學之記而喜其有復古之道也。

　　金山之爲衛，越在海隅，人皆以瀕海之人，謀生且不暇，奚暇治禮義哉？又以介胄之士，武事且未習，何以文爲？故自有衛以來，未嘗建學。正統己未，巡撫少司空廬陵周公忱恂如，慨然曰："何地不生才？何才不可教？"于是奏請建學于此。朝庭允之，乃相地于衛之東北隅，篠館街之北，高亢靚深，宜教宜習，庀材鳩工，首建明倫堂，仍立居仁、由義兩齋，興夫[一]師儒居止之地、生徒游息之處，庖湢庫庾，咸有品則。維時董督厥事則提學吉豐彭侍御勗，經畫修理則松江趙太守豫，兹衛指揮使劉君惠、西君賢、貳揮侯君端，而興化陳師興實以分教職來與焉。于是乎武臣子弟與凡伍符尺籍之秀朗英偉者，偕來就學，率有可觀吾夫子有教無類之言，至是又驗矣。蓋學以始創，廟祀闕然，正統戊辰，建寧劉侍御福以憲節至，以爲學而弗廟，師何以崇？費雖夥，弗宜憚而中止也。是故繫于三尺之下，法可疑而情可矜者，悉聽其贖，或金或帛，皆輸之學，以爲百需之費。再逾月而就厥緒，至是禋祀有所，景仰有憑，崇師報本，兩無憾矣。然亦未見其大盛也。迨天順辛巳，提學莆田嚴侍御淘源至，詳教條以端學者之本，慎考核以究學者之蘊，又進民生以增廣之。大都督安慶董侯㝡世宏，尤以興學而心[二]，仆者起之，腐者易之，壞者完之，俾殿堂門廡，焕然一新，故士之游于其間者，靡不濟濟蹌蹌，爭自磨濯，文風由之而丕變，士氣由之而掀騰矣。然自創學以來無以紀之者，司訓鐔城梁君元善長，始具其顛末，齎石請記其所以。

　　於戲！少司空不以武士爲不可學而始創之，大都督不以文學爲可緩而振舉之，侍御公尤能防範激勸于其間,文不忽于武,武更崇于文,此古昔盛時治一道一之所爲,于當今而獲見之,其于世道之復古,于是乎占之矣。雖不吾請也,吾猶强言之,以爲立町畦于眉睫,界藩籬于胸中者之戒,況崖司訓君之請邪?惡得而弗書之。自今而後,凡教于兹、學于兹者,其尚以諸公之心爲心哉!以諸公之心爲心,則可以激昂奮迅于國家鼎盛之時,而對揚王休矣,兹學豈不愈有光哉!

【按】

　　録自正德《金山衛志》下卷之一《學校志·宫墙》葉二十四,明陳鑑撰,梁元書,原題"修撰陳鑑修金山衛儒學記",原文:"學在衛治東北,東鄰城隍廟,西耳錢鏐王廟,南茁通衢,北枕流水,周環以垣。"正德《松江府志》卷之十三《學校下》葉十九録有全文,題"修撰陳鑑修學記",原文:"金山衛學,在衛東北隅,篠管街之北。正統己未,巡撫工部侍郎周忱奏立,御史劉福、嚴洤、劉魁相繼增修。弘治戊午,指揮翁熊重建大成殿、兩廡、戟門,飾聖像。壬戌,指揮西寧新學門。甲子,備倭都指揮王憲製文廟祭器、學制,迄今完整。"崇禎《松江府志》卷之二十四《學政下》録有節略文,題"陳鑑修學記"。乾隆《金山縣志》卷四《學校》葉七:"金山衛學……天順五年辛巳,提學御史嚴洤、都督董宸繕葺學宫,翰林院修撰陳鑑撰記。"光緒《金山縣志》卷十五《藝文·金石部》葉十四:"修金山衛儒學記,明天順五年修撰陳□撰,訓導梁元書。"光緒《松江府續志》卷三十七《藝文志·附金石考證》葉五十二:"修金山衛儒學記。修撰陳某撰。案,《金山衛志》作陳循,循,永樂乙未狀元,與所稱修撰合,是爲陳循無疑。""陳循",誤,正德《金山衛志》記載如前,當爲陳鑑,詳見本編卷八附録二陳鑑簡介。

【校注】

[一]興夫:崇禎《松江府志》作"興先"。

[二]而心:崇禎《松江府志》作"爲心"。

062 松江守禦千户所記

明成化十三年(1477) 侯 方

　　按圖志,松江舊無城,元季張士誠據蘇,來築城九里一百七十三步,設水旱門各四。國初,士誠就擒,分太倉州二衛,羡卒守扃鑰。洪武三十年,始詔調金山衛中千户所來守禦,遂立所于元萬户夏啓故址。舊有堂三間,軒稱是,今爲視事廳。後有樓以休息,本夏氏藏書樓,至正間巷民弗戒于火,延毀千餘家,而是樓巋然獨存。既爲所而古屋不足以居,千户費誠、孫勝始謀拓而大之,建大門于廳前,而其左右賓屬吏士咸有寧宇。永樂中,千户李凱、高旺、顧義、金浚、袁壽、楊信復續建後堂及齋房、尊榜房,凡數十楹,歲久圯壞弗治。今千户顧禎毅然以修葺爲任,首出私帑,爰募好義感顧有助。乃召工人,市良材,運堅甓,諏日庀事。先作儀門,以屏内外,次及堂樓齋庖、庫廏廐舍,悉就整飭,黝堊髹彤,輪奂嚴翼,繚以周垣,馮馮言言,昔所未足,于今始備。然又必爰究度,不浮于度維,囊廟敝甚,神罔攸棲,則撤故一新,高敞宏麗,幾倍于昔。乃塑像于廟,于赫如在,庶幾對越有處。其仍慮士有菜色,立義倉于廟西,先捐穀百斛,行勸助法,得千石,饑則發廩以濟,困卒復出羡財。繕完兵器,藏之武庫,用戒不虞。百工就緒,乃揭舊匾于堂,前曰勤政,後曰清慎,皆前千户顧凱所書,示不没人善,而于其樓特名曰拱辰,則所以志不忘君王之意。凡屋以間計者,九十有九,墻以尺計者,一千四百六十有奇。經始于成化十二年六月,落成于明年五月,乃礱石屬筆于方。

　　謹按,《春秋》書新作南門及雉門,記者謂"常事不書",凡書,皆謹也。然則又撤出私帑以償其費,不斂于人,不煩于公,不悠于系,嗣爲政者聽宜矜式。又前此,固未嘗記兹而不書□□泯泯,固不宜若□□而忍□後之無□□據事直書,亦《春秋》法也。

　　【按】
　　錄自崇禎《松江府志》卷之二十一《官署上》葉三十,明侯方撰,原題"刑部主事侯方千

123

戶所記"。該志卷之二十五《兵防》葉二:"守禦松江千户所,在府東南,望仙橋東。"光緒《金山縣志》卷十五《藝文志・金石部》葉十四:"松江守禦千户所記,明成化十三年五月,刑部主事侯方記。"九〇《金山縣志》第 917 頁《歷代碑刻簡目》:"松江守禦千户所記,侯方,(原所在處)金衛。"

063 重修金山衛儒學記

明成化十七年(1481) 錢　溥

　　三代已有庠序學校之設矣。歷漢至唐，始立廟塑像以祀先聖孔子；宋元興學，加謚，益臻其盛。然皆行諸郡縣，而武衛未之有聞。國朝正統己未，始詔天下軍衛置廟學，尋命祀先聖與郡縣同，其武生麗郡縣者，從郡縣學，而民生願入衛學者，亦從之，務合文武士于一途，使朝廷享實材之用，而斯世蒙至治之澤也。

　　金山衛之有廟學，自己未抵今成化辛丑，歷歲滋久，將入于毀。監察御史高唐劉公魁，巡按至衛，與鎮守都帥合肥郭公鋐周覽庠舍，而嘆曰：“學本育材也，而武以衛于材。顧茲危陋可忽焉而不加之意乎？”嘔命掌衛事指揮使西寧暨僉事魏文修葺之，教授張濂、訓導歐陽法贊助之。慮材無繇出也，概發官帑，專命文董治之。劉公既滿去，而陝右孟公後繼之。恐工費有弗給也，復量措使趣爲之。廟自大成殿、兩廡、欞星門，學則重建明倫堂，徙舊爲後堂，東西兩齋、儀門、射圃、鍾秀、育材二坊，與夫供祀之所，棲士之室，科舉題名之坊，昔未備而今始壞者，悉與維新，巋然與雉堞爭高，煥然與鯨波漾采，何雄且麗哉！

　　郭公視其成而喜曰：“二公政務鞅掌不暇，而乃興我衛學，丞我髦士，學垂弊而復完，士成德而有造，苟無一言鑱諸石以紀其成，何以知二公足以跂前休、惠後學，而爲將來者勸？”于是遣寧與法來請記。余昔嘗紀茲興創之始矣，而今復記其修焉，何歲月易邁而土木難久邪？夫古之學者，入有井牧閭師之教，出有擊刺騎射之法，無異施也。然以甸侯綏要荒觀之，綏在五服之中，內三百里，揆文教、接甸侯也；外二百里，奮武衛、禦要荒也。又因其地而異其施焉。吳春秋時，寔帷荒服，逮我聖明，奄有全吳，在畿之內興化伊邇。雖金山越在海濱，今則有武以捍患，有學以興教，絃誦相聞乎遐邇，人材接武于後先，可見百餘年來禮樂攸興也，聲教遠暨也，風俗大同也，而何內外間然之有？然則金山之士際此文明之盛，當益修文武之業，而不失爲全材之用。豈惟無負朝廷作養之厚恩，而于諸君子上下協謀之盛心，則亦賴有光矣。請以是記之，以俟後之嗣修者考焉。

【按】

　　録自正德《金山衛志》下卷之一《學校志·宫墻》葉二十三，明錢溥撰，原題"錢溥重修記"，原文："學在衛治東北，東鄰城隍廟，西而錢鏐王廟，南茫通衢，北枕流水，周環以垣。"正德《松江府志》卷之十三《學校下》葉二十録有全文，題"錢溥重修記"，原文："金山衛學，在衛東北隅，篠管街之北。正統己未，巡撫工部侍郎周忱奏立，御史劉福、嚴浚、劉魁相繼增修。弘治戊午，指揮翁熊重建大成殿、兩廡、戟門，飾聖像。壬戌，指揮西寧新學門。甲子，備倭都指揮王憲製文廟祭器、學制，迄今完整。"乾隆《金山縣志》卷四《學校》葉八："金山衛學……成化十七年辛丑，巡按御史劉魁、教授張濂、訓導歐陽法增葺學制，工未竣，劉任滿去，御史孟俊繼成之。南京吏部尚書錢溥撰記。"

064 重建萬安橋記

明弘治四年(1491) 顧 純

吾松在甸服最東[一]，瀕海地差下，水道瀰四望，蓋澤國也，故病涉特甚于他邦，而橋梁之建倍蓰[二]焉，受郡寄而以民病切身者，亦恒以爲當務之急。距郡西三十餘里，有鎮曰珠涇，居民數千家，商賈輻輳，置郵走兩浙、達兩京者，旦暮不少輟，實要津也。舊有石橋曰萬安，歲久傾圮，或以舟渡，然颶風夜吼，霆雨晝冥，盈盈一水之間，禀乎天限南北之險[三]，臨流蹙頞，有迫不得已，則墊溺之爲民病者何如也。

郡守河南劉侯急民之病，惕然思有以濟之，請于巡撫都憲東魯倪公、浙臬僉憲西蜀伍公，捐[四]茭草價，且節俸倡率，僚屬助之，擇勤敏有士行義官鄭璋等董其役。凡杙之木必堅直，不中度者弗雜入，址之石必方正，不合軌者弗苟置。爲三券洞，翼以闌，延袤二百四十尺，高五之一，廣十之一。經始于弘治庚戌秋八月，落成于辛亥冬十月。錢穀以千計，出于官而民不知費；工徒以萬計，與之直[五]而民不憚煩。侈于舊規而壯麗且固[六]，扶老攜幼，坦然由之，不啻出九仞之淵，而措之如砥之道，咸佩侯德而感頌，乞余紀成績。

昔蔡君謨守泉州，嘗作萬安渡口橋，明年遂蒙召命。兹橋適符厥名，侯今亦蒙旌勞之典，仙馭飛塵，一出入息間耳，贊大猷以康濟天下，必加君謨一等矣，余未老，尚幸[七]見之。倪公名鐘，伍公名性，侯名璟，固當垂諸不朽，若夫僚屬之賢，效勞之輩，亦皆列其名于左，以爲後來者勸云。

【按】

録自正德《松江府志》卷之十《橋梁》葉十，明顧純撰，原題"刑部員外郎顧純記"，原文："萬安橋，在珠涇西。洪武初，里人宋華甫建。永樂十年，僧道腴重建。成化、弘治間重修。"嘉慶《朱涇志》卷一《疆域志・橋梁》葉七録有節略文，有異文，原文："按，萬安橋跨秀州塘,明洪武初建自里人宋華甫。永樂十年,僧道腴重修。弘治辛亥重建。年久而圮。"卷三《藝文志·碑版》葉十三:"重建萬安橋碑記,顧秋部純撰。"乾隆《金山縣志》卷之十六《橋梁》葉四:"萬安橋,在朱涇鎮西。明洪武初,里人宋華甫建。永樂十年,僧道腴重建。成化、弘治間重修。刑部員外郎顧純有記。萬曆初徐文貞公重建,有記。癸丑復坍。崇正八年,郡守方岳貢重建。本朝順治三年三月圮。按,是橋舊址有二,一在魯烈婦祠前,一在祠北。康熙十九年建木橋于舊址之南數十丈,行舟觸橋柱輒覆。雍正元年復建木橋于其處,覆舟如前,水口狹、水勢迅故也。嗣是議建此橋,當仍就舊址,庶無覆舟之患云。"光緒《金山縣志》卷十五《藝文·金石部》葉十四:"萬安橋記,明成化年顧純撰。"《朱涇鎮志》第六篇第二章第二節《碑刻》第227頁:"重建萬安橋碑記,立于明代弘治四年(1491年),顧純撰文。原在萬安橋渡口,年久而廢。"

【校注】

[一] 最東:嘉慶《朱涇志》作"最南"。

[二] 徙:嘉慶《朱涇志》作"急"。

[三] 稟乎天限南北之險:嘉慶《朱涇志》作"凜限南北"。

[四] 捐:原文漫漶,據嘉慶《朱涇志》補。

[五] 與之直:嘉慶《朱涇志》作"與之惠"。

[六] 侈于舊規而壯麗且固:嘉慶《朱涇志》無此句。

[七] 尚幸:嘉慶《朱涇志》作"尚祈"。

065 陸宣公祠堂記略

明嘉靖三年(1524)　蕭世賢

　　按唐史[一],貞元相陸宣公爲吴郡嘉興人。嘗讀公之疏,故知公之心,因慕公也重[二]。嘉靖癸未,余奉命[三]出守兹土,喜即公之生里也,而謁公于庭,宿昔仰瞻之懷,于是乎遂[四]。公復有祠堂在嘉善縣奉賢里之陸莊[五],歲久傾圮。越明年甲申,其裔孫公泰葺而新之,條陳顛末,乞余言記諸永[六]。夫公廟之在郡治者,載在祀典,守在有司,雖百世不磨,此日祠堂而又偏于陸莊,則視子孫爲隆替。余曩過姑蘇,謁文正公于范莊,見其廟貌巍峨,子孫環集,無下千百夷。考其世,則公生于文正之前者三百年有奇,尚論其德,則公之"上下"不負于文正之"先憂後樂",若合符節[七]。公之後裔乃與文正迥絶者,豈君子之澤亦有不同也哉?要之,吴民業田,以爲恒産,有司歲會視之豐嗇以上下其輸,産盡無支則流,流而弗反則絶[八]。文正之後者,獨荷優典,咸復其家,故有聚而無散。惟宣公之後,則無復焉,而族故遼闊,陸之弗競于范,而祠亦緣之屢湮[九]。余于祠堂之落成也[一〇],無裨之于始,而惟慮其所終。此子孫之典,是祠者,倣范莊故事,復之以延世守[一一],俾爲公之子孫者,弗以産故徙而無歸,公之祠堂也,弗以子孫徙而無歸也,而復落寞罔治。此余自致于公之萬一也,因移官文,并刻于石,用告來者。

【按】

　　録自光緒《重輯楓涇小志》卷二《志建置·祠廟》葉二十五,明蕭世賢撰,原題"明郡守蕭世賢記略",原文:"陸宣公祠,在四中區陸莊。宣公裔孫、宋迪功郎瑀創,有祭田五百十七畝。明嘉靖二十九年,裔孫申率族孫道乾移建所居旁。國朝康熙時,頒'内相經綸'額,歲春秋二仲,官詣致祭,時存祭田七十余畝。咸豐時粵匪踞境,祠宇獨存。"光緒《嘉善縣志》卷七《典秩志上·祠祀》葉十四録有此文,有異文,題"郡守蕭世賢記略",原文:"陸宣公

129

祠,在嘉善縣東北十二里。《大清一統志》。奉四中區,其地故陸氏子孫所居,有祠,歲久傾圮。明嘉靖三年,太學生申同族人泰復葺;二十九年,申率族孫道乾移建。"。

【校注】

[一]"按唐史"句:光緒《嘉善縣志》作"按史,唐貞元相陸宣公……"。

[二]嘗讀公之疏……因慕公也重:光緒《嘉善縣志》無此句。

[三]奉命:原文無此二字,據光緒《嘉善縣志》補。

[四]而謁公于庭……于是乎遂:光緒《嘉善縣志》無此句。

[五]陸莊:在今金山區楓涇鎮農興村。

[六]記諸永:光緒《嘉善縣志》作"紀諸永"。

[七]無下千百夷……若合符節:原文無此句,據光緒《嘉善縣志》補。

[八]有司歲會視之豐嗇……流而弗反則絶:原文無此句,據光緒《嘉善縣志》補。

[九]而族故遼闊……亦緣之屢湮:光緒《嘉善縣志》無此句。

[一〇]于祠堂之落成也:原文無此句,據光緒《嘉善縣志》補。

[一一]復之以延世守:原文無此句,據光緒《嘉善縣志》補。

066 曹氏義田記

明嘉靖初年(1522—1534) 徐 階

　　有義舉焉,其澤可以及民,而又可以便有司、裨國家,其功甚鉅,兹豈非人所樂爲者乎?然而歷數十年,里之富貴顯融之士更數輩矣,而後有爲之者,何也? 欲勝而義微,簞食豆羹見于其色,然則自簞食豆羹而上,宜其有深靳而不爲者與。松之南,干巷曹氏,巨族也,太學生子勵君賢而能文章,性又喜施予。里人姚信者,死無後,存糧若干石,里之民歲爲輸之,或值凶歉,民無所于出,輒負瓦楬木鬻子女,以應催科之命。蓋有司者每病其賦之後期,而爲之民者,又每病有司之莫予惜。前後數十年,富貴顯融之士未有能救焉者也,君獨以爲己任,割田若干畝,俾里之長者歲取其入,以償公賦。賦時民乂,而有司無督促之煩。吾所謂澤及民、便有司、裨國家者,君一舉胥得焉,不謂能好義哉? 于是,里之黄耇者與其子弟相與名其田曰義,昭君懿也。

　　夫松,賦財之所出也,八口之家耕耨之所入,率以其半輸賦而不足,重之以存糧代償之。今民滋病矣,不有好義之士出而救之,民其能有瘳哉? 松爲里,千四百有奇,使里得一人,不獨可無逋賦以煩有司,而民用輯寧,實國家之所深賴,義之爲澤不可勝用也。昔范文正置義田以贍族人,至于今爲頌。蘇松壤地相接,君之斯舉,似亦聞公之風而興起者。至于推族人之愛以及其疏,無其位而行其志,于勢爲難,使當范公之時,得不爲所與哉! 予方學公而未能重君之能義,遂書其事刻之于石,與同志者勉焉。

【按】

　　録自《少湖先生文集》卷三葉廿九,明徐階撰。此文集前有張真序文,作于嘉靖十三年(1534),徐階(1503—1583)于嘉靖二年(1523)探花及第,據此推測,此碑記約作于嘉靖(1522—1566 年)初年。乾隆《金山縣志》卷二十《藝文二》葉五録有此文,題"曹氏義田記,明徐階"。九〇《金山縣志》第 918 頁《歷代碑刻簡目》:"曹氏義田記,徐階,(原所在處)干巷。"

067 金山衛學初置廩膳記

明嘉靖二十年(1541) 徐 階

　　金山衛故有學有師，以教吏士之子弟及其民之秀者，率再歲而貢士一人于廷，比于邑學。蓋自正統己未迄于今，百餘年矣，而其士猶未得養于有司，于是其當貢者亦恒爭不能決。嘉靖庚子，教授王新請于督學御史楊公宜[一]，得以文之優者二十人，當廩膳之數而次第貢之。其明年，新率訓導蔣誠及諸生孫寅、陸中美等，言于巡按御史舒公汀曰：“國家疆域萬里以養士二十人，不爲費然，而可以見一視之仁焉，可以見右文之盛焉，如以請，當無不可。”公以語郡守何侯繼之、別駕李君蓁、郡憲黃君洪毗，僉曰：“教授言是。”黃君則又進曰：“洪毗，閩人，閩有平海衛者，實得廩其學生，金山亦衛也，援以請其可。”于是舒公疏于朝，如黃君言。大宗伯上議曰：“御史言是。”得詔置廩膳二十人。教授新既拜舞以謝，退語于眾曰：“我國家以文爲治，自洪武至正統，其化大行，則衛于是有學。又自正統迄于今，化日益淪浹，則士始得養于有司，蓋其繫乎時者如此，不可無述也。”乃幣而徵文于階。

　　階嘗讀《易》，竊有感矣，《易》爲卦六十四，而有取于養者二：其一，鼎之象曰“大亨，以養聖賢”，言上之養士也；其一，頤之象曰“君子以慎言語、節飲食”，言士之自養也。夫上必養士而後可以成治，士必自養而後可以佐時，二者固恒相須也。三代以降，聖人之道不明已久，故士或從事于學而徇外以戕内，則是不能養其人，而于節飲食之義乖，牽己以從物，則是不能養其出，而于慎言語之旨悖，如是而徒養于上之人，其何時之能佐，以無負于國家也哉？階不敏，欲僭規于多士，遂不辭而記之，雖然，亦諸君子建請之初心也。

【按】

　　録自《世經堂集》卷十四《記》葉三十八，明徐階撰。崇禎《松江府志》卷之二十四《學政下·金山衛學》葉四十三録有全文，題“徐階衛學初置廩膳記”。光緒《金山縣志》卷十五

《藝文‧金石部》葉十四："金山衛學初置廩膳記，明嘉靖十九年，徐階撰。"據原文"嘉靖庚子(歡按，嘉靖十九年)……其明年……"可知光緒縣志記載有誤，此文當撰于"其明年"，即明嘉靖二十年(1541)，歲次辛丑。

【校注】

［一］楊公宜：楊宜，字伯時，號裁庵，明京師真定府衡水縣(今河北省衡水縣)人。嘉靖二年，登進士，授知縣。嘉靖九年，任山東道試監察御史，後改河南道御史。嘉靖十九年，提調南直隸學校。

068 陸文貴義田記略

明嘉靖年間(1522—1566)　沈　銘

　　載籍所書,賑窮恤匱,在位者之事,若民,未之前聞,而僅見于松之民陸文貴者。以邇來倭奴入寇,兵荒交集,賦役煩重,百姓困窮,故里甲之輸役者,或病于夫之不給,或苦于糧稅之難徵,遂至蕩産流離而莫有恤其隱者。惟文貴,居于里中,惴惴焉深以自懼,而毅然捐己之田六十畝,以爲里中之輸役者贍焉。其田租之入,大率總區者十之四,催徵者十之六,有定數而不可貪也。其田之承業者,必使十甲周而復始,循環無端,有定分而不可紊也。其田之立,必聞之有司而日助荒里,是有案斷而不可泯也。于是里甲胡貢、李清等,鳩工聚材,爲之建亭于塋上,屬余記其實,勒石以垂久遠。予念夫世家巨室以一人而兼萬夫之産,終歲而無力役之征,乃不肯用情于民,雖宗黨親戚之貧而釜不沃者,若泰越之不相恤,不愧于文貴乎?是宜爲記。文貴,字顯之。妻沈氏、吕氏。二女,長曰柳枝,次曰招姐。

【按】

　　録自乾隆《金山縣志》卷之二十《藝文二》葉七,明沈銘撰,原題"陸文貴義田記略"。光緒《金山縣志》卷二十四《義行傳》葉六:"陸文貴,字顯之,嘉靖時,當倭擾東南,賦役繁重,文貴盡捐其田,以紓里中之難,僅餘田八畝自給。歿後其鄰經紀其喪葬,里甲胡貢、李清爲之建亭、樹碑,稱陸義士墓云。"可知此文撰于明嘉靖年間。光緒《松江府續志》卷三十八《名迹志》葉九十三:"明陸獻之墓。案,沈大成《學福齋集》:陸文貴,字顯之,嘗以田助役,里人德之,歲葺其墓。前志但書其字,而顯又訛獻。"乾隆《金山縣志》卷之十五《墳墓》葉十一:"義士陸獻之墓,在二保一區。"又據其卷之一《疆域鄉保》葉五:"風涇鄉,管保三,一保隸婁:二保、三保。"可知陸文貴墓在清代風涇鄉。清代沈大成《學福齋集》卷十八《傳》葉三有《陸義士傳》:"陸義士,諱文貴,故明人,屬郡之婁縣,少力田致饒,年七十,無子。當嘉靖時,倭擾東南,賦役繁重,吾郡尤被其困。文貴慨然盡出其田,輸縣官以紓里中之難,而自占餘田八畝,屬其鄰經紀其喪葬。既没,土人爲葬于大茅塘之九曲溪,有沈銘者爲之志。其地蓋自大茅塘西三里,稍折而北爲九曲溪,溪盡則陸義士之墓在焉,短垣隱然,中有石亭,列祀陸氏之先與文貴夫婦,一女柳枝祔。自嘉靖至今,垂三百年,土人護視祭掃猶勿替,豈不以其義足重哉?去歲之冬,吾門徐生夢蓉偶過而歸述之。沈銘無文名,其文不著,其事又不見于郡志,而婁今析爲金山,新縣志復失載。夫大茅塘隸金山之境内,而陸義士之墓藳然見存,猶佚而不書而不問,則凡今之爲志者,其果可信乎?烏嘑!以士貴之好義如此,其生平之善行當不止于是,惜乎爲志者不能附筆之也。因撰《陸義士傳》一篇,以補前人之遺,毋使其無傳焉。"

069　華亭縣築捍海諸塘記略

明萬曆三年(1575)　徐　階

　　華亭縣故有捍海塘。按志,塘築于開元元年,縣創于天寶十年,則塘固先縣而築矣。豈塘成之後,海水既不闌入,而江湖之水又藉以停蓄,故耕者獲其利,日富日蕃,而縣因以建歟?萬曆三年夏五月晦,海大風鼓濤山立,怒號而西注,敗塘于濚闕、于白沙,漂没廬舍百十區,潮乘其缺日再入,流溢四境。潮味鹹,所過禾麥荳蔬立槁,適歲旱,民不得灌溉。太守西蜀王侯以修,瞿然曰:"灾若此,吾曷敢寧居?"亟檄知縣事南海楊君端雲往視。楊君冒盛暑循海行二百里,具得其狀以白王侯。侯首議修築,費巨,無所給。或謂民可役也,巡按侍御姚江邵公陛曰:"吁!華亭人疲矣,吾奚忍益之?"亟出贖金五百兩,俾侯經始。巡撫中丞永豐宋公儀望聞之曰:"俞吾保釐茲土,固惟奠乂之求。"出贖金三百。督鹹侍御真定王公藻曰:"天子使吾問民利害,矧吾煎海之民,環塘而居者千萬計,其可無時舉。"出贖金百。侯亦出贖金二百,及河夫之值二百六十。召徒役,具器用,囊糧船粟,率楊君齋禱而從事。于是整飭兵備,東甌王公叔杲爲設禁令、陳賞罰,擇典史林國惠、千户李國美、百户濮文卿使董厥工,畚築日奮,塘亟告成,長八百五十丈有奇,高厚各一丈五尺,趾加厚二丈,川原底寧,行其上者若坦途,耕于其内者若倚平岡,不復虞鹽潮之入也。胥拜且言曰:"非諸君子之力,其曷能有此?"請予記成事。予嘗論古君子,聞民之灾,必相與動色怛中,畢力而爲之救,後之爲政者勞,率避而不肯爲功,率倡而莫之和。今觀于諸君子,信可謂協于爲民矣,遂諾而記諸石。

【按】

　　録自崇禎《松江府志》卷十八《水利下》葉三十七,明徐階撰,原題"萬曆三年華亭縣築捍海諸塘大學士徐階記略"。《世經堂集》《少湖先生集》中未見。《吴中水利全書》卷二十五葉七十八録有全文,有異文,題"徐階華亭縣修築捍海塘記,萬曆三年"。《金山縣海塘志》録有節略文,題"華亭縣修築捍海塘記",注明録自嘉慶《松江府志》。《浦東碑刻資料選輯》録有節略文,題"華亭縣修築捍海塘記",注明録自"《崇禎松江府志‧卷十九》"。乾隆《華亭縣志》卷三《海塘志‧築修》葉六録有節略文,題"徐文貞記略"。

070　洙涇萬安橋記

明萬曆三年(1575)　徐　階

　　合三泖之水,嘉湖百川之委流,會而注于海,其最先納之者曰洙涇。跨涇之東西,疊石以通往來,其橋曰萬安。按志,橋建于洪武初,改建于永樂癸巳,修于弘治庚戌。比部員外顧公爲之記,大略謂洙涇爲邑要津,當颶風夜吼,霪雨晝冥,兩涯相望,凛乎有天限之險,則涇之不容以無橋可知也。邇年潮既入泖,來則逆諸水門于橋下,去則挾輿俱馳,盛氣怒濤束于橋,不得肆。繇是衝射日甚,而橋日就圮。里諸主鄭之良等,思協群力更爲之,屬同里鄉進士莊君允中爲募疏,以告郡守西蜀李侯向陽,侯慨然曰:"義舉也!"檄里人孫照徐陳鷺等,使募于衆且司其出納,而首捐俸爲之倡。衆相與捐貲,得銀七百餘兩,計其費猶詘,侯聞,出帑銀三百兩。日以相成事,遂以隆慶壬申冬十二月,即故址爲三券洞,延衰二百三十尺,廣二十尺,增舊之高,合之得五十幾丈尺,又爲走塘西券之下,以便舟行之牽挽者。萬曆甲戌五月,橋以成告,凡役夫萬,用銀千,而其始終則皆李侯是賴。嘉有丕績,橋成刻石記之。

【按】

　　録自崇禎《松江府志》卷三《橋梁》葉四七,明徐階撰,陸祖光書,季膺篆額,原文:"洙涇萬安橋,洪武初建,弘治、隆慶中重修兩次,今廢,此首當創建者。……按,是橋通浙西吳閶孔道,今萬曆中圮,□□往來無不病涉,久以舟代濟,行者苦之。近章令君給帖募建,半屬乾没,章公不及核也。"光緒《金山縣志》卷十五《藝文·金石部》十四:"萬安橋記,明萬曆三年徐階撰,陸光祖書,季膺篆。"嘉慶《松江府志》卷七十三《藝文志·金石》葉二十:"萬安橋記,明萬曆三年仲春,徐階撰,平湖陸光祖書,季膺篆。"《浦東碑刻資料選輯》録此碑并注:"按:碑記由徐階撰于明萬曆三年(1575年),陸光祖書,季膺篆額。"

071 重修金山衛儒學碑記

明天啓元年(1621) 張　鼐

　　金山□，周康王築城地也，淪于海幾千年。本朝沿其名，設衛于海之壖，修軍實謹風潮也。國制，天下衛所皆立學，而金山儒學創自正統中。形家言：大海浩淼，從東南來，轟雷奔趨，而金山寒穴當海國一柱，蜃氣縹緲，實接其巽位。又危樓孤聳，疏鐘遠聞，南望甬東諸境，在海外隱隱若列。案學址環河周抱，璧水當懷，其西北艮隅，則秦皇望海之丘，查玉成仙人煉丹之崖，層巒疊護，取勢于海，取氣于山，廣大高厚，宮牆屹然于海上。夫武衛借文教乃重，故瑚簋餙而金革之氣銷，學宮厲而雄武之圖固。聖人所以綢繆其制而剛柔劑焉者也。

　　自學較既設，武臣猛將，凡受事茲土者皆得歲時瞻拜廟下，拱手立堂皇，聽博士諸生講，與聞先王之教，暨諸世弁子弟，亦以時習禮于庭。故事，博士師以文物尊重，例得與總參諸大帥備賓主禮，博士師軒車綉服，直入大帥戟門，大帥趨迎于門，乃下揖而入，據上座。凡歲時公會讌享，皆相抗而坐，其弟子員非舊隸戎籍，亦得交大帥以下如學師儀。凡學有賓興、喜慶、典禮、張旗幟、鳴鐘鼓、傳炮作樂，帥府從便，宜弗敢問。學故武地，顧乃以教澤休明，冠紱整肅，爲一方重。其將帥皆以得奉教師儒，依光絃誦爲賢。先是創學以來，縣景泰迄正德，如羅御史義而下，崛起科目，上第者凡十餘人。而後寖衰微八十年于兹矣，地靈遷于斷石，廟像錮于沉沙，氣散而學容敝，教薄而人材放，此非獨運會使然，其亦有待而興者也。

　　史官張鼐曰：余爲諸生，猶能記憶當日廢興事云。癸甲之間，拓基浚河，出聖靈于坑塹，標識石于泥塗，拮据草萊，天荒以破，則八閩翁先生之教也。降而庚辛，運頗中厄，磨厲士氣，作新賓興，躋桃李于棟梁，升鹽梅于鼎實，遂徽華貫，生光朽株，則淮南凌先生之教也。至于今日，前茅蔚起，穎脱代興，人負驪龍，家含靈霧，而經營木石，疏滌河渠，核實程功，不皇櫛沐，還鐘虡于舊地，飭廟貌于鼎新，則黔南婁先生暨今新任田先生之教也。夫澤宮興替，繫乎官師，營度以才，服衆以守，集事以誠，三資者備而功成反掌。婁先生矢志神明，皭然不染，勞來和會，底于落成，以方前軌，彌有光焉，若乃宗工教主，潤澤斯文，權衡所歸，德心用播。督撫中丞荆南胡公，督學臺使武康駱公、遂安毛公，馳檄鳩工，量籌經費，勢成建瓴，功在主盟。署府事節推南楚劉公，勞心調度，劑絀用嬴，帑額不豐，繼以廩俸。署青浦縣事水利兼海防同知南安孫公，恪遵舊經，樂成盛舉，役不罷衆，費不礙官，并以潔己奉公之誠，助禮樂絃歌之美，使宮墻巍煥，聖澤增日月之光；俎豆修明，海國賁風雲之氣。介弁之胄，習威儀而敦禮；讓豪武之俗，修孝弟而重章縫。夫爲臣死忠，爲子死孝，學較之教也；文不愛錢，武不惜死，臣子之分也。數公拮据良苦，寧第尊崇。一廟貌倘亦念國家設衛立學之意，而令文教武衛并還三代之隆乎？吾執筆者敢以是勖焉。

是役也，始于萬曆己未十月朔日，成于天啓改元三月望日。中丞公名應台，督學公名駱魯、名一鷺，劉公名之待，孫公名應崑，而婁先生旻，田先生養純，與翁先生興賢，凌先生養浩，并名載學版。先是，佐翁先生勞于學者，吾友薛君應麟。今佐婁先生告成事，吾友劉君士奇也，例得并書。

【按】

録自崇禎《松江府志》卷之二十四《學政二·金山衛學》葉四十五，明張鼐撰，原題"張鼐重修儒學碑記"。光緒《金山縣志》卷十五《藝文·金石部》葉十四："重修金山衛儒學碑記，明天啓元年三月張鼐撰。"

072 澉關捍海石塘記

明崇禎八年（1635） 錢龍錫

　　余家濱海不百里，聞父老言，每夏秋交，颶發水湧，俗謂之海嘯，脱不戒，即水母懸籬落、瑣蛄入竈下。水退後，桑田皓皓作水晶色，河入鹹潮，不可汲溉。先時嘗患此，則就舊塘增卑倍薄，官帑費而民力瘵。頃歲謫居蛟關，益習顛風怒濤、浮天蕩日之勢，然所見外洋島嶼，重重屏列，關口左右皆峻嶺，中通一川，如距如束，海不爲患。詢之鄰境皆然。登萊以上，聞皆有危礁砥柱，獨我吳及嘉禾、鹽官沿海平沙，沙性融散不可博。萬里滔流，以一堤爲培塿，而堤土猶客土也，水浸淫潛衍而入，狂飆翼之，即比閭列廛可刹那陷。則海塘之關繫我吳，抑尤重且亟已。

　　澉關者，吾郡漁舟入海采捕處也，其外漁船鱗次，并無護沙。漁人緣堤上下如蟻附然。春夏百賈蝟集，勢家構闤闠爲居停，萬趾交錯，以落落不膠粘之沙土，而蹂躪無虛刻，宜堤獨此善潰矣。考志，萬曆初年曾潰，潰而築，猶土堤也，費逾千金。崇禎六年季夏望，大潰，至中秋望、季冬朔，再潰。七年元旦與六月既望，又連潰。海潮汹湧與内河合，沿河數百千頃，鹹濤出没，禾炭炭多淹死者，邦人大恐。適郡侯禹修方公自覲歸，偕邑侯張公博謀于衆，僉謂今堤必以石如鹽官，設仍以土，是歲以千金抵海也。或又謂海勢不可與爭，宜徙而之内。侯熟計海趨沙挾河益橫，即内徙何能支，且腴壤淪而賦不辦，非守臣所敢任也，定議塘必以石，必仍外貫。顧石費十倍土，往時鹽官之塘，協濟于蘇松，此時庫廩，所在告匱，何容以他境爲池魚。獨請上臺贖鍰，及集商民好義者可耳。請之集之，得六千餘緡。又度宦冊，業户膏腴者，一體勸輸，士民目睹孔棘，樂輸恐後，合前所得，薄計之二萬有奇。全具矣，安得所諝練倜儻，不避勞怨，毅然以其身仔肩者？得吾友孝廉繩如吳君，力强數四乃可。

　　繩如已受事，則籲神靖志，野處倡勞，酷暑沍寒，不憚重跰，措置規綜，纖悉具備。如分段編號，以授工也，則勤惰稽矣。浚河通舟，以裝石也，則搬運省矣。近采海山，以佐匱也，則儲用裕矣。先築患口，以防秋也，則急病醫矣。石必停勻，木必壯植，則基本固矣。通行有石級之構，延接有簡便塘之附，則輔車屬而防衛嚴矣。而要尤在當事者一念之精確。聞侯始塘事，爲文罪己，精禋海堧。繩如往覆條議，朝報夕可。或駕一艇行勸課，海上人不知太守來也。役者俱好義富民，獎勞逾格，迄終，事無譙訶。所需金錢，主者同心給發，無後期。繩如嚼然飲冰，其鼓舞諸役，宛家督而菜鮭不私也，則至誠感人深矣。工始甲戌仲冬，竣乙亥季冬，纔逾浹歲，所建石塘，凡二百八十九丈有奇。海若效靈，雨暘時節，無霖潦滂沱之苦，無風波覆溺之虞。群心悅豫，溟渤晏如，謂非天人桴鼓之應，可乎哉？

蓋余讀繩如所寄《塘工問答》而不勝喜，尤不勝慮也。喜者，今海內不被兵燹，獨江南數郡，財賦實當天下半，國家倚爲內帑，固三百年之孝子順孫也。有如沃壤不戒，而天吳馮夷之是官，安所持以備徵繕？即天未欲盡我民于洪濤，而任事與議事者一不察或苟安，而歲事捧土之塞，或畏難而倅爲內徙之計，塞者如金繒奉虜，徙者如割地資敵，國計何賴？即不然，而暗于時艱以束手，仰煩主計，譬僕方爲主十揪，而家以失火貽主人憂，孝子順孫之誼謂何？今侯明而熟于籌，繩如毅而果于任，不寒不悚，密撲竈突之延燒，而鄰不知警，主不知勞。塘不朽，功與俱不朽矣。若所慮，則原繼事者之思其終耳。夫羸病當風，招患勝理，蟻穴潰堤，即事明鑒。今兹石塘，以吾大夫、士庶、父老、子弟合并之全力，爭之鯨須鱉齒而得者也，作者甚勞，守者當念，即不必定歲編，以啓積滑之垂涎，亦不可無稍貯，以應臨時之緩急，而大要在責成拓林徼卒與海船主戶，駐泊必分疆隅，往來必循石磴，隙竇必苴，纖瑕必飭，無曳重踐蹂，無取土壓載，禁屬而行，必內捍外護，永永相維，庶可鞏苞桑而安唇齒乎？此在今日之當事，計無不周，乃薪傳燈續，實籍後之君子，余不能無厚望焉。侯九載劻勞，僅飲泖水一勺，塘績益彰彰，在人聽睹。繩如介直強敏，負用世才，此舉特陳戶牖之宰社肉耳。而利賴已弘，抑前事之不忘，後事之毖也。故諸故鄉父老之請，而僭爲記之。

上臺捐鍰者，爲撫臺張公，諱國維，壬戌進士，東陽人；按臺王公，諱一鶚，壬戌進士，高安人；鹽臺張公，諱任學，己丑進士，安嶽人；方侯，諱嶽貢，壬戌進士，穀城人；張侯，諱調鼎，辛未進士，甌寧人；繩如，諱嘉允，甲子順天鄉進士。肩兹役者，爲曹家駒、張一鳳等。凡十七號，俱海濱有業行，郡邑給楔與章服，例得并書載碑陰。

郡人舊史氏錢龍錫撰。

【按】

錄自《金山縣海塘志》第五篇《文獻藝文》第 160 頁，明錢龍錫撰，原注：“錢龍錫（1579—1645 年）華亭人，字稚文，萬曆進士，崇禎初曾任禮部尚書兼東閣大學士，後因袁崇焕殺人案受牽累罷官。本文單行成册,現存復旦大學圖書館。"乾隆《華亭縣志》卷三《海塘志·築修》葉七録有節略文,題"錢龍錫記略"。《浦東碑刻資料選輯》第36頁録有全文,有異文,原注:"按:漴缺捍海石塘在今奉賢縣奉拓公路一綫,築于明崇禎八年(1635年),崇禎十三年(1640年)又續築。清雍正二年(1724年)至十三年(1735年)又修築,稱爲華亭石塘,全長24公里,通高5米,頂部爲1.5米,底部爲4米,全部由長1.4米,寬45厘米,厚26厘米的青石或花崗石砌成。石塘完整保留至今。此碑文由錢龍錫撰。碑文録自明吴嘉允撰的《松江漴闕石塘録》(清雍正二年刊本),吴嘉允,字繩如,青浦人,天啓甲子舉人,曾董役築此石塘。"《上海水利志》第三章《藝文》第一節《碑記》録文、注釋同《金山縣海塘志》。

073 修復朱涇賣柴灣水道碑記

清康熙四年(1665)

我郡古稱澤國,其地僻處海濱,受浙西苕、霅諸水而總由申浦爲歸墟,巨浸汪洋,所在都有,故水利之修廢,風俗之盛衰由之。其間當水要衝、爲郡屏蔽者,惟朱涇爲尤甚。有明時户口殷繁,閭閻充實,雖都會之盛,無以加兹。近者市井日蕭條,民生日凋瘵,距明季曾幾何時,其間盛衰相去遠甚,往來兹土者深思其故而不可得,及觀水道之通塞,驗盛衰所由分,始信水之大利大害也。蓋鎮當泖、浦之交,蓄洩縈洄所關非淺。舊有賣柴灣一河,居掘石涇西偏,潮至則引申浦之水蜿蜒以西流,潮退則導泖湖之水紆徐以東瀉,不淤不疾,灌溉順利,而奸宄不得出没其中,鎮無萑苻之患。迨後愚民無知,乃于周家埭别疏私港,故道日淤,于是水行徑直,迅不停流,奸徒恣行,飄然莫禦。

嗚呼!二水之一開一塞,其爲兹土之利害相越遠矣。而欲家給人足,無異曩時,詎可得哉?歲在乙巳,旱久歉收,攘竊累累。里中深識之士,謂不更水道不足以備不虞,告之諸父老,衆志僉同,畚插雲集。私港既塞,而泖、浦、掘石諸水復由故道而漸達于朱涇,諸水之西來者,亦得委折迴旋,漸歸于申浦。賣柴灣淤塞之途,不加浚而倏焉深廣,里人咸稱神助,猶恐奸民之陰壞其功也,既聞于官,復相率請余爲記,以志諸石。予惟茸城巨鎮,朱里爲冠,而水利實關乎盛衰,盜決河防,王法有禁,彼奸民者,其何能爲?我于是益嘆水之爲大利害,雖一隅莫不然也。夫一隅且然,凡居澤國者顧泄泄焉不思講求,其故亦獨何哉?

【按】

録自嘉慶《朱涇志》卷三《水利志·鎮中諸水》葉七,原題"無名字修復朱涇買柴灣水道碑記",原文:"國初時有修復水道碑,備載于後,俟深于水利者考焉。"據碑文,標題當爲"賣柴灣"。1636年皇太極改國號爲大清,1644年清軍入關,嘉慶《朱涇志》稱"國初",碑文又稱"歲在乙巳",故此碑記當撰于康熙四年(1665),歲次乙巳。

074　重修表賢祠碑記

清康熙二十二年（1683）　崔維華

　　武塘爲浙西大邑，代有名臣，而唐之陸敬輿、宋之陳令舉，實爲稱首。敬輿當建中之後，審因革之異宜，糾皇躬之佚德，言辭剴切，天子動容，蒼生仰望。雖德宗用之不終，而密勿論思，群稱"内相"，亦足以少展其所學矣。令舉兩擢制科，文章彪炳。青苗之法，朝廷公卿自韓琦、吕誨數君子外，咸側目不敢道。令舉以山陰一吏，指陳流弊，投狀自劾，放棄終身，其視敬輿，勢更難，心更摯，清風高節，詎流俗人所能及乎？獨敬輿族姓繁衍，五百年來，祠堂修葺，蒸嘗勿替。令舉一抔之土，淪于灌莽，即涇曰清風，鄉曰奉賢，愛慕之誠，尚留道路，而契嵩[一]焚修之所，幾不能復問，良堪浩嘆。

　　明武宗初年，斷碑木主，微露于荒烟蔓草之中，茂才夏子、孝廉陸君，表其行誼，相繼陳請，于是區公立祠于前，胡公肖像于後。金沙于公，復田贍祭。别駕晋公，條列祭品，永蠲雜税。里人存舊德之思，士子申景行之願，先賢魂魄，庶有依歸，載在邑乘，班班可考。二百餘年，祠宇傾頹，庭除荒穢，春秋之祭，僅循故事。奸僧金隆道等，侵漁租粒，飽其私囊，遂令祀典廢弛，瓣香久斷，此宋公所以傷心，傳亮爲之隕涕也。

　　余承乏武塘，先賢懿範，勤思仰企，凡屬祠廟，每加整飭。適者民姚萬年等，有侵租毁祠之呈，因博稽前志，遍訪輿人，舉隆道所匿之田，悉返汶陽，付之祠僧文竺，以供粢盛酒醴之需，統計五十七畝有奇。乃剪荆榛，治庭戺，既勤樸斲，爰施丹雘，裔孫煌復肖公像。白牛塘上，懷令舉者，將與敬輿之陸莊并垂不朽焉。夫武塘節義，冠乎七邑，宏演納肝，萇宏碧血，蹈海沉河之士，批鱗折檻之臣，溯其芳軌，令舉若有以啓之。則夫廟貌之維新，牲牷之庇潔，當亦柳洲人士所傾心而樂觀也。遂略叙巔末，俾後之人知橉桷几筵，實爲劍佩衣冠之所寄，勿使豪家俠少，夤緣爲奸，則余之深有望者已。

【按】

　　録自光緒《重輯楓涇小志》卷二《志建置·祠廟》葉二十七，清崔維華撰，原題"國朝知縣崔維華重修祠碑記"，原文："表賢祠，在九南區。祀宋屯田員外郎陳舜俞，其旁即舜俞墓。……國朝康熙二十二年，知縣崔維華洎邑紳士捐貲修葺，裔孫煌復肖公像。"光緒《嘉善縣志》卷七《典秩志上·祠祀》葉十六録有全文，題"三韓崔維華重修祠碑"，原文："表賢祠，舊爲福源庵，俗名荒墩庵，又名光德。在縣治東七里（祠在墓旁，鄉人建之以祀陳舜俞）奉九南區。祠舊爲僧舍，中惟木主。陳公舜俞以其地與僧契嵩爲焚修之所，後有嗣僧一宗因建殿堂門廡，以奉公祀。明正德，鄉貢士陸岳白之縣令胡潔，始有肖像以祀，南京太常正卿呂懋爲記。記曰……。嘉靖二十八年，知縣于業申明督學道，置田贍祭。祠田五十八畝有奇，守僧廢祀，祠宇傾頹。康熙二十二年，知縣崔維華洎邑紳士捐資修葺，裔孫煌復肖公像。三韓崔維華重修祠碑：……"

【校注】

［一］契嵩：北宋高僧，字仲靈，號潛子。

075 魯烈婦祠堂記

清康熙三十六年（1697） 龔 嶸

今上御極之三十有六年，有婁縣朱涇鎮士人孫奇珩、王鶴江等，以里中魯氏婦死節事聞余，乃拘魯氏之夫庭訊之，與諸士人之言合。夫魯氏以農家女托身非偶，卒捐其生，遂其志。嗚呼！可謂烈矣。

烈婦本姓張，其父爲魯氏養子，有魯屏者乞爲女，及長以妻其子魯祥。居西街，後枕秀州塘，水大且駛，有橋曰萬安，爲江浙孔道，商舶鱗集，群娼雜處其間。祥母沈，故娼也，與其子謀，紿烈婦之楓涇，迫使爲娼，不可。苦加棰楚，輒勿與飲食。積三四歲不改，日夜涕泣，以死自誓。祥母子意愈不憚而劫之益急。烈婦知不免，于三月初九夜，啓後户赴水死。里人求其屍不得，越八日，即其故處獲焉，顏色不變，衣上下百結完整。觀者千百輩，皆驚以爲神，有嘆息不能去者。

烈婦生康熙十六年，死時二十有一。語云："近朱者赤，近墨者黑。"非其得天完固，安能不可奪如是？烈婦死之前夕，謂其父母曰："夫以貧，故至此。我必死，死命也，慎勿抵夫罪。"是其心固安于死者，非有忿懟不平，而求雪其冤、求白其心于身後明矣。嗚呼！此尤非匹婦之諒自經溝瀆者所可及也。

里人既葬烈婦于橋左，而士人復請立祠墓傍，求余文刻石，使賢者有所慕而興起于善，不肖者耻于爲非而相與棄其故習，砥礪末俗，扶持名教，非小補也。夫勸善懲惡，宣助聖夫子德化，刺史之事也，遂不辭而系之以銘。銘曰：

有潔其身，有苦其節。不識不知，惟磨惟涅。若冰之寒，而火之烈。善非近名，名何時滅。嗚呼烈婦，是古之豪傑。

【按】

錄自嘉慶《朱涇志》卷二《建置志‧節孝祠》葉九，清龔嶸撰，原題"龔郡尊嶸祠堂碑記",原文:"魯烈婦祠,在萬安橋。康熙三十六年,邑明經孫奇珩、王鶴江、張慧諸君子請于龔郡尊嶸,捐貲創建。乾隆五十年(歡按,1785 年),旌表節婦程恭人重修。"該志卷三《藝文志·碑版》葉十三:"魯烈婦祠堂記,龔郡尊嶸撰。"乾隆《金山縣志》卷之四《秩祀》葉五:"魯烈婦祠,在朱涇鎮草庵北,康熙三十六年,知府龔嶸捐俸助葬,即于墓前建祠祀之,有碑記其事。"光緒《金山縣志》卷七《建置志上》葉十五:"魯烈婦祠,在朱涇鎮宿草庵北,康熙三十六年,知府龔嶸捐俸助葬,即于墓前建祠,有記。乾隆五十年,節婦程氏重修,旁有沈攸叙妻節婦戴氏孝子沈念亭及妻烈婦蔣氏祠,同治元年毀于兵。"《朱涇鎮志》第六篇第二節《碑刻》第 228 頁:"魯烈婦祠堂碑記,立于清乾隆五十年,龔嶸撰文。原在萬安橋魯烈婦祠堂內,民國初期廢。"據《此木軒文集》卷八《碑記》所載《魯烈婦碑記》(見《清代詩文集彙編》第 207 冊第 402 頁),題"魯烈婦碑記,代郡守龔公,丁丑",有異文,可知此文爲焦袁熹代筆。據乾隆《金山縣志》卷十九《藝文》葉十,焦袁熹另撰有《魯烈婦詩三章》。

076 小石塘碑

清雍正九年(1731)

雍正九年八月　日
抄塘東段險工
勒石州同吴任董築

雍正九年八月　日建
漴缺抄塘西段險工
董築官艾元復

【按】

　　録自《金山縣海塘志》第五篇《文獻藝文》第 163 頁,原題:"雍正小石塘碑",原注:"按:清雍正八年(1730 年)巡撫尹繼善在查勘海塘工程後上疏略云:'土塘爲石塘外護,關繫最要。内有漴缺等處,離水甚近,爲最險之工,常年于土塘外身,密釘排椿保護,而潮水沖刷,難以抵禦,不時坍卸。臣等查土塘之外有廢石塘(指明崇禎所築石塘)數百丈,久經坍入水中,原題請將坍卸水中之石撈取配爲新塘(指今滬杭公路下的石塘)之用。今查看石料短小,不能配新工,請將此廢石移爲幫護土塘,縱橫砌築。所有撈築等項工費,即在歲修土塘捐錢内動用,實費省而工倍也。'雍正九年(1731 年)即在外護土塘(今東二塘)漴缺西首的土塘外側抄築小石塘并勒石爲記。"文末原注:"光緒《松江府續志》"。

077　重建鳳翔橋記

清乾隆十八年(1753)　陳懷仁

郡縣往來之衝，有便于水陸之宜者二，曰渡，曰梁。梁之所難濟以渡，渡之不給藉乎梁。歲十一月徒杠成，十二月輿梁成，先王所以務康功也。歲壬申來莅金邑，治事之所屬衛城，倉廒之署在朱里，亟往亟來，久爲巨鎮。署之東北隅有木橋曰倉橋，邑民輪糧集于此，不數年輒壞，工役頻興，迄未謀及久遠。壬春，王君宗閔署縣事，以民之請詳憲司，將易木以石，報可。余適視事，其敢不底乃績？厥工頗鉅，乃偕王君各捐俸以倡之。邑紳士耆民咸踴躍樂輸，邑上舍顧成式、張德潤、鄭炳玹、金德明董其事，經承吏錢卓雲、周南林、陳天閒、胡式先、奚端揆、凌鑒文司簡牘，伐石鳩工，始事于乾隆十八年，六月而工成。屹然壯觀，與郡西郊三秀^[一]諸甃相甲乙，不可不新其名，名曰鳳翔，即以里名也。橋南塊累石爲級，以利登岸。邑人士請爲文以記橋之始末，俾後之摩挲觀感，無忘始事之相與有成云。

【按】

錄自嘉慶《朱涇志》卷一《疆域志·橋梁》葉五，清陳懷仁撰，原題"陳邑侯懷仁重建鳳翔橋記"，原文："鳳翔橋，在鳳翔里，本名倉橋。"

【校注】

[一] 三秀：秀野橋、秀塘橋、秀南橋合稱"三秀"。

078 同善會館碑記

清乾隆二十二年(1757) 蔡維熊

　　天下事無難易,顧力行何如耳。力行非難,一衆人心,力久而弗怠之爲難,此我楓鎮同善會之所由記也。會始于前明高忠憲、陳幾亭兩先生。乾隆元年,黃君學海得其遺書,嘆爲法良意美,隨處可行,遂合諸同志李君賓揆公育、戴君義廬、懷南兩昆仲,張君博侯,顧君諒哉,黃君文河,莫君鳳綸等,倡舉于鎮北,以朱君中黃、元林昆季所建桂香閣,爲會集斂散之所。閭左之顛連待舉火者,慶若更生。鎮南諸君子如麟暉李君、明揚朱君等,聞而義之,爭先伙助。雖以予之懶散無似,亦竭綿力,效贊襄焉。

　　是會也,首先節孝,重大倫也;次及孤貧,憐無告也;游惰不及,寓勸懲也;查訪必核,杜冒濫也。其捐輸也不一格,故事易集;其散給也有常期,故無稽待。更有暫給以通其權,有陰濟以妙其用,月有要,歲有會,昭著于衆耳衆目,而質臨以天地神祇。蓋諸君子之用心專而公且勤,自始事以迄今如一日云。乾隆八年,增修同善會書成,呈明江浙撫軍陳公、常公,并浙藩潘公,俱蒙優獎溫諭,并檄取其書,遍頒闔屬,飭勸舉行,而是會駸駸遍江浙矣。蓋我鎮北連峰泖,南走魏塘,實爲兩省交衢,善緣彰徹,需用漸繁,慮其不可以經久也,乃集百人爲千金之會,凡百日而竣事。次第增置義田,以爲恒産。又以會事寖廣,收發期會,規模不可以不展也,乃公置會館一區,于鎮南四中區務前坊,凡爲屋二十餘楹,價值四百餘金,修茸之資三百餘金,出于捐項。以甲戌年四月經始,丁丑年十月竣事。

　　先是,黃君文河于會中董事尤力,凡牒請兩省大吏,往來跋涉,不避寒暑;其勸捐輸也,不惜苦口,至爲市井不逞者所訴屬,衆心幾阻。余以爲爲山九仞,不可以浮言奪也。力爲解其不平,而諸君子之爲善也益奮。義會之舉,亦惟余首倡焉。今茲會館落成,將勒石于廡,而諸君以記文屬余。余惟古道之行,不獨親其親,子其子,是爲大同。蓋風俗之成,其端自上,其流自下,上下相維,以成大同之世,善莫大焉。我鎮以彈丸一區,沐浴盛朝重熙累洽之化，諸君子耳濡目染，惟日孜孜以成此鄉鄰風俗之美，而爲四方所則效，因將爲采風者所必書，而余幸以禮先一飯，得援筆以志其盛，且樂舉諸君子合力幷心不懈益虔之義，以垂法于無窮也。故不辭而爲之記。

【按】

錄自光緒《重輯楓涇小志》卷二《建置·義建》葉四，清蔡維熊撰，原題"蔡維熊碑記"，原文："同善會館，在鎮南均安橋北。乾隆二十年，合鎮士民公建房屋二十餘楹，咸豐十年毀于寇。外有市房六楹，在米篩橋北，今葺之，爲公所焉。會始于乾隆元年，越七年，具呈兩省大吏立案，蔡維熊倡集千金會，以佐經費。四十年，吳燦繼舉千金會。道光十八年，主簿李楨、里人郁道銘等整理其事。同治十年，公舉郁以瀚等十人司其事。會中管業田七百八十三畝八分，又置程姓田三十一畝。嘉慶元年，黃靜夫倡施絮襖，王啓焜捐五十領，樂善者咸助捐，由館中散給。至三年，又施蚊帳，襖帳相易。庚申以後，此舉遂廢。"原文後錄有梁同書乾隆六十年(1795)跋："梁同書跋云：此會自蔡封翁倡始，行之有年，而中間續成之者，吳鷗村氏也。乾隆四十年冬，吳君復舉千金之會，以總事爲己任，至今又二十年，樂善不倦，幷序刻逐年收支、徵信錄分送同人，以冀日漸增廣，共成義舉。蓋事圖始難，圖終更難，吳君真善信人哉！因檢向時蔡記，屬余友介請書之入石，以表所自，因得悉吳君近事而附識之。"此題跋是否刻石不詳。

079　始建金山縣學碑記

清乾隆二十八年（1763）　楊宏聲

　　粵稽《春秋》，凡興作必書，重民力也，惟僖公泮水閟宮不書，則以崇禋祀、育人材，有國者之首務，免于譏也。金山分縣以來，苾治衛城，而司鐸即府學訓導爲之，又未爲先師建廟，遇春秋二丁，則與婁邑、奉賢合祀于華亭縣學。良以苟簡則褻聖，閎麗則傷財，故因循而莫之舉也。然而春秋朔望，有司不能率屬行禮，而義塾月課，又以庠師在郡，諸生遠涉摳趨爲難。是爲吏者率務簿書、期會，而于聖朝爲國以禮、遐不作人之至意，蓋闕如矣。

　　歲己卯，前巡撫部院、今大冢宰桂林陳公博采輿情，知金民所不便者，而以縣城偏僻等事具題，特蒙皇上俞允，于是縣署移治朱涇，并建學以備制度。地方紳士即以公籲公捐事具呈于公，謂無須發帑，而以創建聖廟并遷移學署諸費自任。咸蒙俯准。而宏聲適承乏金山，首捐俸廉置地十九畝有奇于鈞灘之西，設局經理，捐輸雲集，庀材鳩工，經始于乾隆二十六年十月之吉，兩閱歲而廟與學次第告成。計用金錢若干兩。而金學田之隸府學者，督學閣部晋寧李公據詳准分四百三畝有奇。自此縣有學，學有廟，廟有祭祀，并有師資，有膏火，煥然其可觀矣。

　　夫各上官之所以俯鑒輿情而委曲成事者，豈干譽于百姓？良以國家崇儒重道，興賢育材，縣必設學，學必設廟，而司牧與司鐸者實力奉行，必收百年樹人之效。所謂"濟濟多士，文王以寧"，此之謂也。我邑人士果能推此義舉，日淬厲于聖賢之道，則將來德業、文章永垂不朽，豈不于學有光哉！雖然，其于民力亦稍勞矣，稽諸《詩》與《春秋》，皆不可不書也。是爲記。乾隆二十八年十二月。

【按】

録自嘉慶《朱涇志》卷二《建置志·官廟》葉四，清楊宏聲撰，原題"楊邑侯宏聲始建金

153

山縣學碑記"。該志卷三《藝文志·碑版》葉十三:"始建金山縣學碑記,楊邑侯宏聲撰。"光緒《金山縣志》卷十五《藝文·金石部》葉十四:"創建金山縣學碑記,國朝乾隆二十八年二月楊宏聲撰。"《朱涇鎮志》第228頁記載此碑:"立于清代乾隆二十八年(1763年)十二月,知縣楊宏聲撰文。原在文明里孔廟前,民國26年日軍入侵時被毁。"題"金山縣學碑記"。據碑文,金山縣學當在"釣灘之西"。

080 修金山衛城墻殘碑

清乾隆三十九年(1774)

（上缺）金山縣程　承辦（下缺）

（上缺）裏層城台西一面（下缺）

（上缺）大墻通長八丈六（下缺）

（上缺）尺,除根脚不動,高（下缺）

（上缺）一丈九尺六寸,攔（下缺）

（上缺）馬墻高二尺五寸（下缺）

（上缺）乾隆三十九年　月　日修（下缺）

【按】

　　録自原碑,標題爲編者所擬。光緒《金山縣志》卷七《建置志上·城池》葉一："金山衛城,在縣治南五十里,……(乾隆)三十九年,知府韓錫胙、知縣程名程又修之,……周開子河,乾隆三十九年,知縣程名程加浚焉。"《金衛志》第四卷第三章第四節《名勝古迹文物》第335頁著録,原文:"修城墻碑在衛城西門内民宅旁,卧一花崗石碑,長近一米,寬約半米,上用陽文楷體鎸:'金山縣程,承辦裏層城台西一面大墻通長八丈六尺,除根脚不動,高一丈九尺六寸,攔馬墻高二尺五寸。乾隆三十九年十日修。'此碑現存藏上海石化總廠工人文化宫。"碑現藏金山區博物館。

081　許公祠堂碑記

清乾隆四十八年(1783)　顧光旭

　　往予權臬蜀中，王師方進剿兩金川，戎馬倉皇，飛輓絡繹于道，屬吏之才且賢者，司饟餉，直郵傳，各供乃職。以余所知，若老成持重、才略過人而能盡瘁不遑者，則内江令許君椿其一也。癸巳夏，猝有木果木之變，文臣先後死事二十六人，趙農部文哲、王比部日杏而外，皆蜀之守令與其丞、尉，而許君實與其難。已而恤命下，許君贈道銜，階中憲大夫，賜祭葬，祀昭忠祠，蔭一子。而余因稽古祀典，以死勤事則祀之義，立慰忠祠于成都，并祀諸臣。余猶憶祠成日，余親奠爵，歌招魂詞，而許君之鄉人農部曹公秋漁爲文以祭，相與低徊，激昂大慟，不能置。許君既死，骸骨不歸。乙未春，君之子煌，以君衣冠葬青浦縣白牛蕩之伐圩。既葬除服，煌以蔭令山西之武鄉、安邑。越八年，而煌以母老終養歸，始構君祠于墓左。余惟君之大節，載在國史，炳若日星，而煌復以余舊嘗宦蜀，知君尤深，屬爲文。余乃撮其略文于祠。

　　君字董園，號南薌，椿其名。世爲江南休寧望族。曾祖世俊，明廣東海陽縣尉，始徙浙江嘉善之楓涇鎮。祖鋐，考授同知。父經，歲貢生。皆以君貴，贈文林郎、内江縣知縣。君少工詩，爲時輩所推。中乾隆辛酉舉人，丙戌揀選知縣，試用四川。既至，上官器其才，委署雙流、儀隴等縣，歷有政聲。乾隆丁亥春，王師征緬甸，蜀省派供騾馬，縣令爲督解官。而滇南山勢猛峻，塗徑崎嶇，重以春夏多嵐瘴，觸者輒死，人皆震懾，莫敢行。上官委灌縣知縣沈鵬，令已下矣，沈母老且多病，然業受命，不敢辭。君慨然請代，上官義之，乃以委君，而君夙夜恪勤，調度秩然，未半載而報命。讀君《南征草》二卷，可想見其據鞍嘯歌自得也。事竣，授内江令，寬嚴有法，膺上考。居亡何，會兩金川蠢動，大學士、定邊將軍溫公福帥師進討，屬君司正林口臺站，管理饟餉。君轉輸不竭，軍給以饒。既又調登春臺站，二月，我師次木果木。六月戊戌，師潰旋美諾。辛丑，賊突至登春臺站，君率站夫持器械與賊力戰，傷賊甚多，卒以救援不至，爲賊寸磔而死。

先是，正月，君賦《咏懷》詩二十六首，寄其子，有"七尺軀何愛，君恩未報難"之句，識者知其先識，而君之平日忠義自矢已隱然溢于言表。《易》曰："王臣蹇蹇，匪躬之故。"《詩》曰："彼其之子，舍命不渝。"許君有焉。乃者嗣君煌，構祠以妥君靈，用彰我國家褒忠大典，而君當日慷慨赴死、凛凛烈丈夫之概，照人耳目，非特邦家之光，閭里亦與有榮施，君其含笑于九京也。夫余既紀君之顛末，乃復綴歌詞以侑君享。歌曰：

山萬重兮雲萬重，書生投筆兮從戎。賊倉皇兮若蟻蜂，張空弮兮計窮。不返顧兮旋踵，殉國難兮從容，詔下重泉兮丕嘉乃忠。

又歌曰：

君樂土兮南方，馬革裹兮何望。魂歸來兮故鄉，胡慮兮道阻且長。松楸旅櫬兮俎豆有光，子子孫孫兮以奉烝嘗。

【按】

録自《重輯楓涇小志》卷二《志建置·祠廟》葉三十四，清顧光旭撰，原題"顧光旭祠堂碑記"，原文："許公祠，在青浦四十一保五十四圖伐字圩。祀内江縣知縣許椿。乾隆四十八年子煌建。咸豐十一年毁于兵，光緒初年重建五楹。"

082 丁氏祠堂記

清乾隆五十六年(1791)　黄考祥

　　近世之有宗祠,古人立廟之遺意也,而宗祠之在墓側,又與漢人立原廟之意相符。蓋古不墓祭,祭必于廟。墓藏形體,廟藏魂魄。神依于主,祔主于廟,以行祭祀之禮,而于墓則灑掃而已。漢人變而通之,即墓上爲廟,曰原廟,于灑掃之地,立祭祀之所,情至篤也,義至精也。丁君巨音仿而行之。

　　丁氏自伯平公始遷朱涇,墓在許家庫。數傳至紹武公,生澤園、樸庵、古岩兄弟三人。澤園公生益秀、益燦。樸庵公生益鏞、益萬、益鈞,益鏞即巨音也,于齒居長。古岩公生益美、益彬、益琳。澤園公先逝,附葬已久。乾隆五十六年春,巨音率諸弟奉樸庵、古岩二公祔祖塋。先于五十四年秋建祠堂于墓道之東北,東西各三楹,迎五世宗黨之位,祔祀其中,親疏如一也。男位乎東,女位乎西,内外有别也。春秋二序,合公子、公族、公姓之親,灑埽于墓而祭祀于廟,形體魂魄,一旦瞻依,是所謂事死如生、事亡如存者,與漢人原廟之意將毋同。

　　余秉鐸金山,與巨音兄弟交最密。閱數年,解官歸,巨音屬余爲之記,余爲述其顛末如此。

【按】

　　録自嘉慶《朱涇志》卷二《建置志·宗祠》葉十三,清黄考祥撰,原題"黄學博考祥丁氏祠堂記",原文:"丁氏祠堂,在許家庫。乾隆五十四年,州同巨音、太學生蔚三昆季建。"記文述及"乾隆五十六年春"事,則當作于乾隆五十六年之後,又云"解官歸,巨音屬余爲之記",則當作于解官前後。咸豐《重修興化縣志》卷八《人物志·文苑》葉十七:"黄考祥,字履上,一字續亭,……乾隆三十一年貢,任金山訓導,倡修學官,越五年罷,金山人爲立祠。

歸里後,舊生徒猶寄金爲壽,且曰:'師秉鐸吾鄉,束脩悉却,今去官,願釀此以補贄也。'其德教感人如是。"可知黃考祥于乾隆三十六年"解官歸"。兩者記載似相矛盾,孰是不可知。猜測其三十一年爲貢生,未于當年之任金山。

083　楓涇王氏祠堂記

清乾隆六十年(1795)　王　昶

　　楓涇在青浦西南四十里,有湖蕩以限之,今屬浙江之嘉善縣,是爲吾弟四川鹽茶道南明所居。南明與余,族望同出太原,服屬疏遠,不能考行輩,然小余七歲,故自少以兄事余。余在四川參軍事,南明時爲成都縣知縣,嘗謂余曰:“吾系自元以來乃可考,元統至元間,有富一公者,以鹽法官家居爲嘉興之奉賢鄉人。至正七年,因婿戴光遠創義塾于清風涇,來助教事,遂卜居焉,是爲楓涇始祖,迄今十三世矣。世以耕讀爲業,孝弟忠信爲教,子姓繁衍,間有達者,皆食先澤之貽。小時侍奉曾王父庭植公,語次嘗以未及建祠爲恨。焜今方爲縣令,力淺且軍事方殷,迢隔六千里,又無可任其事者,有願未遂也。”閱二十六年而南明爲川東道,會其弟映川由雲南平彝縣知縣乞養歸,乃屬以興築之事。經始于乾隆五十八年,至六十年而祠堂成。其地在所居之東斗門涇,其屋凡四重:前中爲門,左右以樓司門者;進爲廳事,以合族人;又進爲堂,以供族食之地;又進爲堂,上有樓,樓奉始祖,下奉四代之主。其廣皆五楹,左右皆翼以房序,又置義田五百畝,以供祀事,而以其餘贍族人。其祀以春秋,冬[一]則奉始祖合食,凡拜跪、酳獻、牲牢、酒醴,一從徽國文公之書。

　　嗚呼!南明之任成都也,時值王師裁兩金川,羽檄旁午,南明夙夜鞅掌,積勞六七年,由令而牧而守,漸至通顯。既而西番廓爾喀之役,則又時往,打箭鑪徼外,督理餫餉,以迄于藏事。故益蒙聖天子之知,歷擢川東巡道,以至今職,且賜戴孔雀翎,用示優寵,而三代皆封中憲大夫,如其官。茲者三年,大計卓異,入覲,將復膺聖天子特達之知。行,得請假歸鄉,肇舉焚黃令典,瞻榱桷之方新,薦鼎俎之有碩,率是宗人,蹌蹌濟濟,遹追來孝,以成祖父未成之夙志,顧不偉歟!雖然,南明之抱此志垂四十年,弆[二]俸入,銖積而寸累之,又得其配胡恭人存日勤紡績,鬻簪珥,以爲之助,始得以有成。蓋其成之難如此,昆弟子孫,從而祭者,思創造之艱難,勤耕讀,守孝弟,益修而明之,使拏舟來往者,于湖波晻靄雲樹获疏之外，望其巍然翼然，誇美歆羨，謂王氏先澤久而弗替也，是真奕葉之光矣。故于南明之請記，書其緣起，俾鑱于石，以示後人云。

附：楓涇王氏祠堂記(《春融堂集》)

清乾隆六十年(1795)　王　昶

楓涇在青浦縣西南四十里，有湖蕩以限之，故今屬浙江之嘉善縣境，是爲吾弟四川鹽茶道南明所居。南明與余，族望同出太原，屬疏服盡，不能考行輩，然小余七歲，故自少以兄事余。余在四川參軍事，南明時爲成都縣知縣，嘗謂余曰："吾始遷祖富一公，爲茂才，應聘主講白牛書院，因遷楓涇，蓋十有三世矣。世以耕讀爲業，孝弟忠信爲教，子姓繁衍，間有達者，皆荷先澤之貽。小時侍奉曾王父庭殖公，常以未及建祠爲念。今方爲縣令，力淺且軍事方殷，又去江鄉六千里，又無可任其役者，有願未能遂也。"閱二十六年，南明弟映川由雲南平彝知縣乞養歸，乃屬以興築之事。始于乾隆五十八年，至六十年秋而祠堂始成。其地在所居之東，其制凡四重：前中爲門，左右以棲司門者；進爲廳事，以合族人；又進爲堂，以供族食之地；又進爲堂，上有樓，奉四代之主。其廣皆五間，左右皆翼以房序。其祭以春秋，拜跪、酳獻、牲牷、酒醴，一從徽國文公之書。

嗚呼！南明之任成都也，時值王師裁兩金川，羽檄旁午，南明夙夜勤奮，積勞六七年，由令而牧而守，漸至通顯。既而西番科爾喀之役，則又馳往，打箭爐徼外，督理饟餉，以迄于藏事。故益蒙聖天子之知，歷擢川東巡道，以至今職，且賜戴孔雀翎，用示優寵，而三代皆封中憲大夫，如其官。茲者三年，大計卓異，入覲，將復膺特達之知，被不次之擢，且得請假歸鄉，肇舉焚黃令典，瞻榱桷之方新，薦鼎俎之有秩序，率是宗人，蹌蹌濟濟，遹追來孝，以成祖父未成之夙志，顧不偉歟！雖然，南明之抱此志垂四十年，弆其俸入，銖積而寸累之；又得其配胡恭人勤紡績、鬻簪珥，以爲之助，始得潰于有成。蓋事之不易如此。昴弟子孫，從而祭者，思創造之艱難，勤耕讀，守孝弟，修而明之，擴而大之，使拏舟來往者，于湖波淹靄雲樹扶疏之外，望其巍然翼然，誇美歆羨，指而謂王氏先澤之貽久而弗替也，豈不益嘉哉！故于南明之請記，書其緣起，俾鑱于貞石，以示後人云。

【按】

錄自光緒《重輯楓涇小志》卷二《志建置·祠廟》葉三十七，清王昶撰，原題"王昶祠堂記"，原文："王氏宗祠，在四中區生字圩，乾隆六十年，王啓焜建，置義田八百畝。《善志》。"王昶《春融堂集》卷四十八葉二之《楓涇王氏祠堂記》多有異文，特錄而附之。

【校注】

　　[一] 冬：原文作"各"，據光緒《重輯楓涇小志》點校本第 297 頁《考證刊誤》改。

　　[二] 弆：收藏；保藏。原文作"棄"，據光緒《重輯楓涇小志》點校本第 297 頁《考證刊誤》改。

084 華亭縣海塘重建天后廟碑記

清嘉慶二年（1797） 王芑孫

　　國家泰平百五十餘年，河海晏清，神人説懜，薦道功德，崇報幽明，以貢航市舶之譯交于海上，鹽筴木棉之饒極乎海陬。于是議增典祀，創古未有，而天后之廟遍天下。海塘莫大于浙江，其隸江南者，東起寶山，迆邐以屬于浙之嘉興，而華亭獨當其衝，自戚家墩至于陸鶴墩，綿亘數十里。海中金山、玉屏諸峰對峙，雲濤烟靄中風水相戰，噴薄轟豗，箭激輪轉，雲驅雷怒，鰲抃鯨呿，與堤相直，于江南最爲險處。雍正中，故海防同知俞公增築石塘七千一百二十餘丈，環以外壩，嶪嵂瓏瓏，鱗差合沓，複壁重門，卧虹偃月，故華亭之塘內外有二，工亦最重，于地爲最險，于工爲最重，凡所以旁皇周浹而謹其呵護者，宜無弗至，而天后之廟祀宜尤虔。

　　塘故有廟，不知建自何時。乾隆某年，某來爲縣，歲時莅工，謁拜廟下，殿宇墮剥，丹粉暗敝，牲饎不蠲，不稱嚴祀。某與縣人俯仰嘆嗟，諏議重修。今皇帝建元之明年，堤有大工，賴天后之靈，既犖既固，乃始撤故廟而新之，擴其堂廡，閎其閈閎，翼以廊舍，經其涃庖，有嚴有翼，奂焉具舉。某敬惟天后之靈饗，式昭海寓，答況響轇，見諸內外章疏者，前後非一，我國家褒隆純嘏，累加徽號，雲書龍篆，光懸日月。華亭雖小縣，瀕臨天墟，爲民迓福，因是崇飾吉涓，舉烟起墜，不獨因人心以沛神祉，其于朝廷之德意，禮亦宜之。某以非材量移兹縣，今得藉手縣人，告成事于廟，以無獲戾，皆縣人好義，有以助成之，不可以不記。爰列輸金者姓名于陰，以告嗣役者無忘焉。

【按】

　　録自《惕甫未定稿》卷十《碑銘》葉三，清王芑孫撰，張紹祖書，原題“華亭縣海塘天后廟碑，代縣令作”。《華婁續志殘稿·金石志》第 370 頁：“華亭縣海塘重建天后廟碑記，嘉慶二年丁巳夏四月立。知華亭縣事楚黃王勸撰，邑人張紹祖書，正書十九行，行五十三字。今存金山嘴本廟。華亭縣海塘重建天后廟輸金姓氏勒石，嘉慶二年丁巳夏四月立。姓氏計分七列，惜已模糊，無可辨識。今存金山嘴本廟。"

085 重建衆安橋記

清嘉慶五年(1800)　朱　棟

余游朱里,衆有甚不安之事,就余而請曰:"我鎮惠明里有巨橋跨市涇,曰衆安,建于元年,久失修,人行惴惴恐塌,有性命虞。時有好善君子某某等請于邑父母,邑父母首捐俸,同人踴躍樂輸,承侯命或下鄉勸捐,或入山市石,或經理匠作公費。經始乾隆五十八年某月,落成五十九年三月。屹然堅固,與青龍、鳳翔諸工垺。向之惴惴恐塌者,至是如履坦途,衆于是乎安矣。宜大書深刻,紀邑父母與諸君子之成績,而邑父母與諸君子皆不矜其功,刊諸橋者僅曰衆姓共捐,不列一人姓氏。是衆人安而衆人之心反不安也,請子爲文紀其事。"

余按,華亭邑志因冒功襲美者多,一切橋梁不書修建人姓名。兹出于衆人之請,爲書建橋之人者以安衆人之心也,是不可以不記。邑父母爲楚黄王侯勸,好善諸君子捐貲董役者,爲邑孝廉程公超,州同丁公益鏞,明經黄公霆、沈公峰,從九品胡公溶,太學生張公先得、丁公益鈞。作是記者,破爛布衣朱棟也。嘉慶庚申三月。

【按】

録自嘉慶《朱涇志》卷一《疆域志·橋梁》葉六,清朱棟撰,原題"朱棟重建衆安橋記",原文:"衆安橋,建于元至正十三年。"

086　張氏祠堂記

清嘉慶十三年(1808)　朱　棟

　　元張通甫兄弟孝友著于鄉,築一亭于先塋之左,請周景遠書"孝思"二字表其處,虞伯生爲文以記之,曰:"古雖無墓祭,後人苟以義起禮,拳拳于墓之亭者,特稱其知本而孝友之名爲不虛。"朱涇張氏出明月坡農部後,國初時其裔生華宇明經,由郡遷朱之二塘浜,隱居樂道,卒葬于此。六世孫印川、竹亭兩贈公及弟梅村皆游成均,亦以孝友重鄉黨,念祖墓之所在,建宗祠于墓旁,崇祀農部,明經以下班祔焉。嘉慶戊辰,七世孫漁梭中翰及弟明經六華、朗夫復拓而廣之,有堂有樓,有亭有池,一新堂構,無忝前人。世每謂今人去古遠,昔通甫之弟欽甫、君甫皆以孝思傳後世,今印川及漁梭兩世昆弟皆三人,姓同、志同而事罔不同,孰謂古今人不相及也?

　　夫人情共忘其本,父兄師友無詩書禮義之教,其子弟類皆不率于孝友,而尤無良者往往窮極侈靡,營建生人華屋,飲宴博弈歌舞于其中,不悟室之不能久居,而久居之室反忽而不治。或淫樂以死,或及身而敗,或一再傳而鬻其田宅,并先人之壟而亦墟,且有剪伐其所樹者,比比也。今張氏昆季世世惟先人之祠宇是營,惴惴爲以廢棄先業不克祗承是懼,以爲知本,誠哉其知本矣! 余書不如景遠,文不如伯生,而于張氏兩世交則過于伯生、景遠。歌《六月》之卒章曰"張仲孝友",《楚茨》之卒章曰"子子孫孫,勿替引之",而朱涇張氏之祠,當與孝思亭并垂不朽,尤余所津津樂道者也。是爲記。

【按】

　　録自嘉慶《朱涇志》卷二《建置志·宗祠》葉十四,清朱棟撰,原題"朱棟張氏祠堂記",原文:"張氏宗祠,在二塘浜。乾隆三十五年,贈公印川,竹亭及弟梅村建。中有堂曰敦行,漢陽太守孫克宏隸書,存其舊也。嘉慶十三年,中翰漁梭昆季復拓而廣之。"

087 程氏宗祠義田記

清嘉慶十四年(1809) 錢 楷

昔《周禮》著六行之目，曰孝、弟、睦、姻、任、恤，六者統于孝而已矣。父母之于子也，飢而食之，寒而衣之，無能也而誨之。吾宗族之昆弟子孫，雖甚疏且久，其始皆與吾共毛裏、分形氣者也，而不爲之所，吾先之爲父母者不安焉。是故由親以及疏，由疏以及愈疏。古之人創義田以贍族，所謂本父母之心爲心，誼至美、法至良歟。方今聖朝以孝治天下，訓諭煌煌，使民以惇本爲先，凡敬讀者，誠宜各自勉于睦姻任恤，以極致其孝也。而吾浙嘉善縣之程氏，于是有義莊之設，足見聖化之所興起，而人心風俗之厚，即一邑一家，而徵之遠者也，烏可以勿記歟？即程氏義莊之創，與楷之樂爲程氏記者，有由來矣。

謹考程氏之自歙遷浙也，由雙石府君始。府君以孫旭江府君貴，貤贈奉直大夫，自後遂以科第起家，爲里中之望，歷今五世，累有清德，宜其後之碩大而多賢也。雙石府君之元孫爲理孚先生，性篤摯，嘗顧族人而慨然曰："吾先人念吾族實繁，常欲取則于宋范氏、明顧氏，創義田相賙恤，而力未逮焉，以屬吾晜弟。今吾粗有生産，凍餒之不虞，皆先澤也。吾父以祖考之心爲心，吾敢不以吾父之心爲心乎？"乃暨諸伯仲，殫心集力，益寡捄贏者有年。于是慮其散也，爲之祠；慮其耗也，爲之田；慮其曠也，爲之塾；慮其無稽也，爲之籍、爲之司；慮其後之不能守而售且棄也，爲之録而上之，以存于官，而義莊以成。凡族人貧者，服食、嫁娶、喪葬以至入學、應試之事，悉取給于是。又于其間優老而恤孤，獎賢而懲惰，可謂克成先志者矣。書來以屬其甥楷記之。

伏念楷，程之自出也。楷少孤，自幼以及成人，幸而得有今日者，皆吾太夫人之教誨，而太夫人所以教子者，又吾外氏祖父之遺訓也。吾外氏族人而無以自存，太夫人將顧而惻焉。今吾舅氏乃能分財推愛，以庇厥宗，非特以慰程氏，而所以慰吾太夫人心者，于是在焉。他日楷歸拜于祠下，因得瞻旭江府君之几筵，追溯光前振後之澤，更遍謁高曾，繾思舊德，環視牖庭，祁祁濟濟，尊者以導，卑者以率，耆耇者壽而康，齠齔者敏而碩，莫不室和躬泰，學殖行修，積善之慶，方無涯涘。楷固欣欣然樂道之太夫人之前，以爲勸膳承顏之一助。然則吾舅氏不以屬他人而以屬楷者，將毋有意于斯而亦使楷得以綴名譜末，以稍申報本之心也。所謂不匱者，道固然乎，楷其敢辭？爰就來書所述而爲之記。

義莊總爲室三楹。其中祠前後三楹，前祀考，後祀妣，自雙石府君而下，皆得入焉。又前爲拜廳，其左爲積粟之室，爲主其事者筭租稽籍之所，亦前後三楹。其右爲家塾，前後二楹。田爲畝壹千有奇，爲米歲收壹千四百餘石。凡分給規條十，支領規條十，經理規條十，本末具其中，不盡記，記其大凡，泐之石，以貽來者。

【按】

録自光緒《重輯楓涇小志》卷二《志建置·祠廟》葉三十八，清錢楷撰，原題"錢楷義田記"，原文："程氏宗祠，在鎮南秀南里。嘉慶十四年，程廷璵與其弟廷瑚、廷連捐建。奏請立案後，不戒于火。光緒初重建，有義田一千餘畝。"

088 重修金山縣學碑記

清道光七年（1827） 程士偉

　　金山文廟，建自乾隆二十六年，卜吉于蔡氏業，因捐之爲基址。建後凡幾修理，中惟乾隆五十三年工最繁鉅，董其事者，張是震、黄霆、胡溶、張國棟、張先得等。至嘉慶十一年，黄霆捐修殿宇并增腰墻；二十年，陳夢元建萬仞宫墻：此皆工程之尤著者。日月既深，風雨不除，瓦坼垣頽，棟朽榱折。每于朔望展謁夫子廟廷，與司訓雉皋吴君金緘斟酌修葺。集諸紳士謀，諸紳士力任不辭，或司捐，或構材，或課功。丙戌七月始事，丁亥七月告成。期年間，規模如舊，輪奂一新，惟加高宫墻三面，開學署門于明倫堂東，移土地祠于明倫堂西，分別鄉賢、名宦各神位，恭鎸欽定卧碑、御製訓飭士子文碑兩座，似乎增其式廓，然體制所在，非創實因。夫國家建學，所以培養人才，俾知崇師重道，新德業于無窮也。第善作尤必善成，若從前屢次增修，與此日一番整理，實有裨于名教，而非區區小補之足云。蒞斯土者，烏容不勒諸貞珉，以示來兹哉！

　　道光七年歲次丁亥八月。

【按】

　　録自光緒《金山縣志》卷十四《學校志・縣學》葉二，清程士偉撰，原題"程士偉重修碑記"，原文："文廟，在朱涇鎮文明里，四保三區十二圖，乾隆二十五年知縣黄堅詳情建立。……道光七年，知縣程士偉、訓導吴金緘重修。……"該志卷十五《藝文・金石部》葉十五："重修金山縣學碑記，國朝道光七年八月程士偉撰。"《金山藝文志・金石部》著録（見《姚光全集》第624頁）："重修金山縣學碑記，清道光七年八月程士偉撰。"光緒《松江府續志》卷十七《學校志・金山縣》葉二十一："縣學在沭涇鎮文明里。國朝嘉慶二十年，邑人陳夢元捐築萬仞宫墻。道光七年，知縣程士偉、訓導吴金緘重修，十七年，知縣孫豐、訓導何鼎綸勸捐建立魁星閣于泮池東。同治六年，知縣趙元昂、訓導吳炳宸重修，并移建魁星閣于東石坊之東。十年，知縣汪祖綬、訓導吳江照復建尊經閣于崇聖祠左。"并錄有節略文，題"知縣程士偉重修記略"。

089 金山縣新建大觀書院碑

清道光二十年(1840) 朱　琦

賜進士出身右春坊贊善尚書房行走前翰林院侍講涇縣朱琦撰文

賜進士及第內閣侍讀學士河南學政平湖錢福昌篆額

賜進士出身知山西靈石縣事前翰林院庶吉士華亭顧蘷書丹

松江府屬之金山，曩爲衛城，無儒業聚肄之所。道光庚寅，始創柘湖書院，地尚隘。逾年，邑宰魏公文瀛議增置，時翁茂才淳，錢明經熙載，首承厥事，經畫已有程。俄爾君俱逝，錢君子培序善繼述，衆士咸奮，鳩資庀工，棼挐轇轕，俾底于成。江夏陳芝楣中丞顏曰"大觀"，而張君鴻卓隸華亭，里居密邇，襄贊罔懈，頃來乞製記。

余維書院之設，講習切磋，更親于庠校。趙宋後，每多著聲。昭代隆文，丕冒海寓，皋比坐擁，僻壤幾遍，而金山補從前之闕典，復拓之，洵乎好義而期上進也。縣最近海，金山峙海中，因以氏縣。今請即海論：海之爲巨壑，沐日浴月，天與地沓，役衝飈，駕洪濤，萬怪惶惑，百貨駢殖，外藩貢珍，航舶率臻。蓋包納者宏，斯涵蓄者廣；鍾靈毓秀，人材産其間，是故渾瀚靡涯，即詞之雄也；幽沉莫測，即學之厚也；歧派共匯，即度之優也；穹嶼孤標，即品之峻也。然三王祭川，先河後海；河者原，海者委；原不浚則委不疏。禮惟務本，放而準，遂無弗賅貫。士之溯源，孰尊于孔子。孔子功在六經，外此皆支流餘裔，經義既明，文運乃亨，處則傳經足以嗣道統，出則通經足以致國用，浩如淵海，千古宗仰，直遠追昆侖之脉。孟子謂觀于海者難爲水，游于聖人之門者難爲言，必推本成章之達，故曰觀水有術。水大莫海若，觀之大亦莫海若，而《易》卦"觀"以設教，大觀在上，一觀我，一觀民，觀我者自修，觀民者兼善，中正以觀天下，豈窺觀之小智所得而與哉！

昔晉世有潘江陸海之稱，士衡固松人，藻采視安仁爲勝，惜未克遵晦以保身，論者患其才多。且就合郡而計，本朝廷對第一，祇戴殿撰有祺，正系金山。金山生徒非必高談性命，但屏庸俗，屬肥實，從揚子雲浮海之言，以經爲歸，將根柢棻深，自然發越，不僅擢巍科而已。行見碩輔名賢，魁能偉烈，接踵聯鑣，雖一邑可極大觀而無憾。侯官林少穆制軍署海濱鄒魯，意殆與此相副焉。其規制先建講堂，東西分居仁由義二齋，旁列號舍，而滋德、崇德、寶坻三堂，次第齊飭，可謂備矣。倉廒前舊存至聖像墓，翼以廊，樹以碑，尤徵服訓之旨。他若延師定課，購産給餼諸務，別具條式，不縷書。

道光二十年歲次庚子穀旦，婁縣李秋宇鐫。

【按】

録自民國《金山縣鑑》（1936 年 3 月第一期）第十一章《藝文》第二節《詩文》第 175 頁，清朱琦撰，錢福昌篆額，顧夑書丹，李秋宇鐫，題下原注："碑立今大觀中心小學校。"光緒《金山縣志》卷十四《學校志》葉十："大觀書院，在衛城衛學西偏，即舊明倫堂基地，華界。道光十二年，紳士錢熙載、翁純等勸捐創建，至十四年落成，涇縣朱琦撰文。中爲講堂，左右爲居仁、由義二齋，旁列號舍，内有滋德、崇德、寶坻三堂，舊存倉廒。"九〇《金山縣志》第917 頁《歷代碑刻簡目》著録："新建大觀書院碑，朱琦，（原所在處）金衛。"可知大觀書院在金山衛衛城内。

090 洙涇鎮陸清獻公祠堂記

清咸豐二年（1852） 沈曰富

咸豐二年九月，某承乏金山。既入境，知爲先清獻公設教之地，向未有祠，無由展謁。考之邑志，有所謂尋樂草堂者，當時公與及門周訓導、趙氏兩文學輩讀書所。欲訪其遺址，不可得，詢之周氏後人，乃知在學宮西隙地，則子校武童馬射嘗至其處，蓋屋宇久塌，已鞠爲茂草矣。因念昔賢過化之區，雖偶一留止，人皆指而艷之，况公于兹土實有樂育之功，而所居又歷有年所，顧可恝然置之，不爲表章以矜式鄉里哉？爰商諸校官洪君某，及邑人某君某輩，得文昌宮之正殿西夾室，設公栗主。而吾友吳江沈孝廉曰富，嘗撰《當湖弟子傳》三卷，因擇于中爲松士之著録者若干人，列其姓字爲神牌二，以配食焉。

夫公之事狀，載于國史，其祀典，由鄉賢、名宦以至從祀孔子廟庭簿，海内外無不尊奉其書，誠不以一鄉之俎豆爲榮。而生于斯者，于當代聖賢君子嘗至其地，不及一親炙其德輝，庶幾朝夕瞻禮，有以興起于百數十年之後，與夫官于斯者，聞名臣循吏之聲，因而詳考其政績，以之自鏡而自勵焉。則區區溪毛澗水之薦，不可謂非激揚吏治，維持風俗之一端矣。

某先大夫官蜀時，嘗重刊公《松陽抄存》一書，按是書爲楊先生開基所輯。楊，金山人也。今不肖適從事于此，得與兹鄉人士周旋，追想公之遺教，而一伸其虔敬焉，誠爲厚幸。既擇日升主，偕僚屬、賓客、士民設祀，用書其顛末，以諗來者，雖或視爲一家之私，予亦毋庸避此議也。

是歲十二月某日，江蘇候補通判、署金山縣事、族四世孫某謹記并書。

【按】

録自《受恒受漸齋集》卷五葉五，清沈曰富撰，原題下注"代"。《金山藝文志·金石部》著録："朱涇陸清獻公祠堂記，清吳江沈曰富撰。"

091 胡氏祠堂碑記略

清同治三年(1864)

　　天下事有私乎？曰：有，爲一己者，皆私也。天下事有公乎？曰：有，爲衆人者，皆公也。顧《孟子》云："親親而仁民，仁民而愛物。"明乎先務之當急也。而先務孰有急于敦宗睦族者？敦宗睦族，孰有急于序列昭穆者[一]？

【按】

　　録自《漕涇志》第五章《文物古迹》第一節《碑記》第 292 頁，原題"胡姓祠堂碑"，原文："胡姓祠堂碑，清同治三年(1864)立。立于阮巷鎮西街胡家祠堂内。碑文(節録)：……"

【校注】

　　[一]者：《漕涇志》誤作"著"。

092 敕建金山衛三忠祠記

清同治八年(1869) 亢樹滋

　　咸豐十年三月，粵寇自金陵東竄，何桂清棄軍走，提督張忠武公國梁死之，賊長驅入，蘇松屬邑皆不守。是時，金山衛崑將軍禄來權游擊篆，甫莅任，倉卒乘城，申軍紀，誅間諜，百計備禦，民賴以安。越歲，平湖、乍浦相繼陷，潰兵紛下。將軍招集散亡，廣出粟力，與黄將軍相犄角。黄將軍名金友，勇而善戰，去攻平邑，破其壘，逐北至十字街，鏖戰良久，猝爲火丸所傷，賊遂由秦陽進圍金山。崑將軍血戰數月，城陷死。而覃將軍聯陞者，奉中丞命集諸道兵赴援，所向克捷，既復金山，進擊新倉賊，中炮死。士民聞三將軍之歿，無不太息扼腕。

　　同治二年十月，今宫保李公收復全郡，以死事諸臣上聞，天子嘉憫，命建總祠，惠山崑將軍三人例得入祀。邦人猶以爲歉，于是張學博鴻卓謀諸大吏，奏請祀于死所。制曰可。乃度地學宫之旁，爲屋若干楹，門觀顯嚴，堂廡宏敞，邦人之心乃大慰。學博又作爲歌詩以示滋，曰：願有紀滋。竊嘆朝廷報忠之厚，而邦人慕義之殷也。當寇氛猝起，吾蘇以全郡之大，委之而去，而崑將軍等以彈丸下邑戰守年餘，振臂一呼，瘡痍皆起，豈非激于忠義，而成敗利鈍有不暇顧者歟？今則巍然列于祀典，與忠武公并垂不朽。然則人臣特患不忠已耳，焉有竭其忠而不食其報荅乎？後之莅兹土者，固不必盡遇變，而苟能知有國不知有身，無愧三將軍所爲，則于國家褒忠恤死之典，庶幾不負云爾。是爲記。

【按】

　　録自《瀛寰瑣紀》1873 年 12 月第十四卷第 6 頁，清亢樹滋撰，署"吴縣亢樹滋鐵卿"。光緒《松江府續志》卷十《建置志·壇廟》葉十二："三忠祠，在衛城大觀書院西，祀總兵黄武烈金友、副將覃聯陞、游擊覺羅崑禄，附祀金山殉難官紳士庶，同治八年建。案，祠在華亭界,編祭銀由金山縣支領,故列于此。王大經記略:同治六年春,金山人士議建三忠祠于衛城,廣文張鴻卓等請今兩江制軍前中丞合肥李公聞于朝,報可,遂于八年三月勾工,十月祠成。覃公爲中丞部下良將,戰功懋著,軍民所感戴,黃公志在規復平湖、保全衛城,崑禄公軫恤瘡痍、爲民悍賊,志事不遂,均以一死殉之,宜衛之人感憤欷歔而生其思慕者也。"《金山衛春秋·大事記》第 26 頁:"同治六年(1867 年),金山知縣趙元昂撥款在衛城大觀書院西建三忠祠,祀奉在太平軍戰事中戰死的清將軍覃聯陞、黃金友和覺羅崑牌位。"未見刻石記載,但以三忠祠之規格,推測此文當有刻石。

093 三忠祠記略

清同治九年(1870) 王大經

　　同治六年春,金山人士議建三忠祠于衛城,廣文張鴻卓等請今兩江制軍前中丞合肥李公聞于朝,報可。遂于八年三月勾工,十月祠成。烏乎！自咸豐庚申,寇陷蘇、常,所在披靡,間有出身犯難,卒以勢孤力單,至于敗亡。殆中丞李公視師滬上,遂以削平禍亂。覃公爲中丞部下良將,戰功懋著,軍民所感戴,而黃公志在規復平湖、保全衛城,崑禄公軫恤瘡痍,爲民捍賊,志事不遂,以一死殉之,宜衛之人感憤歔歟而生其思慕者也。同治九年春正月。

【按】

　　録自光緒《重修華亭縣志》卷六《祠祀·秩祀》葉十四,清王大經撰,原題"王大經記略",原文:"金山衛三忠祠,在衛城大觀書院西,祀總兵黃武烈金友、副將覃聯陞、游擊覺羅崑禄,并祀華亭、金山兩邑官紳士庶。同治八年,試用訓導張鴻卓等募建。"光緒《松江府續志》卷十《建置志·壇廟》葉十二録有此文之節略文。未見刻石記載,但以三忠祠之規格,推測此文當有刻石。

094　海塘記略

清同治十一年(1872)　張鴻卓

　　華亭瀕大海，夙患風濤衝突，塘雖具，修治爲艱。雍正間，太僕卿俞公仿明吳節愍公遺製，增石塘七千一百二十八丈，仍于外層土塘設五樁四石，以殺水勢，名曰玲瓏壩。定以每歲仲冬勘視，孟春興修，法至善也。道光中，遇颶暴，土塘盡傾，石塘亦殆。時侯官林文忠公撫吳，巡視至華亭，規劃形勢，見水勢日西，自忠信廟迤東，北至張家厙，斷三千丈有奇，土塘不能卒復，乃附石塘，雍土築坦坡，仍于坡外壘加樁石爲衛，工未竟陞去。繼之者江夏陳公，于工首建盤陀壩，間段添攔水壩，補前所略，民咸稱便。咸豐初元，太守大興顧公小修之，嗣後迭遇兵歉，不暇顧者十數年，塘復大壞。

　　克復後，護撫太康劉公，銳志重修而絀于資，工興旋輟。同治六年，太守、邑令議大修，于是鴻卓偕紳耆陳書，達之中拯豐順丁公。奏入，得旨報可。乃令署方伯嘉興杜公勘視，而錢刺史寶清從焉。估計經費，議分年加修之策，諏吉開工，即命錢君總其事，嗣復以蘇大令升紀副之。時廉訪永康應公觀察滬上，韙其義，旋亦署方伯籌，令蘇、松、太三屬民田，案畝派捐，以經濟費。采石于吳，購木于楚，鳩夫運土，計方定值，鋤細剔草，耙匀灌水，土積一尺，硪實六寸，佐硪用夯，驗工用錐，惟舊章是率而小變之。樁背嚮攔橫板，今添木秫，以補罅漏。石背嚮藉柴薪，今改蘆席以密腠理。增益攔水壩，以廣外藩，挑土禁侵蝕荒冢，廢地請給價免科。凡新章皆定自錢刺史，而鴻卓忝參之。是役也，計修三千一百丈，用樁十九萬二千枝，石一萬九千方，土九萬三千方，綜費金錢四十萬八千緡。經始于戊辰四月，落成于壬申七月，爰綜其顛末而爲之記。

【按】

錄自光緒《重修華亭縣志》卷四《海塘·修築》葉二十九，清張鴻卓撰，原題"張鴻卓記略", 原文: "(同治)七年, 巡撫丁日昌檄知府楊永杰、知縣張澤仁, 并委候補縣錢寶清督修塘, 工分十二段, 次第興築, 除頭段、尾段內有緩修外, 計修三千一百丈有奇。工始于七年四月, 至十一年九月竣。十二年, 知縣張澤仁詳定塘外種植桿稞, 以護塘身, 并禁竊拔。"《金山縣海塘志》第五篇《文獻藝文》第163頁錄有此文, 題"海塘記", 署"清同治張鴻卓", 文末注"光緒《松江府續志》"。

095 濟渡橋記

清光緒四年(1878)　章　耒

華亭縣治之東南境,有聚曰漕涇,迤而北爲橫塘,塘廣十餘丈,其地爲南北要道,向設一舟以渡,渡旁岸峻,行者危之。道光辛丑,里人楊炳章築石級,又以舟寡,增渡舟一。其子達圭繼之。達圭亡而石級壞,行者危如故。于是周子思達、徐子治滄、楊子秉鉞、陸子增瑞等議建石梁,經始于乙亥[一]五月,落成于丁丑[二]四月,糜錢四千一百餘緡。介張公觀吉使耒爲之記。張公言諸子産不及中人,一旦興大功,至斥産以應。耒聞漕涇多偉人,張悦、張鍪以政事著,包節、包孝以氣節著,曹家駒有功海塘,沈湖有隱德,雖其地濱海磽狹,俗勁悍,而鄉先生流風餘韻猶有存者。今周、徐諸子隱于市,獨能力其善于一鄉,其志趣洵足嘉矣。

嗚呼! 橋之濟人猶小惠也,倘諸子各竭其力,復能積穀以備凶年,建義塾以訓鄉黨子弟,其惠豈一橋比哉。《書》曰:"吉人爲善,惟日[三]不足。"耒于諸子有厚望焉。敕授修職郎試用教諭婁縣章耒撰文。

【按】

録自《漕涇志》第五章《文物古迹》第一節《碑記》第 292 頁,清章耒撰,原文:"濟渡橋記,清光緒四年(1878)立。碑藏于鳳仙道院,解放後移置老鄉食堂。碑文如下:……"

【校注】

[一] 乙亥:清光緒元年(1875),歲次乙亥。

[二] 丁丑:清光緒三年(1877),歲次丁丑。

[三] 惟日:原文作"誰曰"。語出《尚書·泰誓中》,據改。

096 許氏支祠義田記

清光緒十六年(1890)　崧　駿

　　余自三吳奉命巡撫浙江,時嘉善縣恩騎尉許秉樞新置義田,建宗祠,有司據事來告,乃具疏上聞,朝廷嘉獎,詔旌其閭,綽楔煌煌,輝映一邑,誠盛事也。

　　許氏舊籍休寧,先世有諱世俊者,始遷嘉善之楓涇。數傳,有四川内江令恤贈道銜椿,殉節于木果木。其子煌,以蔭宰山西武鄉縣,秉樞之高祖也,議建祠、置田,贍其族人,病卒未果。至秉樞嗣父承澤、母周氏,以勤儉積資,購置義田,規模略具,而承澤、周氏又相繼去世。周氏之卒也,命其所生女錢許氏,與秉樞續成之。錢許氏既葬父母于錢塘西湖之南開化涼亭,乃經營籌畫,至鬻簪珥以補不足。合負郭常稔田八百餘畝,周濟貧族,喪葬有資,嫁娶有費,讀書應試有伙助,鰥寡孤獨廢疾者皆有所養。又建祠于邑之四中區,前爲門,中爲堂,後爲室,以奉栗主。旁設義田、莊舍,春秋則聚族之長幼,致祭于祠。俎豆莘莘,禮儀秩秩,于是邑之人咸嘆秉樞克繼先志,成此隆規,而錢許氏以已嫁一女子,體母遺命,力助其成,尤爲難得也。

　　祠將成,秉樞介其姊婿錢太守遵訓請余爲記,勒諸麗牲之石。余與太守有世誼,不敢辭。因慨近世風俗澆漓,往往有厚于一己而漠視同族者,又以宗子法廢,往往有族衆蕃滋而宗廟猶未立者,其失豈小也哉! 許氏以忠孝世其家,今更修明,彝典燦然,有合于尊祖敬宗收族之大義,此豈特一姓之麻,其有補于國家教化甚鉅也。嗚呼! 如許氏者,足以風里閭而挽薄俗矣。爰書其大概,而繫之以詩,其詞曰:

　　太岳啓胄,休有烈光。遠葉長源,繁衍魏塘。于穆中憲,效忠疆場。大節巍然,子孫永昌。曰有承澤,樹德于鄉。深維族衆,緩急相將。恭儉撙節,積儲餱糧。散贍同宗,仁粟義漿。令嗣繼述,賢女贊襄。顧瞻先德,聿建宗祊。有楹有梴,樹之表坊。秋霜春露,于禴于嘗。家廟翼翼,遠并顔堂。義田昀昀,上符范莊。展親合食,萬民所望。保世滋大,積善餘慶。嵯峨豐瑉，照耀冠裳。鏤辭眎遠，千秋馨香。

【按】

錄自光緒《重輯楓涇小志》卷二《志建置·祠廟》葉四十三，清崧駿撰，原題"崧駿祠堂義田記"，原文："許氏支祠，在鎮南虹橋東。許秉樞創。遵嗣父母遺命，捐義田八百餘畝，先儘數年租息，爲起建祠堂、置備祭器等需；工竣後，永作祠祀、贍族之費。其擘畫經營，乃秉樞姊、錢遵訓室淑貞力居多。于光緒十六年由縣詳請浙撫崧中丞駿奏，奉諭旨允准，交部立案，欽旌'樂善好施'坊。"

097 重浚新運鹽河碑記

清光緒十七年(1891) 吳履剛

　　光緒十有七年春，署金山縣知縣大興王公椿蔭(原籍廣東海康)浚張涇，并與署華亭縣知縣湘鄉葛公培義，浦東場大使貴筑李公守堃，橫浦場大使績溪胡公良銓，會浚運鹽河，蓋前縣廣濟夏公槐詳准飭辦者也。河自張堰，南至金山衛城，近城者猶深，自吳家港北至柳家港，計長一千五百一丈，應起十二萬二千七百方有奇。由兩場竈田出夫承役，業食佃力，如成例。熟田六萬餘畝，以三千畝戽水，餘皆起土。正月十八築壩，三月初六日工竣，二十二日松江府知府長白恩興公(正紅旗人)親蒞驗收，寬深如式，命二十四日開壩，時董理兩河者爲金山盧農部道昌。張涇經費，夙抽張堰茶米捐，錢預儲也。專董運鹽河者爲華亭耆士張君觀吉，而其從孫廣文聲馳，宋孝廉承昭，金山吳守戍樸誠，錢典簿銘璧，徐明經開照，諸君佐之。

　　張君年七十矣，河干奔走，兩月有餘，同事協心，夫役竭力，既蒇事，命廣文致書于履剛曰："嘉慶十一年，浚新運鹽河，觀吉之從父應時董其役，惜當時無紀述可考。今日之役，似因實創，後之視今，恐猶今之視昔，君其爲我記之。"廣文又曰："按府志，郡境運鹽河有三，張堰南本名西運鹽河，浦東、橫浦兩場之田實資灌溉，西受浙水，黃姑塘其口也，是河其咽喉也，兩場支河其胸腹也，北接張涇達黃浦，其尾閭也。同治前，浦潮未嘗過張堰尺寸，故道光後浚張涇數次，而運鹽河無聞，邇年浙水漸縮，浦潮益強，侵入運鹽河且數里，入濁出清，淤淺日甚。前叔祖鴻卓、伯父家鼎、從兄聲匏，屢集衆議浚，苦費不敷。光緒十五年，秋潦爲災。十六年，浙境浚黃姑塘上流。于是夏明府采衆議，將次第由黃姑塘接浚運鹽河、張涇，引浙境清水直達黃浦，以禦渾潮。通詳報可。會督部檄發振銀，乃請以工代振，先浚黃姑塘。工將竟，去任，王明府下車訖其事，遂浚張涇、運鹽兩河。顧運鹽河之浚，有難于張涇者數端：文牘關兩縣兩場，非如張涇事權專屬，其難一；前事閱八十餘年，成規罔考，非如張涇歷有舊章,其難二;經費預估二千餘串,僅族兄聲鏞捐錢六百千,鹽商公捐錢八十千,他無藉手,非如張涇先集巨資,其難三;兩岸高峻,負土者如陟危崖,非如張涇河壩平坦,其難四。有此四難,而夏明府順群情而請之,王明府循成案而行之,請諸行省,以南昌朱明府江駐工所,偕兩艣尹暨華、金兩少尹(金山司巡檢蘭儀顧公光弟、金華司巡檢秀水張公寶琛),日歷河干,督率獎勵,終役不笞一人,又商諸農部,撥款酌劑,而工以成。自此清水灌輸,渾潮退舍,兩場之田利賴遠矣,皆諸賢父母之德也,是烏可以弗記。"履剛以其言稽于眾,僉曰然。乃詮次其大略,以復廣文,俾勒之貞珉,以示後人云。

光緒十七年五月,金山吳履剛撰,吳縣錢人龍書。

【按】

錄自民國《金山縣鑑》(1946年12月第三期)第66頁,清吳履剛撰,錢人龍書。括號內文字皆爲原文。文末有注:"按府縣志,前浚是河在嘉慶十四年,作書時偶失檢。聲馳志。"民國《重輯張堰志》卷九《志藝文·金石》葉十:"浚運鹽河碑記,光緒十七年吳履剛撰。"

098 瞻賢橋記

民國六年(1917) 高 煌

　　善漊之西,于穆漊之東,有橋曰推船,今以石易木,予以音近,改名瞻賢。蓋我父黨莫氏,母黨朱氏,去此不一里,皆世有隱德。而我友顧蓮芳先生之墓,即在橋南百步之近。先生讀書味道,沖襟雅抱,尤堪景慕,故取義焉。

　　丁巳四月高煌志。

【按】

　　錄自民國《金山縣鑑》(1936年7月第二期)第十章《藝文》第179頁,清高煌撰,題下原注:"碑立橋端。高煌撰。"據《金山文化志》記載,高煌生于1868年,卒于1943年,故文中"丁巳"當爲民國六年(1917)。

099　重建張堰鎮大街石甃記

民國十一年(1923)　姚　光

　　我鎮自承志橋以至通濟橋,稱爲大街。街道甃石,考碑記所載,爲清乾隆十八年癸酉八月王世綸奉其父母遺命所建鋪,然止言自牌樓至通濟橋,尚有牌樓以東一段,不詳何時何人所建,而近承志橋數十丈,則迄今未有石也。今市廛櫛比,商務日繁,而街道甃石以年久失修,欹側日盛,其未有甃石者,更不利于行。錢君潤澤既長商會,乃發起重建,以會中經費爲基本,并得地方熱心好善之士贊助,不期而鉅款立集。經始之期爲中華民國十年歲次辛酉八月,至是年冬訖事。蓋自承志橋以至通濟橋,盡鋪新石,其下并築通溝澮。原有舊料填鋪兩旁,再有所餘,旁及鎮上支路。鳩工庀材,必誠必固,于是而我鎮街道始坦蕩如砥矣。

　　錢君將泐贊助諸姓氏及用度會計于石,以垂久遠,屬余弁首,爰爲記之。夫平治道途,古代掌自司空,爲王政之所重視,今之言民治者,亦首重交通,錢君此舉知所急務矣,抑昔日王君奉其父母遺命而建鋪街道。茲錢君之舉,我父介三府君首予贊助,及興工而我父已見背。今我母高太淑人又棄養,是則余爲此記而抱無窮之感者也。

　　工竣逾年,壬戌八月,里人姚後超謹記。癸亥五月,里人高爕書。

各捐户

張堰鎮商會	撥助洋伍佰元	高時若君	捐洋伍拾元
王慎言、韵笙	捐洋伍佰元	曹少雲君	捐洋弍佰元
姚介三君	捐洋參佰元	沈桐材君	捐洋壹佰元
益泰典	捐洋參佰元	協和典	捐洋伍拾元
高望之君	捐洋壹佰伍拾元	錢伯壎君	捐洋伍拾元

共捐銀洋弍千弍佰元正

開支各項

蔡順昌、徐順興 石鋪	共計洋壹仟伍佰捌拾叁元	修秦山前石橋	計洋拾弍元
張伯棠、徐楚根 水作	共計洋陸拾參元	雜項開支	計洋柒拾元
衛城磚	計洋貳佰拾陸元	顧少蓮刻石	計洋陸拾貳元
姜久昌 磚灰	計洋叁拾柒元	蓮頭座碑石	計洋肆拾元
修石皮衖及築小便處	計洋念柒元	搨碑	計洋念元
修東西磚街	計洋柒拾元	共計開支洋貳仟貳佰元正	張堰鎮商會經理

【按】

録自原碑,民國姚光撰,高燮書。《姚光全集》第 121 頁録有此文,無"各捐户""開支各項"。碑現在金山區張堰鎮張堰大街 416 弄 3 號。此碑文云"考碑記所載,爲清乾隆十八年癸酉八月王世綸奉其父母遺命所建鋪",據民國《重輯張堰志》卷九《志藝文·金石》葉十:"牌樓巷至通濟橋石街碑記,乾隆十八年王世綸立。"

100 建築張涇塘石橋記

民國十三年(1924) 高燮

　　張涇爲邑之幹水,自張堰以達松隱,其修三十里,北受黃浦濁流之灌入,淤泥積而日益淺狹,歷三十餘年,至旱潦交受其患。邑人士憂之,爰督爲浚治,經始于癸亥之正月,日役數千人,淺者深之,狹者廣之,凡四十餘日而工竣。而是河兩岸,素無塘路,茅塞久而不可行,則爲堅築通衢,立石以志其界,植樹以鞏其基。其汊港之交錯者,雖有橋梁,悉爲木質,且朽壞矣。余曰:欲圖久遠,非盡易以石不可,然莫或先之,則勿成也,余當爲之倡。第此河塘路所經,支流以三十餘,非咄嗟所能建也,則議先其半焉。數之得十有六,余承其八;于是而余甥姚後超繼之以五,爲十有三;于是而余姊氏命其孫朱維坤維垣繼之以二,爲十有五;于是而余兄煌又繼之以一,而十有六座者,集矣。至是年冬而藏事,即自張堰鎮迤北,曰介山橋,曰凝紫橋,曰石階橋,曰瞻秦橋,曰揚帆橋,曰芳蕩橋,曰愛廣橋,曰新河橋。曰綠荷潭橋,曰丁家港橋,曰思漊橋,曰松韻橋,曰秀張橋,曰光明橋,曰磊落橋,曰志大橋是也。自志大橋以達松隱,爲里十有五,爲港且爲二十餘,其橋之木者如故,倘繼此而并爲建築,易木以石,則自今以往,既可謀久遠之規,以固塘岸,以利行涉,其爲益也大矣。邑之君子,如有樂乎此者,余亦將竭力以隨其後,姑爲書此以待之。

　　中華民國十三年甲子春,邑人高燮記并書。

【按】

　　録自民國《金山縣鑑》(1936年7月第二期)第十章《藝文》第179頁,民國高燮撰并書,題下原注:"碑藏閑閑山莊。高燮撰。"

101 金山黄氏宗祠記

民國十九年(1930)　鈕永建

宗祠之制,泰東西各國無有也。既建宗祠以祠先祖,而又置義田以贍族人,此吾中國自有宋范氏創始以來,遞相則效,播爲美談,泰東西各國亦無有也。蓋泰東西各國之政教風俗,其大異乎中國者,在于無宗法;宗法者,中國禮教之一大端,而亦歷代帝王之留遺物也。論其初制,血統以男子爲重,男子以有爵爲貴,有爵者得立廟,而庶人無之,宗子得主祭,而支子無之,階級之辨,適庶之分,懍乎其不可越。以視今泰東西各國,無貧賤,無男女,各具獨立之精神,以成一種族之國民者,豈不大相逕庭哉!

雖然,自封建廢,而宗法之行,亦異于古所云矣。今之祠,即古之廟也,齊民皆得建祠,是無階級也。輩行尊而齒長者主祭,是無適庶也。富厚之家,有感于水源木本,往往出腴產以供祀事,而餘潤所及,凡某宗之胤,不使爲窮無可告之人,推此意而廣之,足以塞貧富鬥爭之源,而平社會不平之氣。然則宗祠之有義田,雖沿古制,或亦最近政事家所樂聞歟?

金山黄氏,世居泖灣,按其譜牒,實來自皖。蓋遠在蒙古入主中國時,迄第七世諱子利者,以讀書浙江平湖,得免故鄉倭寇之難,時則在有明嘉靖間。自後子孫繩繩,越三百餘年,有諱增瑞者,建宗祠于朱涇市,又斥自有田租五百石爲義田,時則在遜清宣統末年。祠未成而增瑞歿,又越十有九年,其從弟端履來告曰,某與從兄玠,受增瑞遺命,經紀祠事,并管義田,歲時祭祀,長幼咸集,釋爭講讓,闔族以和,鰥寡孤獨廢疾,及力不能舉喪葬嫁娶者,取給于義田之租息,多寡如其分,其收效之宏且鉅,則莫如勸族中子弟就學,而補助之,而獎勵之,以致卒業于中等以上學校,爲國家服務者,歲有其人,此皆增瑞之功也。恐後世數典而忘,請爲文刊之石,以垂不朽。

永建竊惟世界棣通,見聞日擴,一國制度,因時變通,其勢然也。泰東西各國學說,既風行于中土,浸假挾親親二字,以與博愛較廣狹,誠不可以道里計。然而禮運大同之治,非一蹴所能幾，則姑就固有之美俗，保持勿壞，于新邦初政，信其無損而有益也，爰不憚詞費，泚筆而紀之。

中華民國十九年，鈕永建撰，陳陶遺書。

【按】

錄自民國《金山縣鑑》（1936年3月第一期）第十一章第二節《詩文》第181頁，民國鈕永建撰，陳陶遺書，題下原注："碑立黄氏宗祠。"嘉慶《朱涇志》卷二《建置志‧宗祠》葉十三："黄氏宗祠，在塘西太平橋。乾隆四十二年，文學國中建。嘉慶四年，從九品兆仁修。"九〇《金山縣志》第917頁《歷代碑刻簡目》著錄："金山黄氏宗祠記，民國19年，鈕永建，（原所在處）朱涇。"

102　甲戌修築海塘記績碑

民國二十四年（1935）　唐文治

　　政治之原理，愛民而已矣。愛民之要道，保民命而已矣。古之聖人，有不忍人之心，斯有不忍人之政，凡所設施，無不以愛惜民命爲先務之急。古曰："爲生民立命。"蓋惟立其命，而後能遂其生也。

　　吾郡海塘，自浙江綿亙迤北，而金山、而松江、而奉賢、而南匯、而川沙、而上海、而寶山、而太倉、而常熟，人民廬舍、田原、資産，胥藉此以資保障。蓋是塘也，爲數百萬生靈托命久也。民國紀元，特設江南水利局主其事。二十年，建設廳長沈伯先蒞任，先生固精研水利，慨然以保民命爲天職所在，爰設海塘主任委員會程其功，旋因省政府改組離職。二十一年，日人侵略滬上，炮火藺石，挾怒潮以俱來，塘堤被毀，椿石齧缺，情勢岌岌，吾民其魚。沿海人士與滬上諸君，爰有塘工善後委員會之設，籲請當道修築，然以工鉅費絀，僅能補其險要，未竟厥功。會沈先生復掌建設廳務，申請省政府委員會重加修築，預算經費五十二萬元，詢謀僉同，遂得邀准。經始于二十三年四月，迨十月工告蕆事。當是旱魃爲虐，而庶民子弟，流汗霢霂，奔走相屬，罔敢自休。甫半載，塘堤完固，海波不興，實賴沈先生屢次蒞工指揮督察，監修委員太倉朱愷儔、洪景平，寶山張嘉璈、趙山平、金侯城，松江閔瑞芝、沈思齊，工程師彭禹謨、羅振球、顧厚熙、陳政、楊銘林，佐理工程師黃壽珍、許銘弟、屠耀彬、戚家中、胡瑞麟、徐謨嘉等，相與切實指導，用能勞勩丰章。總計太倉、寶山、松江、常熟四縣，共用銀四十二萬七千多元，有意清算，撙節頗多，閭閻感德，喁喁交頌。

　　逾年，同鄉人士書來屬爲記。余維往哲治河者，輒謀一勞永逸之策，然人情惡勞好逸，其弊也但求其逸而罔知其勞，今日之塘工可恃乎？未可恃也。夫海塘建築，莫盛于林文忠，豐功偉績，松江父老至今猶樂道之，然數十年亦屢經出險矣，未可恃也。民國二十年秋八月二十五日，颱風爲灾，勢驕力猛，此天雨夜，胥濤沖蕩，馮夷披猖。上海、寶山、瀏河等處，全堤行將潰決，鄉民猝不及備，舉屋攀樹，豪哭遍野，慘不忍聞。幸風轉向，始慶生全。而農民損失，已不可勝數。

嗚呼！吾聞大同郅治，以中國爲一家，視百姓如赤子。宋朱熹子《同安放賑詩》："若知赤子原無罪，合有人間父母心。"往復吟誦，未尚不爲之流涕也。前事之不忘，後事之師，民命所懸，在兹一綫，其可忘乎哉？昔明季吾婁白登明知州，開浚瀏河，大興水利，陸桴亭先生記載其事□□□。文治學行不逮前賢萬一，而沈先生愛民如子，汲汲皇皇，保護惟恐不至，當與白知州先後媲美無疑矣。惟願邦人君子以先生之愛民者愛先生，他日者蔽芾甘棠，循良極最，盛德大業，終不可諼。更願沈先生推保惠吾鄉之心，作四方之矜式也。

民國二十四年四月，太倉唐文治謹撰，黃文灝敬書，蘇州集室齋鐫刻。

【按】

録自《金山縣海塘志》第五篇《文獻藝文》第 168 頁，民國唐文治撰，黃文灝書，蘇州集室齋刻，原注："按：這座石碑樹立在金山嘴鎮西海塘內側，日軍登陸時曾遭炮火洗劫，撲倒在地，後被移作漁民登岸的踏腳石。建國後仍移立原址。"

103 賑浚惠高涇紀念碑序

民國二十四（1935） 向大廷

惠高涇爲金山幹河之一，北以五龍港而接黃浦江，南以山塘河而達浙江省，失浚五十餘年矣，河身淤塞，沿河八千户交通之利，五萬畝灌溉之饒，久不復覯，旅嗟農嘆，匪一朝夕。議浚五年，工大弗舉。乙亥春，余奉宰金山，審此河重要，請以賑浚，奉省憲令准，三月二十五日開工，五月三日工竣，日役五千人。其間天雨連綿，莠民乘隙煽惑，千餘工人搗毀事務所，威逼主任立簽停工告白；督工組長沈文彬被激縊死，監工鎮長包昌瑞因擠傷致疾，幾成僵局。余日馳河場，剴切曉諭，而工人偷懈隙，逃如故。卒之天時打擊，人事顛覆，胥予排除，而完成疏浚大業，俾耕者歌于畝，旅者頌諸塗，則侯區長兼副主任及鄉鎮各長櫛風沐雨，夙夜匪懈，勞怨弗辭之功也，豈可泯没哉？民力之艱難如此，然而滄海陵谷之變，自古已然，然則善後之謀，更不容忽矣。因集地方耆碩，共訂此河永禁章程，泐石垂範，望共守焉。是爲序。

中華民國二十四年六月，衡山向大廷撰并書。

【按】

録自民國《金山縣鑑》（1936 年 3 月第一期）第十一章第二節《詩文》第 188 頁，民國向大廷撰并書，題下原注："碑立惠高涇北口。"

104 吕巷救火聯合會所落成紀念碑

民國二十五年(1936)　顧劍鳴

　　本會創自民國二十一年，初無會所之設，經費亦素乏錙銖的款，所得草創支持者，祇人和一端而已。翌年議設會所于净土寺，乃肇行演劇籌款，并得樂善者，慷慨捐輸，基金始稍稍積，購置之外，儲之生息，不敢妄用也。惟有以净土寺過于僻處西隅，久議未決。

　　二十四年春，會有鐵硯浜淤塞地，發覺被人圈占，邑人深惡之，紛以告發爲請。時縣長衡山向公廉明有政聲，親自履勘，無何定讞，勒拆歸公，毗連有殷姓地，復詣贈本會。于是複議會址問題，易西而適于鎮中，議既定，遂進行承買公地及建築設計。基金不足，舉會二千金以益之，會脚庶屬地方熱心人士，咸一諾無難色。然好事多磨，千古同轍，以涓滴歸公之本會經濟，值此建築方殷之候，突受人指摘，幸蒙黨政當局，調查非確，得告無事。而劍鳴等責在利人，不欲以建築待用之錢，化諸訟累，亟願潔身引退，以謝梓鄉。但同志又以建築無人主持爲責，期以會所落成之日，即爲劍鳴擺脱之時，并囑記經過。蓋會所之成，費銀四千元，歷時六閱月。嗟夫！公益事業，豈易言也！苟非各區里常委暨全體設計委員之努力，曷克臻此！非各界之熱烈贊助，又烏乎可！因紀其涯略，爲雪泥鴻爪之留而已矣。

　　建築設計委員王自修、朱昭文、沈自明、沈傑麟、沈小庵、金石生、周劍雲、姚仕祥、徐春淇、馬一飛、馬門明、戚國藩、黃旭高、馮滌凡、楊文傑、楊柏森、顧劍鳴并述。

　　中華民國二十五年五月　　日，孫杏盦書，陶純湖刻。

【按】

　　録自民國《金山縣鑑》(1936年7月第二期)第十章《藝文》第180頁，民國顧劍鳴撰，孫杏盦書，陶純湖刻，題下原注："碑立吕巷救火聯合會。顧劍鳴撰。"

105 仁方橋記

民國二十五年(1936)　高　煌

　　仁方橋者,爲我先君子近齋公紀念而名也。先君子生于道光七年丁亥,距今百有十年,殁于光緒二十二年丙申,壽七十歲,距今亦四十年矣。日月遒逝,風木增凄,回憶當時,教誨恩勤,不能殫述。惟平生服膺聖訓躬行實踐,故雖讀書不多,而一言一動,罔不有以合于道,雖伏處偏隅,事權不屬,又自以爲才力有限,無濟于時,而鄉邦利病,留心體察,衆所共益,必以身先。至于後生小子,苟有志者,尤極垂注。凡宗族親戚,鄰里鄉黨之間,經陶淑獎進以底于成者,比比然矣。煌嘗思之,先君子宅心忠恕,見義勇爲,躬自厚而薄責人,本親親以及愛物,化起于門内,風動于州間,非論語所稱"己欲立而立人,己欲達而達人,能近取譬,可謂仁之方"者耶? 今以仁方名橋,藉資紀念,亦使後之人循誦玩味而則效焉。

　　丙子年冬,男煌謹識。

【按】

　　録自民國《金山縣鑑》(1936年7月第二期)第十章《藝文》第178頁,清高煌撰,題下原注:"碑立橋端。高煌撰。"據《金山文化志》記載,高煌生于1868年,卒于1943年,故此處"丙子年"當爲民國二十五年(1936)。

106 八字橋記

民國二十六年(1937) 高 煌

　　沐瀝港位于金山南部，南北二十餘里，中途有木橋，曰八字橋。夾岸列肆而居者，十餘家，有小學堂一所。其處水陸四達，民風謠俗良窳，輒影響于全邑。煌少時，嘗見我先君子近齋公，約諸紳聯名呈請縣署禁賭，謂八字橋西鄰錢圩，東近張堰，南顧金山衛，北走干巷，賭徒窟于一隅，則各方之游手麇集，非特風俗之憂，毋亦治安攸礙，蓋慨乎其言之矣。

　　數十年來，木橋屢修而屢壞。上年春，俞君志堅肅齋昆仲，請余出資易石，以圖久遠。余昔藏有朱子手書"孝弟忠信禮義廉恥"八字拓本，喜其與橋名適合也，爰摹諸石，俾行路者相與觀之。抑余尤有感者：我先君子與諸紳之急急禁賭也，豈徒欲除惡俗而已哉？必將躋斯民于善良之途，以馴至乎聖賢之域，揆諸朱子八字垂訓之心，其何以異？俞君之先人恕堂徵君，亦當日聯名諸紳之一也，徵君少我先君子十七八歲，執禮甚恭，先君子深器重之，每晤必以飭躬砥行相勖。迨宣統紀元，邑人士公舉孝廉方正，以應詔旨，惜先君子已不及見。今俞君昆仲七八人，各有建樹，類皆挈地方政教之綱維，誠能依此八字，存為宗旨，發為事業，以紹先德，以牖後進，則一鄉一邑化之，而漸蒸為國俗，是我先君子亦馨香禱祝于五六十年之前者也。俞君勉旃，煌且拭目俟之矣。

　　丁丑年元月潛廬高煌謹識，時年七十。

【按】

　　録自民國《金山縣鑑》(1936 年 7 月第二期)第十章《藝文》第 177 頁，清高煌撰，題下原注："碑立八字橋鎮。高煌撰。"據《金山文化志》記載，高煌生于 1868 年，卒于 1943 年，故此處"丁丑年"當為民國二十六年(1937)。

卷三　名迹

107　寒穴泉銘并序

北宋政和五年(1115)　毛　滂

　　歐陽文忠公爲《大明水記》云："山水上,江水次之,井爲下。""山水,乳泉、石池漫流者
上。"然余客東都時,日從定力院取井水煎茶,此井不知有山泉,而味乃與惠山寺等。至衡
其輕重,則定力之水輕,是此井寧肯出山泉下哉? 至載"劉伯芻謂水之宜茶者有七等",又
載李季卿論水次第有二十種,惠山泉蓋居其二,文忠公以爲不然,雖余亦不以爲然也。蓋
水之在天下者,人安能盡知之耶? 顧可使不知之水,又盡居七等、二十水之下乎? 水之良
不過甘也,一甘而爲二十差,爲七等,又遂以爲天下無水而高之,是當欺我。

　　秀州華亭縣有寒穴泉,邑人知之者鮮,縣令姚君汲以遺余,余始知之。問此邦人,則多
不知也。取嘗甚甘,取惠山泉并嘗,至三四反覆嘗,略不覺有異。是就予所知,則惠山、寒
穴相望裁二百餘里間,蓋有兩第二泉矣。嗟乎! 論水者談何容易。景祐中,相國舒王有和
華亭縣令唐詢彥猷寒穴泉詩云："神震冽冰霜,高穴與雲平。空山淳千秋,不出嗚咽聲。山
風吹更寒,山月相與清。北客不到此,如何洗煩醒。"此泉雖所寄荒寒,宜因相國詩聞于時,
然亦復未聞也。予恨前人之論水者既不及知之,余欲以告今之善論水者,爲作銘云:

　　泉之顯晦,豈亦有數。生此寒穴,與世不遇。美不見錄,爲汲者惜。泉獨知冽,不計
不食。

【按】

　　録自至元《嘉禾志》卷二十一葉十一,北宋毛滂撰,原題"寒穴泉銘并叙",署"守臣毛滂
撰"。正德《金山衛志》下卷之一《古迹》葉十一錄有全文,題"宋毛滂寒穴泉銘并序",原文:
"寒穴泉,在金山頂,甘冽與惠山泉同。"正德《松江府志》卷之一《山》葉十三錄有全文,題
"宋毛滂寒穴泉銘并序",原文:"金山,府東南海水中。舊志云,去府九十里,周康王嘗于此

199

築城，其北即古之海鹽縣，後淪于水。今山去海一潮之涉，山有平坡，可二十人坐，其北有寒穴。國朝設金山衛，以此爲名。每歲武臣率兵入山巡邏，海寇謂之搜山。今漸廢弛，聞寧紹諸州漁人多棲泊其間云。"崇禎《松江府志》卷之四《山》葉三十三、乾隆《金山縣志》卷之二十《藝文二》葉十五録有全文。據曹辛華、李世紅《毛滂年譜》一文："政和五年(1115)六十歲：秀州任。《寒穴識泉銘》，見《至元嘉禾志》。"周旭《毛滂年譜新編》："政和四年甲午(1114)五十五歲。……作《寒穴泉銘》。《寒穴泉銘》有序：'秀州華亭縣有寒穴泉，邑人知之者鮮。'知在秀州任上作，最早作于此年，姑系于此。"《毛滂年譜》或另有所據，姑采其所考。

108　安節亭記

元至正五年（1345）　宇文公諒

　　安節亭者，晋太傅文靖謝公廿六世孫節齋先生之所作也。先生之六世祖隱居華亭之南，曰立極，子孫因家焉。先生諱國光，字觀夫，有雅量。夙敏于學，十三能屬文。宋咸淳癸酉領鄉薦，明年上春官，策問求賢，所對劌切。時賈似道柄國，忌直言，主司畏禍，不敢取，以例補太學生。天朝一海宇，遂潜德勿耀。至元廿二年，治書侍御史程公鉅夫承詔，搜遺逸，或以先生薦，輒杜門稱疾，且曰："吾與其榮于身，孰若無愧于心乎？"日以經史自娱而已。卒于至正乙酉，遺命葬先塋之西，名祭享之亭曰"安節"，蓋其志也。

　　嗚呼！宋社既屋，文武遺臣位卿相者不可一二數，獨文山文公、叠山謝公，起身科第，知萬死不顧一生以全大節，凛凛如秋霜烈日，而天朝特寵異之，以風勵天下，或官其子孫，或立書院以奉祀，非後代之所能及也。先生一布衣諸生，矢不逾節，其亦可敬也已，矧不沽不激，得大易安節之義。今其諸孫多好修力學，將復有以科目顯者，是又安節之亨也。其孫質晋與其弟良貞，請發名亭之義，刻石以垂永久，且懼亭之久而或廢，乃相與劃田五十畝以歸塋繕，故爲之書。復效小山《招隱》悲歌以祀先生，其辭曰：

　　若有人兮谷之陽，蘭爲佩兮蓉爲裳。聲獵獵兮擅名場，縱六轡兮馳康莊。文八音兮五色，進治安兮長策。披瀝兮忠肝，橫流洋兮太息。事既謬兮時又異，遺紛華兮若蟬蜕。苟榮身兮變初志，寧安節兮内無愧。鱸肥兮胥浦，掇秋英兮泛芳醑。尚友兮淵明，微夫人兮孰伍。松檟兮青青，歸來兮斯亭。節既安兮不朽，仰百世兮儀型。

【按】

　　録自乾隆《金山縣志》卷之二十《藝文二》葉三，元宇文公諒撰，署"元宇文諒"，誤，當爲宇文公諒。卷之十五《墳墓》葉十："鄉貢進士謝國光墓，在胥浦鄉五保。墓有安節亭，京兆宇文公諒記。"光緒《金山縣志》卷十三《名迹志下·冢墓》葉八録有全文,題"京兆宇文公諒安節亭記",原文:"鄉貢進士謝國光墓,在五保胥浦鄉,墓有安節亭。"卷十五《藝文·金石部》葉十四:"安節亭記,元宇文諒撰。"正德《松江府志》卷之十六《第宅》葉十二録有全文,題"京兆宇文公諒記",原文:"安節亭,謝氏墓所。"崇禎《松江府志》卷之四十八葉六、《全元文》第39册第210頁録有全文。

109　寶儉堂銘并序

元至正九年至十年間(1349—1350)　楊維禎

　　寶儉堂者,雲間吕輔之氏之祖室也。或謂輔之去其祖之創家不遠,祖之創家,由儉得之,草衣蔬食、污尊壞飲之所爲也,故輔之命堂以"寶儉"云。楊子辯之曰:不然也,昔子華子嘗與晏子論古昔聖人之儉,不以堯之居土階、舜之不用塗髤之器爲儉也,而以儉在内不在外。推其至極于心,居中虚以治五官,精氣動薄而神化爲澔,節其所受而嗇其所以出,然後神宇泰定而精幹不搖,此聖人之所以爲儉,而爲聖人之室也。然則輔之者,傳其先之儉也,將以草衣蔬食、污尊壞飲之爲乎? 抑將以聖人之節所受、出取嗇、神宇泰定而精幹搖者之爲乎? 輔之求聖人之道者也,將有擇于斯矣,不然計口而食,視入而去,操嬴而制餘,以庾氏商賈子之所爲之寶儉也,則子華子之所斥矣。輔之聞辯曰:善哉,先生之言吾儉也。微先生,吾爲夷貉之人,烏得造聖人之域也? 且請銘之曰:

　　草衣蔬食儉之粗,嗇出節受儉之精。我思古人,居中以虚。五官既治,萬物受奴。是爲大寶,金玉弗如。小夫之志不出里閭,又何拔異乎計口而食、操盈而制餘者乎?

【按】

　　録自《全元文》第 42 册第 38 頁,元楊維禎撰,原題"寶儉堂銘(有序)"。《東維子文集》卷二十三《銘》葉十四録有此文。乾隆《金山縣志》卷之十五《第宅》葉五:"寶儉堂,在瀝瀆浦上,景定五年(戴按,1264 年)吕謙德建。楊鐵崖維禎有序。"光緒《金山縣志》卷十二《名迹志上·第宅》葉四記載相同。咸豐《金山縣志稿·第宅》第 301 頁録有節略文:"寶儉堂,在瀝瀆浦上,吕謙德居。元楊維禎記:寶儉,雲間吕輔之祖室也……"孫小力《楊維禎年譜》第 159 頁:"按:《東維子文集》……卷二十三《寶儉堂銘》記輔之祖室。以上數文皆作于輔之謝世前、吕恂兄弟從學之時。蓋爲至正九、十年間之作。"

110 刑部郎中吴君贞石碑記

明嘉靖年間(1522—1566)　張世美

　　去松城南五十四里爲張溪鎮,土田豐厚,户口千計。南面金山以瀕大海,北距松隱以接郡治,東帶王墳涇以通亭林,西逾秦山以至干巷。地方廣遠,規模形勝,非他鎮比。民生其間,男耕婦織,守分畏法。塾師蒙教,十室四五。文學秀民,在在而有,若詩人雪磵孫公、笑隱陳公、樸庵晁公,三者咸清修吉士,信善俗也。

　　嘉靖甲寅,倭寇竊發,猖狂恣肆,四出抄掠。有司但知嬰城固守,莫能驅逐。由是盤踞近海之地,以爲巢穴,往來鄰境,寇害無已。若上海之川沙窪,華亭之柘林鎮,皆盤踞之地也。于是郡侯方公以柘林之西爲漕涇,漕涇之西爲張溪鎮,皆海濱近地,可爲巢穴,乃欲拆毁民居,空其村聚,不俾棲息,以冀出海。遂限日舉事,下令嚴督。民聞惶駭,控情呈乞,侯令嚴,不能達。侯之必欲爲此舉者,因有私憾于漕涇士人,故決意于漕涇,并及張溪。一日鳩聚三役,操其斧斤以事拆卸,束其蘆葦以事燔燒,第候縣尹杜公至則爲之矣。于是衆居民與今刑部正郎吴君貞石議之。貞石時已鄉舉,未仕家居,奮然曰:“事急矣,吾當入城。”與侄三江,諱潮,亦鄉舉未仕家居,同衣冠入府謁侯。侯退衙閉門拒客,君不得已,轉謁貳府張公。因得引見,執禮恭謹,辭氣和緩。侯得霽威,遂盡言鎮之不可廢,而議論反覆,侃侃不屈。侯本性執意忍,善辯多智,公則事出于忠,心本于厚,氣發于壯,聰明材辯又足以濟之。卒之私不可勝公,忍不可奪愛,由是事遂寢,而漕涇亦得無恙。

　　夫禦寇不務驅逐,毁民居以絶盤踞,然松江海國也,漕涇、張溪二鎮可踞,自二鎮而外,獨不能踞而爲之患乎? 此失策之甚者,特侯之惑于私恨,蔽于一時,君言所以有功,民到于今懷之也。先正曰:“一命之士苟存心于愛物,于人必有所濟。”君雖未仕而存心濟物如此,宜其仕而節推邵武,惠愛及民,建祠立碑,其政懋著,非本于此耶? 其居鄉也,義聲懿行,膾炙人口。今鎮之土地耕藝如舊,民之室家相保無虞,商賈通而貨物輻輳,生齒繁而民業日新，推德論功，感激于君。苟弗備書勒石，不惟掩其功德于一時，地方後有艱危之事如今日者，則亦無從考質，而賢者莫之興起矣。知此事者，特斂費買石，屬余記其事而鑴之，以備後考，予亦感其高義而不辭。君叔祖克平公，巡撫畢公時建言修築海塘，起漕涇至乍浦，萬世永賴，有功于鎮者甚盛，載在郡志可考，故得牽連書之。

君名梁，字伯材，號貞石，嘉靖丁酉順天鄉舉，仕爲邵武節推，今擢刑部四川司正郎云。

【按】

録自民國《重輯張涇堰》卷九《志藝文·集文》葉五，明張世美撰，原題"明張世美吳貞石碑記"。該志卷一《形勝》葉一："明張世美《記吳貞石功德碑》云：張溪鎮南面金山以瀕大海，北距松隱以接郡治……"乾隆《金山縣志》卷之十六《寺觀》葉十三："廣福寺，在張涇堰。宋嘉熙間建。明隆慶年，邑紳吳梁修，榜其門曰赤松舊地。先是，嘉靖甲寅倭入寇時，知府方廉懼倭盤踞漕涇、張堰二鎮，議盡毀民房以絶其巢，吳梁力爭之，乃止，里人感其德，鑴石記之，碑在寺中。"卷之二十《藝文二》葉十二録有此文，題"刑部郎中吳君貞石碑記，明張世美。"光緒《金山縣志》卷十五《藝文·金石部》葉十四："吳貞石碑，明張世美撰。"碑文稱"嘉靖甲寅……貞石時已鄉舉，未仕家居"，"今擢刑部四川司正郎云"，可知碑文所記吳梁之事發生于明嘉靖甲寅年（嘉靖三十三年，1554），而撰文則在吳梁"擢刑部四川司正郎"以後。碑現在張堰公園內。

111　金山巡檢司吳公去思碑略

清乾隆四十九年(1784)　陸省身

　　亭林爲華亭首鎮,華亭東南之水由毗連奉邑之千步涇,至葉謝塘、張澤塘,統洩于春申浦。乾隆初,亭林市河由運港接葉謝塘進水,潮泥易壅。余佐理疏浚計十餘次。嗣緣葉謝塘淤淺,議接千步涇,水勢較捷,而運港在西,稍南即南橋塘,再南則淺沙港,直接龍泉達阮港。一泓水而數分之,其源易竭,其流易淤,理勢固然,宜乎今運港自運通橋迤西至亭林北市河僅一綫矣。若夫方西塘一河,石橋三洞,當日波濤浩瀚,但余及見時,黃茅白葦,溝壑不如,從未有過而問津者。巡司吳公金相,相度形勢,深知運港難通,倡議浚方西塘,由大洋涇接張澤塘,水清而駛,土人俱以畏難辭。時已春仲,公乃奮然詳憲捐廉開浚,跋涉河干,戴星出入,農人感公之誠,畚鍤如雲,不逾月而工竣。

【按】

　　録自嘉慶《松江府志》卷十一《山川志·水利》葉四十六,清陸省身撰,原題"八十二老人陸省身吳公去思碑略",原文:"(乾隆)四十六年,華亭縣金山巡檢司吳金相詳浚方西塘。"光緒《重修華亭縣志》卷三《水利·治績》葉十一録有此節略文之節略文,又據該志卷十一《職官·題名·巡檢(金山司)》葉十六:"吳金相,浙江蘭溪人,乾隆四十六年閏五月任。李應兆,四川隆昌人,乾隆四十九年五月署任。"可知吳金相當于乾隆四十九年離任,去思碑亦當刻于此時。

112 金山蔣賢侯去思碑記

清光緒三十二年(1906)

嗟乎！處今日而譚吏治，其腐敗達于極點也久矣。間有循例爲地方公益之事，克盡厥心以圖一己聲譽，有利于斯民之身家者，固已若鳳毛麟角、景星慶雲矣。況能出身犯難，冒險不辭，實有真忱繫屬于兆庶，非僅若好名者之所爲，不且超出尋常俗吏萬千百倍，而不可以比例者哉？歸安蔣公莅松江金山縣幾及五載，迫將解組，而紳商士庶合力以挽留之不能得，又電稟上憲者紛紛不已，而終不能留，于是乎合籌所以表公惠澤，留示後賢矜式者，擇善政之一二大端而載之貞珉。曰：

公之所以治民，蓋亦近人情而已，若未有大異于他人者。其剿匪也，亦惟因爲患地方不得不除而已；其禁絕賭博也，亦惟因匪類潛踪之所即民生陷溺之端，不可不絕而已；其鼓舞興學也，不數年而多至二十九處，亦祇因明旨所崇，大吏督責，克副維新之望而已。其他政之善者，若浚河道以興利源，聯商會以合群力，警察團練以束閑民，工藝種植以誘遷善，似亦分所應爲，無可異者。乃竟能使闔邑士庶不謀而合，若赤子之戀慈母，并豫籌乎去後之思，非果有實不能忘之故，何由而致此？蓋其所以剿匪也，非爲功名聲譽也，不忍衆民困苦，儼若疾之在躬，必欲去之而後已，故雖槍林彈雨有所不避，其誠于除民之害有如此者。其所以禁賭也，非矯其異于他宰以冀超擢也，深悉梟匪黨羽之日盛，平民爲匪之所由階，故不覺疾之甚、禁之力，必使境內舊習一掃而空，無敢嘗試，其誠于清匪之源也又如此。其興學之甚且速也，亦惟能捐廉、能盡力、能盡心，其心與力之交盡亦豈爲考績計，爲趨時計哉？蓋深得歐公"修其本以勝之"之意，以興教者善除害，之後必使正本清源，亂萌永絕而後已。此其誠之流溢于政事，既皆如此，其餘諸政猶是心也夫。吏治至今誠腐敗矣，然有爲爲之，究亦何難？至是若公，則政方成而去志已決，固非有爲爲之者可同年而語。心之誠僞既殊，民之感情自異，其不能忘也，蓋真有不可忘者在，又烏能已于去後之思哉？是果可爲後賢法而垂示無窮者矣。爰爲之頌曰：

我邑金山，江海迴環。民或愚蠢，流入冥頑。爲梟爲鴟，逞厥野蠻。弱肉强食，里閈往還。倏忽聚散，犯科作奸。善良飲恨，生計維艱。誰尸厥咎，養癰遺患。隸也不力，莫敢薙刪。維我蔣公，文章之雄。割鷄小試，下邑遺風。仁必有勇，謀定于衷。應機立決，戰則請從。擒渠搗穴，率先以躬。罪魁既馘，芟艾蘊崇。涉危蹈險，豈繁邀功。爲國弭患，于民寶忠。不教而殺，古謂之虐。公也不然，實思救藥。勸誡有箴，訂頑化惡。罪名之圖，訓尤確鑿。惠誨懇懇，匪終不若。乃整團防，乃巡村落。剿撫兼籌，董紳聯絡。臨事好謀，豈矜擊搏。先事能籌，圖謀既周。請兵會剿，克壯其猷。鄰封助力，勇練同仇。紛飛炮火，公不遲留。身先士卒，勇倍氣遒。泖灣底績，遂獲凶酋。匪焰既息，賣劍買牛。乃矢文教，乃輯幹戈。乃興絃誦，載謳載歌。民生克遂，民氣頓和。爰籌經費，爰定教科。學堂廣設，棋布星羅。魚魚雅雅，于于羕羕。改良進化，切磋琢磨。下逮商賈，旁及青娥。惜餘半日，孰敢蹉跎。周河邵河，年久堙塞。督民開浚，以資稼穡。監獄改良，工藝兼敕。堂舍宏開，爽塏是即。典吏舊署，泖橋之側。縣署遥，每勞跋涉。改建遷移，一舉兩得。慎獄協恭，聿昭程式。縣署堂廡，棟宇摧殘。剝落頹欹，諏吉繕完。鳩工庀材，煥然改觀。引流植樹，積土成巒。柳園桑圃，隙地環攢。隨宜布景，賞憩盤桓。政之所及，巨細畢殫。瀏覽四顧，民樂以安。民樂且安，惟公則瘁。倚庇方隆，初服思遂。躬既積勞，親尤宜侍。病狀備陳，上之大吏。邀准就醫，歸耕決志。公歸既決，誰復我宇？利益誰興，梗頑誰治？實不能忘，聿歌誰嗣？

合邑紳士商耆公立。

【按】

録自《柘湖宦游録·金峰鴻雪》葉十七，落款“合邑紳士商耆公立”，撰者不詳。碑記稱“歸安蔣公莅松江金山縣幾及五載，迨將解組”，據《金山蔣侯德政碑記》云：“光緒二十八年（歡按，1902 年）冬十一月，到金山縣任，三十二年（歡按，1906 年）夏五月受代，三十三年（歡按，1907 年）二月復任迄今（歡按，落款“宣統建元己酉冬十月”，1909 年），宣統紀元首尾逾八年，而善政不可勝紀矣……”可知此去思碑記撰于 1906 年蔣清瑞暫時離任金山之時。據《上海舊政權建置志》所載《1726—1910 年金山縣知縣一覽表》，代任者爲福建福州人劉怡，其任期未滿一年，蔣清瑞即“回任”。

113 金山蔣賢侯戩匪記

清光緒三十二年（1906） 楊葆光

　　光緒甲辰春，予自宣平受替歸，流連于婺睦山水之間者累月，其夏始至杭州，聞鄉之人嘖嘖稱金山蔣侯戩匪事，蓋不特保全一邑，實有保障一郡之功焉。先是，郡苦皖梟聚賭勒贖，無所不爲，謂之光蛋，迨土梟熾而光蛋之勢稍衰。土梟者，有紅幫、青幫、白幫、黑幫之目。松江南境，華、奉、南、金所轄皆有之，蔓延百餘里，附從數千人，擄人敲詐之事日數十起，民不敢控，官不敢問，大吏亦置之，民不聊生，道路以目。松人中有顧大局者，聞于江督魏公，檄叠下，郡縣亦屢易人，于是田公治郡事而蔣侯宰金山。

　　初下車，即忿水陸弁勇之養癰成患，謂："土匪一日不平，即此心一日不安，何以對百姓？"英風浩氣，共聞其言。泖灣紳董黃孟實、阮蔚伯以匪狀告，侯即派飛划營往，獲二匪以還。繼又告急，侯短衣徒步，手執利刃，率兵役四十人，督飛划營行。營弁辭，侯怒強之去，至則向空放鎗。飛划營之至泖，向侯求肉，侯剝豕餉之，又求履，侯人予一金，今出戰不力，人皆唾罵之。侯獨身先士卒，爲民急難，執旗直前，鎗彈飛過其頂，幾以身殉時。吾友何君方爲平湖令，令龍頭、新埭、新倉諸民團盡力相助，大殲匪黨。侯從容察辦，先後獲呂巷匪首陸根和、孫美成等，泖灣拒捕匪首王子平、施阿美，干巷匪目張阿播，匪黨許火龍、李阿保，皆置之重典。其時，諸悍黨或臨陣擊斃，或死于桎梏，一時聞者見者莫不拊掌稱快，歡聲若雷，而華、奉、南諸轄境亦自此大定。鄉人述侯之事如此。

　　予生平慕義，風塵羈滯，恨不得登侯之堂，瞻侯之丰采，拜侯嘉惠于桑梓。思泚筆紀之，以爲侯之功在金山，夫人知之；侯之惠及于闔郡，則人莫之知而余獨知之也。一日，于廣坐中言之，門下士虞君青士，言與侯有戚誼，得稔侯之生平云。侯少壯時以名孝廉橐筆走京師，既而求外筮仕于吳，固恂恂儒者也，乃能遇事果決，勇于有爲，賢者固不可測如是。即余素識之何君，亦儒者也，其激勵民氣，不分畛域，皆與侯同。予因上下三十年間而極嘆蔣侯之爲人，實運會之所係也。

　　往者《時務報》之行詆中國爲病夫，歷數其風癆蠱膈之證，而不言治病之方。予嘗欲作書以規正之，以爲須各練鄉團，敦禮義，修甲冑，使民心日固，外患自除。迨奉檄龍邱，首以團練事言之郡，郡吏不之省。未幾，拳匪事起，旨下各直省舉辦民團。時方盛暑，予冒暑周流四鄉，勸各紳耆作速奉行。未匝月而江匪滋事，連陷江山、常山，駐衢之鎮，道府皆閉門自守，不暇顧他邑。烽火及龍游，予向所勸民團，城鄉響應，斬獲匪探數十人。西安、東鄉各團亦互相聯絡，收復樟樹潭。飛電請援，十日而始至，渠魁就縛，下游安堵。向使此十日內無龍游與西安民團之力，則蘭溪以內無一卒一騎，錢江雖險，奚能禦匪？亂之初已，群謂團練之功不淺，乃曾幾何時，宴安猶昔，不復措意及此。而蔣侯乃能以一書生感動民團，力與匪戰，以解一邑之倒懸，以保闔郡之大局，豈非運會之所係哉？予之來新昌，有梁西園觀察者，爲湖北賢牧令，及告歸，以開墾爲事。其地近台州，匪以其宦歸也，屢窺之。梁練下州、韓妃兩村團兵，作犄角勢拒之，匪不敢逼，此亦團練之明效。今天下紛紛，伏莽遍地，使非各固其圉而加以蔣侯之膽識神勇，其何以濟？予于金山，父母之邦，友戚之所居也，雖不能歸祝我侯，爲桑梓報德，而猶願爲文以揚侯之果敢，知有民而不知有身，并將以告郡侯戚公升淮，俾知我郡有賢如蔣侯者，而寵異之也。

　　光緒丙午春，雲間七十七部民楊葆光自新昌郵記。部民吳鴻賓、陳貽芬、吳鴻儒、丁夢、丁彥翀、林棠同頓首拜録。

【按】

　　録自《柘湖宦游録·金山剿匪圖記》葉四，清楊葆光撰。《金山藝文志·金石部》（見《姚光全集》第 625 頁）："蔣賢侯戡匪記，清楊葆光撰。"

114　金山蔣侯德政碑記

清宣統元年(1909)　楊葆光

　　葆光謹案：士民爲地方官長刊立去思碑、德政碑，皆功令所不許，然則金山蔣侯之將去也，前既有去思碑矣，今邑人士又屬予記德政，豈非干冒禁令歟？曰：非然也。功令所禁，所以杜標榜、戒詔諛，若今所記，則皆見諸行政，實惠在民。王道不外人情，人情所不能止者，聖人弗禁，而豈類世俗之所謂德政碑耶？然則德政若何，試據《金山剿匪圖記》《金峰鴻雪》兩編所載，及道路傳聞，撮其大者言之。

　　侯名清瑞，號瀾江，浙之歸安人，由內閣中書升兵部主事，改官江蘇知縣。光緒二十八年冬十一月，到金山縣任，三十二年夏五月受代，三十三年二月復任迄今，宣統紀元首尾逾八年，而善政不可勝紀矣。侯之始至，正皖梟與土匪交相爲患，民不堪命，侯舍生命與之爭。泖灣之戰，身先士卒，冒白刃，殲除巨憝，具載予所爲《戰匪記》中。保邑境以衛郡城，民得安堵。然梟氛雖靖，賭風猶熾，六博五木之場，所在皆有，不逞子弟趨之若狂。侯曰："此足以敗家，亦所以召匪也。"嚴械之，而作奸犯科之徒始知務正業。侯乃曰："是可以勸之學矣。"金邑雖有學堂，然限于資，不能推廣。侯捐廉以爲之倡，聞風者踴躍從事，三四年間，增至五十五處。今則城鄉區學私校林立相望，無慮七八十處。又捐立女學校，以爲家庭教育根本。通商惠工，古有明訓，今不知措意及此，遂致商旅裹足，工藝窳敗。侯謂："欲民饒足，必浚其源。"于是約同紳商，于洙涇設分會，建商務學堂，于張堰亦設分會，創商團，而金山商務始有藉手之機。興造習藝所，俾游手好閑者知有所歸，不致流于匪類。所爲各藝，必督責之，力求改良，使精益求精而後已。其它，建張堰巡檢署，移典吏署以重職守，新監獄以恤囹圄，葺聽事以動觀聽。興廢之餘，謀及水利。周河、邵河，年久淤塞，侯倡議開浚，蓄洩合度，傍河之田賴以灌溉，旱澇有備，民獲其利。至于去民之害，尤必日夜以圖之。良民本不好訟，皆訟棍反覆其手，致良莠皆羅其害。侯于聽訟，洞若觀火，每見詞窮理屈，即知必訟徒所爲，嚴絶根株，遂以無訟。盜賊之害，由于團練不行，侯就警察之學而加密焉，户懸旅，宵擊柝，使民集團，互相保護，宵小不敢窺伺，而民大安。侯雖不自言功，而金山及鄰境之民并受其福。今將量移大邑，其所設施且因而愈廣，此侯之素所抱負，非邑人戴侯之意，特懼侯之德政久而遺忘。凡閭里之所由安，侯爲安之也，田疇之所由殖，侯爲殖之也，侯雖將去，而德政常留，猶之未去也。苟非泐之金石，使後之官斯土者，念侯締造之艱成、侯未竟之志，使邑之人永永蒙福，可以傳治譜，可以策圖民，又豈尋常諂媚之詞所可同日語哉！爰不辭而爲之記。

宣統建元己酉冬十月，婁縣八十老民楊葆光謹撰。是年長至，重游泮水并書丹。

平湖金山兩邑紳耆士庶公同泐石。

【按】

録自《柘湖宦游録·金峰鴻雪》葉五十九，清楊葆光撰。《金山藝文志·金石部》（見《姚光全集》第 625 頁）："蔣賢侯德政碑記，清楊葆光撰并書。"

115 蔣賢侯去思記略

清宣統二年(1910)　姚昌照

　　自古禍亂之作，發難于一鄉一邑，爲上者因循而姑息之，苟且而彌縫之，乃泛濫橫溢如水之決，如火之燎，如癰之潰，蔓延而不可收拾。語曰："涓涓不塞，積爲江河。"彼粤匪之流毒十餘省，縻餉百千萬，轉戰十餘年，而後奏膚功、慶敉平者，實一有司階之屬也。使有賢明果決之吏，當其始，諭以禍福利害，驅除而解散之，其桀驁不馴者，嚴刑峻法以繼之，無矢張弩拔之勞，成瓦解冰消之勢者，其造福于地方爲何如？此吾蔣侯之所以爲賢也。

　　吾邑地處海濱，民俗獷悍，濱海之民，以販私爲業，挺刃尋仇，擄人勒贖，習爲故常。兼以梟匪勾結，幫匪煽惑，王匪窩藏于是，游手好閑之民，如水赴壑，如蠅附羶，匪勢乃大熾。侯之來也，適承其弊。是時，鄉民稍裕生計者，咸思爲自衛計，泖灣一隅，當群匪出没地，鄉之紳耆思築堡以遏其衝。匪黨之黠者亦思一逞以樹其威，乃嘯聚匪衆晝夜環擊，彈雨之聲隆隆達數十里。侯之聞警也，毅然率親兵數十人以行。侯之行也，邑之人老幼智愚莫不爲侯危，侯則曰："事機不可失，聚而殲旃，此其時矣。"于是短衣徒步，爲士卒先，盛氣所懾，群匪色沮。是役也，擊斃悍目一人，從匪十數人，匪勢乃大憾，各鳥獸散。侯乃躡踪追捕，草薙而禽獮之，搜其餘孽，散其脅從，而匪踪以净。侯又謂："天下無生而爲匪者也。游惰者，盜賊之因；盜賊者，游惰之果。"乃亟興工藝以收游民，編保甲以絶莠民，創學校以育俊民。經費不足，給以鶴俸，其善後之舉又如此。

　　夫東南之梟匪，西北之鬍匪，非當軸者所長慮，却顧視爲巨患者乎？余宦游奉省多年，而西北之鬍匪經諸大帥數年捕治，殺其勢，仍未絶其根，而梟匪自懲創以來，至于今竄伏惕息，不敢横行于九峰三泖間者，伊誰之力哉？然則東南濱海之民，得士安于讀、農安于耕，優游于衣租食税之天者，非侯之賜而誰哉？侯今去矣，昔湯文正之去吳也，民不能忘，今四方之聞風戴德，莫不欲咏之篇章，壽諸珉石，况乎托跸幪之下，身受其惠者，而能已于言夫？

爰綴數言,述政績于萬一,以志不忘云爾。

宣統二年,太歲在庚戌,秋七月既望,治愚弟姚昌照拜識。

【按】

録自《柘湖宦游録·金峰鴻雪》葉六十二,清姚昌照撰。《金山藝文志·金石部》(見《姚光全集》第 625 頁):"蔣賢侯去思記略,清姚昌照撰。"

116 閑閑山莊上梁文

民國五年(1916) 高　燮

　　夫諸葛一廬,全性命于亂世;河汾片席,傳教學于名山。聿稽君子之居,每恨古人之遠。希心往哲,抗志潛輝。而乃生遇時衰,家逢人滿。師擇鄰之孟母,仍傍故居;效移宅之晏嬰,無取近市。爰于秦山西北,老屋東南,在水一方,拓基十畝。國危政亂,樂桑者之閑閑;味淡聲希,期窮年而矻矻。敢取斯義,小築山莊,茲屆上梁,庸申善頌:

　　兒郎偉,拋梁東,秦崖拱立萬象雄。雨暘應時宅麟鳳,文章結氣蟠蛇龍。

　　兒郎偉,拋梁南,金風迎挹高秋涵。或耘或籽歲其有,如松如竹樂且耽。

　　兒郎偉,拋梁西,風雨攸叙雲山齊。六弓灣水清如許,來源曲折路不迷。

　　兒郎偉,拋梁北,雁行兄弟嚴以翼。先疇畎畝惟儉勤,式好無尤賴祖德。

　　兒郎偉,拋梁上,門臨曠野何森爽。百年老屋咫尺間,早晚頻經共來往。

　　兒郎偉,拋梁下,杜陵宏願開廣厦。書生無力能庇寒,聊築吟窠羞大雅。

　　伏願上梁之後,九柯十匠,興作無愆;西舍東鄰,歡娛有慶。魚鳥亦忘機而依就,雲霞常蔚起其光華。突兀數椽,人仰集賢之里;紆回一徑,群推歸厚之門。松菊荒蕪,應略加以點綴;池亭位置,宜靜事乎經營。他日者,風雨雪深之際,不免來問字之車;槐柳桐蔭之中,最好着著書之地。

　　民國五年丙辰八月。

【按】

録自《高燮集》第一部分《文選》之《銘志》第 344 頁,民國高燮撰,文末原注:"(1916)"。

117 四烈士事略

民國十六年(1927) 鈕永建

　　陸丕謨,字佑人,錢圩人,生數歲而孤,從其叔斐然學,聰穎特異。時永建創紫岡學舍,陰爲革命準備。君年十四,即負笈來游,清光緒三十二年,莊公思緘督辦廣西邊防,創辦陸軍步兵教導團于龍州,招永建主其事,君復不遠千里從焉。旋畢業于教導團及廣西全省陸軍講武堂,委充學兵營排長。民國肇起,君任松江軍政分府幹部養成所教官。癸丑丙辰討袁之役,皆身臨戰陣,義不返顧。七年夏,永建任廣東石井兵工廠督辦,委君爲衛隊總教練官并第一連連長。八年,調充廣東海軍陸戰隊第一聯隊少校聯附,旋任陸戰隊司令部參議。時國難益亟,君顧不得展其長,恒鬱鬱。秋入湘,依劉梅卿。劉梅卿者,桂軍團長而屯于湘境者也。君至,即請爲該團弁目養成所所長。九年冬,粤桂戰起,君隨劉回粤,十年,劉團附粤,君隸劉震寰師,充中校參謀。未幾,劉團編入粤軍翁式亮旅,梅卿力薦君,翁乃任君爲旅參謀長。時翁旅奉令定桂,遂擢前敵總指揮,所向克捷。師次岑溪,桂軍行間,粤人疑梅卿,執之,君慷慨營救,遭粤人忌,同時被害,時年三十一。

　　姚士雄,字雨亭,廊下人。沉静負大志。六歲,入塾,讀四子五經,能通大義。稍長,學識漸充,洞達天下大勢,慨然有澄清斯世之志。置兵書數十種,朝夕探討。清光緒三十二年,江蘇省府有徵兵之舉,君聞之,投筆起曰:"機不可失,此其時矣。"遂應徵入伍,後歸娶,三日即別去。然天性孝友,月必以餉糈寄歸,供甘旨。在伍肄業隨營學堂,于兵陣之學,極有心得。又精測量,所繪江蘇水利形勢等圖,瞭然如指掌。畢業後,充見習軍官。未幾,任司務長,旋升排長,派委金山徵兵官。是時已名列同盟會,常隱然以大義勵部下。辛亥武昌事起,君在蘇,集同袍至督練公所,促當事者反正。我蘇之能首先應鄂,君力爲多。時張勳負固金陵,君奔走滬寧,計下鎮江,幾罹敵阱。迨鎮江下而金陵迎刃矣。既而顧忠琛委君爲海陸軍總司令處庶務員,旋升十二團掌旗官,調升連長,復升團副官。徐州一帶,自遭張勳蹂躪，流亡滿境，土匪肆擾，君督往剿，殊勇往，顧匪勢猖甚。民國元年九月十九日，尹家樓之役，臨陣捐軀，年僅二十有五。妻倪氏，有賢行，聞君歿，悲甚，十二月二十四日，在家奠君，一慟遂絕。

何嘉禄，字子鈞，江蘇松江縣人。幼家貧失學，比長，任俠尚氣，有聲江湖間。顧跅弛不羈，時越繩墨，有司患苦之，則羅致爲用，恃以詰奸禁暴，一時梟傑斂手，積功授江蘇飛划水師管帶。聞武昌起義，率屬響應。癸丑任松軍水師幫統，督部攻上海製造局，不克則退青浦嘉定間，遣散部曲，泯然無迹。袁氏稱帝，又突起占領吳江。護法之役，赴粵任北伐軍支隊長。久之，轉任江蘇水上游擊司令，又任蘇屬緝私統領數年，降志依違于北洋軍閥之間，冀得當以自奮，而動爲所尼，恒酒酣身熱，輒談部伍中事，以不能自成勁旅爲恨。然自君任緝私，鹺綱振起，遠過曩昔，當局亦亟稱其能。孫傳芳兵敗，引直魯軍擾蘇，君不直其行，毅然告絕，潜赴蘆墟舉事。部署既定，適奉國民革命軍總司令委任新編第十六師師長，既于軍次就職。旋奉東路軍前敵總指揮電調，參加右翼，與第一師進攻浦南一帶。三月十八日，遇敵于六里庵，身先士卒，轉戰皆捷，緊躡敵至金山衛，與第一師會。正酣戰間，忽敵中小隊斜出山陽，君慮其窜擾，亟率衛兵十餘人馳擊。詎敵由金山衛退集，愈戰愈衆，君顧謂衛兵曰，敵數十倍于我，退且無倖，惟當誓死却敵耳。意氣激發，苦戰歷兩小時，忽彈洞右脅而踣，幸敵憚其勇，不敢前。衛兵尋昇君返張堰。君創重，自知不起，殷殷言所部善後事，左右有泣下者，君方慰藉之，忽氣逆痰湧，不省人事，惟時聞大呼包抄前邊努力數語，延至二十日晨九時，遂絕。

徐上致，字仲書，朱涇人。少學于柘湖學堂，時陳夔龍設隨營學堂，招士子習戰術，君應徵焉。越二年，轉入江蘇陸軍速成學堂。卒業後，赴京部試，授副軍校職，咨蘇差遣。辛亥起義，地方騷擾，邑人以維持桑梓治安責君。君乃辭蘇職，司本邑警務。逮地方寧靖，復出任北伐軍先鋒隊長。旋南北議和，清廷退位，北伐軍解散。君轉輾擢爲省軍第三師機關槍連長。癸丑二次革命，袁將雷震春攻南京雨花臺甚力，君固守之，雷不得逞。乃改攻天保城，城陷。君見事不可爲，始從上官而退。丙辰，袁氏死，秋入陸軍部講武堂，上移軍殖邊策，語多切實效。北伐軍擊廣西，次高州，攻三日未下，軍中募集奮勇隊千人，君被舉爲隊長，率隊猛進，高州下，而君以中彈亡于陣。時辛酉七月一日，年三十三，葬廣州九崗烈士墓。

【按】

録自民國《金山縣鑑》(1936 年 3 月第一期)第十一章第二節《詩文》第 177 頁，民國鈕永建撰，金山縣政府立，題下原注：“刻石立紀念塔于第一公園。鈕永建撰。”《朱涇鎮志》第六篇第二章第二節《碑刻》第 230 頁録有此文，原注："四烈士紀念碑，立于民國 16 年（1927 年），金山縣政府立。原在第一公園内，民國 26 年冬日軍入侵時毁。《金山縣鑑》選其碑文：……"《上海園林志》（《上海園林志》編纂委員會編，上海社會科學院出版社，2000 年 4 月）第 371 頁："朱涇第一公園，原址位于金山縣朱涇鎮東部……。公園建于民國 16 年……。園内有方形紀念碑一座，高 10 米，上覆石板。碑四面分別刻有在辛亥革命和北伐戰争中犧牲的本籍陳丕謨、何加禄、徐上致、姚士雄四烈士的生平事迹。……該園在民國 26 年日軍入侵時被毁。"其中"陳丕謨"當作"陸丕謨"。

118 黃君公績碑

民國十七年(1928) 唐文治

　　世界之所以不陸沉,人心之所以不盡晦者,賴有善人而已矣。《易》曰:"積善之家,必有餘慶。"善不積不足以成名,六十四卦陰陽消息,參伍錯綜,于爲善之道兢兢焉。孟子曰:"取諸人以爲善,是與人爲善者也。""雞鳴而起,孳孳爲善者,舜之徒也。"吾乃于金山黃君公績見之。

　　君諱繼曾,公績其字,系出漢尚書令香,以孝聞天下,累傳至星淮先生者,遷于金山,遂家焉。君生而岐嶷,天性孝友,遇事誠敬不苟。光緒壬辰,以迄癸卯,遭家不造,丁父母憂及諸昆季喪,君煢煢在疚,侘傺無聊,得咯血證,雖勉自裁制,而春秋霜露之感,時有餘痛焉。蓋繼善成性,根荄茂矣。辛丑、戊申兩年,皖北休寧等處沈灾告祲,君商同志,鳩錢數萬緡,往施振焉。厥後滇晋徐淮饑歉,亦如之。計捐資十餘萬金,全活數十萬人[一]。人皆目之曰善士,而不知君之積善,更有在于無形者。

　　當光緒之季,科舉廢,庠序興,新舊交持,帑藏赤立,維時出私資興學者,曰葉君澄衷,曰楊君斯盛,君與之鼎峙而三焉。葉設澄衷學校,楊設浦東中學,皆以鉅富雄視鄉里[二],或建鑄銅像,或蠹樹豐碑,莘莘學子,過而拜之,僉曰不朽之功,于斯爲盛。顧君之家計,不逮兩君,而其心力之普及,則有過于兩君者。其先于朱涇鎮獨立創建明强學校,又于朱家莊丙舍設分校,以教農民子弟,自是登高一呼,萬山應焉。不逾時,公私各校,來告不足,紛然請補助者,在上海有若復旦、健行兩公學,南洋中學,三育、崇實、初級三小學,私塾改良會、群學會附屬兩小學,行恕、國民兩學堂,體操學校,蠶桑、城東、愛國、蓬萃四女學,公立幼稚舍、貧兒院;在金山有若實枚高等小學,師範學堂,惜餘夜塾,淑新女學;在松江有若披雲、振德、育賢三小學,公立學堂,開明女學;在南匯有若時正諸學堂。先後綜計捐資亦十餘萬金,然則闡潛德之幽光,君之功德,視葉。楊爲顯矣。孔子曰:"善人,吾不得而見之。"

余因之重有感焉。

《禮》曰:"教也者,民之寒暑也,教不時則傷世;事也者,民之風雨也,事不節則無功。"晚近以來,俗尚偏激,士或軼乎軌範之外,譬諸風雨寒暑,不得其時,人心之憂,殆未有艾,顧瞻往者提倡教育之先哲達人,怦然動念,蹙然以不安。嗚呼嘻矣!君爲善不拘于一隅,利弊所陳,洞明癥結。己酉歲,徵銀解銀之議起,核其事實,等于加賦,余上疏争之,當事者依違不能決,君復糾鄉人士抗論阻之,事乃中輟,此尤功德之被于無形者。

君生于同治十一年七月二十七日,歿于宣統三年二月初五日,春秋四十。德配劉夫人。子四,承恩,承慶,承壽,承豐,能世其家。君既歿,越十有一年[三],友人高君燮等以君善行不可無紀,來徵文于余。余維教養者,生人之天職也,力能教養一二人者,以一二人爲職,力能教養千百人者,以千百人爲職,業愈廣則德愈宏,其宗旨要歸于正而已矣。如君者,可謂克盡其天職,樂善不倦,天爵之榮,孰逾于是。爰書其犖犖大者,以昭來禩,且爲辭曰:

义用不明恒狂若,佪規矩者曰改錯。江河混混衆汨濁,百年而後求兹躅。

中華民國十有七年,歲在著雍執徐之秋七月朔日,太倉唐文治撰文,同邑陳陶遺書篆。

【按】

録自民國《金山縣鑑》(1936年3月第一期)第十一章第二節《詩文》第183頁,民國唐文治撰,陳陶遺書、篆額,題下原注:"碑立金山第一公園。"此處文字標點,除個別外,一仍其舊。《茹經堂文集》第二編卷八《碑銘類》葉十録有此文,題"黃君公續碑,壬戌。"當作于民國十一年(1922),歲次壬戌。《朱涇鎮志》第六篇第二章第二節《碑刻》第232頁:"黃君公續碑:立于民國17年(1928年),唐文治撰文。原在第一公園,民國26年冬日軍入侵時被毀。《金山縣鑑》選其碑文:……"王宏剛、張安巡主編《聆聽文明的步履聲》第70頁:"黃公續于宣統三年(1911年)病逝。人們爲了紀念他,于1927年在朱涇鎮窑鎮(今金山大橋西塊)辟第一公園,特地爲他建紀念亭,亭中有'黃君公續碑',碑文由無錫國學專修學校校長、國學大師唐文治撰文,江蘇省省長陳陶遺書寫。1934年,朱涇鎮分爲公續、東林、西林鎮,公續鎮即爲紀念黃公續而命名。"

【校注】

[一]全活數十萬人:原文無此句,據《茹經堂文集》補。

[二]鄉里:原文作"鄰里",據《茹經堂文集》改。

[三]越十有一年:《茹經堂文集》作"越十有二年"。

119 金山何朱兩先生紀念碑

民國二十三年(1934) 沈惟賢

古有先農先蠶,重其朔也。四民以士爲首,而大農大工大商,周書稱之。夫農以厚民生,工以前民用,倡導而使改良,則士爲之殖其本,化居而獲兩利,則商爲之舒其末,本末兼賅,其天民之先覺者乎!

金邑之有新教育,始自清光緒辛丑,懲于國本之阽危,民智之錮蔽,而敬教勸學以振之。何先生靜淵其先覺者也,初就宗祠設小學,旋改爲育英公學,復于廊下鎮創立開智小學,又增設區學,以女塾爲女學之嚆矢。當是時,儒風始變,輿論猶歧,篳路藍縷之勤,事倍而功半。何先生曉音瘏口,以牖群蒙,博覽諏諮,以弘創制,積勞攖疾,未竟其業。譬猶河流奮于積石,昆侖始源,不可忘也。至朱先生志賢,乃發揮光大之。朱先生年始三十,屬辛亥革命,嘅然斥家貲佐軍餉,且組保衛團,邦人知其有經世之志也。明年,市議會舉以長開智小學,是何先生精勤締構者,中經時變,經濟艱危,漂搖是懼,朱先生獨蠲鉅金,創建校舍,推廣學額,不以方隅爲限,未及期而富有日新之盛構,以甲乎金、平之間。教育部聞而嘉獎之。顧先生之志,願欲胥全國民,躋于富教之一塗,故其興學,非徒惠莘莘冑子而已,將使農工商溝通其知識,發紓其藝能,增益其樂利,此職業教育之計畫,倡自川沙黃先生炎培,而朱先生以施諸鄉邦。其家世富而好義,衷資十餘萬,經營商市,若錢業,若槽醬坊,若米肆,若碾米廠,皆與農村脉絡相通,工肆供求相應。于是握有金融之總樞,導學津之先路,恢恢乎一日千里矣。

民國五年,朱先生復獨力設辦景陽高等小學,嘗謂其友曰:"人當壯年,正爲社會服務時也,高小果有成績,當亟辦中學,而增設商店,爲高小畢業學生實習職業之所"其規模弘遠,以先覺覺民自任若此。天假之年,必使學校如林,商場與工廠次第拓展,于時農工商皆有造于學,君以大實業家成大教育家,豈非東南一鉅子哉!乃經畫既定,方招工謀建中學,而君遽病，病三月，遂歸道山。其所設施，絜之志願，十不能二三，蓋先後僅六年耳。自朱先生出，學界得陶朱計然，拭目以覘速化，豈意中道而殂，與何先生後先一揆，何斯民之不幸也！顧陬僻如廊下鎮，士風商業，蔚爲巨擘，邦人式之，咸競于學，民治蒸蒸，不後于他縣者，繄誰之力與？夫先農先醫，報之無斁，爲其先知覺後知也。兩先生以斯道覺斯民，于其卒也，褰裳而赴追悼會者數千人，歷時瘉久，懷之瘉不能忘，爰相與綴拾厓略，樹之于碑，溯洄伊人，亦以勸來者。

中華民國二十三年六月，金山縣教育局商會中心小學校區公所公立。沈惟賢述文并書，費硯篆額。

【按】

錄自民國《金山縣鑑》(1936年3月第一期)第十一章第二節《詩文》第185頁，民國沈惟賢撰并書，費硯篆額，題下原注："碑立廊下鎮何朱兩先生紀念塔。"《青鶴雜志》1937年第16期錄有全文。《廊下志》第四編第三章第六節《文物古迹》第260頁："何朱兩先生紀念堂。何静淵、朱志賢兩先生從清光緒二十七年(1901年)開始，就主張廢私塾辦新學。先後捐資創辦了3所學堂，爲本地區發展文化教育事業作出了貢獻。何朱兩先生去世後，各界人士捐款于民國23年(1934年)6月，在現廊下中心小學内建紀念堂，立紀念碑，碑長150厘米，寬75厘米，厚20厘米，'文化大革命'中被毀。"原注："原碑已毀。摘自《金山縣鑑》民國24年(1935年)本第185頁。"

120　焦公紀念碑記

民國二十四年(1935)　沈　礪

　　焦君德一縞邑篆二年,政簡而平,人沐其德,尤致力于建設,川澤疏浚,衢街蕩平,闢公園于東隅,中植烈士紀念塔,資人士游散之所,且有以激發其觀感,故邑人皆曰賢。其去也,咸攀留之,不得,則思之無已。聞其逝于阜寧也,咸傷悼之,而更思之無已。于是邑之人,項君爲賢丁君迪光子慎朱君又禄姚君景楙等,爰樹焦君紀念碑于公園,以慰人民無窮之思。嗚呼!君之闢公園也,而今日君之碑樹其中;君之紀念烈士也,而人之紀念君者,亦與紀念烈士同。豈君意料之所及哉?種善因,食善果,不其信歟?後之爲政者,可以鑒矣。

【按】

　　録自民國《金山縣鑑》(1936 年 3 月第一期)第十一章第二節《詩文》第 177 頁,民國沈礪撰,題下原注:"碑立金山第一公園。沈礪撰。"《朱涇鎮志》第六篇第二章第二節《碑刻》第 233 頁録有此文,原注:"焦公紀念碑記,立于民國 24 年(1935 年),沈礪撰文。原在第一公園,民國 26 年冬日軍入侵時被毀,《金山縣鑑》選其碑文:……"據《金山文史資料》第五期《北伐時期金山縣衙門奪印記》一文記載,焦德一,字純祖,1927 年由"朱涇方面右派地方團體推選"爲金山縣縣長,與"李一諤等同志……推選了左派地方人士莫伯籌"之"民選金山縣縣長","南北對立"。《圖畫時報》(1930 年第 16 期,總第 667 期)載:"前金山縣長焦德一疾終于阜寧任。焦君長金山時,盜匪不敢入,其境民得以安枕,以洪楊前之田公稱。更督促地方人士,建設道路、公園、衛生諸事,禁止烟賭,息争訟。最後規劃金山南北大道,南接平湖,北達松江,方有成議,而省中調任阜寧,乃中止。此路不成,滬杭之路至今中塞。焦去之後,鄉間盜匪橫行,金山無寧日矣。"并有焦德一照片一幅。

223

121 殷君捐地紀念碑

民國二十五年(1936) 顧劍鳴

　　乙亥春,本會方有基地之訟,邑人殷國楨先生哲嗣伯賢蓮芳昆季,相將以毗連之地二分零,詣會捐贈,并出證作質,糾紛之止,有裨殊多。伯賢嗣于泖港趙氏,爲人慷慨磊落,蓮芳持齋好佛,嘗語人曰,處事當不昧公益,今之捐贈寸土,不過欲桑梓多一建設,非敢有所好惡也,其明達解理有如此。同人等服其公義之忱,而無阿私之見,爰勒石以垂久遠,以志義風之不可泯焉。

　　中華民國二十五年五月,孫杏盦書孫杏明刊。

【按】

　　録自民國《金山縣鑑》(1936 年 7 月第二期)第十章《藝文》第 181 頁,民國顧劍鳴撰,孫杏盦書,孫杏明刊,題下原注:"碑立呂巷救火聯合會。顧劍鳴撰。"

122 金山記

民國二十六年(1937)　向大廷

金山有山舊矣，去縣治六十里而遥在大海中，明備倭寇，置衛城；清初改金山營；雍正五年改縣，仍以金山名，縣以山名也。某年，蘇浙漁人爭海界，内政部將金山改隸松江，自是縣存而山亡，邑人思之，堆土于縣治之南，高二丈，廣七畝，負陽而背陰，植樹其上，歲久失治，樹木被伐，荒冢纍纍，浮棺白骨遍地，目不忍睹。

乙亥春，余奉權縣篆，越二年丁丑，既浚河港以興水利，聯甲保以安閭閻，增講舍以育士子，新衙署以端視聽，旋因松楓公路經過治前，門户大開，此山適當衝要。乃復請于大府，給庫帑治之，構閣山頂，曰沐風；增重樓其上，曰醒鐘；鑿池其下，曰净影；建館舍于東阜，曰清華；築草亭于西阜，曰挹勝；構橋其南，曰薰風。沿堤植桃柳，山側及左近植楠檜柏栗之屬，早晚鐘聲出林木間，清越可人。取金山之石，建金山碑于山上，緑草紅花，豐碑高臺，眩曜奪目，直如越溪浣女，驟入吴宫。邑人顧而樂之，題曰"勃有生氣"。且擬于其南疏浚舊河，延接釣灘庵前之市河，期通舟楫，并于其西南結廬植樹。工未竟，余奉令調省，爰書端末，以待後之來者。衡山向大廷撰書。

【按】

録自民國《金山縣鑑》(1936 年 7 月第二期)第十章《藝文》第 183 頁，民國向大廷撰，題下原注："碑立朱涇風景林。向大廷撰。"文後有編者按及署名"心悦"的《金山考》一篇：

編者謹按：碑文與事實頗有不符。適見《新金山報》創刊號載有心悦君所爲《金山考》，亟録而存之，庶不傳誤也。

金山考(録自《新金山報》創刊號)　心悦

金山之名夥矣，有地名爲金山者，如美之三藩市，稱舊金山，澳之壁爾鉢恩，稱新金山，皆以附近產金，因以名其地。有山名爲金者，如鎮江之金山，與焦山齊名，語云"焦山山裏寺，金山寺裏山"，即此是也。山上有泉，味清而冽，有天下第一泉之目。又旅順口有黃金山，與虎尾山對峙，合抱而成旅順港。我國新疆省邊界，有阿爾泰山，山多金礦。阿爾泰三字，係蒙古語，其意義即作金字解。縣名爲金山者，即我縣是也。查金山之設立，在遜清雍正初年，兩江總督查弼納等，以蘇松諸大縣，繁劇難治，疏請各分爲二。四年，遂分婁南境爲金山縣。又黃《志》卷七《建置編》上，金山衛得名分縣後，即以衛城爲城。焦《志》山川篇，金山在海中，距衛城一潮之涉，明初置衛築城，特設重鎮。而黃《志》于山川篇中，列秦山、查山、柘山等，獨闕金山之名，則海中之金山，向不劃歸我縣，而我縣之得名，不以山而以衛，彰彰明矣。民國七年，蘇浙爭界事起，所爭者，乃金、平交界之老鴉嘴，與大海中之金山不涉。而松、金兩縣同隸江蘇，彼此即有所爭，亦與浙省無涉，向默庵君所作《金山記》，謂民七蘇浙漁民爭海界，內政部將金山改隸松江縣，自是縣存而山亡，誤也。縣治于乾隆二十四年，遷至朱涇，以青龍里舊有之積穀倉，改建爲縣署。今縣治之旁，約數十武有土阜焉，高約丈許，原爲浚河堆泥之處，歷來死囚多決于此，荒冢纍纍，滿目悽凉。民十六年後，政府提倡造林，邑人不敢獨後，于是阜上始有苗圃之設，迄今十載，不拜不伐，皆亭亭如蓋矣。向君于乙亥春，來宰我邑，即注意于建設，經之營之，不遺餘力，既落成縣府新舍，美輪美奐，復建沐風閣、醒鐘樓于此阜之巔，并鑿池其下，築路于南，闢風景區，以爲邑人士游覽之所，向之荒蕪不治者，一變而爲樓閣聳峙，樹木蓊鬱。因取石題其名曰金山，以示不亡，并以勖後之來者，使繼續努力于建設，其用意可謂深長。余恐此阜之名，與海中之金山相渾，有斌珷魚目之譏，爰作《金山考》，以示區別云。

據《上海舊政權建置志》第六章《人物》所載《1912—1949年金山縣民政長、縣知事、縣長一覽表》，向大廷于民國二十四年（1935）至二十六年（1937）期間任金山縣長。

卷四 冢墓

123　餘杭主簿婁億墓銘

北宋嘉祐六年至熙寧九年間(1061—1076)　陳舜俞

　　彼何人之門兮,雁行馬車。老夫懷金兮,童子紆朱。取其萬鍾兮,不差毫銖。庖[一]有粱肉兮,腹[二]無圖書。天之生此兮,何罪何辜。句讀其話言兮,節文其步趨。抱筆而宵吟兮,鋪楮而晝塗。天子招其以仕兮,鄉人勉呼。衆肩相煦摩兮,疾駕爭驅。有司五上吾名兮,禮部曾不一如。退將羸其角兮,進且跋其胡。行年幾六十兮,僅免爲白徒[三]。一秩不能勝兮,朝強而暮殂。考妣其謂我何兮[四],遑悼妻與孥。高者我難諏兮,厚者行難[五]語諸。百恨寂默兮,秋草之墟。

【按】

　　録自《都官集》卷十二《詩》葉二十四,北宋陳舜俞撰,原題"題婁億墓"。光緒《重輯楓涇小志》卷三《志名迹·冢墓》葉十録有此文,題"陳舜俞銘",原文:"餘杭主簿婁億墓,在胥山五都。億,參知政事機曾祖也。"《全宋文》第71册第101頁録有此文,題"婁億墓志銘"。九〇《金山縣志》第三十六編《人物》第1052頁:"婁億,嘉祐年(1056—1063)進士,餘杭主簿。"《楓涇鎮志》第二十七章《人物》第398頁《歷代進士》:"婁億,嘉祐元年(1056),餘杭主簿。"均誤。《清雍正朝〈浙江通志〉》第六册第3047頁:"嘉祐六年(歐按,1061年)辛丑王俊民榜:……婁億,嘉興人,餘杭主簿。"而陳舜俞生于1026年,卒于1076年,故此墓銘約撰于1061年至1076年間。

【校注】

[一]庖:光緒《重輯楓涇小志》作"庭"。
[二]腹:光緒《重輯楓涇小志》作"胸"。

［三］僅免爲白徒：光緒《重輯楓涇小志》作“僅免白徒”。

［四］考妣其謂我何兮：光緒《重輯楓涇小志》作“考妣其謂我兮”。

［五］行難：光緒《重輯楓涇小志》作“彼難”。

124　資政殿大學士致仕贈特進婁公神道碑

南宋嘉定五年(1212)　樓　鑰

　　國家中興八十餘年,四朝以聖繼聖,相守一道,夫豈不欲復大讎,歸侵疆而申締鄰好,遵養時晦以俟天命？蓋其廟謨深矣。比歲權臣竊弄威柄,富貴已極,猶以爲未足,假恢復之名,以逞危溢之禍,其黨又相與嗾之,平章軍國,益無忌憚,一旦妄發,以債帥爲方召,以驕兵當犬羊。人人知其必危,競進者方縱臾以苟爵位,不在其位者固不容强聒,仕于朝者雖面從而腹非,無敢有誦言爭之者。時惟婁公機以直諒之資,抗議無所回撓,一爲御史,即上疏明辯之。是時權臣雖倡此議,猶未敢自任。鄧友龍初不知兵,將漕淮右,騰書投合,妄薦大將。既叨召還,專主此議,爲侍御史,爲給事中,公皆與爲寮,每語及此,未始不奮然力詆,以爲必敗國事。友龍至不能堪,曰:"不逐此人,則異議者不已。"公亦自以不合丐歸,除職與郡,竟求奉祠。會泗州獲捷,友龍上表稱賀,自以爲勢當如破竹,群譿競和,諫大夫遂以詆公,褫職罷祠。此開禧二年之五月也。已而延敵致寇,塗炭數郡,奸黨失措,始愧公之言。八月,再畀祠祿。明年二月,復職。十一月,元惡既誅,大明黜陟,天子思公之忠,十二月,除吏部侍郎兼太子左庶子。嘉定改元正月到闕,兼太子詹事。五月,除給事中,兼權工部尚書。七月,除禮部尚書,兼給事中。八月,擢同知樞密院事,兼太子賓客。十月,參知政事。蓋公天資忠鯁,不畏强禦,逆折兵鋒,言雖不用,而後日皆驗。先見敢言,人所畏服。既坐廟堂,不以詞色假人,相與維持和議,密贊更化。惜乎年高疾侵,奉身而退。居無何,考終于家,經濟未究,孰不興殄瘁之悲。諸孤以鑰同宗同朝,交情之厚,既葬而求銘,義不得以老退爲解。先書立朝之大節,系以言行履歷之詳而銘之。

　　惟樓氏自武王封夏禹之後東樓公于杞而始得姓,後有食采于婁者,別爲婁氏,其實則一宗也。建信侯在漢爲劉,蟬聯數十世至郊,事吳越,避武肅王嫌名,始復爲婁。仕左千牛衛上將軍,占數嘉興,五傳而至公之曾祖,諱億。億生乾、曜,俱爲將仕郎。父壽,朝奉郎。

以公貴，三世累贈少保、少傅、少師。曾祖妣杜氏，祖妣鄧氏、顧氏，妣郭氏，爲譙國、崇國、榮國、成國夫人。少師莊重有家法，教子甚嚴，公其第三子也，字彥發。幼而穎悟，日誦數百言，能自刻苦。長益奮勵，該貫經史百家之書，作文直欲以左氏、班、馬、韓、柳爲標的。或謂其持論太高，公曰："他日以此致君澤民，要當自立，詎可苟徇時好？"蓋其立志已不凡矣。兩上鄉書，乾道二年賜進士出身，授左迪功郎、臨安府鹽官縣尉。丁成國憂，服除，主和之含山簿。銅城有八十四圩，遭夏潦大壞，僅存其一。郡以委公，役工三千有奇，設廬以處之，優給庸直，時犒酒炙，器用材植一出于官，民樂勸趨。兩旬告畢，邑人歡服，礱石以記。七攝淮邑，率以治辦聞。薦章交上，尋丞于潛，漕使檄公攝宰之闕。潛川以鹽桑爲命，織紡貿易至于再稅。公首罷其一，民甚德之。酒坊縣計所仰，久廢弗葺。公大修酒政，歲羨息錢近二十萬，日以寬裕。先代輸貧民之奇稅，寢以及四等戶，所被廣矣。版籍既亡，有產去稅存之害，公一新之，獄訟幾絕。庭空圄虛，治行稱最。邑素無學，大比無應選之士。公首建夫子廟，啓庠序，擇師儒，士有以養。李廷光首預賓送，擢賢科，親書"桂枝坊"以表其廬，士益知勸。政聲上聞，有旨都堂審察，以少師得疾而歸。既遭外艱，士民莫不借留，匍匐奔慰，縞素盈門。公性至孝，居喪盡禮，手書《華嚴》《法華》等經以伸冥報。免喪，爲江東提舉司幹辦公事。嘗易淮東，已而復舊。

淳熙十二年，以舉主改宣教郎，知衢州西安縣。十六年，光宗覃恩，賜銀緋。縣當舟車之衝，號難治。公以學道愛人自任，不可干以私，有騰謗不爲動。巨室買地爲塋域，發地遇石，復索元價。公曰："設得金，將誰歸？"守督賦峻厲，公不忍施一箠，課亦不乏。親閱案籍，豫定役次，民服其公。紹興二年，通判饒州。五年，皇上踐阼，轉朝請郎。慶元二年到官，事多關決而無侵官之嫌，滯訟隨以清省。一重囚獄具欲上，察其誣，白郡覆鞫之，得不冤死。又二人已經詳覆，以其可疑者，同太守以聞，俱得減等。參政袁公説友帥蜀，辟議幕，不就。攝州及南康諸臺，益稱其能，相率列薦。內相洪公邁稱道尤不容口，謂公學有源委，工詞章，身端行治。既以叙公所輯《漢隸字源》，又以監司科薦之。丞相京公一見，即除幹辦諸軍審計司，五年之七月也。輪對，奏："祖宗盛時，吏禄兵廩歲不過緡錢十數萬。熙寧月支四萬，南渡無歲不用兵，月猶不及百萬。乾道已支百六十萬。欲請裁損經費。"又論刑名疑慮之弊。六年十一月，遷宗正寺主簿。嘉泰元年，爲太常博士、秘書郎，請續編《中興館閣書目》。又請寬恤淮浙被旱州縣。時皇太子以惠國公始就外傅，遴選學官，以公兼資善堂小學教授。國公銳情學問，公日陳正言正道，又以累朝事親修身治國愛民四事手書以獻，置之坐右，朝夕觀省。嘗謂公曰："今日甚熱，禁廷深邃尚爾，間閭細民豈能堪之。"公以奏之。上問："昨日與先生説何事？"國公具言之，上喜曰："唐文宗但云'人皆苦炎熱，我愛夏日長'，更無一句及百姓，此意過之遠矣。"又嘗語孝宗戒食蛤蜊事，國公曰："此無他，祇是廣好生之意。"公隨事開明，多所稗益。三年，除太常丞，仍兼資善，旋兼右漕郎官。五月，爲秘書省著作郎。尋以民曹事煩，改兼駕部，以專訓導。都城大火，命百官條具闕政。公力言三弊，謂："朝臣務爲奉承，不能出己見以裨國論。外臣不稱其職，至苛刻以困民財。將帥偏裨務爲交結，而不知訓閲以强軍律。"時公年七十，丐閑，上以資善倚重，不允。周旋四載，不懈益虔，同寮予告，公每當之，首尾如一日。國公睠顧最親，字畫少差，必求是正。公深于小學，辨析如響。又著《廣干禄字》一編，國公得之尤喜，命講官戴公溪爲之跋。四年六月，擢監察御史，講未退，而除命已頒。國公戀戀，幾不忍捨，公亦爲之感涕。

入臺省，論近時士風薄惡，聞者聳然。又論京官必兩任有舉主，年三十以上方許作縣。又論郡守輕濫太甚，貽害千里。時小史蘇師旦怙勢妄作，蒙蔽自肆，語及者必罪去，而獨憚公。嘗與閤門納謁，公于寒暄外，他無所及，師旦俛首，不敢吐一詞而去。兵端方開，惟公極口沮之，謂："恢復之名非不美，亦孰不願？今士卒驕逸，遽驅于鋒鏑之下，人才難得，財力未裕，萬一兵連禍結，久而不解，奈何？"權臣聞之不悦，所議愈密，外廷罔測。公又上疏極論："雖密謀，人莫得知，而羽書一馳，中外惶惑。"友龍方爲臺端，主議甚力。公日以苦語勸之，且曰："今日大將爲誰？計臣孰任正使？以殿巖當之，能保其可用乎？"開禧改元六月，除右正言兼侍講。首論廣蓄人才，乞詔侍從、臺諫、學士、待制三衙管軍各舉將帥邊郡一二人，召問甄拔，優養以備緩急。八月，除太常少卿，兼權中書舍人，閏月真除。今丞相史公、樞密宇文公同省，每會坐，親見公力詆友龍用兵之説。會有旨令宰執、侍從、臺諫集議，公義形于色，略不少變。聞欲以公宣諭荆襄，公昌言曰："使往慰安人情則可，必欲開邊啓釁，有死而已，不能從也。"春初，卒以此去。四月，聞諸道進兵，謂："吾老矣，無所施力，惟晨香致禱，願天佑國家，以安邊境。"及聞泗捷，愈增憂危，且曰："若自此成功，以攄高文之宿憤，老臣雖死亦幸，謫官尚何言。但恐進鋭退速，禍愈深耳。"未幾還朝，德望益隆。鸞鶴精神，照映朝列，人莫不想聞風采。見上首論三事，謂："至公始可以服天下。權臣以私意橫生，敗國殄民，今惟當行以至公。若曰私恩未報，首爲汲引，私讎未復，且爲沮抑，一涉干私，人心將無所觀感矣。"次論："兩淮招集敢勇，不難于招，而難于處。若非繩以紀律，課其勤惰，必爲後害。仍請檢栿權臣内侍等所籍家貲，專爲養兵之助。"天顏悦穆，玉音嘉奬，曰："太子尚小，煩卿教導，待卿久矣。"公謝以"衰暮耄昏，恐無以補儲德"，上曰："昨已除詹事，猶未知耶？"皇太子念公最篤，嘗親書問安否，以多事未果發。聞公來歸，問信絡繹，仍致前書，以示不忘之眷。自是簡注尤深，而東宮愈加愛重矣。公在選部，守法革弊，吏銓爲清。有里人故任天官，喪未舉而子赴調。公謂彼既冒法禁而部胥不之問，即撻數吏，使之治葬而後來，聞者韙之。上望治甚切，公奏："古人爲國之心頃刻不忘，而望治之誠未嘗以日月冀。夫子無欲速之戒，誠以維持成就，非可亟圖而驟致也。"又言："貢舉貴公，乞下禮部，具朝官親族有赴廷對者，并與免差御試諸位官，以絶異議。"嘗繳奏海巡八厢親從都軍頭指揮使年勞轉資，恩旨太濫，乞收寢未應年格之人，年已及者予之。上顧宰臣曰："所繳極當，庶不爲小人欺隱。"又稱至再三。

上以皇太子春秋鼎盛，欲使預聞廟論，諳知民瘼，命日侍昕朝。宰執并兼宫官，仍時赴宫會議。公爲宫端，益思所以裨助，遂取舊所著《歷代帝王總要》一書，加以潤色，上下三千年間，君道之污隆，治效之優劣，綱舉領挈，燦然畢陳。俾鑰爲之序，以備參決之餘，可用考訂儲扃，尤以爲要覽。時以飛蝗求言，公奏："和議甫成，先務安静。葺罅漏以成紀綱，節財用以固邦本，練士卒以壯國威。"又謂："臺諫論奏以爲月課，若政有闕失，人有非賢，或除授之不當，患在不知，知之則恐去之不亟，當隨事輒言，無嫌於數。"所論皆切于時。既登兩地，當干戈甫定，信使往來之始，瘡痍方深，弊蠹紛然。公彌縫協恭，裨贊爲多。重惜名器，持循法度，進退人物，直言可否，不市私恩，不避嫌怨。有舉員及格當改秩作邑，而必欲内除。公曰："如此則有勞者何以勸？孤寒者何以伸？若至上前，自應執奏。"堂吏寄資未仕而例以陞朝官賞陳乞封贈，公曰："士夫辛勤一，第非通籍不能及親。汝輩乃以白身得之，斷不可行。"

嘉定二年八月，臨軒行皇太子册命，公攝中書令，讀册于廷，百辟傾聽。九月，明堂爲禮儀使，前導趨拜，如少壯然。儲君與公俱生于癸丑，雖相去一甲子，而生日同在仲秋，先後纔五日，賜生餼詔曰："九秋風露之清，哀時英氣；三吴山水之秀，生我耆儒。"固已寵甚。是年七十有七，盛典縟儀，適聚旬浹間。都省後堂久不講祝頌之禮，公首當之。貢闈方按鼓吹，嚴更警場，五使同坐堂上，正用公之生朝。鑰退而慶以詩，公與諸公皆屬和，尤爲晚景一段美談。冬再納禄，不允。三年五月，以禱雨感疾，復四上告老之章。詔曰："太公既老，猶起海濱；留侯雖病，强輔太子。"公弗敢復言。孟冬分詣原廟，疾又大作，求歸尤切。上猶未許，方形詔旨云："年雖耄矣，初未聞知慮之昏；志方浩然，亦未見精神之億。"公復叙四說以進，懇請不已，皇太子又遣宫寮勉留，而去意堅决。除資政殿學士，知福州。力辭，提舉臨安府洞霄宫以歸。延見親故，上冢燔黄，寖復康强。尋上休致之請，忽感微疾，猶取表奏展閲檢視，命筆書偈，顧諸子曰："大期迫矣，勿以藥來。"是夕遂薨，寔四年十一月辛酉也，享年七十有九。累官正議大夫，除資政殿大學士致仕，爵至嘉興郡開國公，食邑二千六百户，食實封六百户。國史、實録、敕令、會要皆嘗提舉纂修。遺奏聞，上爲之震悼，輟視朝，贈金紫光禄大夫。旋以東宫徹章，加贈特進，賞延恤典如制。皇太子賻奠加厚，可謂哀榮矣。

娶徐氏，大晟府黄樂申之曾孫，封吴郡夫人，先公四年卒。子三人：紹曾，迪功郎；紹彭，從事郎；紹聘，承務郎。以公參預，俱監西京中嶽廟。女一人，適故朝請大夫直焕章閣知慶元府程準。孫二人：續祖，承務郎，知于潛縣丞；同祖，尚幼。女三人：長適進士史沾，次適承務郎監兩浙轉運司慶元府造船場程端節，次適進士魯之績。曾孫一：楚。孫女一。五年三月甲寅，葬公于嘉興縣履仁鄉東洲之原。

公天分素高，加以篤學，而家訓尤嚴。親聞公言，初第拜親，少師戒之曰："得官誠爲可喜，然爲官正自未易，爾其謹之。"義方類如此。又禾興輔郡，紹興間寓公寄客多時英賢，朱少卿自號巖壑，最爲名勝。次如董公彌大將、方公景南雲翼、祝舜俞師龍、鮑任道仔、聞人務德滋皆源流前輩，詞章政事、學問論議各有所長。公從之游，聞見益廣，所著諸書，悉有功于後學。既以此發身，又自初筮，歷官所至可紀。逢辰雖晚，譽望已高，擢用甚峻，而士論遲之。主眷日隆，注意大用。皇太子垂情宮寮，雖在遠外，念之不忘。惟公侍資善最久，輔導最勤，顧遇尤渥。然方居急流，而抗議以沮權奸，翩然求閑，不復顧忌，一歸若將終身焉。憂國一心，耿耿不少變，再爲聖主一出，干霄直上，建立愈偉，老而益壯。然用之太晚，毫未及而疾困之。性篤孝友，少師囑公以二弟，模年貌相若，愛之固深；棟未冠而孤，撫育訓飭，卒爲善士。近歲先卒，貤恩贈官，詔特從之。嘗命諸子以遺澤任二弟之子。居鄉以誠接物，不事緣飾，是非枉直判于語下，不爲後言，人雖憚而服之。周貧濟急，尤篤姻黨。生理素薄，輸送自同編民。門無雜賓，亦無敢干以私者。故廬僅庇風雨，既歸，闢丈室于左，以東宮所書一軒，榜以銀題，朝夕游處，庭前殆不容旋馬。清裁若不可犯，而樂善好賢，稱獎人才，不遺寸長。又訪問賢能，疏列姓名及其可用之實，以備采取。其所薦進，亦不欲人之知也。

近時小學日微，公素耽嗜《字源》《干禄》，用意最深，好之者始知其爲工。作字遒美，行草俱勝，隸古小篆動皆有法。尺牘人多藏弄，扁榜亦所在寶之。鑰初未識公，而同年李吏部聖俞嘉言同在宗寺，出《班馬字類》，致公之意，俾爲序引，則知公之相與有年矣。既老復來，公亦賜環而歸。會當集議，傾蓋于政事堂，一見如平生歡。同入兩地，協心無間。議政餘閑，商榷古今，論文説詩，亦時出法書名畫，清談從容，温然如春。事有不可，剛毅不回，久而益敬，真畏友也。執別而歸，書問時往來，墨猶未乾而訃聞。云亡之痛，固非稠人比。既受銘文之託，偶以多病，心志凋耗，筆硯盡廢，日過故府，惕然于中，乞身欲歸，僅能屬稿。既不能發明潛德，終有愧于公云。銘曰：

婁之得姓，實本東樓。在漢爲劉，自建信侯。後復厥初，乃因避鏐。累葉嘉禾，義豐德修。惟公國器，河圖天球。文以發身，仕學俱優。立朝正色，告后嘉猷。寖登要津，貴名日休。權奸專國，欲挑氄裘。債帥總師，安人運籌。衆莫敢言，徒懷私憂。公獨抗論，力遏狂謀。六月出師，石爍金流。人厭紛緯，士困橐兜。僅取邊壘，捷書置郵。自謂破竹，期功于秋。老師致寇，氣索語偷。幾如鄧騭，欲棄涼州。謂公立異，屏居林丘。一倨不容，衆楚競咻。初謂沮軍，末乃思婁。元惡既誅，舊德是求。四皓來漢，二老歸周。間于兩社，克壯其猷。同寅協恭，厚德鎮浮。饑饉寇攘，瘡痍末瘳。彌縫調燮，相與咨諏。勢方向平，公去不留。哀榮雖備，急景已遒。典刑已矣，後孰與儔？殄瘁悲深，爲銘諸幽。尚爾後人，先烈是侔。

【按】

　　録自《攻媿集》卷九十七葉一，南宋樓鑰撰。《全宋文》第 265 册第 338 頁録有此文。宣統《續修楓涇小志》卷三《志名迹·冢墓》葉十四："參知政事婁機墓，在嘉興府城南五十里里二都。嘉興湯志：嘉興縣東三十里，一冢甚高，傳是婁機墓。中有石室，爲盗所發。見朱彝尊《鴛湖櫂歌》注、樓鑰撰神道碑、《明一統志》載《嘉府志》。"

125　故處士殷君墓碑

元至正元年(1341)　楊維禎

殷，子姓，以國氏，逮宋避宣祖諱，別族太史爲戴氏者，君之先也。及君而宋亡，遂復姓殷氏。諱澄，字公原，華亭人，宋朝請君某之孫，節幹君某之子，司法君某之弟也。君家素饒財，節幹君用好施著于其鄉，每大雪淫雨，必載薪米遍乞寒餒，人死無所歸者，爲具衾槨窆之。衆目之曰"殷佛子"。娶鄉邑迮氏女，得丈夫子二，君其季也。

君狀貌魁梧，美鬚髯，性介特，平生無宿諾，人有急，不一計親疏，周之唯恐後。衆有所爭，來直于君，得一言明曲直即謝去，不復詣吏。有田若干畝，終歲所入，盡以賙人。事苟涉大義，雖委身不問。至元間，天兵下江南，將軍號楊掃地者，帥偏師入華亭。君時避地南錢，南錢猶保聚未肯下，楊怒，業以兵殲之。君奮曰："我其可無一言而死乎？我死今日，否亦今日。"遂扣軍門求見，大言曰："夫民猶水也，水順則流，逆則激，民順則寧，逆則亂。矧郡縣新附，民心未安，將軍獨不能撫綏招徠，以稱上神武不殺之德？顧欲盡剿，斯民何辜？"楊怒甚，手劍斥君，君復正色曰："殺我一人，活千萬人，我死猶生也。"語益激烈動人。其裨將有感君語者，起而沮之，而楊亦慴服。于時民全活者以萬計，咸涕泣羅拜曰："公于我，生死而肉骨也。願歲時伏臘，祀公于社以報。"事聞，丞相伯顏公義之，遂用便宜，授君華亭軍民都總管，使守其地。君即棄去曰："大宋氏亡，吾以親不亡，獨不能逸乎？"遂服野服，隱居胥浦上，時時領客放浪九峰三泖間，忼愾懷古，日夕忘返。慕其人者，目爲泖南浪翁。君聞知曰："甚善名我。"因亦自謂泖南浪翁云。

烏乎！代之强仁慕義者不少也，而多逸于野，太史氏又缺焉不書，是爲善者終無以勸也。君没幾五十年，而未有表白其事者，猶幸其概在人耳目者，卓卓未泯。余因著諸所聞爲論次之，使後有過其墓者，得以知君之爲人若此，庶幾爲强仁慕義者之勸哉。

君娶會稽俞氏女，賢而無子，先君一年卒。又娶永嘉陳氏女，生子四人，曰實、曰厚、曰誠、曰諲，側室生一人曰某。孫男五：尚質、尚節、尚白、尚功、尚賢。生女五，婿曰吳郡顧諟、吳興沈斯干、宋諸王孫宜樞、同邑倪乘、吳郡章禮。曾孫男八：陞、奎、壁、堂、塾、塾、堅、堅。女七。玄孫男二。君生于宋紹定己丑六月二日，享年七十有七，卒于國朝大德乙巳九月某日，葬于華亭縣胥浦鄉五保謝家原，合祔俞夫人之封。後十四年而葬陳夫人于其城，又二十二年，諲乃樹石墓門，而會稽楊公爲叙而銘之。其辭曰：

仁之言，利既博。仁之行，聞卓卓。矢一死，貿萬殤。棄爵秩，不以償。北强以兵，南義剛。若斯人者，殆南方之强非歟？嗚呼斯人，吾言不亡。

【按】

録自《全元文》第 42 册第 50 頁，元楊維禎撰。崇禎《松江府志》卷之四十八《冢墓》葉二十六：“處士殷澄墓，葬于華亭胥浦鄉。澄號佛子，卒年七十七。……楊維禎撰碑銘。”乾隆《金山縣志》卷十五《墳墓》葉十：“處士殷澄墓，在胥浦鄉。楊維禎碑銘。”光緒《金山縣志》卷十三《名迹志下·冢墓》葉九：“處士殷澄墓，在胥浦鄉，楊維禎銘。”卷十五《藝文·金石部》葉十四：“處士殷澄墓銘，元楊維禎撰。”光緒《重輯楓涇小志》卷三《志名迹·冢墓》葉十二：“隱士殷澄墓，在胥浦。楊維禎銘。”

126　元故朱君拱之墓志銘

元至正十八年(1358)　貢師泰

　　君諱柯,字拱之,朱文公四世孫也,魯大夫某始自建寧徙居華亭。君幼穎悟,姆抱侍父側,聞人語即解意,與群兒嬉戲,嘗莊坐如成人。既冠,益勇于學,日取《論語》《孟子》《大學》《中庸》《詩》《禮記》各誦數百過。遇有疑輒從先生長者質問、辨析,必得其義乃已。夜則遍閱諸史百家之書,至忘寢食飢渴。君外甚樂易而内實嚴正,雖終日歡洽,未嘗有違禮,故居家庭接賓友、處鄉黨、遇姻族,無大小疏戚,皆畏而愛之。里中事有不直,悉詣君取決,君出片言折之,無不各當其意,間有歉于心者,即退自省曰,某等不才,慎勿令朱君知也。君家無餘財而好周人之急,甚者罄所與,無吝色。君嘗謂"士不通經,不足爲學",故其家子弟皆明經篤行,循循有禮節。

　　君性雅曠,嗜閑静,晚益治圃于居之西,鑿池疊石築堂其上,曰"時春",構亭左右,周以花竹。風晨月夕,則巾車畫舫,飲酒賦詩,或緩歌長吟,或投壺彈棋,解衣岸幘,諧笑終日,仰天長吁,人莫窺其際也。

　　至正三年冬十月,感微疾,飲食卧起如平時。十二月五日,召其所親愛者,語至夜半,曰:"吾與君等別矣。"遂翛然而逝,年四十有七。娶孫氏,子男三人:長靈,次熙,次雙驢。女二人。孫男一人,回孫。以是月廿四日辛酉葬于白嶺之原。既十有五年矣,其子熙以鄉先生沈存狀來請銘。銘曰:

　　紫陽蒼蒼,道久彌光。葉大枝蕃,散于四方。華亭之裔,適當四世。潛德弗庸,蔚有奇氣。如彼梗楠,弗棟弗梁。如彼椅桐,弗徽弗張。天賦之秀,宜畀之厚。胡嗇其禄,復[一]褫其壽。子孫詵詵,戩穀爾臻。我銘有徵,視此刻文。

【按】

　　録自《玩齋集》卷十葉十三,元貢師泰撰。正德《松江府志》卷之十七《冢墓》葉十:"朱柯墓,在華亭横涇。"并録有朱柯墓銘,題"貢師泰銘",有異文。該志卷之二《水上》葉廿九："横涇,西接市涇,自張涇東流,過潘涇爲蕩涇,入千步涇,其北爲高蔣涇,又北爲廟涇,又北爲泖港。"同卷葉廿二:"朱涇,一名市涇。"可知朱柯墓當在朱涇鎮市河以東(參考崇禎《松江府志》卷一所載之《松江府水利總圖》)。墓志記載朱柯"葬于白嶺之原",待考。據墓志,朱柯卒于至正三年(1343),其子朱熙請銘于十五年後,故此墓志銘當作于1358年,即元至正十八年,歲次戊戌。

【校注】

[一] 復:正德《松江府志》作"又"。

127　雪溪處士邵公墓志銘

元至正十九年（1359）　楊維禎

　　予嘗客雲間，雲間陸先生嘗稱胥水之南多世家，邵、吕、陳、陸其尤也。先生自其先館邵氏，幾七世，歷凡一百五十年。又云，邵氏家老侍僮亦自高曾曾玄，皆世其職業禄養，爲一家之世臣。予求世家于近代，三葉而不替者鮮矣，矧六葉七葉乎？客有持先生狀雪溪公者抵予次舍，爲雪溪之婿倪琦也，以墓文爲請，即胥水邵也。予欣豔其世澤，爲之叙而銘。

　　公諱彌遠，字子猷，自號雪溪，有譜爲康節公十世孫也。高祖宗穆，流避兵火，渡江至華亭，遂家焉。曾大父德隆、父思聰，皆儒業，教子以經術。父天驥，以《易經》中宋待補，國朝崇學選士，就試入郡庠，升賽序，弗居。公，待補君冢子也，通父經，博涉群子史。爲文，取辭達，不喜雕繪。身服樸素，亦不喜騎乘，絶志仕宦，有勸之仕者，則曰："仕不在吾，在吾子若孫耳。"嘗戒其孫之仕曰："古之博學深謀而不遇時者，衆矣。今之遇者，大抵尸未腐而名已滅，若輩其戒哉！"暮年假佛老學洗慮，輕財急施，至飯沙門、賑飢民無算，民依而聚廬者，無慮百十家。所居四面大渠，悉建石梁。治園地第宅之東，風日佳時，必移觴豆以燕悦其親。守義塾于先規，年雖飢，師生廩餼不輒廢也。壯年喪偶，懲閔子之寒，弗繼室，付妾御之慈愛者，保育諸幼，預營生域，建精舍守以浮屠，而尊吾聖人，像設其中。嘗慕漢東平王蒼，以爲善最樂。又喜唐張公藝忍字爲家法，乃輯經傳言若與忍者爲《百善百忍圖》，州里多傳之爲勸。性不嗜酒，客至必與飲，飲輒醉，醉輒放歌，客亦無不樂者。喪明者十年，家事傳于冢子南。時燕月會必至花竹間，其衣冠濟濟然，傅儀亦潦潦然如常時。至正己亥夏病癃，閱月餘，悉召子若孫曰："吾逝矣。"永訣不少亂。或謂公直知寂滅爲樂者，儒而悟理者，獨不然乎？

　　生宋德祐甲戌，殂今至正己亥七月，享年八十有六。娶馮氏，先卒。男一：南也。庶三：應奎、應參、應元。女三。孫五：焕、炳、燁、經、綸。女孫八。曾孫五：垠、堮、埏、垓，

炳子也;麟,焕子也。是年九月六日,葬某丘生域。銘曰:

　　言有文,行有馴,蒼藝之教傲後昆,歷年百五十而家有世臣。引壽及耄,終弗亂神。君子謂善之澤,吉之人。

【按】

録自《全元文》第 42 册第 106 頁,元楊維禎撰。

128 璜溪處士吕公壙志

元至正十九年(1359)　楊維禎

　　有元璜溪處士吕公,名良佐,字輔之,世居華亭胥浦之南、溧瀆之陽。曾、高□上皆好義,急人之患,遠近鄉□姓其里曰□□。祖德謙,字偉謙,聲業益振。父允恭,字萊翁,尤倜儻魁偉。公,萊翁幼子也。承守器識,尤繫人望。以公出太公望系,太公嘗釣渭得璜,又識其瀆曰璜溪,號公曰璜溪處士。公早穎悟,讀書輒强記,通旨義,氣質數□,儀狀□□,幼稚若老成,性□。公年十二□□□□氏,敬養備至。母疾,禱以身代。業儒術,兼□蒙古與語,□□□□□□□□□□□□□者多咨于公,據經援史,處使必當。教子必延名師,豐幣卓禮,士子樂爲之。寶□□□□□四方之士,費百金,無吝色。擬建□聖,金華黃承□□□記。其以兵興,未果□。

　　丙申□□□□□浙省參政納鱗公總兵來守,聞公賢,枉□公里與語,大悅,即出墨,敕授公華亭令,力辭,弗□。納鱗公總督之署多義士,俾率義民保障其境。時斥□無損其□□略,烏合日盛,公率里人□戮其尤塞者數人,群盜遂戢。民感其義,日踵門致饋,公一毫無所受。親故有孤寒者賑之,死喪者賻之。好賢禮士,故賢士大夫多歸之,燕來賮往,終歲無虛日□,多得美譽湖海間。二子恒、徇,皆賢而克孝,善繼其志,幹蠱應賓,舉無廢事。至正丙申,雖兵南敗,兵至,帥多辟公,□謝弗就。又辟其子徇判海鹽,亦以就養辭。時浙師泰識公,奉旨便宜行事,聞徇賢,授華亭丞,亦力辭。

　　公于典章律令、卜筮醫藥,靡不通其要。喜怒不形,善謀能斷。身長七尺,其聲如鐘,魁梧矍鑠,鄉□之儀□也。至正己亥七月五日,以疾終正寢。公生于元貞乙未之六月廿有□日,距寢之歲享壽六十有五。冬十月辛酉,卜葬于璜溪之北原□□葬公,□□三珍玩,遵治命也。□娶高氏,□□萬户宣武高公女孫也。子男二人:恒,娶□氏;徇,娶夏氏。女三人:慧清適史氏;淑真適邵氏,前崇德□判官,先卒;慧明適謝氏。皆高氏出也。孫五人:

允閶、□□,恒子也;宗濟、宗岳、宗望,恂子也。允閶娶邵氏,餘未娶。女孫三人,皆幼。公昆仲二人,兄□東□先卒,東□子鍾亦先卒,鍾□□□□□道志明心仁,子梁、子道、子潤皆幼。從兄良□,□□□,從弟□□□□□□嘉會子□□□皆□卒。從侄四人,鑑、鎰,子閏子也,鎰先卒。元士、元華,嘉會子也。侄孫及甥男女□廿有餘人□□□□,姑叙其概,納諸壙云。

附:故義士呂公墓志銘

元至正十九年(1359)　楊維禎

公諱良佐,字輔之,姓呂氏,世居淞之呂港。大父德謙,父允恭字菜翁,皆隱德不仕。公早穎悟,讀書輒强記,了大義。長,儀宇魁梧,器識才幹,尤繫人望,咸以公輔器期之。以其出太公望,望嘗釣德璜,又讖其港曰璜溪,號公曰璜溪處士。性至孝,奉母謝氏,養以禮,不旦暮衰,母疾,身不脫帶者三月。久不瘳,禱以自代。母卒,哀毀終喪。制闋,邦大夫挽之仕,弗起。然政有不決者,必咨之。郡饑,有司申明發粟,公笑曰:“必俟明降而賑,民莩矣。宜先假粟富民,俟降以償,則富者無費粟,饑者獲全生。”郡善之。貢舉法行,聘碩師教子,復出厚幣爲賞試,曰應奎文會。貧時好學者,建義塾收而教之,金華黃太史溍嘗記其事。

兵興來,總兵淞者聞公才傑,至枉駕公廬與語,大悦,即板授公華亭令。公請以白衣議事,却板授,總兵益賢之,署曰義士。俾自集白甲保障其境。時,公已散財收死士三千餘人,適斥鹵群不逞,乘亂起烏合,搖毒甚。公徒釋挪,走不勤官徒一鏃,弟指授白甲用水火舸,取其魁如利獺取鯔,群從盡戢,竟賴以安者數千家。總兵者問奇功,公曰:“醫恃鍼砭理疾,而小巫用精籍亦理。”覆進其魁桀于兵,曰:“天下之物莫毒于鷄毒,而醫家珍而用之。”總兵是其言,轉無俾爲精兵不鮮。淮兵難渡,主師者辟公幕下,力拒不就,繼取其子恂判海鹽。時浙垣首相以承制除拜,遂敕授令佐鄉郡,又力辭。私謂其子曰:“時平,庸才高枕而有餘。時危,豪傑運籌而不足。非蕭鄭侯曷治漕? 韓淮陰曷調兵? 而魯連子曷出没亂世而裕如也? 吾願學連子而已耳。”又喟然曰:“日月剥矣,昭然有不紊者。江河壅矣,浩然有不竭者。孺子其俟之。”

公好義出天性,里有饑周之,婚喪助之。四方大夫士歸之者歲無虚,燕來贐往靡厭勞,得美譽湖海間,呼爲“淞上田文”,獨不賢異端之學緇黃者,接其人而不談其實術。其高情曠識、獨立物外者,人又莫能窺。罹世難虞,謙亨自若,與知己飲酒率過丙夜,振起自舞,考鼓吹笛,復飲不亂。

平生少疾,臨終無一語及後事,但曰:“吾年六十有五,不夭已,又幸不死叵測,復何憾?"生元貞乙未，殁至正己亥。娶高氏，征東萬戶宣武公孫女也。子二：長恒、次恂。女三。孫五：充誾、復亨，恒子也；宗齊、宗嶽、宗望，恂子也。冬十月辛酉葬瀆之北原。先遠日，恒衣衰抵予杭次舍，泣而舍杖拜曰："先子不樂仕，無治狀，而義行在鄉，善言在家在邦者，又不得名能文屬比于志。不孝在後嗣，奚贖？先生，恒師而先子大賓也，幸哀而賜之銘。"吾爲位哭，抆泪以銘。念古衛公、叔文子之謚君子，躋其貞惠。今淞人饑，而夫子有賑粟，不貞乎？其二善而不禄命，宜謚曰貞惠云。銘曰：

　　蹈車無仲尼，覆舟無伯夷，義以勇卒全以歸。曰貞曰惠，匪謚予私。於乎嘻，莫尊乎野而位者覆卑。璜之滸，栗之垂，有過其墓而慕其人者，語吾銘詩。

【按】

　　《璜溪處士吕公壙志》録自《上海唐宋元墓》第三編第一章第二節《金山吕巷元至正十九年吕璜溪墓》第 191 頁，元楊維禎撰，原文："位于金山吕巷馬村，1962 年平整土地中發現，墓已經被破壞，徵集到墓志 1 合，介紹如下。元至正十九年(1359)吕璜溪墓志，1 合。青石質，長方形。蓋高 76.5 厘米，寬 49 厘米，2 行，行 5 字，篆書；底高 75 厘米，寬 48.5 厘米，25 行，滿行 37 字，正書(圖二八○)。録文如下：……"參考此書第 192 頁所載墓碑、墓志拓片。墓碑篆字二行，行五字："有元璜溪處士吕公之墓"。

　　《故義士吕公墓志銘》録自《全元文》第 42 册第 63 頁，元楊維禎撰。崇禎《松江府志》卷之四十八《冢墓》葉二十六："義士吕良佐墓，葬瀆之北原。楊維禎撰墓銘。"乾隆《金山縣志》卷十五《墳墓》葉十："義士吕良佐墓，在瀝瀆塘北。楊維禎銘。"光緒《金山縣志》卷十三《名迹志下·冢墓》葉九："義士吕良佐墓，在瀝瀆塘北，楊維禎銘。"卷十五《藝文·金石部》葉十四："義士吕良佐銘，元楊維禎撰。"此二文迥異，《璜溪處士吕公壙志》撰者未詳，姑以文獻記載，記于楊維禎名下。

129　楊西疇墓志銘

明成化十二年(1476)　張　悦

　　成化乙未五月七日乙卯,余同鄉楊西疇處士以疾卒于家。昔余提學兩浙擢四川提刑按察副使,將赴任,以母老□鄉,携妻子歸,託以侍養,因得吊哭處士。已而其子傅,郡庠生,以致仕學正張□□述事狀請爲墓銘,且云:"敬未屬纊時,嘗屬吾兄伊曰:'吾命止于斯,志吾墓者,非吾提學兄不可也。'"嗚呼! 余與處士同甲子,自幼相好,有兄弟之情,雖不忍銘,不可不銘者,乃序而銘之。

　　序曰:楊之先,河南歸德人,在元,有諱榮者,金牌總管鎮禦海濱,以子和卿爲曹溪岳氏萬户館甥,因家曹溪,遂爲松之華亭人。和卿生仲仁,仲仁生以敬,以敬生善,處士之父也。母顧氏。皆有賢德。處士諱瑛,字廷潤,西疇其號也。少岐嶷,出語異常兒,識者預知其必富。既長,勤儉治家,尤篤于農業,不尚華麗,一布衣雖垢弊不易,故家族日以饒裕。性不喜酒,客至未嘗不留飲盡醉。士之挾藝者,兼以贈遺,弗少吝,以至貧不能自食、病不能自藥、喪不能自葬者,亦皆有所賑給,無責報心。每自痛恨失學,延師訓諸子,日亦自就質問知之必行,由是建祠堂,創家譜,修郡庠先賢祠,雖學行名著海内者,猶敬禮焉。有幹蠱才,且剛直不欺閭里,爭訟者往質之,是非即定。嘗爲橫浦倉總催鹽課,無逋負。又嘗督工修築海堤,計日而完。以此官府咸知其名。事繼母李氏盡誠,存没一致。撫庶弟璞,自襁褓至于成立,不少棄。蓋其孝友出于天性,非矯揉而爾。是則若處士者,其亦世之不易得者歟!

　　生于宣德丙午七月十日辛丑,至是方五十歲。噫! 奚其壽之嗇耶? 是蓋命之出于天者,有限量也。娶唐氏,子□八,長即伊,次即傅,次吕、周、畢、召、皋、夔,召後處士兩月亦卒。女五,長適任惠,次適韓楠,餘皆在室。孫男三,尚幼。卜以卒之明年某月某日,葬于某鄉之原。

銘曰：其存心也，愨而有智。其處事也，勇而好義。其富而多子也，實有光于先世。其弗究乎期頤也，殆將以遺乎來裔。

【按】

録自《定庵集》卷之四《墓志銘》葉二，明張悦撰。

130　張氏考妣合葬墓志銘

明成化十三年(1477)　張　悦

　　先考諱寬,字宗浩,號林居,世爲松之華亭曹溪人。溪境薄海,民俗業魚鹽,不樂學,以勇力相高。吾家本寒族,但世以善相承。曾祖考華甫以上皆守分,不侮人。祖考彦才喜讀書,敦孝友之行,有出嫁姊蚤寡,惟一女陸氏在襁褓,無所依,輒移歸養之,與吾祖妣楊氏事期姊甚恭謹。撫甥女若己出,陸氏既長,擇故元總管楊榮三世孫名莊者妻之。

　　洪武間,吾祖考坐事,舉家謫貴州。時先考生甫百日,不能挈之行,託養于陸氏,因冒姓楊氏,始名曰紹。永樂初,以吾祖妣歸自貴州,遂歸宗養母,復姓張氏,更名寬。自少倜儻有謀略,不畏强禦。于人有恩者,必厚其報。尤好客,家無餘貲。先妣姓陸氏,其考原鼎,妣吳氏,弈世爲張溪望族,亦坐事舉家謫陝西,以故先妣蚤歸。先考性儉勤,平居恒蔬素布衣,率家衆紡績,每至夜分。處親戚鄰里,一以輯睦。相先考,事姑孝,教子嚴,婦道母儀,兩無所愧。

　　正統丁卯,先考年甫五十有八,不幸遘疾于家,志未及遂竟,以是歲六月初七日卒。歷七日,葬于所居東北沙岡之原,祖考妣墓之東南陬。天順庚辰,悦幸舉進士,擢刑部山東清吏司主事,階承直郎。甲申,蒙朝廷推恩,贈先考如悦官,封先妣太安人。越十有三年,太安人以疾卒于家,寔成化丁酉十一月二十二日,享年八十有七。於乎!先考生于洪武庚午六月十九日,先妣生于辛未八月十五日,蓋先考長一歲,而先妣多二十九歲也。子男三:長雍;次怡;次即悦,任按察使。女一,適孫霙。庶男二:忱、愷。孫:男七,藻、蒓、蕃、岳、牧、葵、禾;女四。曾孫男、女,各五。怡、愷、蕃三人先卒。吾兄雍卜以今年十一月十五日奉先妣之柩祔于先考墓之東畔。悦竊念自布衣入官,歷刑部員外郎、按察僉事、副使,以至今職,皆吾祖宗積德與先考妣教養之所致也,昔先考之葬,未克有銘,今因先妣之祔,乃泣血并志其事而銘之。銘曰:

嗟我父兮，未耆而喪。維時賤貧，罔克厚葬。嗟我母兮，壽未期頤。繼喪而祔，舊竁是依。嗚呼！後喪匪逾方喪，惟循禮以永固其藏。

【按】

録自《定庵集》卷之四《墓志銘》葉八，明張悦撰。乾隆《華亭縣志》卷二《建置志·冢墓》葉九："贈太子少保吏部兵部尚書張寬墓，在沙岡西七圖，莊簡公悦自撰合葬墓志銘。"據該志卷首《圖説·華亭全境圖并説》，七圖當在今金山區境内。

131　竹溪處士張公墓志銘

明成化十六年(1480)　張　悅

　　成化十六年春，悅丁母太安人憂，居倚廬，將禫，適伯兄竹溪公疾革，召悅謂曰："吾不可復生矣。吾死，願毋請文人撰墓志銘，是蓋以實幣賈虛詞，雖欲誇人達者，孰信？吾每憶汝少賤時，汝仲兄怡歿于戎，嘗作哀挽詩云：'兄弟飄零各一方，豈知兄在亂離亡。魂靈不返歸何處，骸骨無收落異鄉。訃入親闈惟母哭，家傳手澤有書藏。幾回極目邊戎道，恨接愁雲萬里長。'是詩之作，殆三十載餘矣，吾嘗識之弗忘，鄉人亦有能傳誦者，蓋由道其實爾。矧今汝已貴顯，自爲我銘，不尤可乎？"又曰："吾自遘疾以來，手足不能動履者十餘載，飲食洮頮之類皆不能自爲，獨賴後娶妾陸氏，朝夕左右爲之，其勞無算。今已死矣，惟有隨嫁子名拳者，無所歸從，吾姓以居。吾嘗分授田廬酬其母勞，脫子孫或有悖吾志而攘奪者，汝制之弗容，則吾瞑目地下矣。"語訖，更無片語及他事。居無何，遂卒，時三月二十九日也。

　　嗚呼！弟可以銘兄乎？考諸古人，程伯子之行叔子狀之，蘇子瞻之墓子由志之，矧既有命，庸可已乎？公諱雍，字永和，姓張氏，竹溪其別號也，世爲松之華亭曹溪人。曾大父華甫，大父彥才，皆隱德弗耀。父宗浩，贈承直郎刑部山東清吏司主事。母陸氏，封太安人，生三子，公其長也。幼爽敏，爲父母所鍾愛，長克幹蠱，性嚴急，接人處事不依阿軟媚以避怨尤。歿時家甚落，恒閉門自守，未嘗貶志以諂求于人。垂老，諸子克家，乃不幸遘疾，迤邐迄今，而竟至于斯。距所生永樂壬辰正月十九日，春秋六十有九。配何氏，先十四年卒。子男三，藻、蕊、蕃，蕃蚤卒。女一，適人，亦寡。孫男四，表、麟、本、廉。女七，皆在室。卜以是年十月二十五日，合葬于何氏之墓。墓在所居東，比沙岡之原，先塋之次也。銘曰：

　　生天地間，幾七十年，自不享其福，將以永後嗣之傳。

【按】

録自《定庵集》卷之四《墓志銘》葉十，明張悅撰。

132 將仕郎梅軒公墓志

明弘治二年(1489) 夏 寅

公姓曹,諱文豫,字孟和,號梅軒,世爲干溪人。曾大父彥明,大父華,相繼有隱德。父參,號耕隱,倜儻好施予,爲里中所推,娶朱氏,生公。公兒時舉止言動皆中程式,稍長,讀書通大義,以父耕隱公蚤卒,弗克終業,即治農服賈爲自樹計,由是家日裕,而曹氏之名聞淞南。干溪土瘠而賦繁,歲小不登,居民遂合閭走他境,典守者不能支,不數年間,顚踣者十或七八。里中父老相與謀曰:"曹氏年少多能,且忠厚不掊克,若舉爲長,衆務集矣。"薦于郡守趙公。時年甫弱冠,指陳利弊,議論侃侃,趙公深器之。

景泰丙子,都堂鄒公勸富民造船百隻以給漕運,公首倡其事,大役頓獲就緒。成化丁酉,水淹禾稼,民嗷嗷望哺,都堂牟公以倉儲告乏,令民間有好義者量力出粟,公欣然割私廩四百斛給散饑民,于是凋瘵者始有生意,而公之義聲翕然動州邑。居家不治華屋,清儉素樸,衆咸嘩之,公曰:"我性蓋如是也。"里中有急必極力救之,無難色。成化己亥,應詔輸粟于邊,授冠帶。晚歲惟課子,勤力弗墜先業。臨終有訓詞以示後人。

公生于永樂乙未十二月廿五日,卒于成化二月三十日,享年七十有三。男二,長曰麒,次曰麟。女三,長配松城呂廷整,次配平湖太學生陸鋃,三配同里田俸。孫男八:曰珪,曰璋,曰珮,曰瑗,曰玉,曰珏,麒所出也;曰璧,曰玘,麟所出也。公體貌豐碩,白髯蕭蕭,不武斷,不詭隨,嗜義如渴,人皆畏而敬之。弘治己酉十二月二十日,葬于干溪之原,其子泣血求予文,置諸墓側。予與公舊爲姻婭,因録其大概,刻諸石以垂不朽云。

通奉大夫山東布政司使布政使同郡夏寅撰。

【按】

録自乾隆《曹氏族譜》卷七《墓碑》葉一,明夏寅撰。

133 承事郎守愚公壽藏表

明正德元年(1506)　王　鏊

　　干溪曹守愚自爲壽藏成，欲預表而銘之，衆多怪其不祥，予獨喜其樂天知命也。曹氏爲淞南望族，出武惠王後。曾大父諱華，自號樂善，大父諱參，號耕隱，并以德義稱。父諱文琭，字孟和，號梅軒，著有賢聲，子二，公其次也。爲人誠謹，不妄交，鮮言笑。讀書賦詩外，知有勤儉持家而已。事梅軒極孝，從兄極敬，教子極慈，于國家制度極詳。未嘗越禮犯分，迨弟文蔚登進士，益欿如也。女兄弟早寡，撫愛周悉，而復字其孤以至成立。里中貧乏濟之惟恐後，負者不索債，一方咸指公爲恩家。梅軒公老而攖疾，公侍奉懇至。梅軒命二其業，公盡讓于兄，而自爲居，人謂公有謙德也。成化甲辰，淞大水，民告艱食，公同兄松月出粟四千賑之，有司呼爲義士。弘治壬子，淞又大水，民益困，公又出粟活之，有司舉爲義官，力辭不獲。性不喜華飾，晚年尤好淡泊，自稱省事老人，朝暮粥一盂，蔬一盤，酒一壺，書一束，倦則起盼庭柯，行吟農畝，有鹿門鴨里之風，直當代一逸民也。

　　娶白涇盛雲泉女相公，十八年而卒，公感結髮之誼，厚葬之，自爲壽藏以俟同穴，松楸今鬱然矣。繼其賢者，陳淪雪女，公偕老之配也，因并築其穴焉。盛有子璧，美而文，挾漢參之術，將登于仕。陳有子玘，俊而睿，抱魏植之才，將踵文蔚之迹者。女二：長贅前户部徐樂庵孫，逾年而歿；次適沈進士子金。孫男二：良胤，璧出；良績，玘出。孫女一。

　　公生于正統甲子正月廿日，今年方六十有三耳，風神俊異，衣冠古樸，言語健浪，壽殆未可量，而爲義樂善又孜孜弗倦，豈表之足盡哉，蓋先假石以從公之意耳，百歲後大書特書不一書，又玘之責也。公名麟，字國祥，餘載錢太史記。銘曰：

　　孰不有始，維公肖子。孰不有終，公維老翁。卜穴數載，有後斯人。虛中以待，既樂于天。將壽百年，有卷斯石。莫殫厥德，來之振振。

　　嘉議大夫吏部右侍郎吳郡王鏊撰文。

【按】

　　録自乾隆《曹氏族譜》卷七《墓碑》葉二,明王鏊撰。墓表稱"公生于正統甲子(歡按,即正統九年,公元 1444 年)正月廿日,今年方六十有三耳",若按虚歲推算,撰文時間當爲公元 1506 年。乾隆《曹氏族譜》卷三《行次傳·任五世》葉四:"麟,字國祥,號守愚,……晚年自爲壽藏,錢太史福作記,吴郡王文恪公作表。正統甲子正月二十日生,正德庚辰(歡按,正德十五年,公元 1520 年)十一月三十日卒,壽七十七。……合葬干溪沈涇北原。"

134　明故昭勇將軍前金山衛指揮使翁公墓志銘

明正德九年(1514)　李　珵

　　按,翁姓,巨族,其先爲鳳陽之壽春人,有諱銘任錦衣衛千户者,公之曾祖父也。祖興,以征討有功,遷南京、沈陽右衛指揮使。考紹宗,正統四年,□□麓川獲捷,又剿平海寇,累致顯績,陞至中軍都督府署都督僉事,欽敕總督直隸、揚州等處鎮守,因家于吳。公生質穎異,德性夙成,且好閲□史。年甫十四,以成化戊子襲金山衛指揮使,在官謹恪勤勵,明習事體,□是見知于撫按,委督操備,巡捕鹽盜。而公軍法嚴肅,境内晏然,與夫修□海岸及造戰哨船隻,靡不稱厥任焉。然軍需出入錢穀所在,公一以精□處之,秋毫無犯。撫按以其廉能,特命松江府具禮旌勸。掌本衛印,同僚間□愛敬之如兄弟,而士卒罔有不悦服其德者。歷任十有六載,誥命□階昭勇將軍同妻韓氏封淑人。後公以事罷歸,遂入長洲籍,治田□教樹畜,日以詩酒自娱,而一無慕乎外。或有勸公圖復官者,公惟應□□有命而已,未嘗有覬覦之心也。遇恩詔復公官帶,剛住未幾,以疾卒,享年六十。景泰乙亥三月廿五乃生之日,正德甲戌初十爲卒之日。

　　公諱勳,字世臣,別號一忠。配韓淑人,寔平□□憲公之弟,錦衣衛□侯之女。子男一,曰倫候,淮王府典膳缺,娶漢陽府推官,同邑劉用涵孫。女二,郭恮、陸樸,其婿也。族孫男一,玄,聘丁氏。卜日明年十二月二十六日壬申,葬公于吳縣□□村之新阡。嗚呼!公亦可謂戀矣,是宜爲之銘。銘曰:

　　忠厥職兮,長可戎兮。心無乎忒兮,終胡乎嗇兮。雖則云嗇兮,慶焉有□□。

　　文林郎大理寺右寺右評事致仕郡人李珵撰文。

　　中憲大夫太常寺少卿兼經筵國史官姻生劉榮書并篆蓋。

【按】

　　録自陸雪梅《翁勳考——一字之差引起的思考》一文（見《蘇州文博論叢》2010 年第一輯），明李珵撰，劉榮書并篆蓋。正德《金山衛志》下卷二《人物·宦迹》葉十八："翁熊，指揮使總督紹宗子也，性耿介，莅官廉，操凛凛，凡城垣公署舉廢，修墜者居多。"該志另有多處作"翁熊"，乾隆《金山縣志》亦有多處作"翁熊"，墓志爲何作翁勳，原因未詳，詳見陸文。碑藏蘇州碑刻博物館。

135 承事郎守愚公壽藏記

明正德年間(1506—1520) 錢　福

　　茸城南五十里曰干溪，溪之陽望族曹氏，世以詩書起家，至承事公益振。承事諱麟，字國祥，號守愚，晚號省事老人，蓋欲守其素也。平生讀書慕義，不妄言笑，一絲粟非分不染。性不樂仕進，自壯至老，不識名利禍患四字，稀踪城府，以鹿門龐老自儗，人亦以是稱之。弘治四年壬子，大水，詔下江南，令民無徙，公捐金濟之，盛稱德意。嘗造石梁以便行旅，出粟二千以賑饑荒，有司以公爲倡義士，例以散秩榮之，公辭曰："朝廷恩在恤民，民之有餘粟者食，我同胞亦分內事耳。"官爲獎勸至再，始舉冠服，人益以是賢公。

　　公娶白涇盛氏，雲泉先生之女。雲泉初欲以子視公，會盛氏卒，遂寢其議。盛氏夙善相公，故于其歿也，哭之哀之葬之，厚作同穴，虛其半以俟，每語人曰："'穀則異室，死則同穴'，詩人之言，豈欺我哉？"以禋祀重，不得已再娶嘉禾陳氏，隱士淪雪之女，爲繼室，有賢行。并築其穴于右，以待偕藏。衆皆以爲不祥，公則自慶，以爲："吾今而後，庶幾知死所而樂全歸矣。我思古人，實獲吾心，陶淵明之自作挽詞，白樂天之豫爲壽藏，二公寧無見而事此？蔚蔚斯丘，安且樂哉，百歲後，得書'大明處士曹守愚之墓'足矣。"客傳其語于江湖，人多疑其怪君子，而知命者則韙之曰："若人也，其閱歷多而世故熟，造詣深而天理明者歟！逍遥者歟！曠達者歟！"

　　公有子曰璧，曰玘，賢而俊，駸駸用世，天將以報公之爲義爲德也。女二，皆適名流。孫亦多賢，後之來者如泉水然，未可紀極。而此自爲壽藏之高識，出諸士大夫之上者，余因記之，以俟後世。

　　儒林郎翰林院國史修撰同郡鶴灘錢福書。

【按】

録自乾隆《曹氏族譜》卷七《墓碑》葉四,明錢福撰。該族譜卷三《行次傳·任五世》葉四:"麟,字國祥,號守愚,……晚年自爲壽藏,錢太史福作記,吴郡王文恪公作表。正統甲子正月二十日生,正德庚辰(歡按,正德十五年,公元 1520 年)十一月三十日卒,壽七十七。……合葬干溪沈涇北原。"據墓主曹麟之墓表《承事郎守愚公壽藏表》,其生壙建成于 1506 年。

136 鶴坡王先生墓表

明嘉靖十四年（1535）　孫承恩

　　嘉靖十三年八月十二日，鶴坡王先生卒。有傳先生死事者，云先生疾革恍惚，夢大星煜然，光芒燭身，頃墮地，驚寤，肅容端坐而逝。宮寀氏孫子曰："異哉，吾聞賢哲之生，上應列宿，彼煜然者，殆先生耶？"越明年，其子陶將治葬事，則持嘉禾沈君概所爲狀，過孫子告曰："吾先子之葬，其墓首之石當有文，子于我爲姻婭，又先子厚雅子，盍表諸？"蓋予與陶同婿貳守一齋公門，而辱先生愛最久，乃爲表曰：

　　先生諱良佐，字良弼，別號鶴坡，世居華亭之洙涇。曾祖某，祖某，父某，俱不仕。母某氏。先生自幼穎敏，七歲通詩書大義，十三能文章，入黌校，聲稱籍甚，僉謂元魁可拾取也。逾五十，始薦于鄉，屢上春官弗利，久之，補署靖海學諭。規範之下，士無跛行，邑素乏科目，既經先生指授，遂有中甲科者二。流賊劫掠郡邑，多殺戮人，守令往往鼠竄，至是，傳聞將入境，有勸先生宜少避者，先生曰："吾何走？賊即至，吾固將抱祭器罵賊以死，何避也？"甯中丞杲督官軍討賊，先生陳五事，大見器賞，尋陞湖廣廣濟縣令。有僧終日坐不食，遠近尊事之，施遺坌合。先生至，則使人廉得其實，無異，其二侍童則女子也，收之置于法，籍其財于官，一邑人皆驚。邑小而民貧，先生極意撫循民，稍有生色。逆寧構禍，軍興，徵需百出，邑弗能供。上官督譴嚴迫，先生嘆曰："財非天降地出，使吾日鞭笞吾民盡糜爛之，亦何益也？吾何忍哉？"稱疾棄官歸。自是，養高丘園者二十年，耆德雅望，爲鄉閭重。郡大夫過先生之門，必就而請益焉。壽至九十乃終。此先生出處始終，大致如此。

　　先生天性甚孝，早喪父，極哀毀，以母老，兩值會試不行。恬淡寡欲，接人以誠，篤意雅素。在廣濟日，沈雲巢淮弟，客死近境，爲棺斂之。戚龍淵韶死而貧，撫其孤如己子，長則倡義衰財，爲之娶婦。既受命坎軻，抱才弗遇，乃從好古文辭，益以撰述自娛，淘洗刮磨，脫去近俗。詩精煉超拔，與後山、簡齋相上下，至于大篇豪宕，單辭峻絶，則二子所無。文亦雅健可誦，有《鶴坡稿》二十册，藏于家。配焦氏，繼周氏，皆無出。再娶周氏，生一子，即陶，先娶吳氏，即一齋公女，再娶褚氏，女一，適御史周適齋弟鸞。孫男四：懋德、懋功，習舉業；懋文、懋武，尚幼。葬以十四年某月某日，墳在秀州浜之原。銘曰：

弗耀弗昌，有潜其光。魄焉斯藏，其神上行。奎壁之旁，厥星吐芒。孰謂先生亡耶？

【按】

録自《文簡集》卷四十九《墓表》葉六，明孫承恩撰。乾隆《金山縣志》卷十五《墳墓》葉十一：“知縣王良佐墓，在朱涇鎮歸源橋北。”卷之二十《文苑》葉五：“王良佐，……有《鶴坡稿》，孫文簡刻行之，并表其墓。”

137 明故處士菊坡朱君墓志銘

明嘉靖二十年(1541) 徐 階

　　嘉靖二十年八月六日，華亭處士菊坡朱君卒于赤松溪之里。其冬十一月三日，嗣子鄉進士伯元率其諸弟葬君松隱之西北原。先事手爲狀，詣予言曰："孤不幸喪我先君，凡顯榮孝養之事，無所致吾力矣，惟先君之隱德所以使永有聞于後者，幸有墓中之石，敢以銘請。"伯元故與予游，而年稍長予，蓋以兄事之，乃諾而銘君。

　　按狀，君諱秀，字廷芳，菊坡所自號也。其先有諱德新者，是生麟，麟生璧，號儀齋，世以力田爲業，然皆喜詩書，有清白聲。儀齋娶陶氏，晚生君。君幼則從事于學，會儀齋卒，棄去，喟然言曰："夫古所謂學者，其止于詞章科第已乎，則吾不及爲；如其非詞章科第之云乎，吾固不害有以自見也。"于是，益力田，取賦之贏，盡以奉其母，母大樂之。比伯元生，君異其質，抱先世所遺書授伯元，益大肆力于田，取奉母之贏，盡以資伯元學。嘉靖乙酉，伯元遂舉于鄉。弟煦、弟煥，亦相繼爲邑博士弟子，兄弟并以文有盛名。朋友間，性介直，人有過，數面規之，退未嘗出一語爲訾毀。與人謀必盡，人與之謀，不輕爲然諾，諾即無弗踐者。歲凶，里中人有所稱貸，度不能償，恒折券畀之。賓友過從，不問有無，必留與飲，飲必極醉，當其得意，時歌詩投壺，引滿相屬，視世俗一切可憂喜之事漠如也。

　　君生成化己亥五月十四日，距卒享年六十三。娶陳氏，生五男子：長勳，是爲伯元；次烈，早卒；次煦；次煥；其季曰默。孫男九人：懋光、懋充、懋隆、懋忠、懋恩、懋升、懋延、懋陽、懋傳，懋光已爲邑庠生，餘亦業舉子。女八人，曾孫女一人。予嘗過松溪南，望平疇間林木鬱然，其下屋數十間，制殊儉樸，詢之，曰君所居也。及登君堂中，所有獨圖書、耒耜，蓋于是見古之風焉，其可銘也已。銘曰：

　　漢治近古，爰徵力田。本實既崇，化猷以宣。其後俗薄，舍田而市。上下騖馳，惟利之視。猗歟朱君，獨古作求。手耒與鋤，樂彼林丘。稽事之成，以奉慈母。亦有圖書，式開厥後。我懷若人，漢濱鹿門。潛藏闇然，化源實存。其人則往，我欽其德。刻石幽墟，過者必式。

【按】

　　録自《世經堂集》卷十五《墓志銘一》葉二十四，明徐階撰。乾隆《金山縣志》卷十五《墳墓》葉十一："處士朱菊坡墓，在七保章家厙，徐階銘。子舉人勳祔，沈愷銘。"光緒《金山縣志》卷十三《名迹志下·冢墓》葉十："處士朱菊坡墓，子舉人勳祔，在七保章家厙菊坡，徐階銘；勳，沈愷銘。"據《金山縣地名志》第124頁，章家厙在新農鄉新民村，今屬朱涇鎮溫河村。

138　鄉進士龍川朱君墓志銘

明嘉靖二十年(1541)　沈　愷

　　龍川君没，葬有日月，其弟伯和率其孤懋賢，持所自爲狀，來乞銘于愷。曰：愷尚忍爲龍川君銘耶？往□讀書西寺，時與諸君會藝文，一時同舍者，俱英英年少，才華焕發，嶽嶽無所讓，予又不善俯仰，□□□諸君獨愛，忘其愚，情好日密。顧乃率其二□□予學，每風日佳時，從倚龍潭，説古今事，輒抵掌激昂，至快意，把酒淋浪。或雪夜雨窗，時相過存，對榻論心，鷄鳴未散。此其事，隱隱如昨，今言之，夢矣，尚忍秉筆爲君銘耶？

　　按狀，君朱氏，世居松溪里，俱隱約弗耀。德生麟，麟生壁。壁號儀齋，生秀。秀號菊坡，即君先考，克勤起家，娶陳氏，生男五人，長即君，龍川其別號云。君爲兒時，即穎異，大父儀齋翁獨偉器君。年十九爲諸生，清苦力學，下帷講誦，務探賾隱。治所謂時文者最精，典學使輒置高等。時雙江聶翁爲宰，善甄別士類，誦君文嘔爲稱賞。乙酉，領鄉薦，舉春官弗第，再舉，再弗第，輒憒憒自奮。入太學，受知于司成貞齋公，益自奮，如遇敵弗怯。既而輒奮輒阻，年日就衰，髮毿毿皤矣，然猶業舉子文。暑晝霜晨，口哦手披，瞿瞿如童稚時弗怠。諸弟勸之曰：“百年如走耳，何自苦若此？”君怫然曰：“大丈夫生遇明時，不能力致于青雲之上，將隕于蒿萊而弗聞耶？”歲辛丑，會北上，行且病，或勸止之，不聽。入都下，病甚，猶强起入試。試畢，狼藉不可支，尚□扶向人喃喃誦所試文質可否，猶有壯夫氣。舟至流河，已不起矣。易簣之夕，他無一語，昏昏顛迷中，惟以不及見母爲憾。時石南楊君在舟次，猶張目視石南曰：“予素與君善，乃今賴有君在，相惟終始，若天假之緣也。”石南泣不自已，百凡含殮，曲爲經紀，情逾骨肉，若不知其爲旅次孤舟。

　　君平生樂善嗜義，尤嚴于惡惡，見不善若蒙穢負垢，嘔欲遠去。魁岸自豪，拓落不羈。善談謔，對客，辭未脱口，一坐莫不捧腹絶倒。性不善藏蓄，持論直前任發，不顧先後，强懲閉口，如噎物不樂，必吐出乃已。遇不當意者，雖大賓重客在前，必面折之；即不面折，猶對人人疾聲大呼,惟恐其不聞。性又不耐事,近俗禮繁瑣,訪候人入門,登降揖讓,無□或□折垂首至地,君皆厭苦之,輒挣手謝,不能交際,進退惟一揖,竟不問有寒煖事。人以是多病其任性,少出入于繩約,謂他日立朝莅官,恐不利于時。詎謂其遽賚志以没,豈造物者以往直畀之,而故全之耶?

嗟乎!予于龍川之死也,每爲世道嘻嘘久之,今夫士平居,介介整整,號呼于人,動必標趨古昔,非不毅然可聽也;及概其中,率多脂韋涊澀,□下取容,往往發于人之所不備,又何其繆戾也。君雖遇事□然,乃其心顧坦坦夷夷,中無他腸,一見了其平生□半將庶幾乎。古之往直,亦君子之所不廢。

世系詳具于大學士少湖翁撰菊坡志中。子一,懋賢,縣庠生,娶張都事雙鶴長孫女。女二,長適何序班桂山子子靖,次受楊知州南岡子夢陽聘。公生某年月日,卒以某年月日,春秋五十有九。兹以是年十二月十二日扶柩,葬于松溪里祖塋之穆位。在禮宜銘,銘曰:

人守其玄,爾守其白。人往于詐,爾往于直。人謂爾往,我謂爾德。天晶日瑩,朗朗心迹。于千百年,過者必式。

【按】

録自《環溪集》卷二十四《墓志銘》葉十一,明沈愷撰。乾隆《金山縣志》卷之十五《墳墓》葉十一:"處士朱菊坡墓,在七保章家庫,徐階銘。子舉人勳祔,沈愷銘。"光緒《金山縣志》卷十三《名迹志下·冢墓》葉十記載相同。墓主"朱龍川",參考《明故處士菊坡朱君墓志銘》,可知龍川爲菊坡之子。龍川墓志銘載:"乙酉,領鄉薦。"菊坡墓志銘載:"嘉靖乙酉,伯元遂舉于鄉。"可知龍川即菊坡長子朱勳,字伯元,號龍川。故龍川去世之年"歲辛丑"當爲嘉靖辛丑,即嘉靖二十年(1541),與菊坡同一年去世。但據兩墓志銘,龍川享年59歲,菊坡享年63歲,然則菊坡四歲生龍川?兩者記載必有一誤。

139 承德郎工部主事南汀姚公暨贈安人李氏合葬墓表

明嘉靖三十年(1551)　沈　愷

往愷爲諸生，落落無所比數，又任性自便，率多忤寡諧，獨南汀公一見語合，公知余，余亦知公，遂折年輩以相取下。已而同官于朝，交日益深，入則交焉，出則聯轡，□□□不見，見輒握手□□□□，竟日乃散。無何，公以□謝去，余又浮沉南北，竟成曠阻。近方謀歸山，□□□□秋，屢謂可白髮相從，而公已不待矣。嗚呼！傷哉！公卒之又明年，其子龍津君某，率其弟龍灝、龍潭、龍山、龍石君某某，泣曰："知余父者，莫如子，孤礬有貞石，願子一言題其墓，是使後世知有先君子，而先君子所恃以平生者，且不朽矣。"余聞之戚然，慨于其心，乃雪涕表其墓曰：

姚氏，世爲海鹽望族，國朝始徙平湖爲平湖人。傳至贈工部都水主事怡善公，再徙華亭，贅于張氏，遂家焉。怡善翁生五子，公其季也，諱參，字應辰，別號南汀。幼即穎敏不凡，甫十餘歲，嶄嶄見頭角矣。弱冠補博士弟子，有與兄西坡君，更相切磨，益同心，思所樹立。時學諭傅公鼐爲閩聞人，一見公文，輒折節下之。督學者試輒高等，隱隱東吳之望。正德戊辰，居太安人喪，哀毀骨立。援例入太學，大司成獨偉望公。領庚午鄉薦，明年中乙榜，即分教饒邑。比南還，怡善翁嘆曰："子擇官耶？榮進有數而勖哉。"公唯唯。教饒肫肫，章道納軌。其有以經義請益者，得其指授，往往取高科，躋膴仕，或道經東南，貴顯矣。居必避南，言且稱名猶恂恂，執子弟禮。學憲如崆峒李公，以文章家高視一世，獨大喜公，日論文咏詩，或至雞鳴月墜，繯繯弗休。

尋延譽于觀風使，薦之朝，江右聘柄文衡適，拜宜春令。公蹙然曰："吾今困于資矣，吁！其奈何？"宜春承凋弊之後，俗故囂囂，歲徵無藝。督里賦者，視公儲若其家物，長吏一不靖，豪猾輒操其短長，而莫可誰何。公廉得其弊，至革無遺蠹。邑歲貢茶，茶僅百斤，極其誅求，費輒數倍。公乃令里自輸納，民得省費者十九。時寧藩播弄威福，動以鹽莢橫生牟索，郡縣驛騷。公顧曰："吾知有吾民，豈顧吾身？"排阻之，其軍校入境，則以□罪之；有犯錙銖，弗以假。餘黨聞之，嘖嘖吐舌曰："有此老不畏寧王耶？"憚如嚴京兆[一]，不敢弄以事。至其均役稱平、賑饑全活，皆炳然可頌。當其時，民歌之曰："宜春令，陽春政，不愛錢，民安靜。"其忠節，孫公薦剡與夫郡志《名宦傳》所稱，皆實録云。

己卯，考績北上，會宸濠之變，倡義爲陽明公[二]應援，且面斥依違者曰："國家豢養士，正在今日。"方義激以前，而怡善翁訃且至。喪居，足不越閾，三年無色容。

服闋，改桐廬。桐廬邑衝小，不易治。公毅然曰："難在人，不在邑。"益奮不怠，乃振枯落，省冗費，簡將迎，于是庭無宿争，使不濫穀，直日之里，費不數錢，□如宜春而邑小地衝，君子猶以爲難。丙戌，以觀事，便道省墓，感且泣曰："孤欲養而親不逮矣，尚復向小兒折腰耶？"遂拂衣歸，築室于汀水之陽，若將樂而忘世。會皇上詔獎恬退，銓曹以公名疏，得俞旨，授工部主事，復起。遇郊壇，禮成，贈父母如其官，而配李氏爲安人云。辛卯，督税荆南，利藪也，至者往往坐不潔去。公冰蘗自持，所羨餘，一切屏去，及登記，一毛不遺，歲終上之司空，□□□清獻復出。其所自持固如此，而不便者滋不悦□復叙遷，雖禄秩崇加而位不稱施，遂堅去志，不復齒榮進事矣。居山中十有八年始卒。

公才卓犖，豪邁不羈，雖事變卒然，臨之若素，有成畫，不動聲色，而事固弗濟。官居，庭集千人，得一言無不人人當意，雖察不苛。所至，戀若慈母；及其去也，挽留者填塞里巷，即素被戮辱，亦無不沾沾泣下者。第性簡率，不肯與時俯仰，亦不肯干諸貴人，借助聲勢，竟以是歸。既歸，掃軌謝轍，視門外事若疾風雨不顧，即故人重客，亦罕睹其面。日以耕讀教子自娛，敦本尚實，絲竹管絃一無所慕。下至種植，雖一草一木，必求以適用。家日饒裕，而浣衣粃履如寒素士，然達觀逍遥，而嘯咏觴酌裕如也。蓋公自負，直欲標趨古人而自附于樹德立功以見世，然歷仕二十年，立朝不滿一考，謂："非有遇有不遇耶？"

配安人李氏，其先世多名宦，父諱光，母平湖陸氏，著姓也。安人生四歲失怙，與母氏相依，日習《內訓》。歸公時，方食貧，早夜協相唯謹，學費不足，至脱簪珥以□。分教饒邑，瞰君志弗樂，輒以理慰解。諸生有貧不能振者，則勸以推恤。及令宜春三年，諸所服節仍如嫁來時，寸絲尺縷，一無所營，辨曰："吾將相汝廉也。"既而改桐廬，公瀟然爲逸老計，安人喜曰："吾欲爲君請，而君且先行之矣。"未幾，嬰疾不起，公尋以徵去。易簀之日，他無所及，但曰："汝父行，不及見，吾所望，兒輩同心亢宗而無忘而母之言乎？"言訖而逝。語曰："器盡貯，無留資，食盡享，無餘味。"言留餘也。顧其子姓駿發，方蒸蒸起，是造物者若留以有待，而公與安人行當享其餘矣，孰謂天道遠乎？

其生年、卒葬日月，詳在志中，不敢殫述，特舉其懿行之大者，以表于墓，使後之過者式焉,曰:"其賢人乎,其賢人乎!"

【按】

　　録自《環溪集》卷二十三《墓表》葉一,明沈愷撰。《廊下志》第 260 頁:"姚參墓　贈工部郎中姚參墓,位于五保三區二十圖(今新建江村八組)。占地 8 畝,墓前立有石碑 1 塊。1951 年墓被毀。墓基于 1984 年被新建江大隊挖爲魚塘。墓碑暫存八組農户周進法家。"《廊下志》第 267 頁:"(姚參)後獲罪發配,遇赦後任浙江桐廬縣令,告歸後再起爲工部郎中。"此墓表稱:"正德戊辰,居太安人喪,……辛卯,督税荆南,……及登記,一毛不遺,歲終上之司空,……遂堅去志,不復齒榮進事矣。居山中十有八年始卒。"則"辛卯"當指明嘉靖十年(1531)。"堅去志"在"歲終"之後,故獲罪當在次年(1532)。"十有八年始卒",則其卒年當在 1550 年。墓表又稱:"又明年,其子龍津君某,……"則此墓表當作于 1551 年,即明嘉靖三十年,歲次辛亥。

【校注】

　　[一] 嚴京兆:唐京兆尹嚴武,字季鷹,性强悍。

　　[二] 陽明公:王守仁,字伯安,號陽明子,學者稱陽明先生。文武成就冠絶有明一代,卒謚文成。

140 贈文林郎福建邵武府推官竹坡吳公墓表

明嘉靖四十二年(1563)　張世美

　　嘉靖癸亥夏五月,邵武府推官、今陞刑部山西司主事吳君梁,考推官績于銓曹,銓曹以君績最,考上上,聞之朝,得如例贈葬父母,并封其身及其配。由是厥考竹坡公贈如其官,妣李氏爲孺人,身亦進階爲文林郎,配陸亦孺人,制敕寵頒,龍章烜赫,賁及泉壤,門閥有耀。事下所司,巡按侍御文峰陳公又建置綽楔,扁曰疏榮,遵制辭也,所以侈上恩而敦下勸者,其備可謂極一時之盛矣。里中父老及其子弟,聚談公往昔德義之詳,縷縷不一,去今四十餘年矣,獲報于天,如執左契,毫髮不爽,今茲盛典,豈偶然之故哉? 主事君又追感公平生辛勤教子之勞,積善貽後之懿,釋制敕褒嘉未盡之旨,撫其行實,欲揭諸墓道,特來泣拜于余,屬表其事,余烏容辭。

　　公諱翰,字文苑,別號竹坡,世爲華亭之張溪鎮人,資性敦樸,宇度寬綽,仗義疏財,雅好施予,孝親友弟,倫紀極厚。家故饒足,至公則中衰,内資殫竭,公于事親之際,竭力瀹灑,朝夕不廢,人多難之。厥考北溪翁性好飲,食必至醉,醉則陶然就卧,公日奉之無違歡,翁詫曰:"吾有子,吾無憂矣。"嫡母湯瞽目,事之尤難,且性卞急,小不如意,輒怒詈相加,公一聞詈言,即跪于榻前,必待其歡而後起,其孝親類此。公獨子,鮮兄弟,堂弟南崖公韶,少以才名著稱黌校中,公以弟宗盟冗特,推歡致愛,禮恭意篤,率先以謙遜下之,弟又以才名取忌,仇家誣以不法事,訟于府,公恐弟爲仇家所害,置弟僧寺中讀書,己則挺身赴辯,通府原公棰楚于庭,幾死,卒直其事,不之悔,其友弟類此。其他周人之匱,恤人之困,濟人之患難,雖家無擔石之儲,有來告者,即割以斗升,與之無靳,若簞食所給,豆羹所惠,免啼號于野外者,又不知其幾也,其急義類此。若夫惓惓教子,屬望良厚,不及見其成,賫志以没。

　　夫以公之孝友、行義、教子,定皆可以永年,顧乃五十有六而卒。當是時,論者以公爲善而不能獲福,疑天道報施之謬,志善者惑焉。殊不知天之佑公,則篤生賢子,爲國楨幹,疏榮錫贈，食報如生，報施之理，天亦曾何謬焉？《易》曰：“積善之家，必有餘慶。”餘慶于積，公之積厚矣，慶能遠耶？《老子》曰：“天道無視，常予善人。”天予于善，善在公久矣，予能易耶？故嘗以往事徵之：昔歐陽文忠公，宋室之名卿也，仕爲龍圖閣學士，知制誥，勛名爵位，世鮮其儷。公特作《瀧岡阡表》，述父崇公之決獄，爲獄求生，其言曰：爲獄求生，求生而不得，則死者與生者皆無憾也。父爲獄求生，其仁厚矣，故文忠公特表而出之，以見今日之勛名爵位鍾發者有自，迄今人慕文忠公之賢，頌崇公決獄之仁不衰，若公之德義惇懋，而發祥于主事君者，不與文忠公異世而合轍也耶？故制辭亦謂公厚積發祥，考古驗今，公之善積，誠有予于天，餘于慶，而非偶然者，不有稱述，如文忠公之于崇公，可乎？至若孺人李氏，其始也以儉勤相公爲善；公之歿也，以慈嚴繼公教子。孺人之賢，公刑家之化也，孰非公之德哉？若主事之于公，學則勵志不怠，以成公之志；仕則移孝爲忠，以顯公之名；主事之賢，公義方之訓也，又孰非公之德哉。以公之德，可表如此，其他善行種種，余不表，特表其大者，俾後之過墓門而慕公之德者有考焉。是爲表。

福建等處提刑按察司經歷致仕邑人張世美撰文。

【按】

錄自民國《金山縣鑑》(1936 年 7 月第二期)第十章《藝文》第 174 頁，明張世美撰，莫如忠書，高士篆額，原題“明贈文林郎福建邵武府推官竹坡吳公墓表”。民國《重輯張堰志》卷三《志名迹·冢墓》葉十三：“贈郎中吳翰墓，在鎮北慈孝河。歸有光表，張世美神道碑。”光緒《金山縣志》卷十三《名迹志下·冢墓》葉十二：“贈郎中吳翰墓，在張堰北，歸有光表，張世美神道碑。”《金山縣鑑》原文後附錄白蕉所作《洞仙歌令并序》一篇如下：

吾邑張堰吳氏，在明時爲望族，人才稱盛。辛未春暮，偕姚石子先生訪明贈文林郎吳翰竹坡之墓于鎮北慈孝河畔，得張世美撰墓表(莫如忠書高士篆額)及嘉靖誥敕碑，二石陷于蘆泥中，石子先生糾工起之，并爲重立，更樹明吳公竹坡翰之墓一碑，余爲題之。既續訪明刑部郎吳梁之墓于河涇灣，問于村嫗，披荆斬棘，僅見斷頭石龜一，邑志所載，墓有陸樹聲神道碑者，已湮沒無查，憑吊悽然，爲填此闋：

此蒼凉地，四百餘年矣，壘壘荒邱問誰是，憑老嫗能記，恨殘石遺文部不見，差有一神龜耳。　　扼叢箐坡賊(指嘉靖島寇建陽光澤事)，遙想當時受檄提軍，可曾自古儒冠皆誤事，低叩忠魂還在否，我欲呼公重起，痛邦國飄搖幾離兵，得失鬧鷄蟲，久無真士。

141　贈文林郎邵武府推官吳君墓碣

明嘉靖四十二年（1563）　歸有光

　　嘉靖某年，天子曰："福建邵武府推官梁之父翰，可贈文林郎邵武府推官，母李氏，贈孺人。"命翰林儒臣撰敕命。臣梁拜捧感泣，爲焚黃于墓。而先是，墓石未具，梁陞爲刑部山西司主事，于是始竪石于墓道，唯文林君之懿美，制詞所褒盡之矣。

　　君姓吳氏，諱翰，字某，世爲華亭人。君未有以顯于世，而幽潛之德久而自光，率性履貞于草野之間，而遂得達于天子而形于制詞，豈不謂之榮顯也？君之行蓋非有求知于世，以徼爲善人之名，獨其性之所自得而已，而皆世人之所難爲者。

　　《詩》曰："凱風自南，吹彼棘心。棘心夭夭，母氏劬勞。"子之于其母，孰無孝愛之心，而能敬爲難。君之母氏喪明，而孝養備至，有所譴責，叱令之跽，雖至竟日，母不命不起也，君之孝如此。制詞所謂"竭力盡懽"者，無愧矣。

　　《詩》曰："脊令在原，兄弟急難。每有良朋，况也永嘆。"兄之于弟，孰無友于之念，而亦不能不自顧愛。君之弟註誤有司，匿之他所，而身被搒掠，遂脫弟于難而成就之，卒貢于禮部爲郡文學，君之悌如此。制詞所謂"挺身急難"，無愧矣。

　　《詩》曰："彼有旨酒，又有嘉殽。洽彼其鄰，昏姻孔云。"人必自裕，而可以及人，而君樂于施予，迎延賓客，瓶之馨矣，賑恤不倦，日闃無儲，尊酒不空，君之濟人愛客如此。制詞所謂"尚義樂施，履謙秉禮"，無愧矣。

　　凡此皆人之所難，君又非好爲之，特其性然。推君之志，雖無聞于世，亦非其意之所及，而天之報之，遂有賢子。政行于郡邑，名著于本朝，所謂"立身揚名"，于君爲不朽矣。余與君之子爲三十年交，因知之詳，遂不辭其請而書之，其世次生卒別有載，兹不具云。

【按】

　　録自《震川集》卷二十四《碑碣》葉十六，明歸有光撰。民國《重輯張堰志》卷三《志名迹·冢墓》葉十三："贈郎中吳翰墓，在鎮北慈孝河。歸有光表，張世美神道碑。"光緒《金山縣志》卷十三《名迹志下·冢墓》葉十二："贈郎中吳翰墓，在張堰北，歸有光表，張世美神道碑。"據明張世美《贈文林郎福建邵武府推官竹坡吳公墓表》（1563年），吳翰之子吳梁"贈葬父母"，是在"嘉靖癸亥"，即嘉靖四十二年（1563）。

142 封翰林院編修文林郎李公墓志銘

明隆慶三年（1569） 申時行

　　慕雲公者，翰林編修李君自華之父也。編修君仕三歲而當上御極之元年，以恩澤詔封公如其官，貴重矣，然人推重之，不以其官，稱慕雲公云。慕雲公家居，善病，會編修直講筵，執事史局，欲伺間乞還，公聞之曰：“兒奈何輟公家事營吾私乎？不可。”而自裝如京師就編修君。至京師甫五月而病，病六日卒，卒年五十有四。編修君哭甚哀，念公雅故食貧，幸有祿養而嗇之壽，又公立義長者而文采不表于世也，則屬檢討新安許君爲狀而徵余銘。余，公鄉人也，與編修君同官，哀其志，弗忍辭。

　　按狀，公姓李氏，諱學孟，字醇卿，華亭人也。嘗自號忻溪，以其父可雲公没，更號慕雲，以志不忘云。其先出隴西丹陽之支，唐元和中，真静者以復作至吳，而家華亭之風涇鄉。世有顯人，其在元，太學博士誠，其後也，誠生道淵，道淵生琛，琛生霖，霖生洭，洭生祚，祚即可雲公。自博士至可雲公，凡六世。可雲公配王氏，生四男子，其季即公。公少時與諸兄學于從父龍雲公裕所，未卒業去，而贅嘉善郁翁寵家，相得如父子，歡甚。郁翁無子，公從容風使内姬，姬有子，公遂謝去，實不持郁氏一錢。其後郁益貧，公輒出其貲收葬郁翁夫婦，婚郁氏子，里中聞之皆多翁之義，益附焉。

　　初，公去父母依外家，固鞅鞅甚，及已謝郁氏，而父母前死家，固恃兄仲。仲嘗撫教編修君有恩，而仲亦死，意絶痛之。居常語父母輒嗚嗚泣，祭之日，未嘗不泫然先酹泣也。又時時念仲無以報，則顧謂：“編修君宜無負仲。”而身自拊循其孤與己子等，恩甚密焉。又丘嫂且瞀，其孤弱諸母，王者年八十餘，子姓赤貧，公一切振恤之甚厚，蓋孝友篤義其天性也。公簡易樸訥，然好言節行、陰德事，言出如左契，人愛而信之。尤好獎與善類，絶口不郵傳人過失，赴人于厄困甚己之私。嘗假貸二人者，貲貸者死，同貸者家纍千金，謾公不予貲，公竟折券除其責，其爲長厚如是。

有子爲編修君，年十五補邑諸生，公教之親賢力學，不急以聲利。嘗三舉不第，不色憂，既舉進士及第，爲史官，亦不色喜。及身自有封，猶衣故衣，徵逐里社絕不造公府，邦大夫以鄉飲禮禮之，輒謝罷。遠近少年争傾家給輿厮，門下不受也。或謂公："諸封君皆服鮮姣，飾車騎，從僮奴甚盛，顧不樂，而公猶苦身自約如貧時耶？"公笑謝曰："吾自便此耳，無苦也。"聞者益服。至京師，得大官珍饌，食之輒嘆："吾故羹藜飯糗時，有此耶？"以誡編修君無忘上恩。編修君當説經，令試誦之，則解頤曰："説如是，固當令上易，省文無益也。"蓋公之有説多類此疾。既革，則執編修君手，訣曰："自余先世，皆顯于華亭，至余而中徙，自絕于先人乎？即死，吾魂猶樂華亭，汝歸而葺先人祠，無去其鄉，則續吾祖矣。"編修君俯首而泣曰："弗敢忘。"

公卒之明年，而編修君以公櫬歸葬于其鄉，史某銘而納諸其墓。公生正德丙子，以隆慶己巳卒。配郁氏，郁翁寵女也。繼配江氏。贈封皆孺人。子自華，即編修君，始公自華亭至，故名其子。娶陸氏，贈孺人，繼馬氏。墓在某鄉，銘曰：

迢迢薊門兮，來從子所，且以樂胥。奕奕華亭兮，言望故里，維桑與梓。穀爾子兮，念爾祖魂，無不之兮。于彼樂土，有丘無圮，余銘閟此。

【按】

録自《賜閑堂集》卷二十五《墓志》葉三十一，明申時行撰。嘉慶《朱涇志》卷六《人物傳上》葉三："李贈公學孟，子醇卿，號竹溪，以其父可雲之歿，更號慕雲。……其卒也，申文定公時行志其墓。"光緒《重輯楓涇小志》卷三《志名迹·冢墓》葉十三："封翰林院編修李學孟墓，在三保奈字圩，申時行銘。"

143 福建漳州府知府景坡公墓志銘

明萬曆九年(1581)　莫如忠

萬曆庚辰六月廿三日,漳州守景坡曹公卒于官。明年辛巳,公之子沆、藩、泖筮日治葬干溪之原,而奉憲副華陸姚公狀,來請余銘。余與公居同里閈,有世姻,情誼故敦,執手無何,遂成今古,銘何忍辭?

按狀,公諱銑,字子良,別號景坡。裔出宋武惠王,其後避亂徙華亭,勝國時,有提舉彥明者始著姓干溪里,數傳至芸閣公豹,登弘治己未進士,子孫相繼以儒顯。而公大父麒出粟賑荒,例授七品官,生子六人,最後懷松公珏,實生公,而出繼其伯父南坡公。南坡因子貴,得贈兵部武選司郎中,暨配姜氏宜人。是時,懷松公暨配張氏亦以公疏請,得贈章服,與南坡公姜宜人同,蓋異數也。

公生而穎異,童時屹屹如成人。比長就學,補嘉善邑庠生,試高等應廩餼,而諸生以籍趾排之,公笑曰:"吾豈需升斗水活邪? 聊階此進耳。"遂以貲游國學。舉戊午應天鄉薦,時瞿文懿公景淳,號人倫之鑑,典試事,公出其門。後數上春官不第,復僦居吳山僧舍,雖抱痾不廢呫嗶。隆慶戊辰,登進士,觀政吏部,嘗奉使犒邊,因習知邊務,授行人司行人,凡三奉使,不辱命,所至,餽遺絲縷不入橐。癸酉,陞兵部車駕司主事,會議親郊所陳,鹵簿、大駕、衛戍、廄牧、郵傳諸務紛劇,應之裕如。及所司館署建置繁興,調發無害。

甲戌,同典武科會試,是年,轉武選司員外,晋本司郎中。先是,武弁需選京師者,或積歲不得,公在事,秉公肅紀,疏滌淹滯,法稱平當,宁將大用,而以閩瀕海諸郡數警,欲得才,局幹廉之士治之。戊寅秋,公乃領符出知漳州府事。漳俗故獷狡健鬥,胥吏寅緣舞文。公摘發如神,執其尤法之,自是莫敢犯。郡多治賈,番舶殷湊,輸羨于官。公至,悉裁之,以塞利穴。乃召其鄉之三老豪俊,諭以敦行務本。屬有邑庠生某,以小隙訐訟,連歲不解,逮至,公爲霽威好語曰:"若儒生耶,嘗儒衣冠、道仁義、稱詩書耶,乃甘械繫與囚奴對鼓唇吻,謂所學何？令若悔禍捐忿而以儒謁吾，且改容禮之，何忍庭辱至是？”言已，其人感泣謝曰：“某誠愚，抵于法，公則有賜而生我乎！”喉所與爭者，羅拜求寢，乃悉取讞牘焚之。凡公爲理，其率先教化多類此。

己卯，與省試入闈，矢心甄別得士陳文選，薦第一。餘在選者斌斌，咸知名。自是撫按監司諸大吏益賢公，而公亦方盱衡吐奇，思大展布，無何而寢疾矣。疾既革，諸僚、若屬、吏人視之，有頃卒。罄其橐，至無以爲斂。時海道副使張君名川、漳浦邑尹朱君虞峰，捐俸賻之，經紀其喪。仲子藩聞訃，馳來，亦病，幾殞，復籍兩君調護，得不死，而奉公柩歸。時漳之縉紳先生，扶老弱郊祖者，轂擊于途，莫不隕涕，相向曰：“天乎！何奪吾賢侯之速耶？”其得人心如此。

初，公未第時，備嘗艱虞，稍負氣，不能受睚眦顧盼于人；既貴，乃務折節爲恭，所遇海內賢豪，傾身下之，故自登朝及敭歷中外，率有譽于紳紾間。至其居家，孝友尤出性成。甫十四，喪葬南坡公，以知禮聞。而奉母姜宜人，愛敬純備。業已出繼南坡，其事同氣。兩兄武科鄉舉，雙槐君鉉，今同知兩淮運事，芹泉君鎮，愛敬甚殷，而撫幼弟後松君鏄，迄成立，待諸猶子，不異己出，此公兄子庠生江嘗爲予泣誦之。其諸收族之恩睦、鄰之厚賑、窮之施甚夥，不具列。蓋公坦度雅量，不務生殖，而一念好義，動能爲人所難，故竟其歿，室無羨贏，多所逋負，而平生卒未嘗以匱語人也。

公生正德辛巳七月初八日，距卒之歲享年六十。配劉氏封安人，邑令養拙公女。子三：長沆，府學增廣生，娶庠生李人惠女；次藩，縣庠生，娶鄉進士李秉銓女，皆劉出；次泖，方業儒，娶上舍李承儒女，側室許出。女一，適張重薦，側室潘出。孫男五：沆出者，曰大友，聘郁氏，曰檠，聘富氏；藩出者，曰樂，曰宷一，尚幼。孫女二：一許聘甲戌進士支華平大綸子如玉，沆出；一許聘刑部主事徐鴻洲三重子，藩出。銘曰：

謂賢位齟兮，而以刺郡止。謂才命達兮，而以勤事死。亭毒毋仁兮，既單厚矣。虔劉母疽兮，何嗟及矣。浮生旦暮兮，天地亦逆旅。不盈其躬兮，將在于其子。干溪之封蔥兮，蓬兮，而魂返斯，而魄藏斯，而所不朽恒于斯矣。

通奉大夫浙江布政司使右布政眷生莫如忠撰文。

【按】

錄自乾隆《曹氏族譜》卷七《墓碑》葉五，明莫如忠撰。光緒《金山縣志》卷十三《名迹志下·冢墓》葉十二：“知府曹銑墓，子府通判蕃祔，在張涇東，莫如忠銘。”嘉慶《松江府志》卷七十九《名迹志·冢墓》葉三十二記載相同，唯“張涇東”前多“干溪”二字。

144 巡撫山東都察院右僉都御史前中大夫太僕寺卿阜南陸公神道碑

明萬曆十五年（1587） 王世貞

　　陸之先，華亭自婁侯遜始也。其後，機、雲以文學擅天下聲，而他族之在江右者，九韶、九淵，并抉孔氏不傳之秘，後先爲東南冠紱，然未有如今中丞公仲季之盛者。始，中丞公與其仲氏少保公樹聲，用經術取巍科，俱蕞文苑標，而又能相砥礪，名德、至賢、公卿，乃其所得于心學者，吾不知于韶、淵何如。要之，當聖門不爲後矣。中丞于秩爲第四品，其卒也，法當僅得祭，而故嘗卿太僕領中大夫，誥中大夫，三品下，于是兩臺以中丞訃聞而以太僕故秩請詔，予祭復予葬，法得樹碑神道。少保公哀思無已，手纂公事行，累數千言，其子太學彥楨別紀復萬餘言，屬不佞貞曰："幸爲叙而銘之。"貞視宮保公通家子素嚴公而善太學，乃爲之叙。叙曰：

　　公諱樹德，字〔與成〕。父曰贈太宗伯公鵠，娶沈夫人，有三子，而公其季也。公生而端重穎敏，讀書能通曉大義，工屬對。父母絕憐愛之，然貧不能資束脩。時少保公已前贅于李矣，而沈夫人復逝，公哀毀骨立。已而里中薛君見少保公而奇之，謂李父曰："吾僅一女，安得才如而婿者贅之乎？"李父曰："有之，即吾婿之少季某也。"是時，公年十三矣，薛君請于贈公，欲得女尚公。贈公撫公而泣曰："苟而母在，吾何忍棄之薛乎？"手錢一挺納公褱曰："與兒作美食。"公飲泣而別，已而得美食，輒以奉贈公。嘗而怪之，徵所從得，則皆出自袖中，蓋公未嘗私一錢也。贈公泣嘆曰："兒殆純孝矣。"公自是文思颷發，所受經凡四師，皆謝不任，而最後乃事少保公，得其請獨深。公益自勵勤苦，非丙夜弗就枕。

　　公雖名爲贅，尚未授室，及少保公之成進士，而公補博士弟子也，薛君歸公于家，使舉親迎禮，儌一鄉大夫車御公，公力辭曰："士而大夫車，非禮也。"竟以徒步往，時人異之。明年當鄉試，公不利有司，而少保公時以移疾予告贈公，謀而欲道地焉，公不懌曰："是巇我

275

也,始進之謂何?"謝弗應。又三載,始舉鄉薦,明年下第歸。又三載,以少保公預試事,不聽,入。自是公連躓者垂二十年,而贈公亦已捐館矣。公之在公車時,屬其伯氏,夜中盜,尉徽得其主名,欲以爲功,而見徽者不勝楚,自誣服。公察其有冤色,夜密聽之,得其兄姊自相詬語,而徵其狀,知爲尉卒誘使證也,力請釋之。俄而,真盜得。贈公喜曰:"是兒非豎儒,異日得備李官不足爲矣。"公成進士業四十餘,有善少保公而憐公才者,引之就館,公遜謝曰:"病,不受佔僤也。"就選人格,得嚴州府推官,于是贈公言驗矣。

公在事益精明,雖耿介絕俗,而不喜爲煩刻,其于單赤尤能曲體其隱,以故三日而聲稱著聞。公于事勇往無所避,太守意忌之,弗善也,公亦弗爲動。然至守當入覲,公署郡事,而撫公有所萋菲,屬公詗守何狀,公力爲明其無他,守竟以是得免,公弗使知也。然至奉檄按武義令,令夜行,橐有所居間,公叱之出,盡法無貸。龐御史尚鵬于僚屬鮮當意者,至公獨無間言,曰:"廉士,廉士。"公以卓異徵,當授給事御史,而會少保公召爲少宰,公于法避道,拜刑部主事。始,公之徵,吏民哭擁者以數萬計,遮公不得,則肖公像祀之于孔道,以見思公。

既即刑部少保,公實不赴少宰召也。公不鄙其官,益治文法無害,而與其同舍郎鄭履淳等游,相與砥礪名節。履淳上疏論時政,大有所指摘,實從公謀具草。公始欲聯姓名,會疏中語稱少保,公乃不果,而履淳得廷杖,錮緹騎獄。前是,公以進士肄事時,嘗具諫草其言,絕戀,有人所不忍聞者,同年蕭某讀而寸裂之,謂公:"死爲名耶? 即死,且累上德而至是。"復語公:"第小忍之,職行及矣。"亡何,公果改禮科給事中。時莊皇帝每視朝及經筵,默不發一語,公謂:"《易》:'上下交爲否。'非與公卿輔弼相論難,何以勔君德而酬萬幾?"上疏極言之,不報。公又條議諸邊,計甚明晰,顧語多侵總督譚襄敏綸公。既遷兵科爲右給事,巡視京營,而譚公入督,迎謂公:"不穀戴慚顏以見,惜公疏直,稍有所齟齬,不者,不穀可奉以免咎矣。"公歲且滿,法得舉刺,而所善者緹帥朱忠僖希孝,其私人爲裨以屬公,公立論罷之,遷其科左,巡視內十庫。公擇諸中貴之謹愿者,好語之曰:"輸戶,以公等抑勒留難之故,破家者屢矣,然非自公等始也,吾欲言則傷公等,不言則不忍于破家者,公等胡不自謀之而令我曹得爲名?"諸中貴悚然相戒,有所約束矣。亡何,公以冊封周趙二王國,悉却其饋,俄遷禮科都給事中。皇太子將出閣,公疏所以資睿學者,而末歸之身教,語劐而精。當是時,新鄭、江陵二相國讀公疏而嘆曰:"向永流也。"俄而,太子出閣,公以侍班拜金幣賜詔,天暑,暫輟東宮講讀,公力諍之,報聞。當是時,莊皇帝頗倦政,而日月交蝕,旱魃起,公前後疏皆危辭侃侃,而上不豫,公疏請慎藥餌,內言伐陰之劑不可服,其請詳保護,則欲言仲夏亢陽之月所宜謹,其指益危。上意不懌然,以公言者難之爲,留中,獨下公所請召輔臣以資靜養疏,而諸大璫囁嚅謂:"輔臣曉醫耶? 必靜養,而召輔臣如我曹何?"公亦不顧。而諸璫中，復有請開戒壇爲上造福田利益者，業得請矣，公復抗疏言："佛法故非聖世所有，特其空寂澹泊，稍有合于吾儒寡欲養心之旨，故其説久而不廢。若乃戒壇度僧，男女叢雜，宣淫道侈，固佛之所深惡者，奈何輕信左右之説而遽復之？夫陛下不以聖躬爲虞，無所事佛，陛下而以聖躬虞，則大禹之惡旨酒，成湯之不邇聲色，萬全道也，亦佛所契也。"上爲停戒壇。當是時，新鄭、江陵之好衰而互構，公平心其間，無所附麗，二公亦兩器之，曰是不難陸少宰弟。有尚寶卿劉者，上書讝切時政，其大指在新鄭，公以非所宜言且得罪，或謂公宜特糾之，公曰："彼言事者，我何以糾？且奈何緣執政指。"無何，上晏駕，時中貴人保，橫甚，新鄭決策去之，而公與言路各有疏，發其奸私不勝，保遂逐新鄭，而并齮諸言者，獨不能有所加于公。會當議祧廟，公請毋祧宣宗而祧睿宗，以嘉靖初所建世室奉之，議雖格，不行，天下聞而韙之。于是，宮保公復召爲大宗伯矣，公于法復當避，僅移尚寶卿，滿三載，始擢應天丞。甫至而當舉鄉試，事棘，以内外咸公主之，纖巨井井，尹及兩臺使取充位而已。公于丞事，毋所不精，密吏洗手奉法，惠浹閭井。

又嘗以椎攝大司成事，諸生服其行，循循就矩。尋改太常寺少卿，連攝翰林、光禄、鴻臚篆，故事九列若四品。持資簿待遷，亡滿考者，而公前後凡七年，以中貴人保在事故，然公了無所觖望，其任職奉公，事有裨益，非諸公所敢當。已，進南京太僕卿，卿治滁，故游地也，公不可第，取前輩王文成公建義倉及教授諸生遺意，行之，而入爲太僕卿。甫上進今官，出撫山東，于是中貴人保者業得罪竄矣。公益發舒，且感上知，思有以稱塞。即馳入境，首問民所愉苦，示之廉，一切供張悉罷去。與按使者約，脯脩不相入車門。絶私書，僚屬相戒爲慎。公間留客，不過酒、茗、鮭、菜而已。客偶謂，齊優一何拙耶？公念，必藩司宴有之。次日入謁，以微言自引咎不已，衆相顧錯愕，不敢對，而優宴絶矣。齊魯之詰盜者濫，公悉集成案覆之，而出其冤者。又請裁募兵費，蘇里甲，戒苛罰，俱得報可，東人大悦。公素不喜食肉，其行部所給奉，不過蔬粥一算器而已。棰朴不妄施，獨于貪墨吏，無所縱舍，時時一按核，皆以爲神明然。公體羸而竭精吏事，遂病脾，會德藩之宮後有白雲湖者，故民佃也，而奪于王，業已歸民矣，而宦者與中貴人之代保者宏有連，必欲復之。公執不聽，然益邑鬱不得志，上疏請告歸。太宰楊公巍嘆曰："吾獨不能爲東人，借公須臾耶？"爲上言公之賢，而請聽之，計病痊且必用，報可。公得請，使院儼然，一無所賫持，至道途之資亦謝絶，吏民擁車而號者，竟百餘里，車枳不得行，公爲之揮涕。

既歸，闔門謝客，唯與少保公相對談説道理，巍坐竟日。間召兒輩侍立，頗及微時事，誨以修身居鄉大要。嘗一侍少保公行田，里中兒争指目曰："非兩疏[一]也耶？"公踧踖不敢當，曰："吾何敢望少傅受？吾自以犬馬病不任耳。"公凡三被臺薦，與少保公雁行，既而預湖廣之推，則公病矣。公爲人孝友忠信，其事父母，獨能得其歡，死而哭之毁。伯氏之食于家，非公與少保公弗裕也。公之莊愛少保公，亞于父，其砥節秉行、壁立萬仞之志，略同然。少保公寬，頗以辭色假諸子姓，而公更侃然，以故咸樂就少保公，而憚公之嚴。惟公亦自比于程正叔生先，以爲不如家兄也。居官所與游，皆當世豪傑，所言皆天下大計，所莅處必閭閻利便，生平未嘗以私干人，亦不受人私，其于諫，忤旨及犯權要人者，數矣。然而竟以其身免，歷位融顯，優游令終，豈非天哉？嗚呼！孟子所謂"富貴不能淫，貧賤不能移，威武不能屈，爲大丈夫"者，非耶？

公病且呃，忽謂彦楨曰："吾殆不起矣，吾欲有所言。"彦楨强謂公："醫屈指而俟痊，何慮至此也？"公笑曰："醫誤矣，吾屈指而俟盡。"遂命筆書後命，所以戒勖良至素，愛撫其一孫，一見而遣之曰："天君泰然矣，無所復挂礙。"尋少保公來視，公起坐，舉手揖謝曰："兄教我育我，今又來訣，我不得終奉周旋，奈何。"少保公强顏而謂曰："若必不至此，若兄來視，若疾非訣也。"公曰："弟自知，兄不知也，且此小事亦何足道。"少保公泣數行下，公獨怡然已，呼從子璵，使卜葬，得吉而後止。至病呃，命彦楨誦所作詩，獨爲易一尾語，既而曰："無所事，此恬然。"久之，目瞑矣。比就殮，顏色如生。公春秋六十有六，小于少保十三年。少保公氣殊王，名位亦不相及，乃其爲嘉、萬間完人一也。元配即薛，累贈淑人，有子一，即彦楨，以公蔭，入太學，有文行，娶潘，繼張。薛淑人既前卒，繼配董，累封亦如淑人，薛之歿，董來爲政矣。公有所施于婦家，必前薛而後董。董亦安之，且能撫彦楨以成，亦前公卒。女四：適太學生張仲文、舉人范允謙者，薛出也；適太學戴士毅、馮大順者，董出也。孫男三：景星殤；景鵬聘李；景皋聘季。墓在某所。銘曰：

有美平原，毓于東南，載稱二龍。小或文標，大者道顯，而用弗豐。厚積駢光，乃有中丞，義取兄從。史臣爭臣，各操天權，萬論所宗。公捧白簡，以叩九閽，百辟動容。天子曰俞，惟爾之言，黃屋加崇。九列娑娑，毋以弁髦，而曠庶工。載句載宣，以美齊魯，若草偃風。有昊弗仁，弗使終惠，用疾明農。進則表儀，退亦模楷，威鳳逵鴻。何天之衢，而鎩其翮，與凡鳥同。譬彼雙鉤，其雄麗霄，一沈九漊。名德弗劇，守臣請之，上軫帝衷。錫冢雲間，祀以中牢，宗伯司空。我銘公碑，馬鬣之間，有光若虹。

【按】

録自《弇州山人續稿碑傳》卷一百三十三《神道碑》葉一，明王世貞撰。乾隆《金山縣志》卷之十五《墳墓》葉十三："僉都御史陸樹德墓，在秀州塘。王世貞銘。"崇禎《松江府志》卷之四十八《冢墓》葉四十七："都察院右僉都御史陸樹德墓。在秀州塘，王世貞志銘。"嘉慶《松江府志》卷七十九《名迹志·冢墓》葉七十："僉都御史陸樹德墓，在廣富林。金山志：在秀州塘。"乾隆《江南通志》卷三十九《輿地志·壇廟》葉十："僉都御史陸樹德墓，在金山縣秀州塘。"秀州塘,在上海市金山區西部。據《中國科舉辭典》第 742 頁:"陸樹德(1522—1587),字輿成,號阜南,松江華亭(今上海松江)人。尚書陸樹聲弟。明嘉靖四十四年乙丑科(1565)進士。"則此神道碑當樹于 1587 年或以後。

【校注】

[一]　兩疏:漢代疏廣與其侄疏受的合稱,廣爲太傅,受爲少傅,因年老同時主動辭官,受人尊重。

145 明故廣西太平府知府貞石吳公墓表

明萬曆初年(約 1573—1588)　莫如忠

　　廣西太平府知府貞石吳公殁,其子瀛、孫之麟謂余雅知公,以墓道之文屬。余喟然而嘆,爲概公平生,表之曰:

　　夫世衰道喪,士行卑卑,若貞石公,所謂"直躬好義、俶儻自喜、雅不羈俗"者非耶?公諱梁,字伯材,別號貞石。先世由閩之崇安徙居華亭,至公考竹坡,贈刑部郎中,母李氏,贈宜人,生公。公自少食貧苦志,弱冠爲諸生,客余外家,余從外家識公,已益習。當是時,郡中同游,若莊子玄育,包子元達、元愛,及公兄子子信等,咸以茂才望于鄉,而余亦濫竽其間,率莫不推轂公籍甚,有司目之異倫,而公方抱沖襟,務挹損,退然常有以自下。至閉門課藝,博綜窮搜,視其曹功獨倍之,諸號穎捷者不及也。歲乙未,應選貢入都,舉順天鄉試高等,譽益起。公始訝然自信,有長鶩遠馭心,遍交海內之雋,即諸海內之雋所居鄉,一切謠俗污隆、山川委陋、人才名物之盛衰,好問孳孳,語必更僕,務通于當世之故,見諸施行,而公之才局且一變矣。

　　及久,蹶禮闈,憤弗試,曰:"吾卒困于此,無以自見乎?"乃謁選天官,授邵武推理。爲推理,則恪恭任事,知無不爲,慨然以功名自許。所從臺憲臣,糾察吏治,鋤梗植良,諸畫策語詳各薦剡中,而議軍興、芟劇寇、却賕遺三事尤著。會課最,陞刑部主事,晉員外郎,郎中用。諳于律令,持法平,同舍郎推公老成,爭避席。而部尚書甚任之,遇大獄,疑弗決者,輒屬公訊。有金吾巨姓者,橫抵法,介于要璫,爲居間,恚不能得之于公,嗾群璫伺公入朝,薄而辱之幾及。公決眥前,以兩手持兩璫者,欲訟言上前,大噪,璫股栗,獸散,而公法竟不爲撓。凡公蒞官,卓躒風猷可紀者類是,而才局又一變矣。

　　及若太平之遷,當途者嘗書抵公勸駕,或因以謂,當途誠愛公才,乃其故,有不可知者。而公第不受牢籠,蒞郡甫三月,毅然抗疏歸。歸葺舊廬海上,日親圖史,覽先代治亂興亡之迹,及彙宋儒理學格言成帙,日誦討焉,曰:"斯吾假年寡過心也。"公與人交,不設城府,不侵然諾,常直舉胸臆,示人無隱,而惡曲謹苟節、呫囁附耳之容,恤人之私效忠告款款。遇有以過告者,初若搤腕,不能降而退。常服義,或加以非禮,身當之,不避斧鑕,而趨人之急,若颷逝之不留。常以力穡起家,至歐婁稍贏,輒捐以布,惠憫病涉者。所築橋梁,并張溪屬之金山,凡二十所。嘗曰:"士固不當事機利計,影撇若商賈之爲。彼椎懦無庸,甘長貧而稿者,齷齪侏儒子也,吾耻之。"因斯以言。當公食貧未遇時,恂恂儒雅,初若無奇,及養辯藏勇之久如□□于型,以用其所不足,則乃進不隱賢,退不降志,烈烈慕豪舉如是。夫人才局于治淺深之致,詎有量哉?語稱"居養移人",公惡,謂是無,亦其自少至老,籍友朋嘗學問所繇變化氣質之符耶?行年八十有七,而綽約如嬰兒,無疾而終,或疑其僊游。嗟嗟,公即不僊,要爲達生委化,晚而趣道之深,當有進于昔,英爽藹藹不死矣。

【按】

　　録自《崇蘭館集》卷十九《墓志銘》葉六十八,明莫如忠撰。光緒《金山縣志》卷十三《名迹志下·冢墓》葉十:"郎中吳梁墓,在張堰西北河涇灣,陸樹聲撰神道碑。"民國《重輯張堰志》卷三《志名迹·冢墓》葉十三:"廣西太平知府吳梁墓,在河涇灣。子副貢淑、孫廩生之麟祔。梁,陸樹聲撰神道碑。"又據萬曆《太平府志》卷一《秩官》:"知府……吳梁,直隸華亭人,由舉人隆慶四年(歡按:1570年,歲次庚午)任。"而墓表撰者莫如忠卒于萬曆十六年(1588),故墓主吳梁當卒于萬曆初年,約1573—1588年間。

146 河南參政姚體信墓銘

明萬曆七年以後(約 1579—1620)

士名于鄉,官名于朝。宦成而歸,于焉逍遥。進退維宜,百禄是荷。

【按】

　　録自崇禎《松江府志》卷之四十八《冢墓》葉四十六,撰者不詳,原文:"河南參政姚體信墓,在五保。銘曰:……"崇禎《松江府志》卷之二《鄉村》葉二十一:"胥浦鄉,西南五十里,四、五、六保隸焉。"明何三畏《雲間志略》(臺灣學生書局版第 1045 頁)有姚體信傳記《姚大參華陸公傳》:"姚體信,字汝中,號華陸,……乙卯、丙辰(歡按,嘉靖三十四、三十五年,即 1555、1556 年)聯第,……丙子(歡按,萬曆四年,即 1576 年)……特敕監軍,乙卯(歡按,當爲己卯,萬曆七年,即 1579 年)復以……尋擢河南布政司左參政,時柄事者……竟以罷官。……公雖居宦二十餘年而實淡于利禄,……公卒之歲七十有二……"可知姚體信于嘉靖三十五年(1556)登進士,萬曆七年(1579)罷官,推測其卒年在 1579 年以後,萬曆四十八年(1620)之前。

147 明故淑人嚴氏墓銘

明(1368—1644)

　　鐘山之英,江水之清。中有淑人,秀而且貞。如玉之粹,如蘭之馥。歸于將門,禮儀安肅。愛玉中饋,以幕酒漿。采蘋采藻,奉事蒸嘗。鏗鏘玉佩,響徹雲宵。瑤池信杳,鳳帳香消。斯山之趾,原高玉美。勒石幽宸,千年百祀。

【按】

　　録自《山陽志》第四編《文化》第二章《文化藝術》第256頁,原題"明故淑人嚴氏墓志銘",原文:"昭勇將軍墓　1967年春,在金山衛東門河北,掘出古墓1座。外廓石砌,中廓原棵杉木建成。内停楠木棺材3具,中爲男屍,左右爲2女屍,均身著蟒袍,腰圍玉帶,2女屍身上有金飾。旁有墓碑三:一爲'明故昭勇將軍之墓',一爲'明故淑人劉氏墓志銘',另一爲'明故淑人嚴氏墓志銘'。嚴氏全身纏絲,屍體未腐,挖出後,屍體見風即腐。昭勇將軍即明金山衛指揮使西賢,劉氏名妙澄,爲西賢之原配,景泰四年(1453年)終,生子4人,爲寧、宏、宇、寅。嚴氏名妙能,金陵(南京)官族女,宣德戊申年(1427年)8月生,16歲適爲西賢妾,後繼正。成化四年(1468年)5月27日壽終,享年41歲,葬于衛城之東,生子2,名寬、賓。嚴氏碑銘,其文曰:……"《金山縣地名志》第498頁:"昭勇將軍墓　在山陽鄉東門(鎮),楊家村鎮北居民點,西毗龍泉港,占地約2畝。1950年被定爲江蘇省三級文物保護。昭勇將軍爲明代金山衛指揮,生于明永樂十四年(1416年),卒于景泰四年(1453年),明代其墓地有兵士駐守。清代,墓地中有寬約1米,高2米的青石墓碑,碑以陰文鐫昭勇將軍之墓字樣。墓前東西分列翁仲、石馬、石羵、石碣等。1967年春,農民在平整土地時,在該地發現表土下大方石板數塊,下有方石板方形墳廓,内爲杉木棺椁,内置楠木棺柩三口:中爲男屍,左右爲女屍,均蟒袍玉帶。1985年,墓地已墾爲農田。"《金山文史資料》第七期第 99 頁王效堯、知夕《西寧墓群》一文載："1966 年春,在金山衛東門鎮河北,掘出古墓一座。……有墓碑三:一爲明故昭毅將軍之墓;一爲明故淑人劉氏墓志銘;一爲明故淑人嚴氏墓志銘(未腐女屍即爲嚴氏)。考:昭毅將軍即金山衛指揮使西賢;……江蘇省文物保護單位技術檢查表《松文保字第十四號》曾把西寧墓列爲三級文物。……嚴氏墓志銘載:葬于'元垣之右'……1985 年山陽鄉志辦公室同志前往查看,……僅得昭毅將軍墓碑(文不清),劉氏碑額(碑身未見)、嚴氏墓志銘及明誥封太淑人西母王氏墓志(碑文不全)。其中最完整者,僅嚴氏碑銘。文曰:……"

148 禮部右侍郎兼翰林院侍讀學士進階正治卿峨雪公暨配二品夫人徐氏合葬墓志銘

清順治十四年(1657)　姚思孝

　　峨雪曹公卒于順治乙未十二月廿四日，既訃至，予爲位而哭。越明年某月某日，公子顧庵太史將以公合徐夫人葬，先期以狀乞銘，予不覺泫然，思與公同升同官同志同出處，松柏後凋，識性者取其直；薑桂愈辣，調味者制其甘，我兩人又復類之，而公先已捨我逝矣。墓中片石，誼何能辭？

　　公諱勳，字允大，號峨雪，以葩經魁天啓辛酉浙江鄉試。崇禎戊辰，擢會元，廷試迕時宰，置二甲第二，改庶吉士。己巳，乞假省母。癸酉還朝，授編修，會御講筵，充展書官。是年，兼值《起居注》纂修，六曹奉敕，贈父封母。甲戌，分較南宮。乙亥，冊封魯藩禮成，歸里，請告終養。癸未，即家晋左春坊左庶子兼翰林院侍讀，未赴。甲申鼎革，乙酉春，留都擁立，詔起原官，陞禮部右侍郎兼翰林院侍讀學士，掌翰林院事，加從二品服奉，覃恩贈曾祖考以下如公官，曾祖妣以下暨配俱贈夫人，予恩蔭。

　　公感母夫人夢日之瑞而生，穎異不凡，讀書目數行下，默能成誦，無師授，悉禀贈公家學。友愛伯兄，寢必共被。彈經擊史，夕拈晨覆，以爲常。江右赤石陳公，名大受，江西浮梁人。負人倫鑒，己酉督學兩浙，手公童子牘，稱萬選錢，首入泮。同郡冏卿九嶷李公，名日華，萬曆壬辰進士。見公文驚曰："此我鄉馮具區、陶石簣一流也。"即延與令嗣珂雪同研席。癸丑，宜興會牘出，同邑武部吳蓬庵，名志遠，萬曆戊子舉人。精舉業，見之，叱謂人曰："此文得會元，則里中後來俊，如曹允大，造詣似勝之。"乙卯，學使者楚黃周公斗垣，名延光，湖廣蘄水人。録科擢公首，發卷時揚言曰："此卷若在會場，亦必爲元。"多士聞之，聳然。甫爲秀才，前輩名家無弗以第一人相期待，亦足覘公杰出之概矣。卯闈幾雋，爲分較所抑，誤中副車。主考晋陵吳文端公，名宗達，江南武進人。手公牘，舉"知爾不能薦，羞稱獻納臣"之句，以爲悵惜，公感其意，終身執弟子禮。辛酉，牧齋錢公名謙益，江南常熟人。爲主司，谷神姚司理名鈿，廣東東莞人。爲分房，公卷擬元。時李愚公名若愚，湖廣漢陽人。負盛名，持本房卷力爭，當事重違其意，遂移公第八，然費推敲矣。

公車報罷，繭居不問户外。梁溪高忠憲公名攀龍，萬曆己丑進士。談道東林，公鼓篋從游，參承微奥，忻然自以爲立夜雪、坐春風不是過也。魏忠節公名大中，萬曆丙辰進士。少執經贈公門，公素兄事之。忠節迕璫被逮，長君子敬名學洢。潛身隨行，公傾橐釀贈，長歌送行，論者以比周吏部吴門訂婚，高總憲皋橋夜話，爲一時高誼云。

卯秋計偕，且成行矣。相者姚江胡印摩，工唐舉、王朔之術，公録首掇魁，皆所預決。至是，艤門造訪曰："丑、戌以來，久不請見，知君一當點額，一當讀禮，今時至矣，特來爲君簪頭鵲，了老人二十年心事。明年第一人無疑。"溧水僧宿峰，不識文字，言事多奇驗。戊辰，春榜未發，前數日，忽叩公伯兄扉，稱賀曰："恭喜令弟已中會元。"伯笑而頷之。撤棘，公果首三百五十英雄，物望大服。夫蕊珠榜秘、淡墨名籠，屬點首于朱衣，問謫仙于殘月，事甚冥冥不可知，獨公塵埃物色，名賢以文章期之而不爽，名鑒名衲以術數决之而如券取攜，大物晏同，固有以視，冠軍乍拜，七萃皆驚，不大逕庭哉！

時當誅鋤閹黨，會主張翻局者即局中伏莽，逆燄雲霧猶未廓清，公極口爲忠節稱冤，觸時慧，廷對沮公及第，置二甲第二。公夷然不以介意。選庶常，與同館名流雅志，琢劘思汰，輦下時習，日影作課，黎光讀書，矻矻不休。念太夫人春秋高，色養久逖，且憂時感事，思歸日切，每對余嘆息曰："邇來流品，大抵占風望氣，緇塵自染，巢阿之鳳竟成羊公之鶴，且負隅而爲虎，憑城而爲狐，營窟而爲兔，含沙而爲蜮，生平掃地，榮利安存？已矣！我終不以秘書三年淹易慈親一日養也。"于是方籲館師增城葉公、名燦，江南桐城人。菎江羅公，名喻義，湖廣益陽人。爲轉請政府，乞歸省母。

己巳夏，得假還里，襲木天之晝錦，娱萱室之斑爛，拜舞玉瑲，喜可知也。伯兄衡宇，與公居相望怡怡，士衡東頭，士龍西頭，公解衣推食，體太君屬裹之愛甚摯，視童時共被之恩有加，孝友天真，充閭爛熳。庚午春，徐夫人捐悦，公尚在里門，悼喪良儷，廬杖盡哀。且慮太夫人甘滑無主，兩胤嗣懷袖靡依，傷感纏綿，手自爲志，懲從來後母害，義不再娶，有勸者，輒曰："我何忍兒輩復茹大父大母《黑心符》茶苦耶？"慈侍膝下垂四年，無還朝意，太君屢勸駕，責以大義，公始勉趣舍人裝。

癸酉春入都，授編修，會御講筵，公祗役展書，躬承玉音宸翰，賜茶分果，儒者斯爲極榮。兼《起居注》纂修，六曹奉敕，贈太公如公官，太君封孺人，配徐夫人贈如之。甲戌，分較禮闈，閱戴經牘，所拔二十一人，皆名士，士林稱鸞鳳集門，翕然歸重。時朝堂朋黨漸熾，綸扉重臣烏程沈挀，獨深結主巴縣鷟愎，物議通内，言官交惡，門户既分，政府參商，玄黄復戰。余每向公言吐茹之難，公則曰：“太尉之祖無左右，諸葛之秤無重輕，吾不失我正而已。”余甚服膺其語。無何，章格庵掌科名正宸，浙江會稽人。以論巴縣震綸下獄，公力爲營救，謂郝公崑岳名晉，山東棲霞人。必得新參疏救，科臣安則輔臣自安。已而果然，然捄垣捄席皆不知議出自公也。其深心密運，不欲人知，多類此。頃之，嘉善宣麻、烏程中堂柄國兩俱公前輩鄉衮，炙手可熱，公去之若浼，吞火之世獨嚼寒冰，公于是乎不可及矣。乙亥，奉使册封魯藩事竣，便道歸省，稱太夫人八衮觴，拜疏乞終養，旋蒙予告。壬午，陞左諭德，未赴。

　　癸未，晉春坊左庶子兼翰林院侍讀，客有勸行者，公曰：“我娛綵十年，而忍絕裾一旦乎？前後一身，豈可分兩截？”北辰天迥，南陔日暄，公非于臣子有畸情，實不能捨九衮老親耳。未幾，逆闖犯闕，神京陸沉，烈辟投繯，中宮齒劍。公方欲請纓赴難，而南都擁立，敦召赴闕，公義形于色，賦詩別母，有“生男幸不爲徐庶，報國誰當是李綱”之句。乙酉春，陞禮部右侍郎兼翰林院侍讀學士，加二品服俸。時桂陽盜柄，桐城協比，倒翻逆案，黨錮清流，乃于經筵進講《尚書》，剴且昌言，規諷時宰，瞠目哀耳，如山難撼，遂上疏乞歸，溫諭慰留。三月初四日，太君訃音至，公踉蹌還里。未匝月，新朝兵入白門，時公以居凶蕭然鍵户，蓋太君之生也，以善養全公之高，其歿也，以考終保公之哲，慈孝相成，豈偶然哉！公自是屏迹城郭，卜居東干，每曰：“此先世枌榆，我菟裘，當終老于此矣。”因自署東干釣叟。外事概不欲聞，即長公顧庵泥金捷至，絕無驚喜折屐態，第曰：“父爲謝皐羽，兒爲許魯齋，亦各行其義。”

　　癸巳，有詔求舊，直指杜覺庵名果，江西新建人。首疏公名。公意弗善，迨部覆嚴文趣行，始佹裝，曰：“我就養，非就官也。”賦詩別群從，有云“誰爲買賦思司馬，翻笑烹尊送季鷹”，中情洞然矣。甲午二月就道，紆程徐行，四月抵潞河，以違部限，先十日報罷，公意大愜，顧庵迎養邸舍日與。戊辰，同籍在朝，諸公賦詩飲酒陶陶，香山洛社，留連快聚。念仲子爾坊病岨，家郵久絕，公心動，趣棹南還。杪秋抵子舍，則仲子先于重九前二日溘逝矣。仲才亞顧庵，稱二難，公絕憐愛，至是撫棺慟悼，殆難爲懷。明年乙未春闈，顧庵以分較所得門下士二十二人，馳觴壽公，然而北門學士之榮，卒莫解西河愛子之痛。嘉平月示疾，庭前有星隕之異，俄而公卒，壽六十有七。

　　嗚呼！象驚櫪馬，身吒乘箕，公豈奄忽瞑化耶？公通籍三十年，強半家食，玉堂片席，卒卒不暇煖，蓋朝廷得公景星慶云之用者十一，士林被公夔龍綉虎之教者十三，而公以春風風人，春雨雨人，桑梓反得其十六矣。公性純孝，居贈公喪，骨立幾殆，奉養顧太君，終身爲孺子慕，厚念貧交，提挈始終不衰，爲門生故人排難解紛，事白當道而無德色。晚歲謝遣冠蓋，卜築東干祖居，日與宗族子弟游，談農圃則農圃，談騷雅則騷雅，談禪悦則禪悦，談經史則經史，談理學則理學。尤精于《易》，凡《卦氣正蒙》以及《皇極經世》無所不詣極，而能身得其變化之妙。至公詩文，直寫性靈，不摹今，不襲古，橫襟衝口，自成一家言。具眼者謂其欲臣弇奴歷、流鍾影譚，誠篤論也。著述篇目甚富，藏于家塾。配徐夫人，同邑名家女，十五歸公，閨範甚著，力勤操作，佐公未第時。公館穀四方，夫人上奉尊嫜，下撫胤嗣，皆十指所出，不給則繼以簪珥，至慰解公失意，語絶似有學識者。玉堂初貴，眉案長辭，宜公傷悼之切也。夫人生萬曆甲午年，卒崇禎庚午年，止三十有七，正公假歸時。公之先爲宋武惠王裔，世居華亭，自信庵公彥明仕元爲儒學提舉，四傳至松月麒，捐粟四千斛賑饑，授義官。松月公弟芸閣公豹，登弘治己未進士，官郊縣令。孫景坡公銑，登隆慶戊辰進士，官漳州守。曾孫芝亭公蕃，萬曆丁酉舉人，授荊州倅。代多聞人。松月公第三子斗庵公珮，以廷貢官歸德別駕，是爲公之高祖，其遷嘉善，則始于公曾祖藩幕雙桂公鑰。祖吳塘公津，遂爲善庠諸生，食餼歲薦，官廣文。吳塘公生贈公泰宇穗，即公考，矗歲入泮，輒棄去，精性命之學，洛閩以來，微言復續，則公學脉之崑崙星宿也。子五：爾堪，娶太學吳公志遂女；爾坊，娶邑丞周公宗武女；爾垣，娶歲貢蔣公蒔女；爾埏，娶進士李公延榘女；爾埴，娶太學顧公朝楨女。女五：長適藩幕沈公至道子延綸，次適憲副蔣公英子睿，次適孝廉錢公繼章子士賁，二女未字。孫男五：鑑平，娶禮部主事陳公龍正子文學陳公略女；鑑章，娶光祿少卿周公宗文子孝廉周公瓚女；爾堪出鑑倫，爾坊出鑑容，爾垣出鑑祖。爾埴出孫女三：長適學憲孫公籀子復煒，次適吏部郎中錢公楝子□，次適給諫柯公聳子崇樸，俱爾堪出。曾孫女二，鑑平出。順治丁酉季冬壬申日，公子太史顧庵洎諸子扶公柩，與徐夫人合葬于華亭一保重字圩之新阡。余事絆不及會葬，泣系之以銘。銘曰：

斯文體裂子丑蒙，挽回正始賴有公。思皇龍飛首南宮，元牘流傳多士宗。剪逆誅瑁帝運隆，宏文夾日公名崇。玉堂虎觀長辭榮，白雲護室請告從。十年京輦不復通，一旦滄桑國步空。故主鵑啼沁血紅，東干愬影耿孤忠。遺民坦履終冥鴻，新朝鼎鼐付橐弓。鳳毛輝映石渠中，子孫繩蟄垂無窮。三錫褒章燿鬣封，九幽別有碑珉豐。佳城旺氣騰鬱蔥，勒銘萬年廣曹風。

中大夫晋勳階一級大理寺正卿年眷弟江都姚思孝頓首拜撰。

【按】

錄自乾隆《曹氏族譜》卷七《墓碑》葉八，明姚思孝撰，嘉慶《松江府志》卷七十九《名迹志·冢墓》葉二十六："侍讀學士曹勳墓，在一保九圖重字圩。"同卷葉八十三："禮部侍郎曹勳墓，在嘉善楓溪東。"據墓志銘當爲同一人。曹勳墓址在今上海市金山區楓涇鎮，詳見筆者《明曹勳行迹小考》一文。

149 太常寺少卿高君神道碑

清康熙三十年(1691)　徐乾學

　　康熙二十九年四月辛巳,中憲大夫太常寺少卿高君卒于位。九月,君之喪歸自京師,次年四月祔葬于松江府城南五十里之張堰。贈通政先府君之兆,孤騫具狀請爲遂道之文。君嘗問業于余,余爲《一統志》總裁官,實舉君共事,余不得辭,爲詮次其始終。序曰:

　　君諱層雲,字二鮑,號謖苑,晚更號菰邨。先世自宋南渡居上海,既遷華亭,四傳至贈翰林院檢討諱年,于君爲曾祖。萬曆乙未進士翰林院檢討諱承祚,于君爲祖。崇禎丙子鄉試副榜貢士諱秉蘖,君之父也。君既貴,貢士君得贈如子官,太夫人金氏、楊氏,皆贈恭人。

　　君少時,前、後母及貢士君連喪,居堊室日久,哀悴中負土營葬,既畢事而家日貧。貢士君在時,故以隱阨守志,又不欲君治舉子業,而時所重皆場屋文字,苟且塗飾耳目者,君獨刻意爲詩古文詞,益貧不自聊。又迫賦役坎壈失次,遂策蹇驢入京師。天子方幸學釋奠,君泚筆作《臨雍賦》,見稱于時。未幾,由秦入蜀,歷關河棧閣之路。留蜀二年,策滇黔必亂,勢將及兩川,乃亟歸。放船灧澦,浮江而下,抵家而吳三桂反,川塗梗塞,人咸服其先見。

　　康熙十四年乙卯再至京,或勸君習舉子業,君曰:"是不難。"鍵户百日,遂領京兆薦,明年成進士。故事,進士釋褐待銓者,例得分校鄉試,戊午遂與是選。又二年,授大理寺左評事。甲子,典廣西鄉試還朝,充《一統志》纂修官。是時,君官廷評六年矣。意所平反或與卿貳不合,必力爭之,或不得則爲兩議以上,輒如君議。天子察知君可用,因考選親試乾清門,稱旨,授吏科給事中。遇事敢言,尤務持大體。二十六年正月二十五日,文皇后上賓,有詔諸王大臣集議喪禮。永康左門外,諸親王、郡王、貝勒、貝子公等以次環坐,內閣九卿科道同詳議畢,閣臣向前白其議,從諸王長跪。移時,武定李公年最老,起即蹐地,君銳然曰:"是非國體。"即日抗章彈奏,謂:"天潢貴裔,大臣理當致敬,獨集議國政異時,無弗列坐，所以重君命、尊朝廷，況永康左門乃禁門重地，大行太皇后太后在殯，至尊居廬，天威咫尺，非大臣致敬諸王之地。大學士爲輔弼大臣，固當自重，諸王亦宜加以禮接，不可驕恣倨慢，坐受其跪，失藩臣體。"書奏，舉朝皆頸縮。天子用君言下宗人府吏、禮二部，議後凡會議時，大臣見諸王不得引身長跪，著爲令，又糾正黄旗漢軍都統張所知用，君言降調，由是衆皆畏憚。是年夏五月，有事于俄羅斯國，擇遣臺省漢官二人，隨大軍往方。廷議時同列并抑首伏氣不敢復前，君慷慨請行，事雖不果，舉朝偉之。六月，京師亢旱，敕議應行、應革事，宜于時江淮間，方行屯田事，民大擾，君請急停以蘇百姓。大臣主其議，上嘉納之，遷通政司右參議，即日轉左。未一年，又遷今職。君于郊丘、廟享諸典禮，無不明習其令式，時上憂旱甚，社稷山川之祀，祈禱無虚日。君黎明赴壇，虔共即事，雖流汗浹體，竟日不見惰容，以此益受上知，而精力漸憊矣。亡何病作，甫五日遽卒，上臨朝嘆息。年五十有七，衆皆惜君不究其用也。

君爲人俶儻，瑰瑋好大節，不爲娭娭細謹，在班行中進止有儀，人皆目屬之。博覽强記，爲詩文痛嫉俗學之陋追古作者，有《改蟲齋集》若干卷。工書及畫，善賞鑒，平居簾閣據几，圖史古玩雜陳，意灑然自得。持縑素請者，率滿意以去。曾以書屢被御獎，在太常時，上嘗諭卿席爾達曰："爾衙門政事頗簡，可語高層雲，留意書體。"嗚呼！君之結知主上者，雖不在一材一藝，而人以是卜上之屬意用君矣。

君性豪邁，不問家有無有，輒散盡不恃餘，身没，妻子幾不能自存。配吳氏，明户部主事諱嘉胤之孫女。子三人，長即騫，次駕，次馭。女一人。孫男女各一人。高氏自檢討公來，本貴盛，遭時鼎革，家中落。君以布衣走輦下，十餘年間，連舉順天禮部兩試，位至卿寺文學，節概聞天下，雖將用，復蹶抑，可謂難也。銘曰：

彼美一人，申浦之濱。奮自孤特，卓爾不群。力學嗜古，負氣懷奇。連蹇乃通，豈曰莫知。諫垣抗論，大著直聲。骨鯁者奮，便媚以驚。一歲再遷，恩顧曰渥。納言靖共，秩祀儼恪。帝簡厥心，將授事樞。未究其施，中道云徂。鬱乎松阡，君昔手築。先公在焉，窆附宰木。宛宛彼丘，矗矗其石。著德與功，昭示靡極。

【按】

録自《憺園文集》卷三十一《神道碑銘》葉三十一，清徐乾學撰。《重輯張堰志》卷三《志名迹·冢墓》葉十五："太常寺卿高層雲墓，在張涇落烏潭。徐乾學銘。"

150 旌表烈婦魯張氏墓志銘

清康熙三十六年（1697） 賈式金

　　魯烈婦，婁縣朱涇鎮農家女，其夫曰魯祥。祥父屏，娶沈氏，故倡也。烈婦生九歲，養于屏家，遂爲祥妻。屏死，沈氏有前夫子曰陳三，居楓涇，隸浙之倡籍，常往來祥家，見烈婦美且少，遂與祥母子計，紿至家，脅使爲倡。烈婦號泣呼天，以死自誓。里之少年聞之，欲毆三與祥。祥懼，以母、妻歸朱涇，而三往來不絕，日夜誘祥與其母，啖以利。祥故貧且蠢，惟三所使，乃時時絕婦食飲，脅以棰楚。烈婦不爲屈，拮据十指以紡織養其姑。家貧，所居僅一廛，而鄰里少長罕得睹其面者，獨與鄰嫗葉氏善，嘗語之曰："此事豈人所爲？必若吾姑與吾夫，吾有死而已。"

　　初，烈婦自楓涇歸，其父魯君卿呼使還家，居半歲，復歸于祥，臨行泣謂父母曰："兒自分惟一死，雖然，姑老矣，夫又貧甚，死吾分也，吾死，慎勿致吾姑及吾夫于獄。"康熙三十六年三月九日，祥母子脅之益急，烈婦不食者三日矣，自度不死終不免，夜啓後户赴水死。或曰，是日有持金啖祥者，祥與其母計必劫致之，烈婦知其謀，遂死。死八日，其屍始浮出，顏色如生時，衣上下縷結不可解。見者皆嘆息，有泣下者。

　　于是，里之士民以其事聞于官，太守晋安龔公逮祥至，以法薄笞之，成烈婦志也。將請于督撫大史，立祠旌其節，先命諸生孫奇珩、王鶴江等擇地葬之，且捐金以佐其費。奇珩等相率醵金營葬，以閏三月二十九日葬烈婦于里之西北隅草庵之隙地。時陰雨彌旬，葬之日天忽開霽，遠近會葬者數千人，皆奇烈婦之節而高龔公之誼。後之人將有過其墓、聞其風而感慕興起者，則烈婦爲不死已。

　　烈婦姓張氏，其夫爲魯氏養子，因冒姓魯氏，死時年二十有一。銘曰：
　　茸城之陽，朱水之濆。孰瘞其芳，孰揚其芬？庶幾不朽，以風後人。

【按】

　　録自嘉慶《朱涇志》卷四《名迹志·墳墓》葉十八，清賈式金撰，原題“賈式金墓志銘”，原文：“旌表烈婦魯張氏墓，在萬安橋。”乾隆《金山縣志》卷之四《秩祀》葉五：“魯烈婦祠，在朱涇鎮草庵北，康熙三十六年，知府龔嶸捐俸助葬，即于墓前建祠祀之，有碑記其事。”

151 烈婦楊氏墓志銘

清順治二年至康熙四十八年間(1645—1709) 朱彝尊

華亭之鄉,伍胥浦之右,有水曰璜溪,陳氏世居其上。烈婦楊氏者,儒學生諱某之子,給事中諱某之孫,嫁陳某,生三子一女。歲在乙酉,八月,松江城破,游卒乘勝至璜溪,執陳某,斧傷其首。烈婦奔救其夫,卒捨某執婦,某得脫。婦紿卒曰:"毋縛我,我走及汝。"卒信之。比登舟,遽躍入溪中死,時年三十有一。陳氏之僕有妻曰張惜,匿葭葦中,見婦死狀。兵退,其長子曰治,年十二,號于溪畔。越二日,婦屍浮溪面,得就斂。當是時,游卒大掠溪上,一婦投溪之東,曰徽州商人孫氏之媼,一婦投溪之西,曰儒學生孫諤妻顧氏。三人皆完節死。烈婦幼能讀《毛詩》《孝經》《列女傳》,平居訓子女不輟。舍傍有梅三十本,皆其手植,蓋至今存也。治好學,多材藝,游于京師,以醫自給,將歸葬其母,乞其友秀水朱彝尊爲銘。銘曰:

溪之水沄沄,若斧者墳。於戲女子,而烈如是。既活其夫,乃捐其軀。有子也賢,壼行斯傳。我銘于石,南史是擇。

【按】

録自《曝書亭集》第七十九卷《墓志銘六》葉一,清朱彝尊撰。嘉慶《松江府志》卷七十九《名迹志·冢墓》葉七十九:"節婦楊氏墓,在璜溪。朱彝尊墓志銘……"乾隆《金山縣志》卷之十四《人物三·列女》葉一:"楊氏,璜溪陳君修妻。乙酉八月,有游卒至璜溪,執君修,欲殺之,氏趨救,許以身代,遂釋修執氏。氏紿之曰:'毋縛我,我有藏金。'攜以同往,信而釋之,遽躍入瀝瀆塘中,拯而復下者七。卒怒,挺矛叢刺,洞其腹,溪水俱赤。兵退,長子治年十二,號于溪畔。越二日,屍浮水上,得就斂焉。同時死節者,一爲徽商孫氏婦,一爲儒生孫諤妻顧氏。秀水朱彝尊爲作墓志銘。"朱彝尊生于1629年,卒于1709年,其間有順治

二年(1645)、康熙四十四年(1705),均歲次乙酉,據《松江縣志·大事記》(1991 年)第 17
頁記載:"清順治二年(1645)……八月初三日,清兵破松江府城。……軍民被殺 2 萬餘
人。"故墓志銘中"歲在乙酉"當指順治二年(1645),而撰文時間當在 1645 年至 1709 年間,
即清順治二年至康熙四十八年間。

152 朱翁墓志銘

清康熙五十三年(1714) 徐祖鎏

　　翁諱紹述,字宗遠,晦庵先生[一]十九世孫。考若沖,邑諸生,由新安月潭遷金山之干巷,遂世居焉。翁雖不習舉子業,雅好讀書,熟經史。最重倫常,事親善承意指,能以色養,家庭間極恬愉之致。性好施予,自三族迄交游,若鄰里,若委巷,老弱傭丐,諸婚嫁喪葬以及飢寒疾病,一惟翁是商,赴人急難不以有無爲辭,不以遠近親疏爲厚薄。晚年家落,急人之急,凡署己名作借券以贍親故者,無慮數十紙。

　　嗚呼! 今之以酒食相歡噱,或歲時間遺慶吊,輒鋪張文貌,動費數緡與數十緡者多矣,一有緩急,欲踵門丐請,則閽人辭不得見;即見矣,言者諄諄,聽者飾詞推諉,不一引手救;其尤甚,則加惡言誚讓。此直販夫俗子之故態,亦復靦然人面,自厠于衣冠文物中。設見翁之行事,有不内熱面赤、汗出而不自禁者乎? 鎏故樂得而稱之,以告世之重利而輕義者。

　　春秋□十有□,卒于康熙甲午年十月八日。配程孺人,端方有才略,生丈夫子三:天翔、瀠、天鳳,并有時名。女二:長適新帶鎮王某;次適璜溪王某,早寡,以節烈聞。孫三:廷芝,邑庠生;廷禄;廷德,業醫。曾孫四:棟,候選州同知;楠、模、桓,皆服賈。以年月日合葬翁與程孺人于干巷十圖永隆橋之東。銘曰:

　　昔愛此鄉,今歸兹土。體魄潛藏,令聞終古。是有宋大儒之文孫,爲干溪朱氏之始祖。

【按】

　　録自嘉慶《干巷志》卷六《藝文三·記、序、書、墓志、傳》葉二十六,清徐祖鎏撰,署"徐祖鎏香沙"。

【校注】

［一］晦庵先生：朱熹（1130—1200），字元晦，號晦庵，南宋江南東路徽州婺源（今江西婺源）人，著名理學家。

153 封文林郎翰林院編修珣公公暨配孺人沈薛氏合葬墓志銘

清雍正三年（1725）　屠　沂

　　歲在閼逢執徐，昭陽作噩之月，雲間隱君子曹公終于家。其孤鑑臨官京師，聞訃，走余弟寓，奉其行狀泣血陳詞，郵書數千里來請銘。余老矣，歸耕山中，不復結翰墨緣，猶憶往歲戊子典試江左，公之子爲余所得士，及成進士，官中秘，又與余弟少泉同歲，世好重叠，誼不得辭。

　　公名爾垶，字珣公，生十歲而孤，終鮮兄弟，資禀異凡兒，從父謙撫育之。從父歿，公尚未冠，執喪如老成人。比長，懷奇負氣，謂功業可庋契致，困于無資地，食貧集蓼，侘傺失志，顧倜儻，饒雄略，精心計，業稍稍振。性豪喜賓客，樂施予，緩急叩門，未嘗以無爲解。家室屢空，座客常滿，公自樂此不疲也。平居無疾言遽色，臧獲輿臺，不聞呵叱，非意相干，坦然容之，未嘗較，至可濟人利物，義所當爲，公正發憤。旁觀者指目相詬病，勿顧也。篤倫誼，重友生，間有無倚者，生于我乎養，死于我乎殯，歿之後道其遺愛，猶感泣不自勝。其訓子孫曰：“人生相感者誠，造物所忌者僞。”善哉言乎！昔子瞻推溫公之學行，歸本于誠一，公之天資近道，類如此。聚族婁邑之干溪三百餘年矣，公之諸父行，或朱輪華轂，宦成歸田，或遺民逸老，鄉邦矜式，時時將車捧杖，南阡北陌，鷄豚同社，古所云鄉里稱善人，惟公有焉。晚研《易》理，達生觀化，先嘗自推五行休咎，慨然曰：“歲行在辰，吾其亡乎？”言果驗。易簀之前，危坐正寢，神明湛然，遍召親故，抗手訣別，語不及私。享年六十有七，卜以丙午二月初十日，與配兩孺人合葬金山縣十六圖大爲圩。

　　按曹氏譜系，出宋武惠王後，南渡子孫散處江浙。元至正間，有儒學提舉彦明者，始遷干溪之祖也。二世祖成，洪、永中與都督楊文力戰黎陽，文皇嘉其功，擢營州左屯衛世襲。成化丁酉，大水，四世祖文豫、五世祖麒并以輸粟賑饑，授承事郎。七世祖鉉，嘉靖丁酉武舉，勇力冠世，倭寇柘林、漕涇間，搏戰生擒渠魁，梟于市。其以進士起家者，則自六世祖豹始，自後科第蟬聯，卿貳牧伯，跨于江浙，今子姓就試者，兼占籍焉。高祖珏，贈兵部武選司郎中。曾祖士藻、祖大乘，諸生。父爲國子生，蚤世，孝弟醇謹，世有一行。娶于沈，繼娶于薛，有女德，臨川李巨來先生爲立傳。子四人：長鑑臨，康熙癸巳五經進士，今編修；次鑑濟、鑑頤，蚤卒；季鑑咸，諸生：皆薛之自出。女三人，孫男女五人。嗚呼！此古之有道君子也，余何忍不銘？銘曰：

譙國受姓兮武惠分支，干溪聚族兮繁衍在兹。篤生賢哲兮德爲人師，位不配德兮蘊抱負而不施。獨爲善于鄉兮蓋惟日其孜孜，卜塋桑梓兮意公魂魄，猶桑之千秋百世兮視此銘辭。

賜進士出身通議大夫巡撫浙江等處地方提督軍務兼都察院左副都御史孝感年通家眷弟屠沂撰文。

【按】

錄自乾隆《曹氏族譜》卷七《墓碑》葉二十八，清屠沂撰，原題"封文林郎翰林院編修珣公公暨配孺人沈薛氏合葬墓志銘"。乾隆《金山縣志》卷之十五《墳墓》葉十四："封翰林院編修曹爾埻墓，在七保十六圖，中丞屠沂銘。"據文，曹爾埻卒于雍正二年（1724）甲辰，葬于雍正四年（1726）丙午，而屠沂卒于雍正三年（1725），故此文當撰于1725年。

154 皇清誥授光禄大夫經筵講官太子太傅武英殿大學士兼工部尚書加三級贈少傅諡文恭王公墓志銘

清雍正四年(1726)　張廷玉

賜進士出身光禄大夫内庭供奉□□日講官起居注太子太保文□閣大學士□□部尚書仍管翰林院掌院學士事加一級充聖祖仁皇帝實録治河方略四朝國史大清會典明史總裁官年眷世□張廷玉頓首拜撰文

賜進士出身光禄大夫經筵講官刑部尚書加二級充聖祖仁皇帝實録治河方略四朝國史總裁官年□世侄□□儀頓首拜書丹

賜進士出身光禄大夫兵部尚書兼都察院右副都御史總督淮陽等處地方提督漕運海防軍務兼理糧餉受業張大有頓首拜撰蓋

聖天子嗣大□服推恩耆舊(下缺)聖祖仁皇帝□間用大臣眷侍有加大學士華亭王公以□勤□□爲時碩□特晋階太子太傅□□□廟堂元□四□□□異之。山陵禮成,公自以年登大□拜□請(下缺)慰留。明年六月再疏乞休□□□公曰,在廷諸老大臣皆先帝□□□□□之朕躬以資不逮,能不眷之□卿方識□達品□端安增重嚴廊年□耄耋而體尚康强,今力辭禄位,朕實弗忍即□奪情而□□之年卿其□□□□□□蓋一日之留勝千里之□也,□弗敢以請。又明年四月,天子□□□隆□,乃命逾夏涉秋,安行歸里,而公以八月初五日遘疾,薨于京邸喪(下缺)天子□□□朝一日,加贈少傅,予祭三□,朝臣出公門下者□□□持喪祭送之。(下缺)賜帑金二千兩。(下缺)世名□不敢以不文辭。

謹按狀,公諱頊齡,字顓士,號瑁湖。□出宋魏國文正公,南渡後,世居江南華亭。曾祖考高□公,祖考□□公,考□□農山公,皆以公貴,贈如其官(下缺)妣皆一品夫人。御史公在(下缺)生三子,公其長也,生而禎異(下缺)康熙癸卯□□取士,公領江南鄉薦,丙辰成

299

進士（下缺）高才（下缺）艱服闕補□□□□□□無事□□□□□□□□□□□宗人（下缺）體仁閣下，除翰林編修。公及見勝□遺獻熟□□□故□□上下議論一時，稱良史才。（下缺）賞凱□諸大□□□□度文節具舉不□□□□□賴以□□吏（下缺）時江南初用翰□□徵大學士，公是年七十有七，精神充實□□□論思出□夙夜靖（下缺）弟篤實修行者□□之有司以□□請□必詳核□□□□不徇選授。兩朝克誠純一以是（下缺）遷侍讀□□□□□知家被□□渥眷（下缺）時□主始終之際如公者固（下缺）郊廟禮□封□朝禮遇□僚之厚高□□□□□百世猶當□□□□有□□者矣公天（下缺）會試正考官，己未再主會試，戊戌進武英殿大學士，□命恭點（下缺）孝□皇大□神主（下缺）聖祖仁皇帝□主精潔（下缺）公事□□□敬慎在□□□□□□同異有不便□言辭之歸于允當議芝稱（下缺）公慎□□□□得多當世名人後（下缺）盛甲泣左而清□□約不異儒□生平著作宏富文章典贍既登（下缺）尚書□□□□□修明史前後進本□□□□□□賞先師特製□賜公及公□尚書□□□□爲老大臣□□賜□曰□□松喬合心緣□□□因自號松喬老人，以志榮遇（下缺）聖駕南巡再□公園亭留賜（下缺）御題公□□□御筆御衣□□□□之（下缺）公年八十時□□特賜詹事，内府製器□□壽之需，因繪八旬賜器圖，傳示後世，尤爲希覯□（下缺）□□上□□開科歲值癸卯公□□□□是六十年矣。別鄉先達姚方伯、唐水部故事，賦詩紀事，人皆羨爲昌□人瑞。所著《世恩堂集》若干卷□□□□□年□□□□□□年八十有四。配李氏，兩繼□□沈氏□贈一品夫人。子五人，長圖炳，康熙壬辰進士□□内庭供奉□日講官起居注詹事府□事□翰林院侍讀□□□□□□□□□□□□□康熙辛□□□□□□□□□□爲舉人次圖新□□□生次圖壽候選主事。女五人，一適康熙己丑進士庶常□授兵部車駕司主事□同□，一適康熙□□□□□□□□□□□四□節□□□□□廷揆□□□□□□沈懿德□□□□貢生候選知縣勞啓鏗，一適泰太□生陳晃。撫女一，適康熙己丑進士楊□恒。孫男□人□□□□□□□長□雍正癸卯進士□□□編修終□□□曰□□（下缺）□□□古有□□光輔聖君天壽□□□爲純臣赫赫□□（下缺）皇朝□□□□□□□□□（下缺）神聖相承□良□□三壽作□時（下缺）選東觀□班□□□□□鑑幾寰（下缺）□□□流□拜□□□□□□（下缺）□□新元□□亮鴻圖□□□□□□天語如□衛武抑□□公精神（下缺）接武永傳世（下缺）。

　　□□□□□□□□勒□□□□（下缺）。

【按】

　　録自原碑，清張廷玉撰，勵廷儀正書，張大有篆蓋。參考《北京圖書館藏中國歷代石刻拓本匯編》第 68 册第 38 頁所載之《王頊齡及妻李氏兩沈氏合葬志》拓片圖像及注文："王頊齡及妻李氏兩沈氏合葬志,志4629,清雍正三年(1725)八月五日卒。石在上海市松江縣。拓片高36厘米,寬199厘米。張廷玉撰,勵儀正書,張大有篆蓋。此拓不全,卒葬年均缺,此卒年據《歷代名人碑傳總表》補。志作帖式。”“勵儀”當爲“勵廷儀”。蔡仁甫《新農三“古”》一文(見《金山文史資料》第九期第251頁):“‘閣老墳’在1956年被石鼓鄉和愛國高級社的幹部組織社員拆墳開廓。廓中有三具屍體……墳前掘出有一塊石碑,也被深埋在墳墓附近的地下。”與《北圖中國歷代石刻拓本匯編》關于合葬的記載相吻合。國圖數字圖書館網站有《王頊齡及妻李氏兩沈氏合葬志》拓片圖像,與《北圖中國歷代石刻拓本匯編》所載相同。《北京圖書館藏墓志拓片目錄》第396頁著錄:“王頊齡及妻李氏兩沈氏墓志并額,M4696。首題:‘皇清誥授光禄大夫經筵講官太子太傅武英殿大學士兼工部尚書加三級少傅謐文恭王公墓志銘’存48行,行33字,36×199(通)。蓋篆書同首題,14行,行3字。〔雍正三年〕(1725)八月五日卒。張廷玉撰,勵廷儀正書,張大有篆蓋(額)。江蘇松江出土。＊志分刻數石,此拓本不全,卒葬年均缺,此卒年據《歷代名人碑傳總表》補。”光緒《金山縣志》卷十三《名迹志下·冢墓》葉十三:“大學士王頊齡墓,在五保方二三圖,張廷玉銘。”民國《重輯張堰志》卷三《志名迹·冢墓》葉十六記載相同。

155 王頊齡墓御製碑文

清雍正四年(1726)　清世宗胤禛

　　國家誼篤舊臣,禮隆良弼,其有協恭夙夜,克慎始終,懋宣勵相之勞,蔚著老成之望,是宜絲綸誕賁,琬琰丕昭,典至鉅也。爾王頊齡性資端重,學術淹通,聖祖仁皇帝拔自庶僚,登于詞苑,趨承講幄,洊登卿貳之班,綜轄冬官,旋擢鈞衡之任。小心翼翼,表儀範于群工;黃髮皤皤,爲巖廊之元老。朕心眷倚,宮傅優崇。稠疊恩波,顧耆年而加渥;懇辭禄位,頒手敕以慰留。方予告之有期,忽沈痾之難起,遣良醫以診視,命親王以臨喪。贈秩賜金,輟朝加祭,易名象行,曰文曰恭。於戲! 三事久登,綸閣猶傳風度;九重寵錫,泉扃長荷輝光。傑岅貞珉,用垂無斁。

　　雍正四年　月　日。

【按】

　　録自嘉慶《松江府志》卷七十九《名迹志·冢墓》葉三十五,清世宗胤禛撰,原題"御製碑文",原文:"武英殿大學士贈少傅諡文恭王頊齡賜塋,在五保方二三圖宙字圩安浜。"《世宗憲皇帝御製文集》中未見。《新農志》第四編第五章第三節《古墳》第 268 頁:"閣老墳,在愛國九隊安浜(烟浜)。係清代武英殿大學士贈少傅諡文恭王頊齡的墳墓。占地約四十畝,墳塋四周有墳河,墳南二百米東西豎有二根石旗桿;過墳屋是一條 3.5 米寬、百米長的石甬道,兩邊依次排列石翁仲(石人)、石羊、石龜、石狗、石馬等;過了石橋約 50 米,才是一座方方 50 米的高大土墳;墳後兩旁有兩座小墳,俗稱'保駕墳'。墳前原有石碑,1956 年 7 月閣老墳拆毀,石碑被埋,據嘉慶《松江府志》記載:御製碑文……"

156　焦南浦先生墓志銘

清乾隆元年(1736)　張廷玉

　　君姓焦氏，諱袁熹，字廣期，先爲華亭人，華亭分婁，婁分金山，爲金山人。先世業儒，曾祖正藩，天啓貢生；祖惟山，父時來，皆諸生。母唐氏，前明禮部尚書文獻曾孫女，中書舍人子禎女也。君生而穎悟絶人，未冠，補博士弟子員，所構制舉業已有聲大江南北。丙子登賢書，丁丑赴禮闈不第，庚辰夏試畢遄歸。旋丁外艱，居喪，擗踴呼號，幾成心疾。維時君祖母鞠太夫人年逾八旬，唐夫人亦六十外，念兩世慈闈春秋高，居家勤色養，絶意進取。撫季弟遺孤，以長以教，暇則枕圖葄史，鍵户著書。如是者十餘年。

　　癸巳，聖祖仁皇帝諭九卿，保舉實學之士可備顧問者。時華亭文恭王公、安溪文貞李公，交章薦君，已報可矣，君以母夫人年高固辭；迨銓部除君爲山陽教諭，仍乞終養。丙午，母夫人臥病，君躬自扶掖，進食飲積三四月不怠。及卒，哀毀骨立，幾不欲生。時君年六十有六矣，素羸弱，又遭大故，勞憊非常所堪，而至性卒不可奪。嗚呼！如君者可謂純孝矣。

　　君爲人刻勵清苦，所居室不蔽風雨，遇閭里水旱疾疫，輒咨嗟累日，圖所以振救之。又性好獎借後進，處友朋無疏戚，苟可以齒牙餘論，沾丐寒畯，無不極口推許，以發其光。康熙中，當湖陸清獻公以道學提唱東南，君慕尚而效法之，鑽仰程朱，默契絶學，故所著《經説》《太極圖述》等書數十卷，皆與宋儒之旨吻合，而間出己意，亦能發所未發。其他雜著亦數十卷，考史傳之異同，訂前人之緒論，如兵刑、錢穀、水利、獄訟諸大政，必指陳利害，可濟實用。而詩古文詞及坊刻制義，凡君所自爲與其評騭者，皆足以屬酬群心，揚扢風雅，爲當代所貴重。君嘗自言，每年讀未見書必丈許，自少至老，未嘗衰止。年七十餘臥疾，猶令諸孫誦書于側，以自怡悦云。

　　君卒年七十有六。娶顧氏，勤苦有賢德。子男五：以敬，癸丑欽賜進士，翰林院庶吉士，改洪洞縣知縣；以恕，廩膳生；餘殤。女二：長適貢生沈中理，次字諸生王標，皆先卒。

孫男四：紹祖，戊午副榜貢生；鍾璜，太學生；文達，諸生；鍾斗，幼。曾孫男三，曾孫女七。君生于順治辛丑九月三日，卒以乾隆丙辰五月十五日，葬于某鄉某原。君，余同年友也，葬之日，其遺孤以余知君深，奉狀來乞銘。銘曰：

峰九泖三，實鍾靈淑。扶世翼教，金晶玉璞。修于門内，懿行孔彰。道充爲綏，德積爲糧。伊洛一燈，尹志顔樂。著述等身，以視後覺。書藏石室，名寄盤阿。蘭梃蕭艾，松偃烟蘿。有道之阡，佳城鬱鬱。子孫宜之，永綏貞吉。

賜進士出身誥授光禄大夫經筵日講官起居注太保兼太子太保保和殿大學士兼管吏部尚書翰林院掌院學士三等伯欽命總理事務加十六級年眷弟張廷玉頓首拜撰。

【按】

録自《焦南浦先生年譜·附録》葉十三，清張廷玉撰，原題"墓志銘"。

157 候選學正楊君墓表

清乾隆七年後數年(1742年後數年)　黃之雋

　　學正君既歿十餘年,孤孫晋拔奉行狀以告曰:"先大父墓木將拱而未敢礱石以表之者,懼非其人,不足傳家乘。願得先生文,揭于阡,庶徵信焉。"予已戒筆墨,不果作。越一載,復申前請,不克辭。

　　君姓楊氏,諱朝藩,字奕韓,號滁山,松之金山人。曾祖元道,鄉飲賓。祖國訓,贈奉政大夫。父繡[一],奉政大夫、臨江府同知署知府事。君七歲能自句讀《四書講義》。十六侍父入都,肄業國子監,游于溧陽史太史公鶴齡之門,不與群少伍。二十試,吏部郝太宰賞其文,置州佐前列。時海寧族父少司馬公雍建官通政,而臨江君始筮仕爲鴻臚寺序班,相聚京邸,君以子侄執弟子禮,從學數年,日有名卿大夫爭物色之。會臨江出宰湯陰,君亦隨任。邑當九省之衝,大僚過賓,車騎絡繹,值滇黔軍需,羽檄旁午,幾無煖席,而邑之政務鉅細井井,四境以治。君管内幕,與有力焉。固城壩有劫商者,實鄰邑相錯,湯陰保甲不以聞,無憑詳報,撫臣遂以疏防劾奏,君疾馳赴部,爲父訟冤,竟得昭雪。縣試童子,君閱卷所取士,或成進士、取解首、登賢書,中州稱湯陰得人。先是,戊午秋,君應京兆試,族弟閣學公瑄方以編修爲考官,榜發見遺,人服君不事請托。至是復赴北闈,雍試第一,俗稱之"監元"。主司采望輒售,而仍安命以失之。遂循例入貲爲學正。時尊人已擢臨江郡司馬,君復侍行,旋攝郡篆,凡佐佑贊畫如湯陰而加整暇焉,朝夕不暫離。迨臨江致政歸,尤以愛日,故久不謁選。臨江九十考終,孺慕不衰,服闋而年亦垂六十矣,遂優游里門不復出,嘗從錢塘高文恪爲詩古文之學。所著《未庵集》二卷、《滁山詩稿》一卷、《四書》《尚書》制義三百餘首。書法學晋人。惜屢試不遇,未展其懷抱,徒以文學、孝友稱于交游、鄉黨間。相知多鉅公,又恬澹不屑藉援手以弋名位,而逡巡不仕以老也。當雍正之十年,語人曰:"吾生甲午,今歲在子,子午交戰,若月又逢子,吾殆不免。"至十一月朔,果卒,年七十有九。又二年,葬于金山縣不該字圩,黄沙石梁之西。配莊孺人,一子,開鄴,國子生,哭父苫次,卒。一孫,晋,拔國子生,即乞予表墓者。

予與君婿徐令淯、君孫婿程令有成、君外孫趙倅駿烈,素相識。晚交君之群從太學錫履、進士錫恒、太學錫觀。嘗登其堂,君居秦、查兩山間,獨未造廬,握手爲缺事。乃今表君之行,而後如見其爲人也。

【按】

録自《唐堂集·續》卷五《墓表》葉十二,清黄之雋撰。據文,楊朝藩卒于雍正十年(1732)十一月朔日,十餘年後其孫楊晋來求墓表,故此文當作于乾隆七年(1742)後數年。民國《重輯張堰志》卷三《志名迹·冢墓》葉十三:"教諭楊朝藩墓,在六保十六圖黄沙石橋。黄之雋銘。"乾隆《金山縣志》卷之十五《墳墓》葉十四:"教諭楊朝藩墓,在黄沙石橋。諭德黄之雋銘。"光緒《金山縣志》卷十三《名迹志下·冢墓》葉十五:"教諭楊朝藩墓,在黄沙石橋,黄之雋銘。"光緒《婁縣續志》卷十六《人物傳上》葉十一:"楊朝藩,字滌山,歲貢生,臨江守鑰長子,以仁孝聞,與弟升友愛,畢生無間言。著有《未庵集》。子開鄴,子舒堂,性至孝,母喪,盡禮侍父,病寢處不離者五載,及父没,哀痛卒。升子階六,諸生,亦以孝友稱,平生多著述。"

【校注】

[一]父鑰:楊鑰。光緒《婁縣續志》卷十六《人物傳上》葉六:"楊鑰,字來社……晋臨江同知,攝府事。……年九十卒,……著有《莅湯拙牘》《四美堂稿》。"

158　黃節婦盛氏墓志銘

清乾隆二十三年至二十八年間(1758—1763)　王顯曾

　　節婦姓盛氏,父萬年,母戚氏,家素封,所生惟節婦,適文學黃如峰。黃與盛比屋而居,奉侍舅姑,暇時歸省其父母。年十七,如峰病死,婦矢志守節。舅姑憐其無子,而命長孫世宏兼嗣。婦仰事俯育,克盡婦道,日以紡織爲事,自奉儉約。後如峰仲兄生子鶴文,舅姑命以爲嗣,而世宏歸宗。婦爲子兩娶婦。舅姑相繼歿,居喪盡禮。歲有餘資,賙恤親貧。久之鶴文生子,婦亦爲聘孫媳,未及婚而婦病卒,實某年月日也。先是葬于元圩盛氏之墓旁,而營生壙,及將死,囑其子若孫曰:“夫既祔于外氏墓,我不得不從,但遠舅姑而近父母,于禮未安,無容請旌以炫世。”卒年六十九,守節五十三載。嗚呼! 可銘也已! 銘曰:

　　夫死而葬,子長而娶,隻手持門綽優裕,乞我銘詞表厥墓。

【按】

　　録自《宣統庚戌二次重修金山黃氏族譜·文》葉二,清王顯曾撰,署“庚辰庶常王顯曾”。志稱“(盛氏)年十七,如峰病死,婦矢志守節。……命長孫世宏兼嗣”,據黃世宏墓志銘《清故太學生莘莊公墓志銘》:“六歲喪母,……康熙四十五年十一月二十五日生。”可知世宏兼嗣于康熙四十五年(1706)至康熙五十年(1711)間,而盛氏時年十七,可知其生于1690至1695年之間,又據其“卒年六十九”,可知其卒于1758至1763年之間,即清乾隆二十三年至乾隆二十八年之間。

159　工科掌印給事中范君墓志銘

清乾隆三十四年(1769)　錢　載

松江華亭范君祖年，其高祖考從元，姚顧氏；曾祖考宏，充鄉飲賓，姚張氏；祖考讚，國子監生，著有《四香樓集》，姚莫氏；考甫霑，松江府儒學生，姚王氏。其世有文學而爲善，略見爲其考志。嗚呼！君之孤先乞銘君考而乞銘君也。

君生康熙四十九年正月四日，其日，祖之生日；其年，祖之六十。祖臥疾久，爱命名曰同，而字以祖年也。八歲喪母，二十一歲補金山衛儒學生，則更名栻士。乾隆元年，舉于江南，時其家蕭條，一弟又未昏卒，于是游豫章，游粵東，以養其父。甲子，自京師奔父喪，方卜壤，不得吉，而夫人張氏，當君客游，爲貧家婦，奉舅，鞠弱子女，以病不起，子錫圭始十四歲，穉圭六歲，于是君不再娶。

載家嘉禾。松江，嘉禾之華亭鄉也，而未識君。壬申，慈聖六旬萬壽，恩科會試同中式。廷對，天子親擢君一甲二名進士及第，遂同入翰林。兩人相見，輒亦道家事。又明年，載請假歸葬先考，君送之而欷歔自責。嗚呼！耕南翁明形家言也，而葬其子安敢不慎？自時厥後，且見君之卜壤而難其吉也，以故，非徒無財也。丙子，改福建道監察御史，充順天鄉試同考官。辛巳，慈聖七旬萬壽覃恩，得贈父朝議大夫，母恭人，而請貤贈其祖父母。丙戌，轉兵科給事中。戊子，復充順天鄉試同考官，再轉工科掌印給事中。君屢巡城而能，其在御史，嘗請禁南人之應順天鄉試，而冒直隸籍者。丁丑，改科制，第二場試五言八韻詩一首，君請官刻韻一紙，按號舍以給。辛巳會試，大學士蔣公請量取薦卷以內閣中書用，君請即再于中量取，以國子監學正學録用，皆得旨行。

己丑，于是君年六十矣，元日五更入朝，市門爆竹驚其騾，車奔幾覆。朝回，載過之，猶心悸也。春寒，監糶野寺，他日歸，語其子穉圭曰："我祖庚寅六十初度，越十日歿，我今逾其日矣。先世無大壽，我其久在世乎？"三月下旬，病且亟，錫圭在廣東，以舉人揀發廣東試用知縣,而穉圭後于弟,前年來省,君方肄業太學,而女婿胡鼎蓉方試春官,皆侍君。蘷州太守徐良、祠部王顯曾、知醫皆朝夕視君。親朋視君者滿君邸,而四月十三日以卒。

嗚呼!祖年不可知而可知,豈其數邪?自君卜考妣之壤,餘二十年也,乃以前此二年得吉金山縣之庵浜,其法又當以明年葬則吉。而君歿,君之孤扶柩歸松江,乃以明年正月六日,起君考妣冢庵浜,維君及夫人實祔左。嗚呼!可知而不可知,豈其數邪?君深韙昌黎"讀書當先識字"之語,博通字書,兼明醫家、形家。視緩急及患苦者,皆若在己。同年御史雲南馬君卒,嫈嫠萬里經紀之,歸其喪。篤厚師門而誘掖後進,如將弗及。夫人歲貢生霞城翁女。女一,其婿以故父諡恪靖公勞績,欽賜舉人。孫子女皆幼。銘曰:

詞臣以文。匪侈爾文。諫臣以言。亦敬爾言。天衢徘徊,矧壽止斯。光靈峰泖,何不惜之。今以有子,益見平生。從葬既吉,尚後之榮。

【按】

録自《蘀石齋文集》卷二十一葉三,清錢載撰。嘉慶《松江府志》卷七十九《名迹志·冢墓》葉三十八:"贈中憲大夫范甫霱墓,子工科給事中棫士祔,在五保方二三圖,秀水錢載銘。"據該志卷二葉十三《十三鄉分隸表》:"胥浦鄉:金山縣,管四保,區四,圖二十三;五保,區三,圖一十八;六保,區二圖二十。"可知范氏父子墓在當時金山縣胥浦鄉。

160 誥贈朝議大夫掌福建道監察御史范公墓志銘

清乾隆三十五年(1770) 錢　載

　　公諱甫霑,字耕南,號苧田,姓范氏,松江府儒學生,以子械士貴,誥贈朝議大夫掌福建道監察御史。配王氏,贈恭人。范氏相傳宋魯公,從高宗南渡,其後居湖州四安山之大村。元末,諱謨者始籍華亭,至鄉飲賓宏,實生公考纘,字笏溪,貤贈朝議大夫,妣莫氏,贈恭人。子三,長即公也,次仁霑、文燦,俱府學生。公生于康熙十一年閏七月二十五日,卒于乾隆九年八月十九日,年七十有三。王恭人,歲貢生岷始翁女,生于康熙十四年六月二十一日,卒于康熙五十六年七月十四日,年四十有三。今以械士卒之明年,乾隆三十五年正月六日,其孤孫錫圭、稺圭,即厥考前此二年所卜地,金山縣之南荒字圩庵浜,起公冢,而錄其長者馮氏所具事略請銘。

　　嗚呼! 載與公子械士爲同年,去其考之歿九年,去其妣之歿三十有六年,而械士始及第也。歲卜地不吉,營葬不克,而械士卒于官也,未一年而械士之孤奉其祖考妣、奉其考妣暨其叔考妣,同日窆于斯也。嗚呼! 而載乃能以追副械士在日無窮之心。

　　公外和易而內剛介,樂人之善如己善,好行其德,不求人知,善處人骨肉之間而昏嫁喪葬之力不逮者,王恭人嘗贊以成之。歲大疫,施棺無數。豫知卒日,而自書其喪儀于壁,蓋聞笏溪翁之閉關著述也。讀書至多,旁通陰陽術數,而亦工于畫,人之求之,則令製布絮襖,無大小,以一襖來,以一畫去,三時之積,出而予夫寒者,歲以爲常。有子如公,其可謂無忝者已。子二:械士,進士及第,翰林院編修,歷工科掌印給事中;穎士,華亭縣儒學生,先公卒,公之執友中允黃之雋豫爲之志。女二,一嫁黃中允子元度,一嫁張俊民。銘曰:

　　士何以貧也,仕何以貧也,而不克葬其親也? 公乎安矣,非以子孝,豈以孫賢? 嗚呼! 其誰之天,有崇三封。兄昭弟穆,考妣是從。嗚呼! 范氏中失其世譜,而我銘其祖。

【按】

　　録自《撢石齋文集》卷二十一葉二,清錢載撰。嘉慶《松江府志》卷七十九《名迹志·冢墓》葉三十八:"贈中憲大夫范甫霈墓,子工科給事中械士袥,在五保方二三圖,秀水錢載銘。"

161　清故太學生萼莊公墓志銘

清乾隆三十七年(1772)　沈　泰

　　君姓黄氏，諱世宏，字克明，號萼莊，行一。其先有諱允恭者，當元時，由徽遷松江之泖灣，孝友事迹，俱詳郡邑志，是爲君之遠祖。祖君常，以好義重于鄉。父嘉猷，隱居教授。君少承庭訓，潛心力學，郡邑試輒前列，然終不售，援例入太學，復屢躓于棘闈，遂以養親告歸。

　　方君六歲喪母，即踽踽如成人。侍其嚴君也，竭力承歡，每親靚瘠，常月餘不解帶，病痊始安。及丁外艱，哀痛之中，合于古禮。平日應事接物，豪俠好善重于鄉。善相勸，過相規，鄉黨莫不敬憚。凡有鼠雀之釁，聞一言以解，由是争端悉化，一鄉鮮有匍匐公庭者。有佃被拘而病死，拘者及業主皆懼，賫三百餘金，浼公賄佃妻子。公以事不應賄，以理曉佃家，願載歸治喪，原金還業主。其素取信于人有如此者。復有族侄被富室毆斃，浼至戚賂公千金，欲寢其事，却之不納，終得抵罪。其守正不阿又如此者。使得志于時，以明察之才，公正之心，廉潔之操，建功立業，豈可涯量者？惜乎其不遇也。晚年以先塋在村南，築丙舍于旁，日往省親，親自栽培樹木，其孺慕之忱至老不衰。

　　元配趙氏，儒士諱連城女，男希勉；女二，長適本邑太學生褚大成，次適本邑庠生陸炎慎。繼配方氏，浙江己酉科經魁諱濂女，無出。繼配王氏，邑庠生諱虞昭女，壬申科舉人諱思孝胞妹，生男五：霆，邑庠生；堂，太學生；霖、雲、霽，俱幼；女二：長即適余子文埰，次適本邑太學生張是熊。以康熙四十五年十一月二十五日生，乾隆三十六年十一月十七日卒，年六十有六。以乾隆三十七年十月十六日，葬于金山縣四保一二圖元字圩之高原。君之子希勉請銘于余，銘曰：

　　玉蘊輝嶺，珠藏媚淵。匿迹閭里，存養事天。幽光必發，潛德承前。貽謀燕翼，千載堪傳。

【按】

録自《宣統庚戌二次重修金山黄氏族譜·文》葉三,清沈泰撰,署"乾隆癸酉沈泰"。乾隆癸酉即清乾隆十八年(1753),歲次癸酉,據《明清時期上海地區的著姓望族》第307頁:"沈泰(沈宗敬孫,沈荃曾孫,沈易十四世孫),字杲之。乾隆十八年(1753年)癸酉順天舉人。"故"乾隆癸酉沈泰"當指沈泰身份,而非撰文日期。

162 優貢生候選儒學訓導楊君墓志銘

清乾隆四十年(1775)　錢大昕

國家立學校崇儒術,選京朝官、提督、學政,三年一更代,將受代,例擇通省人士文行兼優者三四人或二三人升之成均,以示勸也。夫鄉試三載一舉,大省解額或多至百餘人,然徒録其文,未及其行,惟學使薦舉優行,擇之精,故得之尤難;幸而得之,又或名與實不相應。以予所見,名實允副者,其惟吾友楊君鐵齋乎。蓋自平湖陸清獻公講學東南,恪守考亭,不爲它説所摇動,論者推爲本朝儒宗第一。君私淑清獻,尊而信之,又嘗從陸聚緱編修游,與上下其議論,故博涉群書,得其要領。編修之殁,君爲文祭之,謂朱子後大儒,無如南吴北許兩公,魯齋墨守寒泉遺論,草廬作《諸經纂言》,則别有心得;有魯齋以干城朱子,然後異説不得逞,有草廬以推廣朱子之學,然後儒家不局于專門訓詁之陋。蓋以清獻方魯齋,而以草廬擬編修也。而君生平學行宗仰所在,斷可識矣。

君生而穎敏,五歲授以漢魏六朝詩,即能背誦。時族兄進士錫恒豪于飲,一日,宗人小飲,指謂君曰:"弟試誦詩一首,吾當飲一杯。"君即應聲誦數十篇,無一字誤。進士連引釂,遂至沈醉,舉坐驚異。及長,補金山縣生員,文日益有名。十應鄉舉,同考薦卷者四,終不遇,學使晋寧李公因培舉君優行。明年,聖駕南巡,召試詩賦,入二等,有内府文綺之賜,聲名隱然動江左,而不得一官命也。君之舉優行也,與吾邑曹中允仁虎同薦,李公有春華秋實之目。中允旋登進士,列侍從;君獨蹭蹬場屋,以升貢太學,當得儒學訓導,未及官而遽殁。然公論具在,固不以顯晦分優絀也。

君事親孝,居喪,自大小斂至祥禫,壹遵家禮儀節。嘗與友人論喪禮,謂:"《記》云'居喪未葬讀葬禮,既葬讀祭禮',此爲平日未讀《禮》者言也。《儀禮》十七篇,素所誦習,何待苫塊中始占畢哉? 張子言'居喪,它書不可觀'者,謂非聖之書也,讀聖賢書未必越于禮外,聖賢之學寧以居喪而遂忘之?"其議論通達如此。教授生徒,各隨才器,誘掖之所成就者尤衆。性耽著述，丹黄不去手，于《四書》《詩》《書》《易》、小學皆有札記，于《春秋》有《四傳存疑》，于三禮有《臆説》，又有《觀理編》《律吕指掌圖》《鐵齋偶筆》、詩文雜著，合若干卷。

君初名開基，字履德，其後更名履基，而仍其字，鐵齋其自號也。曾祖國訓，贈奉政大夫。祖繡，一名貫甫，江西臨江府同知。父升，歲貢生，候選儒學教諭。先世居平湖，後徙婁縣之張堰。雍正初，析婁之南境爲金山縣，今爲金山人。夫人陸氏，都察院左僉都御史某之孫，平湖縣學生某之女，早卒。君壯失偶，終身不更娶。子運昌，縣學生。女嫁婁縣學生馮孝錫。孫，男一人，女一人。君春秋六十有三，以乾隆四十年閏月十九日終于家，以其年某月日葬于某鄉某原。銘曰：

鑿之深而成淵也，綆之修而及泉也。玉粲之琢兮，上燭天也。終韞于檟，璞自完也。讀父之書，有子賢也。謂客莫嘲，後有子雲也。

【按】

録自《潛研堂文集》卷四十六《墓志銘五》葉三，清錢大昕撰。民國《重輯張堰志》卷三《志名迹·冢墓》葉十四："司訓楊升墓，子教諭履基祔，在秦山南。升，錢陳群銘。履基，錢大昕銘。"

163 朱集山先生墓志銘

清乾隆三十一年至四十一年間(1766—1776)　徐祖鎏

　　余既銘宗遠朱翁之墓矣,其子集山先生暨配姚、黃兩孺人同祔葬于翁之墓。葬之日,都人士莫不稱朱氏之節孝,何可不更用一言以志其壙而納諸幽?

　　先生諱天翔,集山其字也,早年援入太學。祖若沖,父宗遠,兩世結納傾家,家徒四壁。先生善事二親,奉養豐腆,不使絲毫空乏形于外,務適堂上心。宗遠公歿後,生計日非,游幕漢南,藉館穀爲菽水資。厚撫兩弟,終身無間。嘗言:"我家自宋已有'紫陽義居'之賜,冀無愧前人而已。"其孝友性成如此。宗遠公署名立券以助友也,晚年家中落,實無力以償負家,負家亦雅重公氣誼,不責公償,垂三十餘年矣。先生極力摒擋,一一以償宿負。負家固不受,則曰:"有先子手筆在,無辭也。"悉歸其本,取舊券以還。其善承先志又如此。

　　先生性和而介,恭敬下人,里中稱爲佛子。工行草書,尤長于詩,著《漢上吟稿》。壽六十有一。原配姚孺人,事姑以孝。繼配黃孺人,性端莊,治家有法度。生子男三:長廷芝,即虹橋也;次廷禄,出繼仲弟澺後;季廷德,出繼季弟天鳳後。女一,適青浦國子生胡明卓。孫四,曰棟,曰楠,曰模,曰桓。先生之歿也,黃孺人年二十九,虹橋年十一,幼者在襁褓。辛勤操作,以長以教,咸成立以次,婚嫁不失時。中年後兩目失明,猶以家事自任,督課諸孫,苦節五十餘年,壽至八十有一。嗚呼!是皆可傳也已。

　　余嘗誦先生之子虹橋秀才文,又與先生之孫二垞善,歷敘其曾若祖與其祖母孝友苦節狀,合之都人士及親舊之稱道不衰者,遂耳熟焉。會二垞乞余文志墓,并略敘其梗概,而復爲之銘。銘曰:

　　無德不報,積善斯昌。如公及兩配之節孝,宜與金石并壽,日月争光。

【按】

　　録自嘉慶《干巷志》卷六《藝文三·記、序、書、墓志、傳》葉二十八,清徐祖鎏撰,署"徐祖鎏薌沙"。墓志稱"(朱天翔)先生之歿也,黄孺人年二十九,虹橋年十一,……(黄孺人)苦節五十餘年,壽至八十有一。"可知此墓志銘撰于朱天翔卒後五十二年。又據墓主朱天翔之父朱紹述的墓志銘(《朱翁墓志銘》),朱紹述卒于1714年,其墓志銘中有朱廷芝(虹橋)之名,可知朱天翔、朱紹述卒年相差在十一年之内。據此可知朱天翔約卒于康熙五十三年(1714)至雍正二年(1724)之間,其墓志銘當撰于五十二年後,即乾隆三十一年(1766)至乾隆四十一年(1776)之間。

164 浙江寧波府知府王君紹曾墓志銘

清乾隆四十二年(1777)　鄭虎文

　　王太史蒓鄉出守寧波，凡八閱月而謫雲南軍前，不半歲卒，時乾隆己丑十一月二十一日也。越九載，丁酉，始克卜葬君于某阡。君同母弟禮科給事中顯曾撰狀，率十一齡孤，具幣奉狀來以志銘請。余手狀泪迸，咽不成誦，頃之竟讀，信乃志曰：

　　君諱紹曾，字衣聞，號蒓鄉，世居江蘇華亭之張堰，後入金山縣，故君爲金山縣人。我朝族之望于江以南者，太倉王氏、海寧陳氏而外，莫如華亭之王。仁廟[一]朝相國文恭公[二]，實公曾祖。文恭公生君祖孝廉諱圖焞，孝廉生君考寧國太守諱祖庚。妣陳恭人，海寧大宗伯陳清恪公子編修諱世侃女也。君胚胎前光，性習殊衆，幼授書，百過乃熟，耻之，每黎明入塾，塾門未啓，持書跪庭中誦以俟；夜漏下四十刻乃已，率爲常。久之，開悟。年十七，補縣庠生。又十年，丙子，登京兆榜。明年，成進士，改庶吉士。庚辰，授編修。

　　君廣顙疏眉，瞻視威重，見者憚之。少倜儻負才，長而侍寧國公，宦游歷事益鍊。既通籍，掌翰林院事。相國梁文莊公、少宗伯介文□公咸才君，倚如左右手，奏君理院事。君明斷果銳，持公抑私，無所橈避，同列皆斂手讓。壬午，主雲南鄉試，得士多知名者。癸未，充功臣通考兩館提調。甲申，充方略館纂修。所至，以才名壓其曹，忌者滋衆。時館中人有爲蜚語所中者，掌院信之，將劾奏，君力救得寢，衆顧歸獄于君。君又倡修院署，會駕南幸，文□公扈從，道卒，復騰言君知工興日月不利于介而甘心焉，用激當軸之怒以撼君。君不能自明，于是稍稍學韜晦避事，顧事日填委，無以謝也。尋丁寧國公憂，歸。免喪，復職授寧波府知府。初掌院，奉旨舉詞臣之才堪任道府者，君與焉。當是時，寧國公去保定守任，在部爲選人，君弟顯曾官儀曹，同居文恭公之錫，壽堂舊第一時冠蓋車馬，京師稱盛，寧國顧而樂之。寧國自恨不得入詞館，雅不欲君應是舉，而無以奪舉者意，君亦患苦口語求，出不復辭，及是乃有是命。至浙未幾，以會勘事被議，命從征緬甸于雲南，遂去寧。

　　君之治寧也，以郡邊海多盜，捕役豢縱不緝，檢舊牘僅歲餘，得未完案百有五十，乃計案分役，責捕役五人爲曹，曹推一人爲長，又設督捕一人轄之，立比限滿十日無一獲者，督捕帶比其長，獲一小案者，免獲案兩三，并獲非分捕本案者，第功以賞。條具牒，縣官吏惕息奉令。不數月，完案八九。郡稀告竊者，鄞俗尚拳勇，惡少年率數輩或數十輩，白晝暴民于市，吏莫何問。君籍其姓名，立木城六門，戒無犯，犯輒盡法無赦。諸惡少咸匿迹，無敢高語于途者。郡以大治。君坐堂皇，聽斷縱民聚觀，且謂曰："余斷事無成心，苟未允，爾其各言余過，無畏。"斷畢復詢如初，必衆曰允乃已。以故民樂就訴，無鉅細立剖，雖刑者無後言。君嘗書聯，榜聽事兩楹以自警，曰："刑敢曰允，賞敢曰明，祇爲見不到時留地步；民何以安？吏何以察？總于斯未信處著功夫。"蓋實録也。將去，自爲文千餘言，與士民別，民益感動，去之日，送者自城迤邐相屬至西壩，凡二十五里，哭不絕聲。後聞凶問，相與南望聚哭曰："吾郡五六十年來無此好官，今去且死，後望絕矣。"至今讀君別士民文，猶墮淚，因名《墮淚文》，方之峴山碑云。

　　君至雲南，作急裝，腰弓跨馬逐諸健兒，隨制府阿公疾馳老管屯軍前，思一展割裂之用以自贖。會病瘴與疾，還騰越，卒，春秋四十。

　　君配初聘揚州戴氏，河南汝寧府知府諱汝槐女，未婚卒。娶無錫張氏，禮部尚書文恪公孫庠生忠女。側室楊氏。子男一人，景高，楊出。女二，長適兵部尚書彭公啓豐孫、侍讀紹觀子、甲午舉人希范；次字湖南衡永桂江道汪公新子某，俱張出。景高聘戴氏，即汝寧公孫女。君念原聘戴，雖未成婦，義不忍絕，歸其柩，將以禮葬，懼後世子孫廢墜厥祀，乃復爲景高聘于戴，以繫屬之。君之篤于倫義，此可觀矣。銘曰：

　　謫金齒，橫草功，或以此，天何靳之以謫死？循良最迹古孰儔？南陽潁川今明州。君來桐鄉神夷猶，山深海闊道阻修。神兮歸來不可以久留，歸神幽宮釋塵憂。吾銘以諛君知不？

【按】

　　録自《碑傳集》卷一百五《乾隆朝守令中之上》（見《清代碑傳全集》第 512 頁），清鄭虎文撰。《重輯張堰志》卷三《志名迹·冢墓》葉十四："寧波知府王紹曾墓，在舊港口右。鄭虎文銘。"

【校注】

　　[一] 仁廟：康熙皇帝廟號爲"仁"，故稱仁廟。

　　[二] 文恭公：即王頊齡。

165　周孺人墓志銘

清乾隆四十九年(1784)　程維岳

　　乾隆四十九年十月,徐君勗哉寓書京館,述其妣周孺人壹行,曰:"嚮者先孺人開九秩,請子序之以文,諾予而未有以報也。今不幸先孺人喪,將以明年三月三日啓仲高府君之窆而祔焉。冀子一言揜諸幽,敬固以請。"岳乃按狀志之曰:

　　孺人姓周氏,縣學生相岩君諱景弼之子,候選直隸州同知諱是訓之子婦,文學生仲高君諱學乾之配,縣學生勗哉之母也。孺人少嫻《內則》,及笄歸于仲高君,事舅姑惟謹。閱二十餘年而仲高君歿,遺子男女七人,孺人力持門户,延經師課其子,脩脯腆潔,夜則率女子籌火治軒車機絞以爲常。蓋爲婚者三,爲嫁者二,家以弗落,而孺人之心體亦交憊矣。當相岩君試省闈幾售被黜,歸而嬰痿躄疾,彌留床褥,孺人以里門密邇,日夕省視,藥石粉餌之屬相屬于道;又念母丁孺人耄,迎諸家,備盡色養,既疾革,始舁以歸,曰:"養可以分其任,喪不可儳其職也。"所御衣䙝濯補紉至再三、白鹽赤米、紫瓜紅莧之物,雖小必親。娣姒族鄰無間言,馭臧獲女婢未嘗假以詞色,而飢寒勤貰必曲恤之。嗚呼!婦德之難也。侈而蕩者毋論已,其或筨鑰之是坊,錙銖子母之是悉,縱自苦又何法焉?孺人儉而中禮,可不謂賢乎?

　　孺人生康熙癸未二月十二日,歿乾隆甲辰九月二十四日,其葬也,于金山縣四保十一圖閩圩。子男五:敬哉,早殤;勗哉,邦達,縣學生;邦俊,府學生;邦彦,太學生。子女三:長適太學生湯企尹,次適恩貢生莊映台,三適縣學生陸德華。孫七,孫女十二。曾孫女一。銘曰:

　　維孺人祖厥諱繡,晝歲游陸清獻門,七誡十二訓故敦。徐亦清門南州裔,孺人歸焉主中饋,有子克家孫克類。孺人冢婦予曰姑,梱儀耳治溯在家,書方書策詞非誣。歸然幽宅吉無咎,樹者桐柏櫃枌柳,納我銘詞垂永久。

【按】

　　録自嘉慶《朱涇志》卷十《遺文》葉二十四,清程維岳撰,署"程維岳愛廬"。

166　候選州同知穀山曹公側室干孺人墓志銘

清乾隆五十五年(1790)　朱　棟

　　孺人干姓，外祖州同知穀山公之側室，我母曹太安人之生母也。干爲里人，莫考其先世。而孺人言德功容，太安人昔嘗屢述，棟泣而志之不敢忘，曰：“我不及見汝外王母，若干孺人見背，我年六歲矣，猶能記其爲人。性仁厚，事上御下，一室無間言，汝外祖特倚重焉。體弱多病，惟生我一人。嘗撫我而托于嫂沈氏曰：‘此女他日賴嫂教養之。’若自知不久而作是言者，遂殁于雍正□年□月□日，距生康熙□年□月□日，享年二十有八。厝于祖墓之傍，垂五十年未葬也。”言畢，輒嗚咽不自勝。又曰：“汝高祖父以下皆未葬，汝宜速成立，佐汝父擇吉地以葬之。又，汝舅氏貧，我母干孺人未入土，汝當成我志。”言畢，又嗚咽不自勝。

　　甲午春，棟隨侍家大人北游。丁酉三月，驚聞太安人之訃。嗚呼痛哉！小子棟今日之哭母，何異太安人當日之哭母耶？太安人之哭母也，棟見而傷之，今日之哭母也，母何在耶？安得不因哭我之母而并哭我母之母耶？向使棟不遠游，得以身親湯藥，我知太安人病革時，方將以此諄諄反覆，流涕而申命，乃竟抱此終天之恨，則迴憶太安人平昔之語，不覺痛深肺腑，而不自知其涕泗之交流也，又何能一日忘之，不以太安人之心爲心耶？既葬高曾祖父母與太安人，即于乾隆五十五年十二月　日葬干孺人于外祖父母之墓側。謹以太安人平昔之教，泣而志其墓，爲之銘曰：

　　東干之有干氏兮，里以姓傳。孺人之著壼範兮，宗黨稱賢。痛六齡之見背兮，垂五十年。謹追昔年之遺命兮，葬于斯焉。庶幾酬深恩于萬一兮，而慰我母地下之懸懸。

【按】

　　録自嘉慶《干巷志》卷六《藝文三》葉三十三，清朱棟撰，署“朱棟二垞”。該志卷三《墳墓》葉三十三：“曹處士彥博公爾埏墓，在十六圖大爲字圩。外祖穀山公祔。干孺人即葬墓傍，棟撰志銘。”

167　朱母曹安人墓志銘

清乾隆五十五年（1790）　褚廷璋

　　乾隆丁酉夏，朱生棟將奔其母曹安人之喪，擗踊號呼幾絶者數矣，曾戒以勿過哀滅性。閲數年，余請告歸里，棟來吳門，伏地再拜曰："我母葬有日，乞先生一言掩諸幽。我母曹氏，先世有諱勛官禮部侍郎者，其曾祖也。我外祖父諱鑑仁，候選州同知。我母生六齡，外祖父母及庶外祖母干孺人相繼殁，舅母沈孺人恩撫之，視同己出，授《孝經》《内則》諸書，能知大義，性端静，無媟語，無惰容。母事沈孺人極孝謹，殁，服三年喪，哀痛不已，宗黨兩賢之。年二十四，來歸我父，即出奩具佐缺乏，烹飪縫紉細事必躬親。即以事沈孺人者事我祖母黄太孺人，晨昏温凊，無不曲當。初，沈孺人患目疾，我母以舌舐之，期年而復明。至是，黄太孺人亦遘斯疾，延醫治之不效，復以舌舐之，終不效，則痛哭流涕，呼天以祈之。棟生七年，家日益困，我母嘗以三代未葬爲憂，乃勸我父北上，曰：'過時不葬，《春秋》非之。家事我自支持，葬事君應速理。三尺地間，安能了此也？'甲申，我父游燕趙，仰事俯育，我母一身任之，以紡織供菽水，夜督女婢篝火治機絞以爲常。令棟坐紡車傍，執卷燈背，令就火光課晝所讀書，必成誦乃已。常以三代及干孺人葬事囑棟等，至于流涕。甲午春，復命棟隨侍北游，曰：'固知窮達有命，但俾從明師爲通儒，有孝行以了葬事，足矣。'奉命以行。越三年，竟以積勞成疾不起，不及見。今日之葬我三代，且即以葬我母爲可哀也。"

　　虹橋先生悼安人不已，不復娶，亦嘗稱及安人賢。而棟從余學有年，知其不妄。復以其言質之劍亭曹侍御，侍御與棟生同郡，其稱述安人無異詞，則安人之賢孝信矣。安人卒于乾隆四十一年十二月初八日，距生于雍正十□年[一]七月十四日，享年五十有一。生子二：長即棟，字二垞，候選州同知，以詩古知名于時；次子楠，出嗣仲父鞠軒。孫一，杰，尚幼。今棟卜以乾隆五十五年十二月葬安人于金山縣干巷鎮六保十圖制字圩祖墓之昭。

　　銘曰：

孝思不篤，女德以微。孰念撫育，存歿不違。孰奉姑嫜，菽水不虧。目以舌舐，天以身祈。孰相夫子，克承葬事。孰教其子，克成良士。咸謂女宗，信有母德。我本舊史，用秉直筆。如安人者，得自《孝經》。有不知者，視而子孫。

【按】

録自嘉慶《干巷志》卷六《藝文》葉十八，清褚廷璋撰，署"褚廷璋筠心"。

【校注】

[一] 雍正十□年：原文如此。據碑文，曹氏享年五十一，按虛歲算，當生于 1726 年，即雍正四年。

168　文林郎施秉縣知縣朱君墓志銘

清乾隆五十七年(1792)　盧文弨

　　君諱履吉,字旦銘,朱姓,松江婁縣人,先世故浙産,凡三遷至今縣,詳具先世志中。考諱秀文,廣西柳州府通判。柳州君早年生兩子,皆不育,四十外始舉君,愛憐倍至。幼聰慧好學,以父遠宦,成童即綜理家政,復銳精學業。體素弱,嫡母夏安人憂其過勞也,令就怡適所,親示以六法,間撫七弦以自娛,遂兼通藝事。

　　年十八,省父柳州,途次即熟復法家言。至則佐幕中,畫有老成風。柳州君以君之習于爲政也,年幾強仕,遂爲援例,銓授貴州鎮遠府施秉縣知縣。縣居衝途,困于供億,君籌畫有方,剋己奉公,一不以累民。革賦外浮派之弊,而民皆樂輸恐後。其聽訟也,剖決如流,且化且誘,兩造往往各解讎釋忿而去。修偏橋使商旅不病涉,葺廨舍使官吏不侵民居。月兩期課士,而士知向方。甫二年,善政畢舉,大府方擬以循良薦,忽一夕心動,亟陳情歸養。未到家一舍,聞若考已先一月捐館,即號咷徒跣奔赴,慟絶,幾不欲生,遂得咯血疾。逾年少差,隨擇地安窆,并建祠置田,呈縣勒石以垂久遠。又推柳州君遺意,浙五世以下諸塋及金山縣冉莊祖塋,親往封植,各製祭器,鑪瓶鐙檠之屬畢具,謹庋以供時祀。

　　君之歸也,年四十有一,以生母孫孺人年高,家居侍養者十餘年,怡怡然樂也。孫孺人疾,君侍湯藥月餘,目不交睫,皆爲之爛。先是,君自祖塋祭埽回,遇疾風甚雨,得疾,至是新愈,而孫孺人病,卒不起,君哀毀骨立,沈疴頓發,醫者咸謂痛傷五中,不静攝,將不治。戚友亦引《禮》"五十不毀"之文相勸慰,君聞言更戚,竟於乾隆五十七年正月十二日卒於喪次,年五十有五,距孫孺人之没未及一期。卒前三日,力起端坐,書示曰:"遽云寡過,曾引履冰,五十五年,勉服于膺,春朝撒手去,仍作打包僧,一片寒松裏,慈烏喚我曾。"蓋君考嘗航海至補陀求子,遇老衲以禪語示意,後生君,故其言有自也。又指壁間懸緘曰:"與我將去。"及殮取視,外裹以麻緘,以素紙細書"百日髮"三字,蓋喪滿百日所剃髮也。噫!此亦全歸之道矣。鄉人來會者，重君誼，皆行哭失聲，且爲之議曰："曾子稱'慈愛忘勞'，盡力而有禮，大《易》云'庸行之謹'，君之敬親絜己，宜受此名也。"私謚曰孝謹先生，斂曰"然"。君階文林郎，考不以其官封，而就君之階，新例也。初娶于陸，繼娶蔡，皆前卒，又繼娶王。子四人，光曜、子鄂，皆諸生；光綸，光琡。一女蘭馨，適青浦學生蔡光治。孫二人，大源、大韶。女孫二人。今卜于十二月二十一日乙酉，奉君柩葬于婁縣北鱗字圩祖塋之次，君生前所自定也。諸孤介余年家子范公弼來請銘，爲之銘曰：

士有百行，唯孝莫大。慎厥身修，唯謹斯最。晋有靖節，唐有貞曜。古道猶行，德音孔邵。循吏之名，不足盡君。終焉死孝，匪獨生勤。婁江之濆，幽宮是宅。永遂瞻依，祥徵烏奕。

【按】

録自《抱經堂文集》卷三十四《墓志銘》葉十四，清盧文弨撰，題下原注"壬子"。志云"金山縣冉莊祖塋"，"奉君柩葬于婁縣北鱗字圩，祖塋之次"，可知朱履吉墓在清代金山縣境内或婁、金兩縣交界處。

169 四川鹽茶道王君墓志銘

清嘉慶五年(1800)　王　昶

　　余族弟南明之仕于蜀也四十一年，而在軍需局者二十有七年。蓋本朝之制，各省用兵，則總督巡撫必設軍需局，主以布政使，選道府州縣之明練者預焉。凡兵將之徵發，糧餉之購貯，器械硝藥之製造，牛馬之轉輸，道途之修治，銅鐵布帛之備用，將軍大臣之往來，閑員佐職之選調，皆主局者先爲儲偫。指示羽檄倉卒，朝夕數變，亦或勝負得失所關，足以驚心動魄，故非熟練而有識、明幹而有守，不足與于此。

　　蜀自乾隆三十一年緬甸不靖，大軍進討，始調川兵，又令覓雇騾馬以協馱載，至三十四年，大小兩金川侵擾鄰境，用兵垂六七年，迄四十一年而後奏凱。尋有科爾喀之役，繼又有貴州、湖南苗民逆命，而湖北白蓮教蔓延陝西以及于蜀，故蜀之軍需局歷久而不能撤，其間任事者先後升調，或緣他故去，惟南明一身楷柱其間，勾稽案牘，料量機宜，先事億度，從無絓誤。二十餘年中，心力蓋盡于是矣。南明由監生循例報捐，二十五年八月補大竹縣丞。越二年，調補屏山縣丞。三十一年，委辦楠木，是年六月，委駐威寧，解送赴滇官兵，并催解牛馬。三十三年，辦天壇望燈杆木。三十五、六兩年，復辦楠木。三十七年，陞成都縣知縣。三十九年，陞簡州知州。四十四年，陞瀘州知州。四十七年，陞成都府知府。五十二年，補授川東道。五十五年，署布政使。□□□年，調全省鹽茶道。□□□年，署按察使。

　　南明之采木三次也，率吏役數千，指入蠻地數千里，涉岩嶮，觸瘴癘，所獲皆巨材，稱上意，命加二級，給賞緞匹。及西藏用兵，成都將軍率兵進，總督駐打箭爐籌糧運，而積糧未運至五六十萬，總督窘，驛召南明，乃議檄明正土司，曉以大義。土司頭目悉踴躍，牛馬麇至，不旬日，糧悉起運。事聞，奉旨嘉獎，賜以花翎。南明雖屢擢牧守，大吏因其諳練局中，藉以爲重，急則使之隨營辦事，送兵督運，緩則歸局總理一切，無從容閑暇之日，而南明亦以孤寒受上知，奮身不顧，卒勞瘁歿于官。

南明名啓焜，又字東白，號秋汀。始遷祖富一公，爲盧瀝場鹽官，繼爲白牛蕩書院山長，故居楓涇，涇北爲江蘇婁縣境，南爲浙江嘉善縣境，遂爲嘉善縣人。曾祖錫旦，候選州同知。祖宏澤，附貢生。本生父桓，父象升，皆監生，累贈奉直大夫，晋贈中憲大夫如其官。祖妣、妣，及配胡氏，皆贈恭人。子三：堃，福建經歷，次均，皆先歿；次登墀，議叙州同。孫三：長重釪，候選主簿；次鍾鈁，候選縣丞；又次製錦，尚幼。女三：長適舉人謝昌鑒；次許謝某，亦先歿；三適監生莊燮。南明卒以嘉慶三年十月初七日，距生于雍正八年四月十二日，得年六十有九。以五年正月某日，偕恭人葬于婁縣秋涇濱之新阡。承重孫重釪等請，爲墓志。

南明與余同出于太原，歲久譜軼，失其世次，而其家楓涇，及余家青浦之珠街，雖兩省，相距僅三十里，自少以兄事余。南明受業于海寧陳先生焜，而余鄉試又出先生本房，時令如皋，余與南明常在官舍，以是益親。南明少時，長身玉立，舉止閑雅，時有謝景滌、張思曼之目。能詩，集句最工，書仿董華亭，蜀中人弆爲墨寶。簿書冗雜，不忘風雅，修杜少陵祠于草堂之側，又築萍廬于署中。及在夔州，有三白鶴并下之異，築三鶴堂，同人多以詩咏其事。時詩人宦于蜀者，顧君光旭爲按察使，查君禮、王君鳳儀先後爲松茂道，楊君潮觀、曹君焜先後爲知州，吳侍講省欽爲學政，每有宴集，必招南明往，互相吟和。又自寫《載酒凌雲冊》，以志雅尚。三十六年十二月，予過郫，夜已三鼓矣，宿其官齋，殘燭熒熒然，猶出梁侍講同書所書《賢首經》摩挲嘆息，蓋其清超絶俗如此。年六十後，使人歸，稍葺其故居，又建家祠千涇西，置義田五百畝，以贍族人，將爲歸老計。其汩没于軍需中，如蠶作繭，不能自出，豈其志所樂哉？重釪等生晚，不及知，予故掇而書之，其亦可感也已。銘曰：

生山水鄉，弗克居也。宦山水地，弗克娛也。軍書旁午，手口瘏也。勞人草草，卒病以殂也。若堂若斧，雲波縈紆，歸厥幽墟，庶神之愉也。

【按】

録自《春融堂集》卷五十四葉九，清王昶撰。光緒《重輯楓涇小志》卷三《志名迹·冢墓》葉十七："四川鹽茶道王啓焜墓，在一保七圖生字圩。王昶銘。"

170 文學盧君墓志銘

清道光二年（1822） 張文虎

君姓盧氏，諱祖潢，字申濤，號蓀塘。世籍范陽，再遷至松江之張堰鎮。曾祖燦，祖以恭，父開書，均以學行著。君穎敏篤學，幼孤，事繼母二兄孝友如禮。同邑楊履基，以當湖陸氏學教授鄉里，君從之游，業大進，然自未冠補博士弟子員，十應鄉舉不得志，乃絶意進取，閉户著述。居不蔽風雨，圖史纍纍盈几席，丹黄甲乙，寒暑不徹，視榮禄利達蔑如也，竟卒以老。著《讀易要義》《書詩春秋三傳要旨》《三禮彙説》《十三經臆説》《讀史信筆》《香草編》《蓀塘偶筆》、詩文集凡若干卷。君行誼篤實，恂恂有古人風，遠近稱長者。年七十，門人將舉觴爲壽，瞿然曰："程子言，人子生日，念父母劬勞，當益悲痛，顧置酒爲樂耶？"是歲修族譜，冬建宗祠，記之曰："子弟讀書則明理安分，即不得禄位，猶無玷宗祖耳。"其訓後人如此。

君生乾隆十五年庚午六月四日，卒道光二年壬午十月二十日，門人私謚文肅先生。配蔣，子有椒，次有棠，後君九年卒。孫二：寶煦、寶烈，以儒繼其世。道光某年卜葬君于邑十六圖之原。銘曰：

爵在天，修者人，有隱德者昌其門，不于其躬，于其子孫乎。

【按】

録自《舒藝室雜著乙編》卷下葉六十三，清張文虎撰。民國《重輯張堰志》卷三《志名迹·冢墓》葉十四："貞道先生盧祖潢墓，子有基袝，在油車橋北，沈家大橋南。祖潢墓，仁和龔守正銘。有基墓，南匯張筠磚銘。""仁和龔守正銘"或有誤。墓志銘記墓主卒年而未記葬年，此處姑以卒年繫之。

171　敕封儒林郎廩貢生黃君墓志銘

清道光四年(1824)　朱方增

　　君姓黃,諱霆,字雷門,號橘洲。世居金山泖灣,始祖以孝友著于元,十二傳至父葶莊贈公,代有聞人,詳于郡邑志。君生而幼慧,弱冠補諸生,旋食餼,貢成均。己酉鄉試,薦而不售。生平慷慨好善。金山距省八百而遙,每遇賓興,寒士資斧不給,往往賫志向隅,不獲與興盛典,不知凡幾。君先解橐倡捐,存典出息,津貼赴闈舟行之費,申詳立案。由是士子激勵奮發,爭先恐後,以仰副國家雅化作人之至意,而無行李匱乏之憂。不特此也,先是縣試無坐桌,衙中興隸預置之,以待應試者至而強索其酬,嘗居奇翔價,士久爲所苦。君捐辦坐桌數百,至今應試者便之。文廟久傾圮,博士僦民屋以居,君獨任修葺,不事勸募。他如賙恤親朋、提攜善類,固書之不勝書。性嗜學,務求根柢,不屑屑于章句,凡古來農田刑政,考晰精詳,必折衷于今制,以故世事尤通曉。間好爲詩,著有《松江竹枝詞》《咏物詩》行世。道光三年三月十一日卒,享年七十有七,以子鼎貲階封儒林郎。越明年三月二十四日,葬于四保二圖元圩高原,君在日所自營生壙也。子五:長鼎,布政司理問,先卒;次綬,壬午舉人,候選太常寺博士;次琮,州同知;次鈞,次灝,俱太學生。女二:長適沈成,次許吳世琳。孫二:瑞徵,布政司經歷,鼎出;聯徵,琮出。曾孫一:寶華,瑞徵出。銘曰:

　　嗟我黃君,善蓋一鄉。雖無其位,没世名揚。克昌厥後,必得其祥。謂余不信,視兹銘章。

【按】

　　録自《宣統庚戌二次重修金山黃氏族譜·文》葉四,清朱方增撰,署"辛酉庶常朱方增"。光緒《金山縣志》卷十四《學校志·縣學》葉九:"文昌宮,在朱涇鎮鳳翔里。……(嘉慶)十二年(歡按,1807年),貢生黃霆、程杞等捐田二十畝六分有奇,并捐考桌考櫈九十副,勒石祠壁,永爲縣試文童之所。道光五年(歡按,1825 年),黃霆、楊大醅等捐助賓興錢三千千,存典生息,按科津貼,立石學署。"據墓志,黃霆卒于道光三年,光緒縣志"道光五年"記載或有誤。

172 盧處士墓志銘

清道光十七年(1837)　張文虎

　　君諱有棠，後改有基，字聯萼，號藹園，又號滋圃，金山人，文蕭先生祖潢次子。以乾隆四十六年辛丑二月二十五日生，以道光十一年辛卯九月十二日卒。娶金氏，後君二十有二日生，殁于道光元年七月二十二日。繼倪氏，嘉慶五年五月六日生，後君百七十日完節。君殁後六年，嗣子某合祔于邑十六圖先塋之次，狀其遺行乞銘，遂銘之曰：

　　士困于襄，易儒而賈。既復業儒，抗志皇古。勤學敦行，鄉人式焉。屢試屢躓，無慍色焉。事父母兄，克孝克友。躬親菽水，爲二人壽。坦懷遇物，無爾詐虞。忠告善道，愧彼面諛。人亦有言，君曰唯唯。改過勿憚，如赴壑水。書法魯公，剛健不疲。詩文秩然，豹死留皮。維道與藝，君殆兼之。古潛德士，庶幾似兹。鬱鬱佳城，没焉賁志。銘其幽宮，用示後世。

【按】

　　録自《舒藝室雜著賸稿》葉三十三，清張文虎撰。民國《重輯張堰志》卷三《志名迹·冢墓》葉十四："貞道先生盧祖潢墓，子有基祔，在油車橋北，沈家大橋南。祖潢墓，仁和龔守正銘。有基墓，南匯張筠磚銘。""南匯張筠磚銘"或有誤。

173 承德郎例晋朝議大夫户部貴州清吏司主事候選知府黄君墓志銘

清道光二十七年(1847)　姚　椿

　　道光丙午冬十月，友人張君祥澐，以其姻家金山黄君諱光焯之行狀來請，曰："葬有期矣，其家子孫將以墓中埋幽之文累子。"余以張君言可徵信，乃按其子龍章所具狀而爲言曰：

　　君字槐江，系出晋新安太守，世居休寧，其後世子孫營業于江蘇之金山，遂隸籍焉。曾祖文彪，歲貢生。祖星淮，金山附貢生。本生祖灝，乾隆丙子順天舉人，考取内閣中書，誥授奉直大夫，上二世皆贈如其官。父桂馨，附貢生，以君貴，敕封承德郎户部貴州司主事，晋封朝議大夫候選知府。君承累世詩書之緒，自奮于學，年十九，補博士弟員；越三年，中式本省副榜貢生；又三年，爲本省舉人；二年，成進士，授今職，兼理雲南司。道光五年，江南禦黄壩倒，國家興大工，内外大吏竭力。君在户部，尤殫盡思慮，號爲能臣，尚書索綽絡公英和謂曰："議海運者多矣，然未有如子之委曲詳盡、明白曉暢也。"當是時，君方以才力知名，將嚮用矣，遽接家諭，母夫人思子念切，于是以告假旋里。旋丁外艱，復丁母喪，君于其間出入奔走。既治理内外葬事，復往新安修葺長發支祠，整理家譜。復創建金山柘湖書院，重修聖廟。君之所以有志于事者，方未有已，蓋將出其身以爲國家效馳驅之用，而不幸遽遘疾以卒，此有志之士所爲撫躬而嘆息也。

　　君卒于道光辛丑年，年四十五，卜以丁未年三月初六日，附葬于金山五保二區一圖黄字圩之阡。君娶休寧張氏，贈恭人。繼以松江張氏。子四人：副室金氏，實生龍章，出嗣兄後；次麟書、鳳誥；又次豹文，則庶室徐氏出也。女六：長適張敬詒，其四許字祥澐子茂昭。而鳳誥復聘祥澐女，故來請銘。銘曰：

　　才之長兮猷之壯，遽奄忽兮悲死喪。生新安兮寄吴淞，安體魄兮胥浦鄉。鬱鬱蔥蔥兮君冢所藏,千秋奕祀兮文字之祥。

【按】

録自《晚學齋文集》卷九葉十八,清姚椿撰。光緒《金山縣志》卷二十四《義行傳》葉十四:"黄光焯,號槐江,朱涇人。原籍休寧,祖灝,中乾隆二十一年舉人,始占籍金山。光焯道光元年舉人,三年成進士,授户部貴州司主事……"

174 候選訓導錢君殯志

清道光二十九年(1849) 張文虎

　　予初識錢君于南蕩張氏,越七年,君從弟錫之輯《守山閣叢書》若《指海》,招予佐其事。君多藏秘袟,時假校録,過從考論。越九年而《守山閣叢書》成,後二年,錫之邀予同至京師。明年,錫之没于南。歸,君握予手曰:"錫之已矣,《指海》稿未竟,盍贊成之乎?"予曰:"然。"又六年,《指海》竣事,而君又没,可悲也。君狀貌偉岸,大耳廣顙,爲人寬厚,無城府,好善樂施,人咸謂長者,法宜得長壽,乃其卒也,年僅五十有四,豈相人之術不足信邪? 抑天之報施善人,果不必以壽考邪?

　　君性洒落,不問家人事,好與客歡笑圍棋賭墅,勝敗皆欣然。然自錫之之没,君常鬱鬱,或言及之,輒累吁增嘆,隱然爲門户憂,蓋其所見者遠非他人所知也。少困于童子試,及爲學宮弟子,遂絶意進取。久之,用例注籍儒學訓導,亦未嘗赴選人,家居簡出,以書史自娱。其訓子弟,以讀書爲善,敦本睦族,無墜世澤。烏乎! 可謂篤實君子矣。

　　君諱熙經,字心傳,別自號漱六。先世自奉賢遷妻之南鄉,今屬金山縣地。祖溥義,父樹立,皆有隱德。君生于嘉慶元年四月,卒于道光二十九年十有一月。娶張氏,繼室雷氏。子培名、培繼、培炳,培繼嗣季弟熙文爲後。孫銘庚。培名等請文其殯室,予惟識君三十有三年,不爲不久,教學相長,開誠無隱,交不爲不深,是弗能辭也,乃爲之銘曰:

　　宜厚其福,綿其齒,而止于此,將以俟其子。

【按】

　　録自《舒藝室雜著乙編》卷下葉六十二,清張文虎撰。

334

175 皇清貤封承德郎晋贈奉政大夫翰林院庶吉士加四級仇君墓志銘

清光緒六年（1880） 張文虎

　　按狀，仇君諱世賢，號少泉，系屬元嘉議大夫徽州路總管懸十九世孫。先世家歙，高祖志元，國初避兵至松，遂占婁籍。曾祖聖林，祖鳴山。父漢濤，以炳台貴，皇贈奉直大夫。母郁，贈宜人，生四子，伯耕美，仲殤，叔耕昌，季即君。

　　君家世貧乏，奉直公性伉爽，不問家人生產，貧益甚。郁太宜人時以紡績佐之，命君日市吉貝百錢，每籌燈夜作，母未寢不敢寢，黎明易錢仍市吉貝，餘負米歸，以爲常。奉直公督子嚴，輒予杖，君伏受，不得命不敢起。稍長，隨兩兄習業尤勤。無何，奉直公病篤，日夜禱泣。及没，恐母哀傷，左右排解，不須臾離。至娶婦，甚宜于姑，乃喜曰："庶減吾内顧憂乎！"蓋伯不娶，而叔以居隘外徙，獨君夫婦常在側。時郁太宜人晚境稍適，而伯、叔先後以病卒。叔娶楊，先没，乃請命炳台後叔以慰母。時時傷己獨立，然不敢令母見。太宜人年逾八十，寢疾，飲食、湯藥、廁牏，必身親之。病久，舉動需翼抱，夕每數起，惕息無安枕。或思所嗜，雖深夜必求以進。太宜人曰："汝日有所作，夜宜息，毋太苦。"君唯唯曰："母勿憂，兒無所苦也。"如是者六年。居母喪，號哭不解，或勸之，君曰："某少窮困，累吾母，幸衣食粗給，而不得遂終養，天乎！天乎！"聞者哀之。

　　君孝友出于天性，侍父母、兩兄，輒忘其身之所不能爲，與力之所不及。其與人交，富貴貧賤無異視，老弱孤寡、不能自存者，必多方以濟之。其訓諸子曰："心欲平，量欲大，吾非有餘，視昔日則過矣。吾見人之急，而思吾昔日，不自知其泪之所從來也。"有同爲賈者，負君資，不責償，或復助之，没後數年，猶有太息而述其事者。猶敬禮文士，自以少失學，督炳台讀書，從名師游，稽核程課，以所業質諸耆宿，少進則喜，否則痛懲之。炳台遂以拔萃科觀政户曹，薦北闈，成同治元年進士。先是，咸豐十年，君與三子豫、觀、咸，挈家避寇浦江南，流離轉徙，而豫、咸相繼以没，君憂傷致病，聞炳台報，稍喜，且寇氛漸遠，疆掫楢回郡城，而病已不可爲。炳台乞假歸，聞訃奔喪，及家，而觀又没矣。

　　君生乾隆五十八年十二月二十二日，没于同治元年八月二十六日，年七十，祔葬于金山鄉二圖李家村，奉直公之穆位，封贈如炳台官。光緒四年，大吏舉孝行，旌于朝，祠于官。配顧，先君□年没，貤贈安人，晋宜人。子四：炳台，嗣叔後，翰林院庶吉士，娶沈；治豫，娶周；治觀，娶楊，皆九品銜，以侍母疾，刲股得旌；治咸，國學生，娶朱。孫四：炳台子恩福、恩褘，豫子恩禧，皆庠生；咸子恩祉，兼祧觀後。曾孫三：光璇，恩禧子；光瓛、光瓚，皆恩褘子。女二，一適金山廩貢生張慶恩，一適同邑黄家驊。孫女一，適華亭舉人吴鍾杰，炳台女也。

　　光緒六年，炳台具禮以狀來，曰："凡炳台之所以狀先考者，皆從其實，無敢有所誣飾。顧十九年來，父執僅有存者，敢以請銘。"文虎文章名位不足爲贈君重，而贈君之爲人，則固素所知也，故不辭而爲之銘。銘曰：

　　庸言庸行，言之讜也。體之躬行，何其慇也。乃如之人，庶幾踐也。子孫繩繩，惟先德之勉也。

【按】

　　録自《舒藝室雜著賸稿》葉三十四，清張文虎撰。光緒《松江府續志》卷三十八《名迹志·冢墓》葉七十八"金山縣"下："贈奉直大夫仇漢濤墓，子贈奉政大夫耕昌、贈奉政大夫孝子世賢、孫孝子治豫、治觀祔。在四十保鄉二圖李家村。世賢墓，張文虎銘。"

176 先聘妻壙銘

清宣統三年(1911)　高　燮

先聘妻華亭顧氏,陳黃門侍郎野王之系,世居亭湖,父禮邦。歲乙未,先府君爲余聘焉。其嫂何,余舅氏姊,間從親故,言必道其小姑婉順,余聞而竊喜。明年冬,忽以疾來告,越一日而凶問至,在光緒二十二年丙申十二月八日,年一十八。時先府君棄養未逾歲,孤苦餘生,更遭不幸,痛可知矣。余往視其殯,笄而殮,循俗也。則見其父、若兄、若嫂,哭皆失聲。母氏周,方病,以殤女故,旋歿。余以是信其賢,而益悲其年之促。歲戊戌,余既奉其主歸,今忽忽又十餘年,余數子皆已成童。念聘妻之柩尚在顧氏墓道,雖古制女未廟見,死則葬于女氏之黨,然此禮今不可行。而世亂日亟,久厝未安。因卜地于秦山之左,于宣統三年辛亥十一月二日迎其柩以葬,而余亦築生壙,于是更植梅百樹以妥其靈。嗟乎!聘妻一弱齡女耳,宜無卓卓可見,與余未有夫婦之素,尤無情好之可言,是以余所能述者止此,可哀也已。銘曰:

梅花如海,擁護佳城,他年同穴,證以茲銘。

【按】

録自《高燮集》第一部分《文選·銘志》第 340 頁,民國高燮撰,文末注"(1912)"。據銘文,墓主實葬于宣統三年(1911)。

177 高吟槐先生墓志銘

民國元年(1912) 陳蛻庵

學者爲人作紀傳志銘,必素識,或所慕,而後神注意赴,躍躍如見,數十萬言不覺少,千萬言不覺多。此説是也。然畫師取畫像而摹之,妙肖不別于圖,其十年之友,在所依據碻耳。蛻于吟槐先生未一面,且不同里,居無聞也,未通問訊,無所感也。乃先生之孤旭,以其墓志銘相屬,而蛻亦應之不辭。豈非有以行述在,知必見信,知必可信,旭與蛻兩得之耶?

按述,先生姓高,名煒,字吟槐。三歲,父峙青公卒,無田廬,母顧太夫人撫育之,伯父近齋公督教之,其親親長長皆難乎猶人。而太君由困而享壽六十又六,近齋公愛重逾己生,諸從弟復敬如同懷,非有純粹真摯之性,能致此三者乎? 既以艱苦卓立,五旬後猶勞家政,俾諸子力學。旭未告而東游,無所忤,呈詩自呼,而復慰以詩;密白以入同盟會,勖以慎,無所罟;歸,創健行公學、欽明女校,而助之資。喜誦報端譚國事,處世深而益暗者,多如先生,得不謂明强乎? 至其得官不任,寧老鄉里,排難解紛,傾善舉,亦足風世之遂一無所益者矣。

先生在前清爲附貢生、訓導,而生以咸豐乙卯正月十三日,卒以民國建元壬子四月十九日,得年五十又八。娶于姜,繼娶于何,皆同邑世家。子三人:長旭,原名堪,娶何氏;次增,娶某氏,皆姜出;次堅,未娶。何出女子二,長適平湖朱鼎熙,次適華亭張井。孫男三,堪之子鏐,增之子曰鑄、曰鍔。有孫女應添入。爲之銘曰:

獨子而孤,孝養純致,母壽兮七旬。群從愛兮伯氏恩,同居和兮無間言。堅苦自立兮以善而棄,行修學粹兮不化而榮。長君矯矯兮人中精英,精悍坦白鮮與倫。友其子兮銘其親,銘者何人? 厥名蛻,厥氏陳。

【按】

　　録自《高旭集·附録》第 684 頁,民國陳蜕庵撰,原注:"原刊《太平洋報》1912 年 9 月 15 日。"

178 亡兒君明墓碣銘

民國四年(1915) 高　燮

　　距我家二里許,有山曰秦山。山之左不數武,有梅百樹,繚以短垣,爲余聘妻顧氏所葬,余之生壙亦在焉。壙之側,有土隆然起者,則余亡兒之墓也。余每當春秋佳日,必挈兒游于此。兒嘗指余壙而問曰:"此中何有也?"余則告之,此爲余他日死後所處。又指其昭穴以問,余又告之,謂:"此中亦爲汝母,但非生汝之母耳。"兒則謹志之,故常以壙中母呼焉。先兒亡之一月,余復攜以往,兒則樂甚,徘徊瞻顧,逾時始返。嗟乎! 而豈知余攜汝以來此也,今乃擲汝骸于此乎? 又豈知以兒之嬌小,乃奪諸所生之母之懷,而置諸壙中之母之側也? 此余之所以愴痛難自克也。

　　兒名壊,余以其頤頰豐滿,故小名豐,余之第五子,生而美好可愛。漸長,性益婉順,而愛其母尤至。母爲講漢黃香事,則便欲學之。冬夜,每隨母寢,必先以身溫被,未嘗瑟縮。母體患冷,則兒必竟夕熨貼臥,其母雖却之,不得也。兒生于清光緒三十四年八月九日,七歲而能讀書。見諸兄皆已有字,而己獨無有,乃請爲字,余字之曰君明。越數月而兒以病殤,時民國三年甲寅五月二十七日。翌年三月十一日,實爲卜葬之期,余遂以君明題其碣,而系以銘曰:

　　兒之生,惟余命之。兒之亡,疇則依之。兒之愛母,惟黃香是師。兒之事死,當無間于所生而或差。倘魂魄其有知,狐兔莫得而侮之。

【按】

録自《高燮集》第一部分《文選·銘志》第342頁,民國高燮撰,文末原注:"(1915)"。

179 姚節母何太君墓志銘

民國四年（1915） 高　燮

　　姚氏有賢節母，曰何太君。自宗族親戚，鄉黨故舊，以及百工僕役，苟得曾親節母之聲容笑貌，莫不歡欣頌德，交口稱之，無間言。而節母之待人也，亦無貧富貴賤，親疏老幼，莫不殷勤感孚，將應周至。是故人之造姚氏門者，無論貧富貴賤，親疏老幼，莫不願見節母。節母出，則必從容懇款，一一爲問安好，既去，則必使人承問。節母固好賓客，茶鐺酒疊，恒無閑置。節母躬操其間，必豐必整，終身未嘗有倦色。是故節母或他出，則人之至者，往往若有所失。節母病，則踵門探問者趾日相接。及卒，則又無論宗族親戚，鄉黨故舊，以及百工僕役，苟得曾親節母之聲容笑貌者，莫不奔走赴弔，痛哭失聲也。嗚呼！是可以知節母之賢矣。

　　節母金山人，父諱大生，母氏朱。年二十而適同邑春漁姚公。姚氏世居張堰，爲金山巨族。節母之嫁也，逮事舅與姑，家室咸宜，舉族稱善。清咸豐十一年，粵難方殷，漸及張堰，節母隨侍奔走，轉徙無定。春漁公歿于亂中，時節母年二十四，早生子裕大已前殤，難平歸，遺腹生裕義，未幾又殤。乃立夫兄之子裕謙爲嗣，節母一任撫教，無異己出，勤劬匭勉，垂五十年，中更舅姑喪葬。爲裕謙娶婦馮氏，歿後繼娶高氏，余長姊也。馮氏遺一男二女，節母撫之皆成童矣，旋又相繼殤。其後高氏生男光，女竹漪、竹修、竹心。今光亦娶婦生子女矣。光從余游，好學能文章。姚氏氣象，振乎丕變。節母至此，年七十餘，四代一堂，由困而亨，喜可知也。然亦知前此之含辛茹苦，抑情濡忍，艱難以持其家者，數十年如一日，謂非節母之仁孝不渝，其安能至此哉！于清光緒十五年，得請旌表如例。以中華民國二年一月十八日，即壬子年十二月十二日，考終內寢，享壽七十有四。將于四年四月十一日，即乙卯年二月二十七日，葬于金山三十四六圖不該字圩春漁公穆位。光以節母之賢德懿行，不可以無傳于後，遂奉父命，以銘幽之文請。乃爲銘曰：

維福如天堅貞始，胡古胡今本一理，猗嗟賢母洵知禮。吾聞撫孤爲難耳，矧非親生逾毛裏。藉手捋茶柏舟矢，飼鬻勤勞不可止。盈箱繒素手親製，賙施綷纊遍鄉里。輕煖不御恩不市，積此惠澤貽孫子。有赫厥德宜降祉，吾銘不誣百世俟。大書更備輝彤史，有欲求者徵于是。

【按】

録自《高燮集》第一部分《文選·銘志》第 341 頁，民國高燮撰，李息（即李叔同）書丹，傅尃篆蓋。文末注"（1913）"。據方愛龍《李叔同〈姚節母何太君墓志銘楷書册〉》一文（見《杭州師范大學學報：社會科學版》2014 年第 4 期）："此册李叔同所書墓志銘凡 11 頁，每頁 7 行，行 10 字，滿頁 70 字，共計 766 字。前有傅尃篆題 1 頁，凡 3 行 9 字。該墓志銘撰文者高燮（1879—1958），字時若，號吹萬，江蘇金山（今屬上海）人；篆蓋者傅尃（1883—1930），原名熊湘，字文渠，號君劍、屯良、鈍安等，湖南醴陵人。志主姚節母何太君是金山姚光（原名後超，字鳳石，號石子，1891—1945）的祖母。高燮還是姚光的舅父和啓蒙之師。姚光爲祖母刊立墓志銘，同爲南社社友的高燮、李叔同（李息）、傅尃三人分别撰文、書丹、篆蓋，應請合作完成。"

180 高爕自爲生壙銘

民國六年(1917) 高 爕

余年三十四,而營生壙于秦山之梅花香窟。越六年,乃自爲銘,而屬友人費硯刻諸石,印之旁,蓋創例也。不書姓氏,已見于印也。銘曰:

少慕劬學,壯益凡庸。蓄久不發,養此潛龍。讀萬卷書,猶未能破。志與心違,四十將過。如馳日月,倏忽可驚。脫遽溘然,抔土無名。百年須臾,有文斯炳。維道是崇,梅花首肯。

【按】

録自《高爕集》第一部分《文選・銘志》第 344 頁,民國高爕撰,原題"生壙銘",文末注"(1917)"。

181　亡長兒昭明墓碣

民國十年(1921)　姚　光

兒名昆璧,字孟樸,亦以余一名光,余妻王名燦,故又名之曰昭明,冀其能昌大門楣耳,而昭明之名遂獨著。兒以清宣統二年庚戌二月十三日生,以民國八年己未十一月二十五日殁,生僅十齡耳。

兒生而方頤廣顙,體碩聲宏,稍長更偉岸異常。兒性不好弄,言必有信。于一切飲食服御玩好之物,泊如也。顧常慷慨好談時事,屬國家多難,强鄰蠶食,海内憬然,思共禦侮。兒則約親族小友,結爲兒童救國團,自居團長,手訂章程,以不賭博、不吸烟、不用日貨爲戒。課餘之暇,遇人絮絮談愛國之義,强聒不捨。間更習爲關于時事之演劇演説,聲情激越,聞者咋舌。余恐其才露,語之曰:"兒童救國團端在讀書上進。"兒聞之,益日孳孳讀書不能自休。余性喜整潔,兒效之,于日常起居有記。所有書籍文玩之屬,編爲譜目,加以題識。難識難解之字,輯爲音義,片紙隻字,稍有關繫,藏弃無失。階前手植花草,盆盎秩如。蓋其嗜好有異于尋常者。

七歲就傅,從松江祝慎旃先生。四年中所授爲《小學》《孝經》《論語》《孟子》《史記》諸書,以及各種簡易科學。余不甚加督,然兒不以怙愛而稍自寬假,常曰:"人不讀書,將何爲者?"其師待兒不以群弟子禮,然兒于函丈間,恭謹甚至。賓客至,肅容而前,朗聲稱對而退。書室中親自拂拭,案上書籍文具,陳設有序。古者小學灑掃應對之節,兒蓋不督而能焉。

兒事其祖父母及父母,先意承志,聽于無聲。苟有小過,加以訶叱,必跼蹐不安,視親顏霽而始已。古稱色養,其庶幾矣。于諸姑前,能讓坐讓食。于諸妹,亦極友愛。于祭祀,必恭必敬。嘗戲爲俎豆之事,則首祭大舜,曰:"是我始祖也。"喜交游,于母黨、祖母之黨諸兄弟叔侄,殷勤備至。于僮僕,未嘗自尊而有疾言厲色,有時更代人受過。蓋其天性仁厚,

344

藹然于孝弟之良,篤于根本之誼如此也。

嗚呼！余族自明至于清初,以仕績文學顯于世,近稍稍陵替矣。余曾祖止生余祖,而又不禄。余父入嗣,生長兄矣,又夭。余生已晚,門單祚薄。余祖母、余父母日夜望孫曾之多。余仰承庭訓,亦奮然欲克自樹立,以紹文獻之傳。乃親老終鮮兄弟,未能游學四方,手置書萬卷,常以未能盡讀爲憾。又以泰西學術,茫無所知。凡此皆有冀于余兒,兒亦似知余意者。余與友朋撰著,時有刊行,兒輒欣然持去。兒讀書固未甚多,然能通其大義,常以力行爲念,尤喜論列史事,時有警語。朝夕常手一卷,慨然尚慕古先聖賢豪傑之爲人,而于關壯繆、岳武穆服膺尤摯。嘗謂臨沮之敗,大丈夫既已立名當世,雖死無恨。于游戲旗幟及所用巾角,遍寫"盡忠報國"之字。與群兒爲攻戰之戲,必勇往直前,曰:"人皆有死,又何懼焉?"講孔子"朝聞道"及孟子"生亦我所欲也"章,常有憬然之色。卧病昏噭中,他事一不曉,獨背誦講解書籍,又反復于孔孟之言。至于氣促聲嘶,而尚念念有辭也。嗚呼！十齡童子,果何所見而然耶？兒之病也,親族交游,下至隸御,莫不旁皇奔走。及其殁也,莫不流涕。鉅人長德皆謂兒聰明仁孝,殉道殉學,可比于魯之汪琦。余舅氏高望之先生,更哭至失聲,有"世不能容"之嘆。嗚呼余兒,又何修而得此乎！余德薄叢戾,有負宗祖,殃及余兒,是余之辜,天耶命耶？嚮之冀其能昌大門楣者,今竟何如耶？他日者,余縱復得子,其能賢于此兒耶？

兒以民國十年辛酉二月十三日,葬于本邑六保一區十圖余父生域之穆位,其昭位則先兄龍深公所葬,兒所奉祀者也。余既述兒生平事迹,爲《昭明憶語》纍數千言,將與海内人士哀唁之作,刻爲《思玄集》傳世,更撮其大端,泐諸貞石,并系以銘曰:

形骸其終埋乎,千秋萬歲,其矜此好學之童子,而莫或毀之。魂氣其歸來乎,剥極則復,而毋使我恨無窮期。

【按】

録自《姚光全集》第一卷《文集》第 106 頁,民國姚光撰。

182　朱母趙太夫人墓志銘

民國二十九年(1940)　唐文治

　　昔孟子論"天爵"云"樂善不倦",夫樂善難矣,不倦則尤難。《易傳》言"恒,雜,而不厭"雜者,處境棼雜而屯艱也。屯邅之極,而爲善之志百折不回,此其詣。求之士大夫且不易觀,況閨閣乎? 乃今于朱母趙太夫人得之。余友金山高君燮,其姊適朱氏慰農先生,先卒,而繼配即趙太夫人,高君事之猶姊。庚辰孟夏,高君持趙太夫人行狀,肫肫來請,曰:"吾姊之喪,距今數閱月矣,將卜葬乞文以銘幽。"余考其行,嘆曰:"是所謂樂善有恒、不倦不厭者耶,其可無銘?"

　　太夫人幼,齊莊賢孝,年二十二來嬪于朱。朱氏世居金山廊下鎮,而原籍平湖,慰農先生遂游平邑庠,家素封,壹處以儉約,孳孳爲善罔懈,太和元氣,融融如也。每歸寧,事高氏節孝李太夫人,無異所生。性安祥,跬步不越禮。生子二,曰炳文,曰焕章,俱爲博士弟子;女二人。越數年,慰農先生遽攖疾卒,焕章躃踊哀痛,不數日以毀殁。而焕章婦張氏,先于前數月卒,太夫人既喪所天,又痛其子若婦,肝腸寸斷矣,而主持家政,爲善益不倦,以爲古聖善與人同,固不敢望,而際兹家國多難,惟有積善可以長久。爰詔其長子炳文,斥貲興學,爲數極巨,無所吝。

　　炳文善承母志,追琢其章,成人有德,克炳厥宗,乃不幸越數載,又與其婦相繼殁,鄉之人相與嘆曰:"嗟哉,善人不獲報竟如是哉。"太夫人撇涕摧心,而爲善益不倦。緣督孫男女五人,勖以讀書勵行,恩斯勤斯,昕夕閔于斯。延男女名教師分別授課,于是孫維坤、維垣等學成名立,文采斐然。鄉之人又相與嘆曰:"美哉,天之報施善門,果不爽哉!"而太夫人爲善益不厭。睦姻任恤而外,推暨惠澤,逮于鄉隅,嘗捐建石梁六七座,行旅利便,有口皆碑。而家庭間營葬,兩世凡十匶,改建居宅,攸躋攸翼,渢渢其庭,蓋承先啓後之規,于是益閎。而太夫人之心力瘁矣。間嘗語其弟燮:"我朱氏累世好善,倘天道有知,我其見諸孫之成立乎？"已而果然，蓋其精誠之至，通神明，貫金石，天鑒其衷，故有以玉成其志也。庚辰正月一日以疾卒，距生于清咸豐八年九月二日，享壽八十有三。蓋《洪範》五福，基于好德，于焉備矣。孫維坤、維垣將于某年某月合葬于某鄉之阡。余既敬太夫人之懿行，而重違高君之請，爰爲銘曰：

丁繫牛之灾祲，有星孛如欃槍。哀生民之厄運，痛嗷雁之悽翔。繄賢母之慈惠，霑涕泪而浪浪。有孫枝兮擢秀，迎安輿于滬濱。奉几杖而祗敬，舒頤養于天倫。胡昊蒼之不吊，倏姥峰之西傾。聿維庚辰月正，元日子夜真泠，王母降瑤池而來迎。眠人間兮無憾，歸天上兮胡悲？溯平生之淑德，爰載筆而摛辭。埋金山之片石，與天地以長留。願賢子孫之繼志，永積善于千秋。

【按】

録自民國《金山縣鑑》(1948 年 12 月第四期）第 73 頁，民國唐文治撰，署"太倉唐文治"。

183　孝靖高先生墓志銘

民國三十二年(1943)　田毓璠

　　昔余客松江,訪仁賢于錢、張兩徵君,竊聞先生之名久矣。晚與先生介弟吹萬游,審知其友愛極篤。適先生病革,遺命戒戚友吊奠,勿靡耗于流行品物,第錄《大學》首章爲禮,益欽其爲人。一時鄉人奔走偕來悼先生之亡,茹哀致祭,因相與私議,易名曰孝靖,然後益嘆先生實行乎于人人者,非偶然也。

　　先生金山高氏,世爲農家。曾祖諱鳳翔,祖諱奎,代有隱德。考諱桂,字近齋,生子二,長即先生。近齋公負義勇幹,嘗爭南漕積弊,獨赴松辯,革之,有功桑梓;平日尊禮賢士,印行前輩遺書,識量致高遠;以得先生晚,教誨懇摯。先生幼即孝愿,篤遵庭訓,劬學孳孳,未冠即賦青衿,旋食廩餼。甲午膺鄉薦,年未三十,正有爲進取之時,乃先生依戀何夫人,生母俞太夫人,終其身不應禮部試。夫士以顯親爲志者,多溺于科名仕宦,幸獲一第,任職京師,親或疾痛呼號,不能侍側,甚舉殯不及視含殮,未嘗不藉口昌黎之説,要其心烏能無疚憾,以視先生志即何如耳?然先生亦非果于忘世者也,當德宗季世,嘗以興學植材詔海内,先生就宅東闢地建舍,應詔設實枚學堂,自任修身學科,以陶鑄後進,兼主一邑教育。嘅京外學校廢經不讀,更于近地所謂孔家闕者,宗朱子臥龍潭祀武侯意,興築孔堂,有匪風下泉之思焉。其于地方利病,馳書于當事,多所咨陳,匪患蟲荒,賴以銷戢。餘如平糴恤嫠、建橋浚河諸役,無不量予施濟,而力避慷慨之名。然此亦當平世者也,自政變國易,恥于隨時,遂謝絶外緣,亟建宗祠,續宗先志;即于祠墓之間,築潜廬以終守,此豈惟遁世鳴高哉?蓋不敢悖先人之教爾,先人垂訓,立身制行,必衷聖道,而觀摩輔德,尤在擇交,皆先生素所佩誦者也。先生凛于大節,而平生取友,不妄交游,義理切劘,尤心折錢徵君道德之高,每與諮疑決策,所以暮年風烈,亦同符也。至其御于家者,蓋亦不越前軌,先生逮下,固非不慈愛,而頻詔諸子與孫輩者,則一本于平昔尊奉之訓詞,峻嚴誥誡,以故子若孫雖中西卒業,恪承家範,不敢逾違,蓋亦感于先生身教然也。先生爲人温煦,族親故舊,周恤問遺,莫不曲有恩禮;與人款洽,不矜崖岸,非獨于泛交士友也,即耕氓牧豎,一以賓接,人亦與之相忘,莊子所謂飲人以和,與人并立,而使人化者,先生有焉,所居秦山近海,軍興陷敵,迫處海濱,晚爲病纏,沉綿床席,坐卧以吟誦遣日。生平于書無不讀,而尤宗《大學》,病前猶爲諸孫彙講十有五日乃畢,蓋志事薪饗所在,嘗用明德新民,撰聯自勖,綜厥行誼,實于修身齊家孝弟慈三者,躬行心得,故宜臨殁猶拳拳聖經一章也。

先生諱煌,字望之,卒以癸未年春正月庚戌,享年七十有六。著有《讀書記》《日記》《口授語録》《實枚講義》《學行文編》各若干卷,藏于家。夫人張氏,淑婉慈明,先卒。子三人,均、基、堤。女一人,早卒,冥配錢氏。孫一人。曾孫二人,準、渠。今將以丁亥年某月某日葬于金山某圖某圩祖塋之旁□山□向。初先生病中,親致書錢徵君,以身後之文相託,君遲迴未果,旋卒。比吹萬以行述年譜寄示,轉以囑予,予何敢承,曾惶恐遜謝。吹萬乃一再敦勖,諄謂先生許爲神交,屢于病榻以其獲交于予爲喜,因悚然嘆惻,義雖終拒,乃靦顔而爲之。銘曰:

偉哉孝靖,并世誰倫。事親肫篤,孺慕終身。泥滓軒冕,葆我性真。孩提摯愛,洽于友昆。服疇食德,嘉謨丕承。允敦獨行,用宏厥聲。懿兹徽範,董炙流塗。蘭馨玉皎,競爽階庭。以錫爾類,械樸作人。以澹厥灾,纓冠救鄰。盲風昏宇,却障污塵。遯守先壠,孑吊周民。吁今何世,論語爲薪。瓣香心拱,獨拜聖經。九峰鍾秀,張錢嶙峋。先生鼎峙,千載齊名。

【按】

録自民國《金山縣鑑》(1946年12月第三期)第76頁,民國田毓璠撰,署"江都田毓璠魯漁"。

184 彭君商臣墓表

民國(1942—1949)　陳祖壬

　　君彭氏，諱佐君，字商臣，世居金山之莊浜村。考諱琴秋，妣金氏。君少劬學，既冠，補縣學生，黜于布政使司之試。家居授徒，未嘗以不第爲憾。珠街閣金氏者，邑之世醫，君從之游，盡得其方術，而未嘗以醫自名。人或知之，以疾乞治療，輒有驗。性耽吟咏，而未嘗與世名能詩者唱酬，通聲氣。有詩集如干卷，與所爲雜文、赤牘，大氐沖夷閑適，能安其遭。年四十有一，病肺卒，葬某所。聘妻范氏，未取而夭；配黃氏，亦先君卒；繼室王氏。子二，天龍、天傑，女一，皆王出。

　　天龍，余門人也，狀君行誼年來請曰：“先子之葬，垂二十年，天龍不孝，碑志之文缺焉，願得一言，表于墓道。”嗟乎！馳鶩粥炫，苟焉戈譽而干進，自好之士，有不爲者矣。然孳孳矻矻，窮老盡氣，而卒莫或知，即賢者不能無褊衷焉。若乃以學自淑，不必庸于時，以藝自寄，不必聞于世，以詩若文自娛悦，而不必于名山之藏，同聲之應，此其意量。倘所謂無待于外之君子與，則其視没世之稱，蓋泊如也，區區碑志之有無，曷足爲毫髮輕重哉！天龍爲詩有聲，年少耳，教授其鄉里，著弟子籍者數百人，可謂能繼君業者矣。繼自今益求君所以無待于外之志而善繼之，則孝之大者，莫逾于是，安用余文爲？雖然，不忍朽其親者，人子之恒情也，余其可辭？乃序其大略，俾歸而揭諸阡。

【按】

　　録自民國《金山縣鑑》(1946年12月第四期)第75頁，民國陳祖壬撰，署“新城陳祖壬”。彭天龍(1914—1996)，字鶴濂，號松庵，室名棕槐室，又名紅茶山房，晚號棕槐老人，無錫國學專修學校畢業，曾任中學校長，後在金山縣圖書館工作，有《棕槐室詩》《棕槐室詩話》。《金山縣地名志》第112頁：“莊浜，在(朱涇鄉蔣涇村)村境中部。”

185 寒隱先生墓表

1963 年　周大烈

　　先生金山高氏，諱燮，字時若，號寒隱。中歲于秦望山下故居近側，別築閑閑山莊，構吹萬樓其中，以庋書策。學者稱吹萬先生，知之者乃俞衆云。先世以力穡傳家。先生與其兄煌并以學行著，而先生尤著，能文章。其在壯歲，太平軍遺事猶在人口，從生苟息于兵革之餘，而外禍孔亟。先生從子旭，既策名同盟會爲魁渠。先生亦輒訟言：若太平洪王者，當在本紀之列。夫當四夷交侵，中國微弱，血氣之倫，孰不思復睹漢官威儀。儻所謂有爲言之者非耶？迨文字有靈，清運告訖，外侮稍紓，而竊國踵起。先生既爲南社祭酒，乃退而別創國學商兌會，時時集刊詩古文辭，如《鄉先哲壬申文選》者，持續至十餘編。家故豐備，乃大聚書，累數萬卷，説《詩》之籍尤具。所居閑閑山莊，不務泉石之勝，頗有桑麻之饒。中閨弱息，咸解文義，嫺吟咏。先生顧弄其間，歲時出預題襟攬勝外，多士過海隅者，或紆道山莊，投詩文訪質。先生盡歡延款留，連岡勃而庭帷倡和，亦偶有小集流播，朋儕山林之樂，文字之娛，享領垂三十年之久，爲四方所企羨。

　　共和丁丑，東□□不仁舟師入寇，疆宇糜沸。先生跳自兵間，遁迹海上，家資典籍，鏟地無遺。所善諸人，或散之他方，不復向時之樂。韜晦十年，遠于玷穢。寇難既平，又以失躓傷足，卧起一小樓者數歲。況瘁悰憚，遂輟名山之業。其《詩義》諸書，幸燹前移置得完，至是乃舉而歸諸復旦大學圖書館，冀有後賢研索。戊戌六月年八十有一，考終儼邸，東南文采黯然矣。

　　先生早隸學宫，出善化瞿文慎門下。曾祖諱鳳翔，祖諱奎，本生考諱桂，考諱楨，咸潛德弗曜，模楷鄉里。聘夫人顧氏，代理嵩山縣知縣，華亭禮邦女，未嬪前歿。夫人顧氏，靈石縣知縣華亭爕女孫，梁山縣知縣蓮女，淑德清才，擅萊婦鴻妻之譽。丈夫子五：圭、垣、筠、堉，各以所業，有聲于時；爽幼殤，先生所爲編《傷曇録》者也。女子子二，長適松江顧義猷，次字吳興劉承樂，并早逝。孫男十有二，孫女二。所著《吹萬樓文集》十八卷，《詩集》十八卷，均手定授梓。卒後涉旬，葬于龍華公墓，從宜也。

始先生與太倉唐文治、吳江金天翮同以古文辭負三吳重望，獲其文翰者往往以爲榮施。洎先生即世，不特曩者俊及之流，邈無儔輩，即一時鴻詞盛藻，齊名投分者，亦靈落向盡。身世之托，遲之蓋久。烈妻姚氏，于先生爲女甥。昔操几杖，時奉光儀，委婉情瀾，話言猶昨，遂以不文之辭，追識封樹，其可哀也已。

公元一九六三年十一月松江周大烈表。

【按】

録自《金山文史資料》1989 年第五期第 114 頁，周大烈撰，前有“編者按”：“周大烈（1901—1976），號迪前，又號逖潜，松江縣亭林鎮人，古文學專家。平生博學强記，特工文辭，聚書盈屋，老不廢讀。馬一浮先生見其作曰：‘當世言古文者未有能加于此也。’其推崇至此。本篇作于 1963 年，乃爲吹萬先生撰八秩壽文後之又一嚴構，委婉情凍，話言如昨。原文無標點，特請彭鶴濂先生點正，以便閱讀。”

卷五

餘編

186　華亭縣南四鄉記

南宋開禧三年(1207)　樓　鑰

　　開禧三年，鑰方挂衣冠，又苦趹毉之疾，卧家待盡。孟秋月末，郡以邸報來，使兒輩誦之，有臺評論嘉興府華亭之四鄉利病，深切著明，爲之矍然而起。誦之數過，仰嘆曰："皇上勤恤民隱，宵旰不遑，而耳目之官洞察田里之細微，徑以徹聞，不旋踵而報可。古所謂諫行言聽，膏澤下于民，非此之謂邪？"于是時，仲舅汪文昌之子立中爲宰，恐其有累，亟以書問之。得其報曰："此出于殿中侍御史葉公之奏，非特爲一邑無窮之利，立中與同寮亦與有大幸于斯焉。士民方相與爲葉公立生祠于縣庠。"因爲請記，以叙其事，始及積弊之實。大約邑中歲造煮醞，額止四萬緡。紹興十八年，有邑宰醞過倍，增至十三萬有奇，科斂之害，自里正市井、道釋醫卜，下至倡優，無有免者。吏胥以次差等，其長歲或至二百萬錢。賕賂肆行，公私交病，吏逃民困，官曹無以塞責，動輒科罰，重徵倍稅，日甚一日。參政錢公，邑人也，既登政路，盡以告于孝宗皇帝，宣諭漕臣韓彦質，俾有以寬之。

　　先是，張涇堰壞，海潮大入，雲間、胥浦、仙山、白沙四鄉蕩爲巨壑，漫及蘇、湖，秀邑不復可耕。乾道七年，朝廷不憚重費，大興修築。海患雖除，民力愈竭，斥鹵未清，租稅全失。至是歲久，農民漸歸故業，可以起賦，猶未忍盡復舊貫，量估米直，使之樂輸。會計四鄉夏稅折帛爲緡錢二萬，苗米近三萬斛，斛三緡，合爲九萬。于內以六萬五千三十九貫充一歲月解之數，以補酒額，分隸發納。尚有增額三萬貫有奇，皆不可催足之數，又盡蠲之。自淳熙六年爲始，四鄉[一]之賦既輕而易輸，三十餘年敷抑之苦一旦洗去，感被寬恩，闔境爲之鼓舞。今又將三十年，而四鄉復成大敝。副端舊寓兹邑，深知底蘊，其論年來曲折，如燭照數計之明。謂既以補額外之酒錢，遂分入月解之額。府已均定，不容少虧。春催夏稅，夏催秋苗，是蠶桑未動而責以折絹，銍艾未施而責以折苗，殆無此理。其尤害者，遇有灾傷，如今歲既旱而蝗，它處皆有蠲減，此獨不與，而徵催益急，別置牌引名色，至不可縷數。欲下漕司及本府措置，每歲別委官專催四鄉二稅，徑解所隸，不許邑官干與，仍除去版帳中酒錢之數，起催輸納，并從條限給鈔，無得稽遲。灾傷均與蠲放，民賴以寬，錢又無欠，邑亦易辦，一舉而三利具焉。上意開納，旋即施行。立中到官，固已歷究本末，無路自達，又以四鄉所輸每歲多不及額，邑爲補足，尤難支吾。天假之幸，有此際會，且蒙俯察，其來已久，非今日之罪，略其前日不得已之過，而禁其將來，可謂曲當矣。官僚吏民交口相賀，郡太守程公卓喜斯邑之少寬，戒飭上下奉行惟謹。立中深恐後人不知其詳，願書而登之石。

葉公名時，字秀發，嘗由甲科入四明幕府，其孜孜民事有年矣。嗚乎！求民之瘼，推此心而廣之，下轉上聞，以時罷行，皆能如此，斯民其有瘳乎？故不以老退爲解[二]，而直書之。下元日，龍圖閣直學士通議大夫致仕奉化郡開國侯食邑一千户樓鑰記。

【按】

録自至元《嘉禾志》卷二十一《碑碣》葉一，南宋樓鑰撰并書，衛涇篆，原題"南四鄉記"。《全宋文》第 265 册第 63 頁録有此文，題"華亭縣南四鄉記"。樓鑰《攻媿集》中未見。乾隆《金山縣志》卷之二十《藝文二》葉一將此文列入"記"類："南四鄉記略，宋樓鑰。"同卷別有"碑記"類。而光緒《重修華亭縣志》卷二十《藝文·金石》葉二十六："南四鄉記。開禧三年，樓鑰撰并書，衛涇篆。文載《田賦》。"九〇《金山縣志》第 917 頁《歷代碑刻簡目》著録，題"南四鄉記略"。

【校注】

[一] 四鄉：原文作"兩鄉"，據文意及《全宋文》改。

[二] 解：《全宋文》作"辭"。

187 秋日泛泖記

明泰昌元年（1620） 莫如忠

　　癸未季秋十有八日，余將西游長泖，從余者馮子潛、宋初陽、蔡幼君、馮咸甫、董元宰、沈侯璧，而余子是龍與焉。晨發，灝氣蕭森，風日澄朗，鼓枻安流，水光如練。卓午至湖口，水漸廣衍，風從西南撼空逆波而來，頃益屬，舟簸蕩不得操。乃移泊叢葦，呴覓兩漁舟至，度所容，舟可三人，遂分曹攜榼與俱，而以前舟從。漁子力挽上之，出入巨浪中若履平地，余不能止，因亦忘怖，而諸友顧益喜，引觴飲數行，飲輒放歌，聲瑯瑯沸空，兩舟相聞，扣舷赴節，恍乎牛渚袁謝之游，不知風濤之在前也。俄及長水塔院，二僧從山門望而呼曰："漁舟耶！"既見則驚曰："客貴游，奚冒險至是？"而余亦憮然趣諸友登岸。僧肅之入，啜茗已，欲起步，會澍雨不果，僧曰："第需之，是宜遣風。"頃果霽，風亦良已，四望炯然，返照及户。余興乃發，攜諸友遍歷庭廡出，沿新築環堤觀放生臺，還叩精廬，其東阻深構禪堂，聚衆衲，其北毗廬閣，貯經藏，及諸作者篇翰咸在焉。登罷仰視浮屠，巀嶪霞表。余先諸友攀躋而上，上二階，周覽泖中諸勝，具在目中，背指郡城，氤氳微藹間九峰離立，若姑蘇諸名山，最高者亦隱隱見，而余念觀止矣。返憩齋中，日且晡，山僧啓香積，熟菰米、羹蒓進之。諸友飯畢，踞胡床坐，有善名理者互爲主賓，相問難甚辯。比就寢，則復聞風濤怒號，視前異甚，震薄之狀，身如御虛，樓閣如飛。動有間，一友忽從外至曰："月出矣，忍負諸？"推户視之，則四營寥寥，天無纖翳，水輪飑水，金碧映發，光芒射人，眉宇可鑒。諸友乃始劃然抃掌索飲，至醉，而余復入成寢。起宴，因後諸友飯，顧見案頭染翰淋漓，則諸友記游什也，僧亦具册進，余漫應之。既各興盡，解維欲東，念所不足者，誠得少假昨風之半，而加于歸舟，則幾順乎。語未發，涼風颯然西來，縱以片帆，勢如奔馬，不瞬而抵湖口。及福田禪林休焉，于是，諸友謂余宜記其事。

　　嗟夫！余慨覽游之，興感而以莊生之喻大年概斯游，于人生涉世之迹，其爲險夷、順逆、欣戚所遭，豈異哉？一晝夜之外，爲晷幾何，而衆變之狀殊，四時之氣備，藉令委形所托，日履坦途如昨晨發之適，而于睹無奇，亦造化過睫者之一斑爾，必若此之爲境，屢遷遡千古于旦暮，然後可語非常，而斯游當之，豈非幸哉？余雅佩莊生言，而余言贅矣。

【按】

　　録自光緒《青浦縣志》卷二十八《藝文下·集文》葉六十三，明莫如忠撰并書，莫後昌摹勒上石。原題"莫如忠秋日泛泖記"。光緒《金山縣志》卷十五《藝文志·金石部》葉十四："崇蘭館帖，明莫如忠書，本版今已毀。崇蘭館續帖，明莫是龍書。"《名帖善本》第 121 頁載："明刻《崇蘭館帖》，濃墨拓，十册，木面，經折裝。是帖于泰昌元年（一六二〇）刻，莫如忠、莫是龍書，莫後昌纂輯。無卷數，帖名隸書'崇蘭館帖'。帖中收莫如忠、莫是龍書各五集，按天干排次，帖間有'甲三''庚四''己五'等小字標號。前刻目録，有'雲間莫氏父子法書'篆書標題及'甲集計十四則附伯生陸先生題'等楷書目。鐫莫氏父子畫像，有的卷存篆書刻款三行'萬曆四十八歲在庚申春日，長孫後昌君全氏摹勒上石'。《叢帖目》卷三有目録，但與此帖有異。張伯英曾見十一卷，多續刻一卷。鈐'澹園主人恒生氏珍藏'印。本卷選録：明莫如忠《秋日泛泖記》。"據《中國書法史·元明卷》第 531 頁："萬曆十一年（癸未 1583）……華亭莫如忠、莫是龍父子偕董其昌等游泖湖，莫如忠作《秋日泛泖記》。"可知此文作于明萬曆十一年(1583)。

188 夫役謡碑文

明(1368—1644)

夫役謡

洪水爲殃率土貧，士民黎庶屈難伸。

十年一役猶嫌重，九日三差敢怨頻。

忍凍既無衣挂體，吞饑那有食沾唇。

堂堂宰相明如月，垂賜清光悉照均。

郡人丁朝正、邑人姚福等

【按】

録自嘉慶《朱涇志》卷十《遺事》葉五，標題爲編者所擬，原文："雍正元年，一道人入慧明里城隍廟，立視久之，謂衆曰：'廟門内有碑埋地中，往來必履其上，廟何由昌？'衆如言起視，碑額三大字曰'夫役謡'，其辭曰：'洪水爲殃率土貧，……垂賜清光悉照均。'後書'郡人丁朝正、邑人姚福等'，無年月。大約前明苦役，特建此碑耳。"

189 御製訓飭士子文碑

康熙四十一年(1702)　清聖祖玄燁

　　國家建立學校,原以興行教化,作育人才,典至渥也。朕臨馭以來,隆重師儒,加意庠序,近復慎簡學使,釐剔弊端,務期風教修明,賢材蔚起,庶幾棫樸作人之意。乃比來士習未端,儒效罕著,雖因內外臣工奉行未能盡善,亦由爾諸生積錮已久,猝難改易之故也。茲特親製訓言,再加警飭,爾諸生其敬聽之。從來學者先立品行,次及文學學術,事功原委有叙。爾諸生幼聞庭訓,長列宮牆,朝夕誦讀,寧無講究? 必也躬修實踐,砥礪廉隅,敦孝順以事親,秉忠貞以立志。窮經考義,勿雜荒誕之談,取友親師,悉化憍盈之氣。文章歸于醇雅,毋事浮華軌度。式于規繩,最妨蕩軼,子衿佻達,自昔所譏,苟行止有虧,雖讀書何益? 若夫宅心弗淑,行己多愆,或蜚語流言,脅制官長,或隱糧包訟,出入公門,或唆撥奸猾,欺孤凌弱,或招呼朋類,結社要盟。乃如之人,名教不容,鄉黨弗齒,縱幸逃褫撲,濫竊章縫,逆之于衷,能無愧乎? 況乎鄉會科名乃掄才大典,關係尤鉅,士子果有真才實學,何患困不逢年? 顧乃標榜虛名,暗通聲氣,夤緣詭遇,罔顧身家。又或改竄鄉貫,希圖進取,囂凌騰沸,網利營私,種種弊情,深可痛恨。且夫士子出身之始,尤貴以正。若茲厥初拜獻,便已作奸犯科,則異時敗檢踰閑,何所不至,又安望其秉公持正,爲國家宣猷樹績,膺後先疏附之選哉? 朕用嘉惠爾等,故不禁反復倦倦。茲訓言頒到,爾等務共體朕心,恪遵明訓,一切痛加改省,爭自濯磨,積行勤學,以圖上進。國家三年登造,束帛弓旌,不特爾身有榮,即爾祖父亦增光寵矣。逢時得志,寧俟他求哉? 若仍視爲具文玩愒弗敬,毀方躍冶,暴棄自甘,則是爾等冥頑無知,終不能率教也,既負栽培,復干咎戾,王章具在,朕亦不能爲爾等寬矣。茲以往內而國學,外而直省鄉校,凡學臣師長皆有司鐸之責者,并宜傳集諸生,多方董勸,以副朕懷。否則職業弗修,咎亦難逭,勿謂朕言之不預也,爾多士尚敬聽之哉! 康熙四十一年正月。

【按】

録自《聖祖仁皇帝御製文第三集》卷二十五《文》葉六,清聖祖玄燁撰,原題"訓飭士子文"。《重修金山縣學碑記》(1827 年):"恭鐫欽定臥碑、御製訓飭士子文碑兩座。"

190　御製平定朔漠告成太學碑

清康熙四十三年(1705)　清聖祖玄燁

　　惟天盡所覆,海内外日月所出入之區,悉以畀予一人。自踐阼至今,夙夜殫思,休養生息,冀臻熙皞,以克副維皇大德好生之意,庶幾疆域無事,得以偃兵息民。乃厄魯特噶爾丹,阻險北陲,困此一方,人既荼毒塞外,輒狡焉肆其凶逆,犯我邊鄙,虐我臣服,人用弗寧。夫蕩寇所以息民,攘外所以安内,邊寇不除,則吾民不安,此神人所共憤,天討所必加,豈憚一人之勞,弗貽天下之逸。于是斷自朕心,躬親朔漠,欲使悔而革心,故每許以不殺,彼怙終不悛。我師三出絶塞,朕皆親御以行,深入不毛,屢涉寒暑,勞苦艱難,與偏裨士卒共之。迨彼狂授首,協從歸誠,荒外君長來享闕下,西北萬里,灌燧銷烽,中外乂謐,惟朕不得已用兵以安民。既告厥成事,乃蠲釋眚災,潔事禋望,爲億兆祈升平之福,而廷臣請紀功太學,垂示來兹。朕勞心于邦本,嘗欲以文德化成天下,顧兹武略,廷臣僉謂所以建威消萌,宜昭斯績于有永也,朕不獲辭。考之禮,《王制》有曰:"天子將出征,受成于學,出征執有罪反,釋奠于學,以訊馘告。"而《泮宫》之詩亦曰:"矯矯虎臣,在泮獻馘。"又《禮》:"王師大獻,則奏愷樂,大司樂掌其事。"則是古者,文事、武事爲一,折衝之用,具在樽俎之間,故受成獻馘,一歸于學,此文武之盛制也。朕嚮意于三代,故斯舉也,出則告于神祇,歸而遣祀闕里,兹見廷臣之請,猶禮先師以告克之遺意,而于六經之旨,爲相符合也。爰取思樂泮水之義,爲詩以銘之,以見取亂侮亡之師,在朕有不得已而用之之實,或者不戾于古帝王伐罪安民之意云爾。銘曰:

　　巍巍先聖,萬世之師。敬信愛人,治平所基。煌煌聖言,文武道一。禮樂征伐,自天子出。朕臨域中,逾兹三紀。嘗見羮墻,寤寐永矢。下念民瘼,上承帝謂。四海無外,盡隸侯尉。維彼凶醜,潰亂典常。既梗聲教,遂窺我疆。譬之于農,患在螟螣。秉畀不施,將害稼穡。度彼游魂,險遠是怙。震以德威,可往而取。朕志先定,龜筮其依。屬車萬乘,建以龍旗。祝融驂鸞，風伯戒途。宜暘而暘，利我樵蘇。大野水涸，川瀆效靈。泉忽自湧，其甘如醺。設爲犄角，一出其西。一出其東，中自將之。絕域無人，獸群自掩。五日窮追，彼狂走險。大殲于路，波血其孴。剪其黨孽，俘彼卒徒。眾鳥晝號，單馬宵遁。恐久駐師，重爲民困。慎固戍守，還轅于京。自夏徂冬，雨雪其零。載馳載驅，我行至再。蠢茲窮寇，昏惑不悔。我邊我氓，以休以助。爰寧其居，爰復其賦。藩落老稚，斯恬斯嬉。歲晏來歸，春與之期。春風飄翩，揚我旆旐。我今于邁，如涉我郊。言秣我馬，狼居胥山。登高以眺，閔彼彈丸。天降凶罰，孤雛就羈。三駕三捷，封狼輿尸。既臘梟獍，既獮豺貙。大漠西北，解甲棄殳。振旅凱入，澤霈郊卜。明禋肆赦，用迓景福。昔我往矣，在泮飲酒。陳師鞫旅，誓屈群醜。今我來思，在泮獻功。有赫頌聲，文軌來同。采芹采藻，頌興東魯。車攻馬同，亦鐫石鼓。師在安民，出非得已。古人有作，昭示斯旨。緬維虞廷，誕敷文德。聖如先師，戰慎必克。惟兵宜戢，惟德乃綏。億萬斯年，視此銘祠。

康熙四十三年三月二十一日。

【按】

録自《聖祖仁皇帝御製文第二集》卷三十四《碑文》葉二，清聖祖玄燁撰，原題"平定朔漠告成太學碑"。乾隆《金山縣志》卷四《學校·匾額碑文書籍》葉十一："匾額碑文書籍……欽頒臥碑，御製平定朔漠告成太學碑，御製平定青海告成太學碑。"據國圖數字圖書館所載《平定朔漠告成太學碑》拓片圖像，補文末日期，其拓片有説明："（碑刻所在）地點：北京市東城區國子監街孔廟。拓片原物狀況：廣西桂林市亦有此碑，同文。"

191 朝真閣憲禁碑

清康熙四十七年(1708)

江撫都院示：飭禁奸徒阻葬、强劫孀婦、開場聚賭、搖賣私鹽等，發生，受害之人不時可指名具禀，即據憲案律治罪。如敢通同、循庇，定予連座，斷不輕饒。爲此建碑立憲。

【按】

録自《漕涇志》第五章《文物古迹》第一節《碑記》第 291 頁，原文："憲禁碑，康熙四十七年(1708)二月立。碑立于阮巷鎮東街朝真閣，後被阮巷街道砌于壁内。朱漕公路改建，移置鄉政府，1991 年由縣博物館收藏。碑文係江撫都院示：……"

192　御製平定青海告成太學碑文

清雍正三年(1725)　清世宗胤禛

　　我國家受天眷命,撫臨八極,日月所照,罔不臣順,遐邇乂安,兆人蒙福。乃有羅卜藏丹津者,其先世固始汗,自國初稽首歸命,當時使臣建議,畀以駐牧之地,其居雜番羌,密近甘凉。我皇考聖祖仁皇帝,睿慮深遠,每廑于懷,既親御六師平定朔漠,威靈所加,青海部落扎什巴圖兒等,震讋承命,聖祖仁皇帝因沛殊恩,封爲親王,兄弟八人咸賜爵禄,羈縻包容,示以寬大,而狼心梟性,不可以德義化,三十年來,包藏異志。

　　朕紹登寶位,優之錫賚,榮其封號,尚冀革心,輯寧部衆,而羅卜藏丹津昏謬狂悖,同黨吹拉克諾木齊、阿爾布坦温布、藏巴扎布等,實爲元惡。謂國家方弘浩蕩之恩,不設嚴密之備,誕敢首造逆謀,迫脅番羌,侵犯邊城,反狀彰露,用不可釋于天誅。遂令川陝總督太保公年羹堯爲撫遠大將軍,聲罪致討。以雍正元年十月師始出塞,自冬涉春,屢破其衆,凡同叛之部落,戈鋋所指,應時摧敗,招降數十萬衆,又降其貝勒、貝子、台吉等二十餘人。朕猶憫其愚蠢,若悔禍思愆,束手來歸,尚可全宥,而怙惡不悛,負險抗違,乃決剿滅之計。以方略密付大將軍羹堯,調度軍謀,簡稽將士。用四川提督岳鍾琪爲奮威將軍,于仲春初旬,禡牙祖征,分道深入,搗其窟穴,電掃風驅,搜剔岩阻。賊徒倉黃糜潰,窮蹙失據,羅卜藏丹津之母及逆謀渠魁,悉就俘執,擒獲賊衆累萬,牲畜軍械不可數計。賊首逃遁,我師逾險窮追,獲其輜重人口殆盡,羅卜藏丹津子身易服,竄匿荒山,殘喘待斃。自二月八日至二十有二日,僅旬有五日,軍士無久役之勞,内地無轉輸之費,克奏膚功,永清西徼。三月之朔,奏凱旋旅,鐃鼓喧轟,士衆訢喜。

　　四月十有二日,以倡逆之吹拉克諾木齊等三人獻俘廟社,受俘之日,臣民稱慶。伏念聖祖仁皇帝威靈震于遐方,福慶流于奕葉,用克張皇六師,殄滅狂賊,行間將士亦由感激湛恩厚澤,爲朕踴躍用命。斯役也,芟夷凶悖,綏靖番羌,俾烽燧永息中外,人民胥享安阜,實成先志以懋有丕績。廷臣上言：稽古典禮，出征而受成于學，所以定兵謀也；獻馘而釋奠于學，所以告凱捷也。宜刊諸珉石，揭于太學，用昭示于無極，遂爲之銘曰：

天有雷霆，聖作弧矢。輔仁而行，威遠寧邇。維此青海，種類實繁。錫之茅土，列在藩垣。被我寵光，位崇祿富。負其阻遐，禍心潛構。恭惟聖祖，慮遠智周。睠念荒服，綏撫懷柔。朔野既清，西陲攸震。爵號洊加，示之恩信。如何凶狡，造謀逆天。鼓動昏憨，寇侵于邊。惟彼有罪，自干天罰。桓桓虎貔，爰張九伐。王師即路，冬雪初零。日耀組練，雷響鼜鉦。蠢茲不順，敢逆戎旅。奮張螳臂，以當齊斧。止如山嶽，疾如雨風。我戰則克，賊壘其空。彼昏終迷，曾不悔戾。當剪而滅，斯焉決計。屬兵簡將，往擣其巢。逾歷嶔嶇，坦若坰郊。賊棄其家，我縶而獲。牛馬谷量，器仗山積。蹇兔失窟，何所遁逃。枯魚游釜，假息煎熬。師以順動，神明所福。旬日凱歸，不疾而速。殲彼逆謀，懸首藁街。獻俘成禮，金鼓調諧。西域所贍，此惟雄特。天討既申，群酋懾息。橐戈偃革，告成辟雍。聲教遐暨，萬國來同。惟我聖祖，親平大漠。巍功煥文，邁桓軼酌。流光悠久，視此銘辭。繼志述事，念茲在茲。

雍正三年五月十七日。

【按】

錄自《世宗憲皇帝御製文集》卷十四《碑文》葉五，清世宗胤禛撰，原題"平定青海告成太學碑文"。乾隆《金山縣志》卷四《學校·匾額碑文書籍》葉十一："匾額碑文書籍……欽頒臥碑，御製平定朔漠告成太學碑，御製平定青海告成太學碑。"《清實錄》卷二十一《世宗憲皇帝實錄》（見《清實錄》第 7 冊第 342 頁）："（雍正二年甲辰六月）禮部題請撰擬平定青海碑文，勒石國學，頒發直省，以昭功德。碑文曰……"據陳財經《〈平定青海告成太學碑〉芻議》一文（見《碑林集刊》2000 年第 6 輯）："此碑碑文所言'宜刊珉石，揭于太學'，此太學是指北京清代太學即現在首都博物館所在地，……在其大成殿甬道的碑亭中存有和西安碑林博物館碑亭……同樣的一通碑刻，……爲何重複立碑目前還不知曉，……故在禮部頒發碑文于直省後，地方官爲迎合北京在碑林院內鐫刻此碑以紀功德。"狄富保《溧陽學官遺址發現〈平定青海告成太學碑〉》一文（見《東南文化》2006 年第 5 期）："《平定青海告成太學碑》在全國文廟多有收藏，……除北京國子監藏有外，雲南建水文廟、江蘇蘇州文廟也有收藏。"又據國圖數字圖書館所載拓片《御製平定青海告成太學碑》，可知同名石碑刊立于全國多處文廟，且內容相同，文末應有"雍正三年五月十七日"，今據補。

193 禁革收兑漕糧積弊規條

清乾隆十七年(1752) 尹繼善

一，下江徵收漕糧，尊奉督憲尹于蘇撫憲任內奏定章程，每石隨正交納費銀六分，照現今錢價入折，收錢四十八文，不許收銀以杜重戥稱收之弊，其所收費錢內，給丁二十四文，爲津貼，兌□諸費存縣二十四文內，酌留二分爲修理倉廠，置備蘆席器具及詳定協貼蠲項，一切雜用，其餘一分，給發漕總記書爲紙張費，收脚錢四文，水次離倉遠者，每十里遞加錢二文，此外毋許多收粒米分文，至錢價低昂無定，仍應隨時詳報增減。

一，漕糧例應官收官兌，印官駐宿倉場親驗米色，如果乾圓潔净，立時斛收，給串寧家，倘故意憎嫌，篩揚刁蹬，明加暗扣，浮收斛面，并在倉人役勒索入廠錢、篩搨錢、斛錢、脚錢、飯錢、酒錢、票錢、鋪墊等錢，及呈樣米、順風米、養斛米、鼠耗等米，以及藉稱積穀，按石勒蠲，巧立種種名色，婪索分肥者，定行分別參處。

一，漕總記書，務選殷實樸誠者，秉公僉點，由府核實，加結報道，著辦本官，不許勒取硃價、贄禮、册費、隨禮、門包等項。點定之後，漕總專司文移記書，止許在倉登記收數，印官不得稍授權柄，致使朋比作奸，仍嚴加查察，如有包攬、浮收、舞弊之事，立即按律究處，倘印官婪收規禮，縱容滋弊，定行嚴參治罪。

一，本府遵照部頒小口鐵斛製造，送道較準，印烙發用，印官隨時稽查，每晚吊存內宅封貯，倘有敲鬆撬薄，任意大小，暗中巧取等弊，定行官參役處。

一，漕倉遵例辰開酉閉，凡米到倉，插旗編號，挨次斛收，如遇米多，即多開廠口，分斛總在本日斛完，毋許後先挽越，耽擱守候，倘有挨至暮夜，米不收完，仍然斛收者，明係弊混，嚴拿漕記從重究處。

一，糧戶完米，務須親身赴倉交納，毋許米行鋪戶口價買米包交，糧戶運米到倉，自行平斛響擋，毋許漕記人等執攩動斛，脚踢手捺，嚷鬧勒掯。斛外餘剩零米，悉令糧戶掃回，不許在倉人役擅取顆粒，違者重究。

一，漕糧例禁折乾，而行月耗，贈米石亦悉應本色上船，過淮聽候漕督盤驗，倘州縣希圖折乾浮滿，預先并廒，各幫違例折收不行上船者，縣幫、官吏、弁丁一并參處。

一，州縣任胥雇用，積蠹、斛夫、斗級，盤踞倉場，飛爬走攦，斛成虛角、凹面、雞窩等弊，有累軍旗者，歷奉嚴禁，盡行革除，如敢潛藏，察出重究。

一，各幫弁丁赴次兌糧，驗米色乾潔，立時收兌，不許借端延捱，每日將上船米若干石，先給鈐記收票一紙，移送州縣，俟兌竣之日，即將通關米結徑交州縣查收，方許開行，如無故遲延不兌，或兌竣不交通關米結，許州縣通詳以憑，拿究至軍旗。除三分漕費之外，不得多索絲毫，一應兌費、心紅、程儀、鋪設、樣米、綑司、水手貼銀、貼倉、鼠耗、尖米、合米、交席板、穩跳、演戲、酒席、花紅、後文等陋規，永行禁革，犯者弁參丁處。

一，監兌廳員遍歷水次親驗米色，稽察縣幫弊實，秉公查究，毋許徇庇，并不許索要兌例、心紅、夫價、鋪設、樣米、通關席面、中伙、較斛、提斛、跟役、催兌、開兌等陋規，違者參處。

一，南米原係隨漕一條鞭徵收，并無區別，乃州縣官以漕糧考成較嚴，將當年徵完米石先盡起運，餘爲南米續徵、另徵，或高斛面，或暗扣明加，甚至重價折乾，實爲民累。嗣後徵收南米，務照漕糧盡一辦理，該管府州嚴加查察，如有浮高、加扣及折收等弊，立即嚴拿參究。

以上各條，係就漕務緊要大端臚列開陳，總之，除額定漕費、脚錢之外，縣幫并無應得之銀米，如有多取顆粒分文者，即屬贓私，照所犯輕重，分別參究，定不稍寬貸。

【按】

録自嘉慶《松江府志》卷二十一《田賦志》葉三十八，清尹繼善撰，標題爲編者所擬，原文：“（乾隆）十七年，總督尹繼善申明禁革收兌漕糧積弊，詳議條規，通飭各縣勒石。”光緒《金山縣志》卷九《賦役志上‧賦法》葉十一記載相同，但未載碑文。

194　長浜廟示禁碑

清乾隆五十九年(1794)

　　江蘇松江府金山縣正堂加五級紀録五次張，爲法久□□害事□，職員陳揩，生監陳鍠、陳棠、蔣澄、王友良、沈大年等禀稱：生等居處泖濱，偏僻窮鄉，前有丐匪擾累圖民，幸奉禁憲頒示嚴禁，着令地保巡查驅逐，得以寧静。迨因日久藐違，丐匪潮聚，日則結黨成群，强討惡詐，夜則坍宇枯廟，作歹爲非，鄉村踐擾，鷄犬靡寧。更有外來無賴棍徒、鹽梟賊犯，常與丐匪爲伍，賭錢飲酒，烏合成淘，如遇圖民嫁娶喪葬，詐擾無休。上年三月六神堂内□□□築空房，俱□丐匪，業奉訪提究逐，并蒙頒示嚴禁，生等環叩，又蒙示禁在案，每奉示禁之始，丐匪稍可斂迹。迄今示毁，擾累更甚于前。合再抄粘憲示□叩究逐，并賜勒石永禁，萬民感戴等情。并抄粘憲示到縣，據此查丐匪潛擾有干憲禁。兹據前情除飭該地保甲及丐頭人等嚴加偵查，隨時驅逐，并密訪查□外，合行出示永仰，保甲、圖民人等知悉。嗣後如有丐匪流棍在圖滋擾，即行驅逐，倘敢抗違，扭解禀縣以憑，盡法究擬。如地棍窩庇保，保甲徇隱，丐頭容縱，一經訪拿，或被指禀，定提一并嚴究，决不寬貸。凛遵毋違，特示。

　　荷蒙恩准示禁，生等遵示勒刷碑摹，呈請申報府憲并求移明營汛立案以禁丐匪擾害，俾得民安，衽席感戴無既矣。

　　乾隆五十九年三月。

　　日給：二保八圖。

【按】

　　録自原碑，標題爲編者所擬。光緒《金山縣志》卷八《建置志下·僧寺》葉十："法雲庵，在二保八圖，俗呼長浜廟。明季建，咸豐十一年毁于兵。同治十年里人募捐重建。"碑現在金山區楓涇鎮興塔社區新黎村長浜廟内。

195 故貴州施秉縣知縣朱君繼室蔡孺人家傳石刻

清嘉慶五年(1800)　王芑孫

　　婁縣學生朱子鄂述其母蔡孺人之行,謁余爲傳。余惟私傳之作,將以補史臣之闕,蓋謂奇節偉行,有宜書而不及見書者,則傳之若夫女婦之流,自非不幸遭變、別自暴聞,固無以爲也。然子鄂之請甚勤,蓋子鄂生二十有八月而喪孺人,不知哀,既長而後得其行事,故爲痛也。長而其欲告之子孫也,尤切。余雖以文律辭之,有愀然其不容已者矣,因撮其大略書之,爲家傳畀焉。

　　孺人蔡氏,華亭縣人,貴州施秉縣知縣履吉之繼室,廣西柳州府通判秀文之子婦,國子監生鴻程之子,贈通奉大夫燦之孫也。鴻程有兄曰鴻業,仕高宗朝,爲刑部侍郎,侍郎兄弟相篤友,以故視弟子如子而尤心愛。孺人挈之官中,教以讀書,通敏識大義,不肯嫁諸凡子。于是,施秉君方失其前娶陸,所遺子女幼,柳州通判君顧之而悲,力求得賢婦繼其後,乃貽書侍郎兄弟,聘焉。其明年,施秉君就婚京師。又明年,以孺人歸事,舅姑得其歡,撫前出子女有恩義,其于家事纖屑有條件,然亦重改作,視舊加整肅而已,嘗曰:"治家猶治國也,昔曹參之代鄾侯,因前爲政,未嘗不治,豈必有所更張表著以自見其功名也哉?"方是時,侍郎雖清宦,顧自觀察支使積遷在外僚日久,家門鼎盛,而柳州通判君既罷,家居十餘年,中更多故,業進不贏,孺人捭拄其間,早作夜思,自喪祭賓客、歲時伏臘、米鹽璅璅,動無見絀。既歿,施秉君得遺楮盒中,乃知孺人脫簪珥質衣裳不可勝計矣。凡歸施秉君五年,年二十有八,遽卒。子四,光曜前出,光斑後出,其腹出子曰子鄂,曰光綸。女一,適候選縣丞蔡蘭孫。孺人卒十餘年,以夫階遇覃恩獲贈。施秉君中歲失孺人,又別娶王,已出爲縣,有治聲,晚而哭其所生母以卒,鄉人稱之,別見故餘姚盧學士文弨所爲志。

　　外史氏曰:蔡侍郎故與余先大父爲同年友,余來華亭,蔡已前歿。及是得孺人行事而傳之，雖不克享有其年，不及佐施秉君于爲政，然子鄂兄弟恂恂讀書，欲貽令名于其母，則孺人之慶被于其家，未有艾矣。余爲此傳，豈獨徇子鄂之請，亦將以風夫女婦之處順境而能以自淑者也。

【按】

録自《惕甫未定稿》卷九《傳》葉十九，清王芑孫撰，曹貞秀小楷書，原題"故知縣朱君繼妻蔡孺人家傳"。《華婁續志殘稿·金石志》第 371 頁："故貴州施秉縣知縣朱君繼室蔡孺人家傳石刻，嘉慶五年四月，華亭儒學教諭長洲王芑孫撰，墨琴女史曹貞秀小楷書，四十六行，行十八字。今存楓涇鎮墳屋頭朱氏宗祠。"

196 民國二十年金山平匪碑記

民國二十年(1931) 高 基

　　民國十八年秋，匪首太保阿書[一]、豬玀阿妹[二]，稍稍招致亡命，出没劉家堰、橋錢圩之間，始爲民患。時國家方有事河朔，謂小寇不足慮。閲數月，遂聚衆至數千人，竊號天下第一軍，破鄉鎮以十數。明年十月，吕巷陷，公安局長郭鵬、區長蔣連均殉焉。于是遠近震動，縣長陸權以撫字無狀，自劾去。先是縣長徐桂在任且逾年，而匪患日擴，或以告，輒瞠目弗省。匪聞，遂火告者居，或狙殺之，于是民始吞聲飲泣，不復敢語匪矣。

　　十一月，沅陵黄公哲文代理縣長，甫下車，即爲微行問民疾苦。旋命秘書瞿公雲鋤，一再乞師于江蘇省政府淞滬警備司令部。十二月，江蘇省保安隊營長淮陰白公繼之來駐邑境。又明年一月，秘書瞿公遂及松金青三縣警備指揮官貴陽張公汝弼進剿，值晦黑，卒與賊遇，戰不利，師次張堰，縣長黄公來會，從秘書計，橄江浙水陸軍警，起邱移廟、山塘，迄金山衛，亘六七十里爲長圍。張、白、瞿三公，仍以雪夜，身先士卒，直搗匪窟，匪皆如鳥獸散，其後竟不復能聚。初，大吏以匪勢蔓延，吳江徐公樸誠最善治匪，匪畏之甚，特調任水上公安隊第一區長。徐公亦慷慨受命，至是督率所部，相爲犄角。二月，金松嘉平四縣剿匪指揮官無錫曹公澇，復大舉清鄉，悉簡精銳。三月，而水上公安隊大隊長邑人范公國忠，竟生擒賊首太保阿書、豬玀阿妹置之法，先後斃匪尤劇悍者且百餘人，匪平。

　　越二月，地方行政會議開幕，僉謂自匪擾以來，士不得攻其學，農不得耕其田，工不得治其業，商不得通其物，毒焰薰大，流離載道，不有摧廓，何以善後？不有誅戮，何以安良？維縣長抱痌瘝飢溺之懷，斯秘書有肝膽腹心之助。至于曹張白徐諸公，干城邦國，衽席斯民，固已草木知威，雲霓比澤。而范公誼切桑梓，見義必爲，出死入生，擒渠獻馘。凡兹偉烈，具有足書，宜伐貞珉，垂示無極。嗚呼我民，其毋忘諸公之功！金山地方治安會保衛委員會公款公産管理處各區區公所同立。

【按】

録自民國《金山縣鑑》(1936 年 3 月第一期)第十一章第二節《詩文》第 187 頁,民國高基撰,題下原注:"碑待刊。高基撰。"

【校注】

[一]太保阿書:本名徐天雄。"太保"爲客家人中的一種宗教職業者,類似巫師。

[二]猪玀阿妹:本名王啓明。又稱"猪玀阿美"。

卷六　相關

197　降聖夫人記

南宋嘉定元年（1208）　何松年

　　嘉興郡之艮隅，湖以澱名，中流有山屹立，昔人概以澱稱之。澱之山，其勢峩然；澱之湖，其光渺然。憑高望遠，使人心開目明然，非有神力鎮護之，何以取重于世？故倚山而寺，曰普光。護普光之伽藍，以主是湖山者，曰降聖夫人。予嘗求諸傳記，則自嬴秦來，夫人始降世，實秦始皇時人，邢姓，家澱湖東，地曰柘溪。世代綿邈，莫竟端緒。其父三府君，爲時大善知識，生三女，俱有神異。夫人尤恪守戒行，頓悟精微，遠俗修真，超凡入聖，與二女兄咸受夙命，處一時名山勝境而分主之。長雲鶴夫人，主沈湖[一]，次月華夫人，主柘湖。今降聖夫人，其季也，幼奉普光王之戒，遂茝澱湖，今寺額蓋奉敕取夫人之所受戒者名之。

　　自夫人之命世也，四境之內，年穀屢登，家給人足，疾癘不作，寇盜屏息，戴白之老，不見兵革，民物熙照，號爲樂土。自主伽藍，神迹顯著，不可勝計，惜乎閱漢晋隋唐，五閏數百年來，無有紀其實者。曩雄峰禪師嘗住是山，采繪聖像，欲用大國諸侯之禮，而紀載猶闕。先正萊公裔孫、從義郎寇君問，留紀屋壁，字畫漫滅，有識惋嘆，自夫人建祠于此，莫知幾春秋矣。昔之濟是湖者，懼夫巨浪滔天，驚濤沃日，無不股慄，祈禱許賽，僅可汔濟。今則蘋藻滋蔓，波澄水瑩，往來安坐而適。里社之民，春秋祭祀，祈求水旱，響應尤捷。

　　皇宋開國，真主應運，河伯效靈，夫人祠山之後，倏然一峰，湧出于波光浩渺之中，始則隱隱猶與水平，不數載間，日漸突兀，其形如龜，山因以名。寺僧相與創亭于山巔，以便游覽。山西北有龍洞，其深莫測，時有神物出没其間。樞密臨川羅公，以王事驅馳祠下，形諸吟咏，有"龍洞淵淵靈鑠劍，龜山隱隱瑞成圖"之句。自是騷人墨客，接踵而至，名章俊語，珠輝璧映。今日漸陻塞，草亦蒙蔽。相傳向有漁婦孕穢，神物遂不復見，然人步屧其上，鏗然猶聞空礐之聲。淳熙甲辰，一旦風濤洶湧，二龍交戰于湖中，殿宇飛揚，浮圖震動，遥見一龍蟠護其上。至今波溥將作前一日，湖光必豫漲溢，鄉人以此爲驗。嘉定甲子夏，旱，邑長委僚寀親詣祠宇,致禱于靈湫,奉勺水以歸,將禮祭于琴堂之上。甫及縣,雨隨車至,甘霔遍足。予寓雲間,習聞靈異,適瞻禮睟容,會鑑堂禪師正主法席,歷道其神迹之顯,且言莊租歲入甚薄,而中外待哺者逾三千指,游衲往來不輟,量入爲出,僅支一季,頃禱于神,冀垂濟祐,未幾,濱湖巨室及是境善信,凡遭喪戚而骨未有所歸者,繼入吾刹禮佛飯僧,捐施無虛日。

開禧丁卯夏六月望,予挾冢子越湖省親以歸。是夕望舒流光,飛廉借便,帆舉而舟駛,夜氣將半,抵一村,曰南徐。不意雨霽流溢,風吼濤怒,舟遽顛覆,予與弱子泊使令輩,皆墮中流。予賴神庇,免葬魚腹,子不幸而斃。予支吾風浪中,屏氣不息,或浮或沉,自謂去泉壤無幾,已而若有憑藉,努力一躍,竟得篙師依附,有頃更生。身歷神驗如是,又烏敢泯其實。已而鑑堂屬予記,姑述其概,俾勒之堅珉云。

【按】

録自嘉慶《松江府志》卷十八《建置志·壇廟》葉三十一,南宋何松年撰,原題"宋何松年降聖夫人記",原文:"會靈仙祠,在澱山普光王寺旁,乾隆二十年,澱山司巡檢馬錦重建。"碑記中時間最晚之紀年爲"嘉定甲子","甲子"即"元年",推測此碑記當撰于嘉定元年(1208 年),歲次戊辰。《上海佛教碑刻文獻集》第 34 頁録有此文,題"普光王寺降聖夫人記碑",後附按語:"普光王寺在青浦澱山。該碑記由何松年撰于南宋嘉定元年(1208 年)。記文録自《崇禎松江府志》卷之五十一《寺觀》。《嘉慶松江府志·藝文志·金石》中有此碑著録。"

【校注】

[一]沈湖:正德《金山衛志》下卷之二葉七、正德《松江府志》卷之十五葉十七所載"三姑祠"條均作"沅湖"。

198 皇清誥授光禄大夫經筵講官户部尚書加七級王公鴻緒墓志銘

清雍正元年(1723) 張伯行

雍正元年八月十五日,原任户部尚書華亭王公以疾薨于京邸之正寢,遺表奏聞,奉旨予祭葬如禮。九月,公子圖煒、圖永將扶櫬南還,衰絰踵門,以翰林某君所撰行狀屬志公墓。伯行在公門下四十四年,追隨函丈,久而愈親。公之崇經術,斥異端,爲文章之宗匠,爲喬木之世臣,海内皆知之。至生平嘉言懿行,持身恭謹,伯行得之爲詳。又職在容臺,與聞國家恩禮之渥,于以綜本末、紀榮哀,銘公爲宜,不敢以不文辭。

按狀,公姓王氏,諱鴻緒,字季友,號儼齋,江南松江府華亭縣人。曾祖藻鑑,贈光禄大夫、經筵講官、太子太傅、武英殿大學士兼工部尚書,曾祖妣沈氏,贈一品夫人。祖典。父廣心,順治己丑進士,巡倉御史。祖、父贈官皆與曾祖同。祖妣胡氏,妣姚氏,皆贈一品夫人。嗣父廓,贈光禄大夫、經筵講官、户部尚書。妣史氏、朱氏,贈一品夫人。公之嗣父廓,字遥集,實公之從祖也。遥集公年五十餘無子,兩兄皆獨子,無可繼者,乃考宋相王球以從孫爲子故事,撫公爲子。

公長身玉立,廣額疏眉,自幼具大人相。從嗣父遥集公居于鄉,就塾讀書,一目數行,超悟不凡。九歲,執嗣父喪,哀戚中禮。年十五,本生父侍御公林居,公偕兩兄承顔侍養,益肆力于經史之學。公之長兄,今武英殿大學士、太子太傅瑁湖公是也。次兄先亡,都察院左都御史薛澱公是也。兄弟并躋極品,門第之盛,甲于天下。公年十七,補博士弟子員。壬子,舉順天鄉試。癸丑,會試中式,名在第四。仁皇帝策多士于廷,公以第二人及第。前以嗣叔祖,故名度心,是年授編修,奏改今名。越二年乙卯,充日講官、起居注官。其秋,典順天鄉試。丁巳,遷右春坊、右贊善,兼翰林院檢討,尋轉左。己未,遷翰林院侍講。庚申,以講幄勞,加侍讀學士。壬戌,奉命充《明史》總裁官。癸亥,遷右春坊、右庶子,其冬,擢内閣學士，兼禮部侍郎，尋充纂修《平定三逆方略》總裁官。甲子，遷戶部右侍郎。乙丑正月，入直南書房，逾月轉左，充會試總裁官。夏四月，充殿試讀卷官。九月，充武會試總裁官。丙寅二月，聞母姚淑人病，疏乞省親，抵德州聞訃，即具疏請治喪，報可。丁卯三月，特旨即家擢補都察院左都御史。是年九月，聞嗣母朱太淑人訃，奔喪回籍。戊辰正月，奔哭文皇后梓宮，及叩辭，召入禁廷慰問，即旋里守制。己巳春，仁皇帝南巡，公迎送，具荷恩禮。是秋，有毀公者，公致仕，杜門掃迹，不通往還。辛未十月，丁父艱。甲戌八月，奉特旨起用，依原官食二品俸，總裁《明史》。戊寅冬，入直南書房。己卯五月，拜工部尚書。十二月，奉命督催高家堰工程。庚辰九月，還朝。癸未正月，扈駕南巡。四月，充殿試讀卷官。十月，充經筵講官，又充武殿試讀卷官。丁亥春，復扈駕南巡。戊子五月，轉戶部尚書。己丑正月，以原官解任歸里。癸巳春，赴京祝仁皇帝六秩萬壽。乙未二月，特旨召還朝，爲纂修《詩經》總裁官。戊戌書成，十二月，命爲《省方盛典》總裁官，書未成而捐館。此公立朝之大略也。

　　侍御公博雅高華，爲文章鉅手，公兄弟濡染家學，胚胎前光，原本六籍，網羅百氏，朝章國典，討論精核，作爲文章，爲世模楷，以視古之燕許楊常，殆有過之無不及也。公在詞垣，言規行矩，及侍講幄，益加嚴翼。時有左道肆行曰朱方旦者，中外士大夫往往爲所煽惑。公本無言責，而邪說誣民，志存閑闢，具疏劾方旦三大罪，言："方旦自號二眉山人，陽托修養煉氣之名，陰挾欺世惑民之術，盛姬妾，廣田宅，爲子納官，交結勢要，所刻秘書更有逆天三大罪。方旦本被參究問，宥死放歸，告其徒云：'聖帝賢王，公卿將相，士庶男女，往往以休咎問余，念在趨避，良心自存，皆有修省之心，不識真修門路。'夫皇上九五至尊，而方旦敢以臣民下賤之人一同論列。皇上德可格天，仁能造命，而方旦敢捏稱'念在趨避，有修省之心，不識真修門路'。如此妖言，刊書布傳，大逆不道。此誣罔皇上之大罪一也。自堯舜禹湯以至孔子，皆以一中授受，內則正心修身，外則治國平天下，聖聖相傳，此理不易。今方旦妄謂中道在兩眉之間、山根之上，立論怪僻，違悖聖經。即伊所造《說補》，亦不過坐功煉氣之術，而妖黨互相標榜，其徒有云：'孔子後二千二百餘年，而有我師眉山夫子。'又有云：'程朱精理而不精數，覺大儒之用小。'有云：'古之尼山，今之眉山。'皆背叛孔孟，尊奉妖邪。方旦亦全無畏忌，居之不疑。此悖聖道之大罪二也。又身歷各省，煽誘愚民，去冬從湖廣至江浙，乘輿張蓋，徒黨如雲，地方大吏迎接跪拜，聚衆輒數千人，勾連入教。雖漢之張角、元之劉福通，亦不過以是術釀亂，竊恐其處心積慮尚有不可測者。此搖惑民心之大罪三也。伏乞大奮威斷，將方旦及伊黨按律嚴處，則于萬世之道統人心幸甚。"奉旨："該撫嚴拿，究擬具奏。"于是方旦伏誅，其黨皆坐罪有差，天下稱快。

　　仁皇帝知公持正，駸駸大用。及拜御史大夫，益自感奮，知無不言。其《請申飭駐防疏》略云："各省要地,分該滿洲官兵駐防,所以衛民。而兵强民弱,駐防將領或恃威放肆,公行請托,或占奪民業,或重息放債,或强娶民婦,或謊作逃人,株連良善,或收羅奸棍,巧生訛詐,種種爲害,所在時有。如西安、荆州駐防官兵,紀律太寬,旗營馬匹每于春初放牧,斯時青草未長,勢必驅赴村莊,累民芟秣。及至夏季,河沙水草之鄉儘可飼畜,然往往驅至成熟之處,百十爲群,踐食田禾,勒索酒飯,沿鄉遍落,所至驛騷。其他苦累又可類推。請嚴飭各省駐防將軍、副都統等,力行約束,杜絕種種累民之事。督撫徇隱者,該部作何議處。綠旗提鎮縱兵害民,以及虛冒兵糧,肥入己橐者,亦不一而足。請飭督撫立行指參,庶軍政肅而民情和矣。"旨下九卿詹事科道會議以上,悉如公請。又請詳核改注人員有疏,糾溺職撫臣有疏,請移調閩海提臣有疏,請澄清監員有疏,受事未幾,章奏數上,皆關國是民生。班行會議,言論侃侃。

公以文章氣節結主知,位躋副相,猜忌者始而詆諆,繼而誣陷,會公內艱歸,上又敕諭保全,自是巖居川觀,安枕高臥矣。其領司空也,河議紛紜,賴聖意獨斷,專力于黄淮交會之口以拒黄,不使倒灌,而加築高堰以捍淮,不使旁洩。兩工告成,漕運無阻。公仰承廟謨,殫厥心力。後數年,工部堂上官以內外河工官冒領錢糧一案,俱褫職留任,同事者以墨敗,公巋然不淬。尋議叙河工,公以督催高堰工程,節省錢糧六十餘萬,奉旨開復。

其歸里也,尤以《明史》爲念,編纂不去手,繕寫列傳進呈御覽。奉旨著明史館察收。及爲《詩經》總裁,奏請發內府之書,又訪遠近藏書家,得宋、元、明諸儒經解百餘種,薦用詞臣及舉貢通經博古者二十人。乃考鄭、孔之古義,究朱、吕之精微,輯諸家之論說,書成進御。繼奉《省方盛典》之命,公復奏請翰詹詞臣博學能文者二十人,分任纂修,公虛衷商酌,編摩詳慎,漸成卷帙。又以餘暇,仍用力于《明史》。今皇上雍正元年六月,具疏進全史紀、志、表、傳,共三百一十卷,奏言:"皇上學貫天人,博極經史。臣見識短淺,文辭蕪陋,自愧難以行遠。伏冀宏開館局,重定信史,臣書或可備參考之萬一。"旋奉上諭,特簡重臣董修全史。而公所進稿本,滿漢監修總裁諸大臣奏請留館考定成書,即蒙俞允。是書告竣,公氣血日益衰耗矣。自仁皇帝賓天,隆冬舉哀;三月,叩送梓宫,追感號慕;五月,躬叩孝恭仁皇后喪次,扶策哭臨,病勢增劇;至八月而遂不起矣。

公孝友出于天性,樂善好施,有范文正公之風,汲引後進,賓至如歸,後門寒素片善寸長,極口獎譽。精研書法,奄有魏晋以來諸家之長,揮毫落紙,人爭藏弄。仁皇帝在熱河山莊垂念講幄舊臣,惟兩相國及公三人,特作詩書扇并書對聯以賜,稱之爲"老大臣"。每有宣召任使,必三大臣,并命一切頒賚并同閣臣。前後錫予便蕃,載在家乘,兹不備書。所著制義存稿二册、文稿六十卷、詩稿三十卷,進呈《明史稿》三百一十卷。

公生于順治二年乙酉八月初三日午時,薨于雍正元年癸卯八月十五日申時,享年七十有九。配袁夫人,晋封一品,先公二十年卒,浙江嘉興府知府若遺公女。夫人讀詩書,明大義,孝事舅姑,敬事夫子,慈愛二子,無異于己生,治家井井有法。子二:長圖煒,生母誥封恭人邢氏,戊子科舉人,户部貴州清吏司郎中加一級,娶蔣氏,河南提學副使莘田公女;次圖永,生母沈孺人,丁酉科舉人,娶陳氏,翰林院侍讀學士世南公女。女二:長殤;次適廣西全州知州徐唐,袁夫人出。孫男五:興吾,庠生,聘張氏,翰林院編修姚先公女;興世,庠生,聘史氏,吏部左侍郎兼翰林院學士鐵厓公女;興邦,聘蔣氏,禮部右侍郎兼翰林院學士仍管内閣學士事,西谷公女;興仁、興讓,俱幼,未聘。孫女五:長適國學生高毓秀;次字國學生高岱,未嫁卒;次適歲貢生廖化乾;次字國學生陳墀;次未字。圖煒出公既,奉旨諭葬。九月甲辰,靈柩由潞河而南,將卜葬于某原某阡。謹按行狀叙公行事,而系之以銘。銘曰:

　　海宇一統景運昌,偉人挺出膺殊祥。顔訓柳誠承義方,五雲唱第聲譽翔。青藜爲杖玉作堂,發揮典誥邁宋唐。異端左道何披倡,縉紳煽惑士庶狂。鳳池有鳳鳴朝陽,邪說殄滅正學光。帝鑒精白需贊襄,金掌卿月旋輝煌。雙藤倚户森臺綱,八紘拭目瞻神羊。河堤相度籌淮黄,舳艫千里一葦杭。金錢會計謹制防,横雲之山烟水鄉。鷹隼肆力公退藏,逍遥獨樂與世忘。繹經潤史道益影,老成典型翼廟廊。山龍藻火綉舜裳,臺符袞職聯雁行。生徒問業盈古香,鼎湖一慟神悴傷。鶴歸華表雲蒼茫,九峰鬱鬱遥相望。高封若斧題識詳,千秋喬木慶未央。

【按】

　　録自《碑傳集》卷二十一(見《清代碑傳全集》第 142 頁),清張伯行撰。民國《重輯張堰志》卷三《志名迹・冢墓》葉十六:"户部尚書王鴻緒墓,在平湖新帶東北二里南港,張伯行銘。"嘉慶《松江府志》卷七十九《名迹志・冢墓》葉八十三作"南巷"。

199　重建魏姚二公祠記

清道光三年(1823)　陳宗器

　　《記》有云:"凡有功德于民者,則祀之。"又云:"有其舉之,莫敢廢也。"今天下郡邑之學,皆設有名宦祠,莅斯土者,功德果卓有可紀,得祔俎豆于不祧。上邑于名宦祠外,設有二公祠。二公者誰? 前明魏、姚二司訓也。考諸邑乘,魏祠,邑侯李鴻爲學訓魏公立,其名字事實雖無可考,李公爲之立祠、置田,其必有恃以不朽者。姚南汀公祠,建自邑諸生嗣公之冡,子名篚者來任推官于信,捐田入祠,名其田爲姚祠校田。其侄孫名體信者,嗣又爲廣信郡守,復捐俸重葺公祠,自爲之記。蓋三世歷兹土矣,誠盛事也。查前志又云學中所遺之田,安知非即二祠之田? 乃後人享其利,而二公失其祀,可乎? 乾隆八年,學博明東陽,于崇聖祠之左偏重建一祠,合祀二公,其亦食德不忘報之意也。

　　余嘉慶十八年春承乏邑之司訓,謁所謂二公祠者,基址雖存,墻屋烏有,所巋然而立者,惟一二碑碣在榛莽間耳。余惻然久之,愧力綿未獲倡議修復,然于此事,究未嘗一日去諸懷也。道光三年,合邑紳士呈請邑侯陶公,會議重建文廟,移建二公祠于訓導署前之右邊,將見二公之靈爽,實式憑之當日李邑侯爲魏公立祠置田之深意。姚南汀公子若孫之後先捐修,百世如將見之,後之官斯土者景仰前徽,自當爲瓣香之祝,益以知二公之功德當與祠俱永也。因序其始末而爲之記。

【按】

　　録自同治《上饒縣志》卷二十三《藝文志・碑版》葉六十(見《石刻史料新編》第三輯第12冊第403頁),清陳宗器撰,署"陳宗器訓導"。據此文記載,姚參(南汀)、姚篚、姚體信,姚氏一門三人先後任職廣信。

200 州判銜候選訓導張先生墓志銘

清光緒十四年(1887) 繆荃孫

　　先生姓張氏,諱文虎,字孟彪,又字嘯山,江蘇南匯人。幼穎異,見書籍輒自翻閱。嘗讀元和惠氏、歙江氏、休寧戴氏、嘉定錢氏諸家書,慨然嘆爲學自有本,馳騖枝葉無益也。則取漢、唐、宋人注疏,若説經諸書,由形聲以通其字,由訓詁以會其義,由度數、名物以辨其制作,由言語、事迹以窺古聖賢精義。旁及子史,是非得失,源流異同,以參古今風會之變。壬辰大比,戚友強之行,試卷墨污,題詩號舍而出,自是不復應試。金山錢雪枝通守熙祚輯《守山閣叢書》,屬先生校訂,館錢氏三十年。所校書若《守山閣叢書》《指海》《珠叢別録》,及鼎卿學博熙輔續輯《藝海珠塵》壬癸集,子馨少尹培名輯《小萬卷樓叢書》,無慮數百種,時稱善本。嘗三詣杭州文瀾閣,縱觀《四庫書》,手自校録。績溪胡竹村培翬、元和陳碩甫奐時同寓西湖,過從商榷甚歡。中間西游天目,南登會稽,尤愛天目之勝,因自號"天目山樵"。

　　年二十八,始就婚于金山姚氏。越四年,舉一子曰錫卣。癸卯,偕錢通守游京師。通守卒于邸,先生載其柩南歸。時輯《指海》未竟,其嗣偉甫培杰、子馨培名請畢之,先生力任不辭。海寧李壬叔善蘭與先生讀算契合,咸豐初,李先生從英吉利士人艾約瑟偉力烈亞力新譯《重學》及《幾何原本》後九卷,而艾約瑟輩深明算理格致之學,聞先生名數,數造訪質疑問難,咸大折服,嘆爲彼國專家勿能及。丙辰,移家張涇堰,蓋贅于姚二十有二年,至是始有家也。

　　粵匪之亂,轉輾避難,曾文正公聘赴安慶。李文忠公繼督兩江,議刻經史,因與先生商定條例,文忠稱善,遂留書局八年。癸酉,先生以老固請,始得旋里。蘇撫檄各屬修志乘,邑令金福曾造門敦請,奉賢韓令佩金、華亭楊令開第亦相繼以志事來聘,勉應之。錢子馨議輯先世書目,留先生于郡城復園。丙子秋,子馨歿,遺孤幼,先生傷之,爲處分其喪事。

再聞姚孺人之訃,悲慟不能已,自是神氣稍衰矣。癸未,學使瑞安黃公體芳創建南菁書院于江陰,按臨松江,躬延先生主講席。時先生足艱于行,再三辭,不獲。秋七月赴江陰,冬十一月旋里,足疾加甚,乃具書請退。甲申長至,得類中疾,乙酉下月卒于復園,年七十有八。

先生于書無所不覽,過目輒記,尤長于比勘,遇疑義,必反覆窮究,廣證旁引以匯于通,往往發前人所未發。所著各書,曰《校刊史記集解索隱正義札記》五卷,《舒藝室隨筆》六卷,《續筆》一卷,《餘筆》三卷,《雜著》甲編二卷、乙編二卷,《賸稿》一卷,《詩存》七卷,《索笑詞》二卷。又嘗以漢魏以來古樂失傳,而古書之存于今者祇滋後人聚訟,乃因端以考其器數,審其聲氣,以究古今之變異,作《古今樂律考》一書。顧尚之先生作《殷曆考》,申鄭氏一家之言,先生證之經傳,謂鄭氏誤執《緯書》及《大傳》之文,致《召誥》注破經從曆,而劉歆又損夏益周,移前五十七算,以求密合經文,爲作《周初歲朔考》以疏通之。先生之學,博大宏達,既以經學、小學、曆算、樂律立其本,泛濫以及其他,莫不洞悉源流,燭見幽隱,實事求是,由博返約,勿苟于著述,勿囿于門戶。溯自惠、江、戴、錢諸家而後,可謂集大成也已。然先生豐于學而嗇于遇,少時屢空,殆人所難堪,自是客游日多,垂白歸來,又抱伯道之戚,而先生不以是廢學,手一卷外,無他嗜好,老而彌篤。顧尚之爲先生石交,著作等身,先生爲謀于上海令獨山莫公祥芝,俾爲刊布。婿朱虞卿先生大韶,邃于經術,先生選録其經義若干篇,今李勉林中丞校付梓人。海內乃知有朱顧之學,先生力也。

曩以諸生從文正公軍營,保以訓導選用。光緒初,援例加州判銜。錫卣遺腹有一女,贅同邑附貢生王保如,生外曾孫孝曾,爲先生後。孝曾殤,復以慰曾來歸焉。荃孫幼罹兵燹,避地楚蜀,未曾捧手受教,後先生四年來主南菁講席,華亭張錫恭出此狀來求銘,爰作銘曰:

東南諸老,首推潛研。先生繼之,名滿埏埏。六書九數,如日中天。合朔周初,協律宮縣。微言克紹,絕學能專。少絕仕進,青紫無緣。晚爲賓客,戇直自全。校讎最工,几席丹鉛。更生子固,輝映後先。明湖之湄,冶城之巔。大名不滅,遺事獨傳。龍蛇歲厄,牛斗星懸。隻鶴斗酒,誰過新阡。

【按】

録自《續碑傳集》卷七十五《儒學五》葉一,清繆荃孫撰。據文,張文虎于癸未年(光緒九年,1883)主南菁講席,而繆荃孫"後先生四年,來主南菁講席,華亭張錫恭出此狀來求銘",則當于光緒十四年(1887)受請撰此墓志銘。

卷七 考證

亭林寶雲寺碑刻考略

施蟄存先生《寶雲寺碑刻》一文，録亭林寶雲寺碑目，計十種，以爲"輯寶雲寺碑文爲一卷"之準備，祇是"猶有所待，逡巡未成"。而今先生已去，不知道《雲間碑録》手稿中是否遺有此卷。施文贊嘆"（松郡梵宇碑刻以）亭林寶雲寺爲多"，值得我邑人驕傲，但同時，諸碑幾乎湮滅殆盡，也不免令人痛心沉思。我今勉力搜索，欲集齊寶雲寺碑文以慰嗜古之心，而力有未逮之處，也祇能逡巡以待了。

施文所録十條碑目，"已有全文"者四，"全文未見"者六，經筆者查找，獲見全文八篇，一條重複，一條存疑。現鈔録施文碑目，并附另外發現的碑目六條、輯佚一條，計十七條，分別加按語説明，羅列如下：

一、唐蘇州華亭縣顧亭林市新創法雲禪院記，吳興沈珹撰并書。大中十四年十月二十五日立，按寺在唐時稱法雲寺，此建寺後一年所刻石也，《金石録補》著録，碑已佚，文載《全唐文》卷七百九十二。此碑有陰，宋慶曆七年刻。

歡按，《全唐文》卷七百九十二録文標題作《大唐蘇州華亭縣顧亭林市新創法雲禪寺記》，吳興沈珹撰。國圖數字圖書館有拓片名《法雲寺碑》，拓片碑名《大唐蘇州華亭縣顧亭林市新創法雲禪院記》，拓片之文與《全唐文》録文相同，且有落款、日期、名録。另《江蘇通志稿·金石志》録有全文，可補闕字。據碑文，立碑時已改名爲"寺"，但既然有拓片，當仍以所刻"院"字爲準，《全唐文》録文標題"寺"有誤。沈珹，《江蘇通志稿》作"沈斌"。施文"此碑有陰"即後文第四條《秀州華亭縣法雲寺重修伽藍神堂碑》，詳後。

二、張元涉等造白傘蓋真言幢，八面刻，蕭宏正書。咸通二年九月十五日建，目見《府金石志》《藝風堂金石文字目》，《古鐵齋金石考》著録全文，此幢見存。

歡按，《藝風堂金石文字目》卷六："張元涉等造白傘蓋真言幢（八面刻，蕭宏正書，咸通二年歲次辛巳九月壬申朔十五日丙戌，在江蘇華亭寶雲寺）。"嘉慶《松江府志》卷七十三《藝文志·金石》："寶雲寺石幢陀羅尼真言（蕭宏書）。"吳貴芳《上海唐代銘刻考録》一文録有此幢銘文全文,題《"一切如來白傘蓋大佛頂陀羅尼真言"石幢》,蓋取銘文原題,當以此爲是。吳文注其轉録自"華亭封氏舊藏《雲間金石録》抄本"。此幢又稱"楞嚴塔",殘存中段現在亭林中心小學内。

三、法雲寺感夢伽藍神記,額及文皆正書,書撰人未詳。開運二年孟春二十一日建(《藝風堂金石文字目》),一作開運元年仲春建(《府金石志》),未詳孰是。此碑已佚,全文未見,惟《紹熙雲間志》存其百餘言,然繆藝風既得拓本,當猶可迻録耳。

歡按,碑文見《全唐文新編》第5部第2册九八七卷《闕名》下,原注"輯自《全唐文補遺》第六輯",標題作《顧亭林法雲寺感夢枷藍神記》,"枷"有誤。《至元嘉禾志》卷十有節録文,《江蘇通志稿・金石志》録文完整,可補闕字。國圖數字圖書館有拓片下載,題"顧亭林法雲寺感夢伽藍記",查拓片實爲《顧亭林法雲寺感夢伽藍神記》。碑文中未見書撰者,立石日期爲開運二年孟春。碑文載寺僧感夢顧野王,發現殘碑有"寺南高基,顧野王曾于此修《輿地志》"一句,則此前當另有一碑,立碑時間當在《新創法雲禪院記》(大中十四年)之後,《感夢伽藍神記》(開運二年)之前。

四、秀州華亭縣法雲寺重修伽藍神堂碑,僧慶邦正書,僧思恭篆額。宋慶曆七年五月十一日建,《藝風堂金石文字目》著録,此碑亦近年亡佚,文未得見。

歡按,《江蘇通志稿・金石志》録有全文,題《法雲寺重修護伽藍神堂碑》。國圖數字圖書館有拓片,題"法雲寺護伽藍神堂碑",查拓片,實爲《大宋秀州華亭縣顧亭林法雲寺重修護伽藍神堂碑》。臺灣"中央研究院歷史語言研究所"網站亦有相同拓片,據實録名同拓片。可知施文所録碑目闕一"護"字。此碑"錢塘西湖石函寶勝蘭若傳天台教"以下闕,撰者不明,而《全宋文》卷六六一《釋靈鑑》下《重遷聰道人墓志銘》(慶曆八年閏正月)署"錢塘西湖石函寶勝蘭若傳天台教沙門靈鑑撰",《大宋秀州華亭縣顧亭林法雲寺重修大殿記》(嘉祐六年)署"(缺)雲間傳天台教觀沙門靈鑑撰",原注:"靈鑑,天台宗沙門,釋遵式弟子。慶曆間住杭州西湖石函寶勝蘭若,嘉祐中居華亭(今上海市松江區)。"據此推斷此碑當爲靈鑑所撰。

五、法雲寺重修伽藍神堂,梁賢顧君祠堂,僧靈鑑撰侑神詩并序。慶曆七年刻,在唐大中十四年碑陰,《金石録補》著録,全文未見。

歡按,此條疑即第四條碑目,同爲慶曆七年,同爲靈鑑撰文,均有"侑神詩并序",一年之内,兩修神堂、兩立碑石,不合常理。施文重出,蓋未見全文、不知撰者同爲靈鑑之故。據此亦可知慶曆七年《重修護伽藍神堂碑》碑文在大中十四年《新創法雲禪院記》碑陰。

六、法雲寺重修大殿記,沙門靈鑑撰,唐□□正書。嘉祐六年臘月望日建,《府金石志》《藝風堂金石文字目》著録,此碑亦亡來不久,全文未見。

歡按,《全宋文》卷六六一《釋靈鑑》録全文,題《大宋秀州華亭縣顧亭林法雲寺重修大殿記》，文末原注：“《蒐古彙編》卷五二。”《江蘇通志稿·金石志》卷九亦錄全文，題“宋秀州華亭縣顧亭林法雲寺重修大殿記”，錄文較詳細，闕字處能注明字數，而《全宋文》不論闕字多少或者挪抬，僅注一“闕”字，但也有互補之處。此碑文前有“唐□□書”，後有“宗元書”，則書者爲“唐宗元”？爲何前後重複，未詳。

七、寶雲寺題刻，此碑分三截刻。上截爲治平元年敕改寺名牒文，正書；中截爲淳熙九年參知政事錢公鈞翰，行書；下截爲四明法智尊者書《始終心要》，正書。此碑爲嘉熙元年甲辰月圓日釋行謹所建，《古鐵齋金石考》、光緒《松江府續志》、《藝風堂金石文字目》著錄。光緒《松江府續志》云碑今存，然近年已失亡矣。全文錄存于《古鐵齋金石考》。

歟按，《江蘇通志稿·金石志》卷十六錄有全文，題“寶雲寺牒”，題下原注：“拓本高三尺四寸廣二尺四寸，三截刻，正書，大字邊一寸三分，小字邊五六七分不等。”文末原注：“此碑上截治平牒，中截淳熙九年交常住田畝文，嘉熙改元，釋行謹刻下截《始終心要說》。《雲間志》以爲治平中誤。”此條施蟄存據《古鐵齋金石考》著錄爲《寶雲寺題刻》，據碑文似以“寶雲寺牒”名之爲宜。

八、松江寶雲寺記，牟巘撰，趙孟頫行書，廉密知兒海牙篆額。元至大元年五月望日釋淨月立石，文載《嘉慶府志名迹志》。此碑尚在，余得拓本校之，府志所錄，頗有刪節。

歟按，國圖數字圖書館有拓片圖像，題“松江寶雲寺記”。而《江蘇通志稿·金石志》不僅錄有全文，還鈔錄保留了此碑篆額，相當珍貴，其碑額爲“重修寶雲寺記”，下有原注：“篆書，三行，行二字，字逕三寸許。”《趙孟頫墨迹大觀》上冊有墨迹本碑文。此碑又稱“子昂碑”，殘片現存亭林鎮政府內。

九、重建寶雲寺碑，楊維楨撰，杜本書并篆額。明天順六年僧戒智建，《府金石志》著錄，此碑已佚，文亦未見。

歟按，嘉慶《松江府志》卷七十三《藝文志·金石》：“重建寶雲寺碑，元天順六年，楊維楨撰，杜本書并篆。”而崇禎《松江府志》卷五十一《寺院中·寶雲寺》：“國朝洪武中僧戒智重建。”光緒《重修華亭縣志》卷二十二《方外·法雲寺》：“明洪武中僧戒智重建（顧府志），天順六年僧德津修（郭府志），寺旁有石幢名楞嚴塔（宋府志）。”設如嘉慶府志記載，此碑建于天順六年（1462），而楊維楨其實卒于1370年，百年前之人豈會爲百年後的重建撰文？崇禎府志去天順六年最近，其記載當更可信，故天順六年建碑者不可能是僧戒智。如此則嘉慶府志所錄撰者、建碑者均有誤，考慮嘉慶府志金石記載多有謬誤，此條著錄很值得懷疑。洪武中戒智或天順六年德津《重建寶雲寺碑》是否存在，存疑。

十、重建寶雲寺碑，錢溥撰，書人未詳。成化四年五月建，《府金石志》著錄，碑亦亡佚，文未得見。

歡按,嘉慶《松江府志》卷七十三《藝文志·金石》著録:"重建寶雲寺碑,明成化四年夏五,錢溥撰。"崇禎《松江府志》卷五十一《寺院中·寶雲寺》有節録文,題"錢溥重建寺記略"。

以下增補:

十一、法雲寺記。見紹熙《雲間志》卷上《古迹·烽樓》:"烽樓,在顧亭林南。歡按,《法雲寺記》載:《唐隰州司倉支令問妻曹夫人墓志》云:'葬之顧亭林市南,烽樓之側。'今亭林南岡阜相望,即古者沿邊築臺舉烽燧之地。"此"曹夫人墓志"未見于已知碑文,故推測可能另有一碑,其餘不詳。

十二、寶雲寺慧光庵記。見崇禎《松江府志》卷五十六《金石》葉三:"寶雲寺慧光庵記,趙子昂真字,在亭林。"碑文未見。

十三、"梁顧侍郎"四大字。見崇禎《松江府志》卷五十六《金石》葉四:"'梁顧侍郎'四大字,子昂書,在寶雲寺。"

十四、郭氏詩刻。見崇禎《松江府志》卷五十二《寺院下·尼寺》:"法雲寺,在俞塘北,宋淳熙中郭樞密之子爲其女兄建,……俗呼葉庵,嘉定間請于朝,賜亭林法雲寺舊額。"卷四十三《賢媛》:"郭氏,光禄大夫郭三益之女孫,適雲間葉氏,蚤寡,因誓節爲尼,名正覺,居法雲寺。能詩,有一絶云:'春朝湖上風兼雨,世事如花落又開。退省閉門真樂處,閑云終日去還來。'後人景其志節,刻詩于石,以銀填之,豎于覺骨塔前。"碑文未見。此條更有一種重要意義,在于補充法雲寺曾爲尼寺的一段佚史。

十五、集趙書題亭林古迹詩刻。《華婁續志殘稿·金石志》第 344 頁:"歲在甲申正月十二日,鍾繼高集趙文敏寶雲寺碑文,四絶詩四章。按:碑云甲申,無建元年號,疑即明代末年,故附明末。"此《金石志》即《華婁二縣金石志》,著者杜鎮球,字亞詒,一字雅言,松江人,曾兩度與修華、婁縣志。據施蟄存《雲間碑録序》,杜鎮球等人曾于民國時"拓取縣中諸碑","杜君抱所蓄石墨敷千通流移滬上……成《華婁兩縣金石志稿》二卷"。可知杜鎮球藏有此碑拓本,故能著録如此之詳。碑文未見。

十六、重修寶云寺記。《華婁續志殘稿·金石志》第 376 頁:"嘉慶二十三年歲次戊寅九月,主持釋道見立石。知松江府事宋如林撰并書篆,行書十五行,行三十八字,額篆書陰文三行,行二字。今存浦南亭林鎮本寺。"碑文未見。

以下輯佚:

十七、"寺南高基,顧野王曾于此修《輿地志》"佚碑,見《顧亭林法雲寺感夢伽藍神記》引述。

以上碑目，計唐刻五，宋刻四，元刻三，明刻三，清刻一，存疑一，碑文可見者八篇。寶雲寺當日文化之勝，可謂絢爛。勒石刻碑，以傳不朽，而今盛況不再，爲之一嘆。幸喜今日科技超邁前人，資料檢索之方便爲前人所難以想象，衹是鈎沉輯佚的能力在增長，傳統文化却在淡漠。文物消失誠爲可惜，但比之碑刻、拓本的湮滅，更可怕的是人心的遺忘。

（刊于《上海文博論叢》2014 年第一期，2015 年 7 月 28 日改訂）

參考資料：

1.《寶雲寺碑刻》，見《北山談藝録》，施蟄存著，文匯出版社，1999 年 12 月。

2.《全唐文》，（清）董誥等編，中華書局 1983 年 11 月影印，全十一册。

3.《江蘇通志稿·金石志》，見《石刻史料新編》第一輯第十三册，臺灣新文豐出版公司，1977 年。

4.《藝風堂金石文字目》，見《石刻史料新編》第一輯第二十六册，臺灣新文豐出版公司，1977 年。

5. 嘉慶《松江府志》，見《中國地方志集成：上海府縣志輯》，上海書店出版社影印，2010 年 6 月，全十册。

6.《上海唐代銘刻考録》，見《淞故漫談》，吳貴芳著，上海人民出版社，1991 年 12 月。

7.《全唐文新編》，周紹良主編，吉林文史出版社，2000 年 12 月。

8. 至元《嘉禾志》，見《石刻史料新編》第二輯第九册，臺灣新文豐出版公司，1977 年。

9.《全宋文》，曾棗莊、劉琳主編，上海辭書出版社，2006 年 8 月。

10.《趙孟頫墨迹大觀》，王連起、郭斌編，上海人民美術出版社，1995 年 5 月。

11. 崇禎《松江府志》，見《日本藏中國罕見地方志叢刊》，上下册，書目文獻出版社影印，1991 年 10 月。

12. 光緒《重修華亭縣志》，見《中國地方志集成：上海府縣志輯》，上海書店出版社影印，2010 年 6 月，全十册。

13. 紹熙《雲間志》，點校本，上海市松江區地方史志辦公室編，2008 年 8 月。

14.《華婁續志殘稿》，點校本，松江縣地方史志編纂委員會辦公室，1994 年 10 月。

15.《雲間碑録序》，見《北山談藝録》，施蟄存著，文匯出版社，1999 年 12 月。

朱涇法忍寺銘刻考録

　　安濤《中心與邊緣》（2010）説："（上海市金山區）朱涇作爲區域文化中心，首先表現在宗教方面。"確實，朱涇因爲有一位"佛祖在人間"的船子和尚，歷來就是浦南佛教聖地，佛寺衆多。而其中尤以已經湮滅的法忍寺爲主要代表，據記載，甚至連今日復興正酣的東林寺，其開山祖師元智禪師，也是"得度于法忍寺某"。所以從某種角度來説，法忍寺的歷史，就是今天朱涇文化的歷史，也是東林寺的"史前史"。

　　本文意在梳理法忍寺歷代銘刻，爲研究法忍寺歷史搜集史料，所録各銘刻之名目，以遵從舊名爲原則，在注明原文的前提下，爲精確修辭或避免繁冗，對部分名目作了適當修改。文中涉及稱呼法忍寺之處，爲方便叙述以法忍寺爲通稱。

　　一、法忍寺梁大同瓦，南朝梁大同元年（535）。見姚光《懷舊樓叢録（續）》（載《國學月刊》1927年第1卷第4期）及所附拓片，叙其所藏此瓦，爲"往年有人于（朱涇法忍寺）磚礫中檢得……初藏（張堰）里中汪叔純先生之味蘭齋……因知志書又稱寺本名建興，宋治平中易法忍教寺額……，亦未盡然也。"其銘文計四十三字："能仁寺比丘正鷟仿銅雀剩瓦五萬片，捨入法忍寺，願先妣童氏十九娘超生佛界，大同元年四月陸墓甘郎造。"又據王謇《吳中金石記》著録："刻高四寸，廣一寸半，四行字數不等。……正鷟、甘郎、法忍三名，蘇州府志俱無。"按，梁朝大同元年爲公元535年，而方志記載法忍寺原名"建興院"，北宋治平元年（1064）始獲賜名"法忍"。姚氏此瓦雖經汪、姚收藏，但其最初來源并不明確。據周惠斌《明清"金磚"考釋》一文，清光緒二年（1876）在吳縣（今蘇州市）橫山出土過同樣的梁大同瓦。而"法忍"爲佛教術語，浙江省湖州市吳興區、杭州市餘杭區，均原有古刹名法忍寺。

　　二、集右軍書碑，唐會昌元年（841），愚公谷人撰。清嘉慶《朱涇志》卷三著録，并有朱棟《得會昌碑記》記之甚詳："嘉慶辛酉（歡按：即嘉慶六年，1801）四月二十七日，朱涇法忍寺天空閣毀于火。余時艤舟寺畔，出一碑于灰燼中，闊尺餘，長尺有□（歡按：原缺，光緒縣志記載爲"四"）寸，厚四之一，堅瑩如玉而碎爲四。"碑文凡七行七十七字，碑歸朱涇丁益琳(子香)收藏。清嘉慶《續機緣集》(見《船子和尚撥棹歌》,上海文獻叢書編委會,1987年)以《船子和尚東游泊釣船處》爲題,録此碑中之七絶詩,署"唐愚公谷人"。吴貴芳《上海唐代銘刻考録》一文轉録"華亭封氏舊藏《雲間金石録》鈔本"所録碑文,"叙""序"、"像""象"略有差異,鑒于《得會昌碑記》未説明四、五兩行之换行處,而《雲間金石録》録文却有换行,故其很可能録自原碑或拓片,值得寶貴,特轉録在此:

　　　　大唐三藏聖教序

　　　　蓋聞二儀有象顯覆

　　　　唐船子和尚東游泊釣船處

　　　　和尚東來泊釣船一溪秋水月明天此中定有高

　　　　人出爲憶前身幾百年　愚公谷人記

　　　　大唐三人二儀有象師兼太

　　　　會昌元年八月日

　　三、井闌題記,唐會昌年間(841—846)。見北宋元豐三年(1080)僧智圓所撰《法忍院結界記》(詳後):"又尋井闌題記,仍有會昌之號。"《朱涇志》《雲間金石録》著録,全文未見。

　　四、法忍寺石幢,唐咸通十年(869)。見《法忍院結界記》(詳後):"惟石幢所載,乃唐咸通十年立也。"光緒《金山縣志》著録,全文未見。

　　五、刹竿石題字,北宋熙寧五年(1072),僧用元立石。見光緒《金山縣志》卷十五:"刹竿石題字,宋熙寧六年。石在西林寺,以漢慮俿尺度之,高四尺七寸,闊一尺二寸,石僅存二片,首行'範熙寧壬子孟□三'七字,二行'日游此寺僧用元鐫'八字。"按,"熙寧壬子"應爲熙寧五年而非六年,姚光《金山藝文志》轉録光緒縣志記載,亦誤作六年。另,舊志記載,法忍寺俗稱西林寺。

　　六、法忍院結界記碑,北宋元豐三年(1080),僧智圓撰。碑文見明正德、崇禎《松江府志》。又見于《朱涇志》《續機緣集》,但均題作"法忍寺結界記",而光緒縣志則兩種名稱并存。按,南宋紹熙《雲間志》(1193):"法忍院,在朱涇,去縣三十六里,……本名'建興院',治平元年,賜名'法忍'。"可知治平元年(1064)後名"法忍院"。又崇禎《松江府志》(1630):"法忍教寺,在朱涇鎮,唐咸通十年建,宋法忍院也。"則似可確認矣。但乾隆縣志(1751)記載:"門有'法忍寺'額,宋米海岳書。"然則此額又是宋代名"法忍寺"之證據? 另,碑記原文明寫"元豐三年暮秋月望,予以衆命結界,負錫至此",而嘉慶《松江府志》著録:"法忍院結界記,宋景定三年(歡按:1262),僧智圓撰",明顯有誤。華偉東《浦東碑刻資料選輯》(1998),柴志光、潘明權《上海佛教碑刻文獻集》(2004)均徑録其誤。

　　七、西亭蘭若記碑,南宋隆興二年至淳祐六年間(1164—1246),釋居簡撰。碑文見

《機緣集》《續機緣集》（均見 1987 年《船子和尚撥棹歌》）、《朱涇志》，及釋居簡《北磵文集》。《朱涇志》錄文署"宋釋北磵簡"，《續機緣集》署"北磵"。按，釋居簡（1164—1246），宋代臨濟宗僧，字敬叟，曾于杭州净慈寺之北磵構築一室，名"葦室"，故世稱"北磵居簡"。正德《松江府志》卷二十一："松澤西亭，船子和尚維舟咏歌處，後爲西亭蘭若。"又據碑文"自是松澤山水益明秀"，可知松澤爲地名，西亭爲亭名，先有西亭，後有蘭若。舊志未見西亭蘭若具體位置記載，法忍寺各處院落、勝迹記載中也未見其名，唯朱棟《得會昌碑記》載其詩："西亭橋下艤歸船，傑閣焚時焰逼天。喜得唐碑兼晉字，行間明勒會昌年。"而其記文又云："餘時艤舟寺畔"，可知西亭橋在"寺畔"。

八、西亭蘭若記碑，南宋景定三年（1262），林希逸撰。碑文見《續機緣集》《朱涇志》，後者所錄爲節略文，前者相對完整，文字流暢，且文末有日期"景定三年九月"。

九、推篷室記碑，元大德六年（1302），釋明本撰，沙門舜賓立石。碑文見《機緣集》《續機緣集》《朱涇志》，《朱涇志》載："推篷室，在法忍寺明照院。元大德年，沙門舜賓建，釋明本有記勒石。"所錄碑文也作"寺之沙門舜賓"，而《續機緣集》作"舜濱"，署"元明本幻住"撰，據元刻本《機緣集》當作"舜賓"。按，釋明本（1263—1323），號中峰，法號智覺，西天目山住持，錢塘（今杭州）人，元仁宗賜號"廣慧禪師"，賜謚"普應國師"，憩止處曰"幻住山房"。

十、萬峰秋軒記碑，元延祐二年至明洪武元年間（1315—1368），貝瓊撰，沙門敬梓山立石。碑文見《朱涇志》卷四，署"元無名氏"撰。而《全元文》（2004）第四十四册有《萬峰秋記》一文，作者爲元末詩人貝瓊（1315—1379），除幾處異文外可以確定爲同一篇文章。據此碑文記載，萬峰秋軒爲"法忍寺沙門敬梓山"所建，又據崇禎《松江府志》："（法忍寺）有魯般殿、推篷室、萬峰秋軒。元季兵毀。"可知此碑當撰文立石于明洪武元年（1368）前。

十一、華亭法忍寺施地修殿記碑，明嘉靖四十四年（1565），陸樹聲撰，董宜陽書，比丘圓晨、志恒、介以立石。碑文之"記略"見《朱涇志》，未注年月，光緒縣志著錄："法忍寺施地碑記，明嘉靖四十四年七月陸樹聲撰，董宜陽書。"陸樹聲《陸文定公集》中未見。

十二、廬閣記略，明，曹勛撰。見九〇《金山縣志》所載《歷代碑刻簡目》，記載此碑原在"朱涇西林寺"，未見著錄于其他著作，全文未見。按，《朱涇志》："天空閣，本名毗廬閣。在船子殿後。未詳創始，明季毀廢。"則九〇縣志可能著錄有誤，或當爲《毗廬閣記略》。曹勛《曹宗伯全集》中未見。

十三、法忍寺達真禪師塔銘，清嘉慶十二年（1807）。銘文見《朱涇志》卷十，題"法忍寺達真禪師塔銘"。據銘文，"（達真禪師）參東林允輝和尚……後主嘉善之慈雲寺"，"受法門人漪雲建塔慈雲，奉龕入塔焉"，則達真禪師塔似應在嘉善慈雲寺，神龕在塔内。然則爲何冠名"法忍寺"? 銘文中并未提及法忍寺。《朱涇志》記載,當時法忍寺六個院落中有名"慈雲院"者,有無可能達真禪師塔位于此"慈雲"內,故名之"法忍寺達真禪師塔"呢? 九〇《金山縣志》稱:"七級石幢,50年代初猶存,石幢每級有磚塑佛像,仿明風格。"如果是唐咸通十年所建,怎麼會"仿明"呢? 則毀于"文革"中的此"七級石幢"有無可能爲達真禪師塔? 又據1993年《嘉善文史資料》第八輯《魏塘話舊》一文,慈雲禪寺已廢,有"方形等高實心小塔"兩座及"燻得烏黑"之石碑,待考。

十四、幻生碑。光緒《金山縣志》卷八著錄:"推篷室,舊在法忍寺,元大德年建,明移建下圩。有幻生碑及陳繼儒額。今圮。"查光緒縣志此條全文轉錄自乾隆《金山縣志》,而乾隆縣志作"幻住碑",因此很可能是手民誤植。碑文未見。

十五、同善堂碑。《朱涇志》卷二著錄:"同善堂,向在法忍寺大殿左,內設施棺局,未詳創始。⋯⋯亦經詳請立案,立石署前,尤爲善舉。"全文未見。

十六、釣灘庵船子和尚真像石刻,清道光年七年(1827)以後刻,唐周洽原畫,清改琦重摹,平陽道忞等贊。《金山藝文志》著錄:"釣灘船子和尚真像,清改琦重摹。有平陽道忞、古吳悟開、海昌悟靈及張真俠贊頌。按,《朱涇志》稱,釣灘庵中藏船子畫像,紙墨甚古,款書'開元戊申小春周洽寫',上有木陳和尚詞云云。改氏重摹,乃依此本。⋯⋯此摹本石刻原在朱涇釣灘庵,庵中供船子像鐫木塗金結跏趺坐。後里人廢庵,拓爲校舍(即縣立國中),遷象庵右呂祖祠,于座背得此刻石,并移置祠之庭隅,已苔蝕土積。由丁承宗、承溥兄弟洗拓傳世。"宗璉《施蟄存與船子和尚》(載《新文學史料》2001年第3期)一文披露,施蟄存先生曾獲得此石刻部分銘文:洙涇某庵有石刻船子和尚像,并贊二首,錄于下:

釣灘船子和尚真像

繞灘寒日嘆黃能,船子蹋翻念始灰。

落照灣前潮又汐,清風誰挽得重來。

古越平陽後學道忞贊偈

超群逸格,不以説説。華亭水邊,停橈釣雪。

等個人來,達摩面壁。至竟翻舟,藏身沒迹。

無盡鐙光,藥山嫡血。

道光歲丁亥春月
古吳後學悟開謹贊

按,"道光歲丁亥"爲道光七年(1827)。《朱涇志》纂成于嘉慶十二年(1807),其《寺觀》下,"釣灘庵"與"法忍教寺"并列,可知釣灘庵在法忍寺外。但是據《朱涇志》記載,法忍寺曾有院落12座、房間5 048間,釣灘庵在文明里,與法忍寺所在的龍淵里隔市河相望,近在咫尺，很可能釣灘庵曾是法忍寺的一部分。又，崇禎《松江府志》記載法忍寺“元季兵毀。洪武十二年僧本一重建歸并庵五。”可知法忍寺興廢過程中曾兼并附近僧庵。歷代舊志都記載法忍寺中有“船子和尚、夾山會禪師遺像”，其最有可能的供奉處應是天空閣前的“船子道場”，《朱涇志》所載院落、勝迹中不見“船子道場”之名，却另有“釣灘庵”條目，故不能排除此石刻爲法忍寺舊物，後移奉釣灘庵的可能。文獻湮滅，未能定論，但資料寶貴，特録存于此待考。

以上銘刻十六種，計有南朝梁代一種，唐三，宋四，元二，明二，清二，時代不明者二，其中銘文可見者十一。據我所知，銘刻實物均已湮滅無存，一嘆。

（刊于《東林文史》2014 年 1 月春季版，2015 年 7 月 28 日改訂）

明曹勳行迹小考

干溪曹氏，是上海地區少數貫聯明清兩代的著姓望族之一，自元代始遷祖算起，歷經明清兩代，世居華亭干溪，後又有一支遷居嘉善，繁衍至民國，其門祚綿延達四五百年之久。所謂干溪，即今之上海市金山區干巷鎮（2005 年并入呂巷鎮），曹氏之于干溪，據嘉慶《干巷志》卷一記載：“（干溪）鎮之初起在溪南，……自曹氏數公發科後，次第建房，溪北始盛。”可見曹氏在干溪的望族地位及對干溪發展所起的重要作用。

曾經翻閱嘉慶《干巷志》，偶然看到一條小傳，留下深刻印象。《干巷志》卷二《人物》：“曹宗伯勳，字允大，號峨雪，……自號東干釣叟，嘗賦詩別群從：‘誰爲買賦思司馬，翻笑烹蓴送季鷹。’亦可見公出處也。……殁後，有一僧自武林來，稽首不拜，以杖扣其棺者三，曰：‘允大好大歡喜。’不告名而退。”宗伯，指主禮之官，曹勳官至禮部右侍郎，明清鼎革之際，他不學西漢皇后千金買賦以圖再起，而是從容親近輕視名爵的西晉張翰，可見這位曹勳頗有點不俗的味道，心裏就一直有點掛念。

後來留意金山碑刻，翻閱地方史志，也經常見到曹勳之名，但奇怪的是：名列《干巷志》的曹勳，有資料却稱其爲嘉善人。祇可惜文獻匱乏，不得其詳。再後來知道了曹勳《曹宗伯全集》爲清朝所禁，因其爲明朝遺老也，如雷夢辰《清代各省禁書彙考》所説：“《通史紀略》，明樵〔檇〕李曹勳校定，此書已經缺失不全，內叙論明季事實，語多觸犯。”更引起了我的好奇。

近承嘉善友人惠賜，得以一窺嘉善圖書館所藏乾隆《曹氏族譜》電子件，不僅獲見多篇碑文，而且也解答了我對曹勳的一些疑問，故特作小文探索曹勳行迹，以爲確定曹勳里籍、研究曹氏之嘗試。

《曹氏族譜》第一篇序言，爲其族譜始創者、八世孫曹津所作《干溪曹氏（歡按：下缺，當爲“族譜序”）》，其後又有十世孫曹勳《再續修族譜序》云：“華亭曹氏，華亭所稱爲干溪曹也。”可知此譜所載“嘉善曹氏”，實爲華亭干溪曹氏之苗裔，家譜祇題“曹氏”，而非“干溪曹氏”,當是因家族遷徙,不再世居干溪之故。

翻過《曹氏族譜》,才知曹勳的功名、詩文、影響,在曹氏來説均屬翹楚,而且是其族譜的重要編輯者。曹氏十四世孫曹庭棟,在其《十世傳》中説:“一世至九世,每世提作一傳,出自我高祖峨雪公(歡按:即曹勳)手筆。……(曹勳)家居時,與群從結小蘭亭社,吾宗風雅之盛,公實爲之倡。晚年遁迹干溪,時值四郊多警,公不動聲色,屹然静鎮,闔境得賴安全。今溪上猶專祠祀之,不忘其德也。至立朝梗概,出處大節,墓志載之特詳。”曹勳在曹氏家族中的重要地位可見一斑。又據卷七《墓碑》所載曹氏十二世孫曹爾坊墓志銘(《贈内閣學士兼禮部侍郎子閎公墓志銘》):“有明之際……維時曹宗伯峨雪先生父子,亦樹幟鴛湖(歡按:嘉興南湖),海内人士奔走其門如職貢玉帛,兩郡騷人墨客,文酒高會,無歲不舉,無役不從。”所謂樹幟,一般是指樹立旗幟,藉指起義,此處當指結小蘭亭社一事。曹爾坊墓志係清武英殿大學士王頊齡(金山張堰人)所撰,由其評價,可知曹勳之名影響廣遠。

曹氏遷居嘉善,始遷祖爲七世孫曹鑰。《曹氏族譜》所載曹勳墓志銘《禮部右侍郎兼翰林院侍讀學士進階正治卿峨雪公暨配二品夫人徐氏合葬墓志銘》(1657):“(曹氏)遷嘉善,則始于公(曹勳)曾祖藩幕雙桂公鑰。”曹鑰,字子啓,號静齋,晚號雙桂,藩幕是指明代承宣布政司衙署屬官。曹鑰遷居嘉善的具體地址,據《嘉善縣志》(1995)記載:“曹姓,一支祖籍華亭干溪(今金山縣干涇)。嘉靖二十九年春,7世松三房珮長子名鑰避役僑寓魏塘大安坊(今魏塘下塘大安弄)(《嘉善記憶》編者按:即今嘉善縣城下塘大安坊,已拆除),後子孫入籍嘉善。”

關于曹鑰遷居嘉善的原因,卷二《總傳·七世傳》記載甚簡略,祇説:“(曹鑰)致仕,晚年避役僑居嘉善,先祖吳塘公(歡按:八世孫曹津)遂家焉。”所以曹氏(至少是曹鑰一支)自七世孫起即已遷居嘉善,十世孫曹勳自然也是嘉善人,但曹勳與曹氏世居之地又另有一段關係,在其晚年,他又回到了干溪。

曹勳在卷二《總傳·一世傳》中寫道:“憶自先祖吳塘公寄籍武水(歡按:即嘉善),三世百年,崇禎甲申國變,始復移居干溪,得朝夕于公之墓側。夫公之來溪上也,明之初興,余之歸溪上也,明之垂盡,而皆以避亂故,俯仰三百年盛衰顯微之際,可勝嘆歟。”所謂寄籍,指的是離開原籍,而在寄居地設籍,可知在曹勳心中,居住嘉善雖已三世百年之久,但仍祇是“寄居”,曹氏之根,仍然是在干溪,而且曹勳晚年回干溪避亂,并非權宜之計,而是最終終老于此。曹勳墓志記載,清順治二年(1645,即南明弘光元年)三月初四日,曹勳在南京接到母親去世的消息,隨即回嘉興,不到一個月,清軍攻入南京,“公自是屏迹城郭,卜居東干,每曰:‘此先世枌榆,我菟裘,當終老于此矣。’因自署東干釣叟。”“晚歲謝遣冠蓋,卜築東干祖居,日與宗族子弟游。”曹勳卒于順治十二年(1655),可知其晚年在干溪居住的時間長達十年之久。

墓志説曹勳"壽六十有七"，按照傳統的虛歲算法，他應該是出生于公元 1589 年，即明萬曆十七年。根據其墓志的記載，我們可以得知曹勳一生的大致行迹：

明天啓元年(1621)，曹勳 33 歲，舉浙江鄉試第一。七年後，崇禎元年(1628)擢會元，但因爲好友魏大中(忠節)鳴冤，廷試後僅置二甲第二，改庶吉士。隨後即"乞歸省母，得假還里"，"慈侍膝下垂四年，無還朝意"。嘗從東林黨領袖高攀龍(忠憲)游，在江蘇無錫東林書院聽講。六年(1633)"入都"，授編修，兼《起居注》纂修。八年(1635)，"奉使册封魯藩事竣，便道歸省，稱太夫人八褒觴，拜疏乞終養，旋蒙予告"，此後近十年居家，"娱綵十年"。十七年(1643)，李自成攻入北京，崇禎帝朱由檢自縊煤山，曹勳"方欲請纓赴難"，福王朱由崧在南京建立南明政權(年號弘光)，曹勳奉詔赴南京，升禮部右侍郎兼翰林院侍讀學士，加二品服俸。清順治二年(1645，即南明弘光元年)，曹勳因母親去世回嘉善，南京旋即陷落，此後曹勳避居干溪。清順治十年(1653)，"有詔求舊"，奉詔進北京，當時"賦詩別群從"："誰爲買賦思司馬，翻笑烹尊送季鷹。"以示淡泊名利。十一年(1654)農曆二月啓程，四月抵達北京，住在長子曹爾堪(顧庵)邸舍。此前曹爾堪已于順治三年(1646)舉浙江鄉試，九年(1652)登第，改翰林院庶吉士，授編修。當年，因次子曹爾坊病重，"趣櫂南還"。十二年(1655)十二月，得病，旋卒，"庭前有星隕之異"。順治十四年(1657)，"與徐夫人合葬于華亭一保重字圩之新阡"。

據明崇禎四年(1631)《松江府志》卷二《區界·鄉村》記載："華亭……今管七鄉。風涇鄉，……一、二、三保隸焉。"可知曹勳墓在風涇鄉(今上海市金山區楓涇鎮)。所以若論曹勳里籍，或可表述爲：曹勳，明嘉興府嘉善縣魏塘鎮大安坊人(今屬浙江省嘉善縣羅星街道)，晚居松江府華亭縣胥浦鄉干溪(今屬上海市金山區)。

敬賢愛鄉，人之常情，先賢的里籍，往往成爲後人爭論的焦點。其實依筆者愚見，與其爭論里籍，不如探討先賢行迹。先賢所過之處，處處留情，後人因景仰而自豪而傳播，自然是多多益善。由愛鄉而激發好學之心，立足本土而放眼天下，或可成爲一條學習之路。

(刊于《嘉善記憶》2014 年創刊號、《東林文史》2014 年 12 月冬季版，

2015 年 7 月 29 日修訂)

風水寶地"閣老墳"

内容提要：清代武英殿大學士王頊齡墓遺址，俗稱"閣老墳"。本文根據文獻史料考證出"閣老墳"内除了王頊齡以外，還葬有明代貴州按察司僉事姚筐、清代恩科榜眼范棫士、誥贈朝議大夫范甫霑等人，并根據"閣老墳"的環境特點，結合文獻，對其在"風水"上的特點作了推測，試圖以此作爲對明清兩代多人選擇入葬此地的一種解釋。

關鍵字：王頊齡；閣老墳；墓志銘；風水

位于上海市金山區朱涇鎮五龍村愛國 9 組的"閣老墳"[①]，是清代武英殿大學士王頊齡墓的遺址，但鮮爲人知的是，在歷史上，還另有姚氏、范氏家族的墳墓葬在這塊"風水寶地"之内。

據舊志記載，閣老墳的墓主是王頊齡，2008 年初出土于閣老墳的王頊齡墓志[②]，也印證了上述記載。但是 1987 年《金山文史資料》第三期所載居紹祥《挖掘閣老墳所見》一文（下稱居文），却有如下記載："（1958 年）從（閣老）墳中掘出的還有上刻墓志銘的青石碑一塊，有單人辦公桌大小，文字内容有些還模糊可認，記得的有'……姚龍晋，字筐，任貴州按察使……明嘉靖十年立……'等等。當時我鈔録後曾借五龍廟老和尚林文師所收藏的《金山縣志》核對，有關記載與此基本相同。"[③]

這説明閣老墳區域裏除了王頊齡墓以外，其實還有其他墳墓。筆者相信居文記載無法憑空虛構，但是經過查考，其回憶是有誤差的。

光緒《金山縣志》卷十九《仕績傳》記載："姚筐，字登之，（姚）參子，嘉靖十年舉人，授

---

① 關于"閣老墳"之名，以筆者所知，最早見于民國高燮（1879—1958，字時若，號吹萬）1927 年所作《鄉土雜咏七十首》："翁仲無言石馬殘，雙雙華表亦成單。我來頓覺蒼茫感，閣老墳邊夕照寒。"高燮自注："大學士王頊齡墓，俗稱閣老墳，在方二三圖。"見高銛、高鋅、谷文娟編：《高燮集》，中國人民大學出版社，1999 年，第 613 頁。

② 金博：《康熙年武英殿大學士墓志銘在金山出土》，《上海文博論叢》2008 年第 1 期。

③ 居紹祥：《挖掘閣老墳所見》，《金山文史資料》第 3 期，政協金山縣委員會文史資料工作組，1987 年，第 73 頁。

廣信府推官。……遷宿州知州，……累官至貴州僉事。乞休歸，治園嘉興金章湖上，以逸老焉。"①光緒《平湖縣志》卷十五《人物列傳一》記載："姚篋，字希實，工部郎中，（姚）參子，嘉靖辛卯舉人，授江西廣信府推官。……遷南直宿州知州，……更陝西秦州守，尋升南刑部郎中，擢貴州僉事。乞休歸，治園于金章湖上，爲逸老。訃卒，贈太常寺卿。"②而方復祥等編著的《"金平湖"下的世家大族》（2008）記載："姚參，字應辰，正德五年（1510）舉人，授江西上饒教諭，……子三：篋、簀、□，皆舉人。篋，字希實，號龍津，嘉靖中知宿州。"③

至此可知，居文所説"姚龍晋，字篋"者，實際上是明代嘉靖十年（1531）舉人姚篋，字登之，一字希實，號龍津。《廊下志》（1991 年）對姚篋之父姚參、祖父姚璋的墓地位置（均在廊下，而非朱涇），及其被毀經過都有記載④，但對姚篋墓毫無記載，僅有姚篋小傳："姚篋（生卒年不詳），字登之，廊下南陸人。……"⑤爲什麼對姚篋墓毫無記載？現在看來，應該是姚篋墓被王頊齡墓覆蓋掉了，以致湮没無聞。

姚篋爲嘉靖十年舉人，二十七年（1548）升貴州按察司僉事⑥，其入葬閣老墳的時間，當在明代嘉靖、隆慶間（1522—1572）。王頊齡于清雍正四年（1726）入葬閣老墳⑦，期間相隔已近 150 年，當時姚篋墓的地面建築或者已經蕩然無存，而直到 1958 年，他的墓志纔偶然被挖掘出土，并被誤認爲是"閣老"的墓志。

民國《重輯張堰志》記載王頊齡墓的位置是"在五保，方二三圖，宙圩安浜"⑧。而王頊齡之後，又有范甫霈、范棫士（乾隆十七年恩科榜眼）父子先後入葬"安浜"。據史料記載，范棫士入葬于清乾隆三十四年（1769），《工科掌印給事中范君墓志銘》（見清代錢載《蘀石齋文集》）載："前此二年得吉金山縣之庵浜，……而君殁，……乃以明年正月六日，起君考妣家庵浜，維君及夫人實祔左。"⑨范甫霈入葬于清乾隆三十五年（1770），《誥贈朝議大夫掌福建道監察御史范公墓志銘》（亦見《蘀石齋文集》）載："即厥考前此二年所蔔地，金山縣之

①　（清）黄厚本：光緒《金山縣志》卷十九，臺灣成文出版社有限公司，1974 年，第 839 頁，下引光緒《金山縣志》版本相同。
②　（清）葉廉鍔：光緒《平湖縣志》卷十五，臺灣成文出版社有限公司，1975 年，第 1397 頁。
③　方復祥等：《"金平湖"下的世家大族》，中國文史出版社，2008 年，第 310 頁。
④　上海市金山縣廊下鄉人民政府：《廊下志》，上海科學普及出版社，1991 年，第 260 頁。
⑤　上海市金山縣廊下鄉人民政府：《廊下志》，上海科學普及出版社，1991 年，第 267 頁。
⑥　《明穆宗莊皇帝實録》卷之九："戊申升南京刑部郎中姚篋爲貴州按察司僉事。"見中國社會科學院主辦"中國社會科學網"網頁：《明穆宗莊皇帝實録卷之九—中國社會科學網》。（http://www.cssn.cn/sjxz/xsjdk/zgjd/sb/jsbml/mmzsl/201311/t20131120_845888.shtml）。
⑦　（清）孫星衍等：嘉慶《松江府志》卷七十九，《中國地方志集成·上海府縣志輯》第二册，江蘇古籍出版社、上海書店、巴蜀書社，1990 年，第 832 頁，下引嘉慶《松江府志》版本相同。
⑧　姚裕廉、范炳垣：《重輯張堰志》卷三，《上海鄉鎮舊志叢書》第五册，上海社會科學院出版社，2005 年，第 99 頁。
⑨　（清）錢載：《蘀石齋文集》卷二十一，《清代詩文集彙編》第三一四册，上海古籍出版社，2010 年，第 369 頁。

南,荒字圩庵浜,起公冢。"①又據嘉慶《松江府志》記載,范槑士墓在"五保"②,可知"安浜""庵浜"均在五保。古代按照《千字文》"天地玄黄,宇宙洪荒"的順序對土地編號,宙圩、荒圩應近在咫尺而不重疊。而"庵浜"當即"安浜",原因很簡單,兩者在方言中讀音相近③,如果同時存在"安浜"和"庵浜",必定造成不便。《新農志》(1987年)記載:"閣老墳,在愛國九隊安浜(烟浜)。"④也能從一定程度上證明"庵浜"即"安浜",因爲"庵浜""安浜""烟浜"的方言讀音相近。

雖然王氏、范氏墓地不重疊,但是筆者推測,兩塊墓地應該都在同一塊"風水寶地"之内,因爲這兩個家族都是著名的堪輿世家。關于王氏家族,吳仁安《明清時期上海地區的著姓望族》(1997年),轉述潘光旦《明清兩代嘉興的望族》之五《餘論》的説法:"至于清初華亭王廣心(歡按:王頊齡之父)家族的子孫昌盛、科甲蟬聯,則據説與浙江的海寧陳閣老(歡按:清代海寧陳元龍)家一樣,也是因爲華亭王廣心家族精通'青烏術'的緣故,亦即善于選擇風水寶地做祖墳的原因。"⑤青鳥術即青烏術、堪輿術、風水術、形家術。而關于范氏家族,海寧陳元龍在爲范纘(范槑士之祖父)《四香樓詩抄》所作的序中稱:"先大夫好堪輿家言,而范子(歡按:指范纘)又得諸世傳,以其術行江左,揚、歙間奉若神明。……耕南(歡按:指范纘長子范甫霑)……温文爾雅,長于制藝,而尤善青烏術……不墜其世傳矣。"⑥范氏堪輿世家的著名程度可見一斑。高官顯爵加上堪輿世家,如果我們以傳統的角度來看,其墓地的選址會不會草率? 錢載所撰范槑士墓志銘也説:"耕南翁明形家言也,而葬其子安敢不慎? ……(范槑士)君……兼明醫家、形家。"所以不難想見,閣老墳所在的這一方土地,必定是一塊風水寶地,而兩家所擇之地,也必定在"風水寶地"的範圍之内。

《金山縣地名志》(1992)記載:"閣老墳,在新農鄉愛國村旗杆頭居民點。……占地約40畝。清時,墳塋四周有墳河,墳南200米東西豎有二根石旗杆。……過石橋約50米,是一座50米見方的高大土墳,……1958年'大躍進'平整土地,挖掘閣老墳。70年代初,僅剩墳前兩旗杆石,今旗杆石亦已毀,存聚落地名,稱旗杆頭。"⑦又據《挖掘閣老墳所見》一文記載,閣老墳在"東新鎮南首",可知閣老墳的位置應該在東新鎮和旗杆頭之間。而東新鎮和旗杆頭之間衹有一塊地(圖一)。

---

① (清) 錢載:《蘀石齋文集》卷二十一,《清代詩文集彙編》第三一四册,上海古籍出版社,2010年,第369頁。
② (清) 孫星衍等:嘉慶《松江府志》卷七十九,第833頁。
③ "安"在金山方言中讀音近"籲","烟"讀音同"意",而"庵"有兩種發音,分別同"安""庵",三者讀音相近。
④ 《新農志》,第頁。
⑤ 吳仁安:《明清時期上海地區的著姓望族》,上海人民出版社,1997年,第128頁。
⑥ (清) 范纘:《四香樓詩抄》,《四庫全書存目叢書補編》第五十六册,齊魯書社,2001年,第634頁。
⑦ 金山縣地名志編纂委員會:《金山縣地名志》,漢語大詞典出版社,1992年,第499頁。

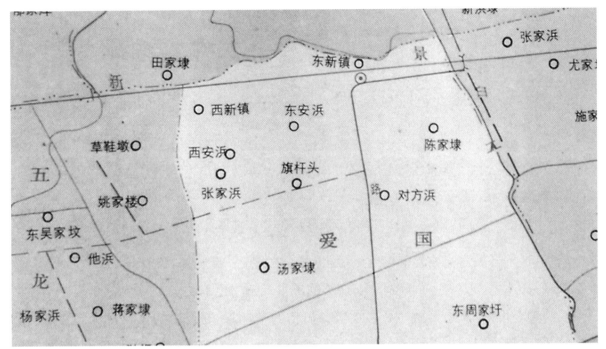

图一　《新農鄉》地圖局部(《金山縣地名志》①)

　　這塊地四面皆水,東有對方浜,南有張家浜,西有西安浜,北有東安浜,四水之間相通,而西安浜和張家浜并不合攏。那麼這塊地,也就是閣老墳,它的"風水"到底好在哪裏? 筆者不學,祇能翻檢抄書:據説堪輿學中有一種格局叫作"平洋一突"。

　　清代堪輿名家趙玉材(九峰)所著《地理五訣》卷八《平洋要訣》云:"平洋地陽盛陰衰,祇要四面水繞歸流一處,……即龍穴不真,亦發富貴。……夫平洋者,一片皆水,而無山岡土嶺也。……平洋地多無起伏,凡是周圍皆水,中間微高,水不到者,即是平洋一突,始爲奇穴。……(高處)土堆上或有廟宇,名爲赤蛇繞印,官居二品,翰苑鼎甲,文武全才。……平洋地穴前水要眠弓,後水要反弓。"②而卷末所附《平洋穴三十六圖》,其中有一種"金鈎掛月右旋形"(圖三、圖四),尤似閣老墳的環境特點,特别是,除了張家浜外,其他浜都是"弓"的。據説,"平洋一突"是一種"撥水能歸庫,富貴世興隆"的格局。③

　　明代徐善繼、徐善述所著堪輿經典《繪圖地理人子須知》,其卷四《怪穴破惑歌》云:"也曾見穴無包藏,一突在平洋(歡按:"穴"即墓穴,尤指風水好的墓穴)。"并有注道:"包藏者,穴之護衞,以蔽風寒,不可無也。……穴之貴于包藏也。但法貴通變。如平洋一突,又不必若是之泥矣。蔡文節公云:'平洋之地不畏風。'楊公云:'平洋不怕八風吹。'此皆直指平

①　金山縣地名志編纂委員會:《金山縣地名志》,漢語大詞典出版社,1992 年。
②　(清) 趙玉材原著,金志文譯注:《繪圖地理五訣》,世界知識出版社,2010 年,第 294—299 頁。
③　(清) 趙玉材原著,金志文譯注:《繪圖地理五訣》,第 313 頁。

【原文】

金鈎挂月右旋形，二房子孫出公卿。

穴右田漸低，二房做尚書。

穴右三尺低，二房杀三妻。

穴右近長河，二房便登科。

穴右河邊三丈隔，二房做侯伯。

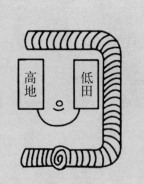

圖二　《金鈎掛月右旋形》圖（《繪圖地理五訣》①）

洋不須畏風，不必論其左右之有無也。蓋以平洋之地，一望無際，風行地面，不入地中，故雖無包藏，亦不爲害。"②這説明"平洋一突"的風水理論古已有之。

　　或許閣老墳的"風水"，就是好在這裏。可惜的是，因爲閣老墳的舊時模樣已經無法看見，今天我們無法對照古籍研究墳墓的朝向、高低、墳河、有無廟宇、"庵浜"是否因爲有庵而得名等種種細節。不過，這不重要，所謂風水衹是一種文化現象，我們可以由此理解古人的思維方式，可以由此分析出這麽多人葬在這裏的心理原因，那就是追求美好生活的願望，僅此而已。家族興旺的根本原因，歸根到底還是要具備良好的家教、有選擇的婚姻、家族的向心力等條件③，如果我們今天要繼承發揚傳統，值得重視的，也應該是這些。

　　① （清）趙玉材原著，金志文譯注：《繪圖地理五訣》，第320頁。

　　② （明）徐善繼、徐善述原著，鄭同點校：《故宮藏本術數叢刊・繪圖地理人子須知》，華齡出版社，2012年，第204頁。

　　③ 吳仁安：《明清時期上海地區的著姓望族》，上海人民出版社，1997年，第130頁。

《上海佛教碑刻資料集》獻疑

　　潘明權、柴志光兩位先生編纂的《上海佛教碑刻資料集》(復旦大學出版社，2014 年，下稱《佛碑集》)，是具有通代總集性質的重要文獻，"在全國範圍内，也還没有人做過這樣的嘗試"(原書《上海佛道教資料叢書·總序》)，其重要意義自不待言。而唯其重要如此，故更加需要切磨文字，以期至臻。筆者關心鄉邦文獻，對上海金山歷史上的碑刻資料尤其關注，所以在得知《佛碑集》出版後，即于第一時間購入鑽研。在此，特不揣淺陋，略陳數言，敢質博覽。

　　其一，《佛碑集》絶大部分標題末尾均加一"碑"字，固然整齊劃一，但在少數條目上却可能造成誤解，恐有流弊。例如《興塔禪寺復蓮社記略碑(黄英撰 宋淳祐十二年·1252 年)》一篇，嘉慶《松江府志》原題《宋黄英復蓮社記略》，"記略"乃"碑記節略"之意，改稱"記略碑"，會造成"原碑所載即爲'記略'"的誤解，竊以爲此類不如從舊爲宜。另，此碑記相對完整的全文見載于正德《松江府志》卷之十八《寺觀上》葉二十八，文中稱"興塔院"，文末落款"奉議郎特差通判平江軍府兼勸農事黄英復撰"，可知確切標題、撰者當作"《興塔院蓮社記》(黄英復撰)"。曾棗莊、劉琳主編《全宋文》(2006 年)卷七九五七，輯有黄英復《蓮社記》，也可資佐證。

　　其二，全書用簡化字，但有少量繁體字、異體字未予修改。如《青浦盤龍鎮坍石橋題刻(元至元三年·1337 年)》一篇，"盤"爲"盘"之繁體，又如《掩骼菴記碑(馬元調撰 明弘治以後·1488 年以後)》，"菴"當作"庵"。《上海碑刻資料選輯·編輯體例》(1980 年，上博圖書資料室編)説："所録碑文僅加標點符號，未作任何改動，以存原貌。"《佛碑集》姐妹篇《上海道教碑刻資料集·編輯説明》也説："全部原字照録，僅加標點符號。"兩者編輯思路相同，《上海碑刻資料選輯》以繁體保存文獻，而《佛碑集》適應時代需求，以簡體保存，各有千秋。不過無論如何，還應統一一致爲宜。

　　其三，碑文撰者姓氏有欠嚴謹者。如《隆福寺重修寶塔并復田記碑(楊維楨撰 元至正九年·1349年)》《本一禪院碑記(楊維禎撰 元至正十一年·1351年)》兩篇,近在咫尺而"楊維楨""楊維禎"并存,可能造成作者爲二人或印刷錯誤的誤解。上述二碑,撰者實爲一人,而文獻來源不同,致使相異。"楊維楨"還是"楊維禎",學者各有主張,但在同一部書中,似還應統一爲宜,或可在按語、注釋中注明,俾便考查。此外,碑文撰者中有衆多僧人,《佛碑集》在署名時,有稱"釋某某"(如釋行如),有稱"僧某某"(如僧了然),有徑稱"某某"(如居簡),此種情況歷代文獻中雖不盡統一,但作爲碑刻資料集成,排印的《佛碑集》似可將其統一作"釋某某",以便識別及考證。

其四,碑刻年代有欠考證者。如《法忍寺萬峰秋軒記碑(年代無考)》一篇,嘉慶《朱涇志》題《元無名氏萬峰秋軒記》,則至少可知大致爲元代作品,若利用互聯網作點"E 考據",更能即刻發現此碑記正是貝瓊(1314—1379)所撰《萬峰秋記》(見李修生主編《全元文》〔2004年〕卷一三七九),那麼可能的年代範圍就大大縮小了。再根據《萬峰秋記》收錄在貝瓊文集《雲間集》中,以及文中所言"余方囂囂然,東西南北,未知所屆"等,結合貝瓊生平,當可進一步縮小年代範圍。

其五,是"經藏記"不是"藏經記"。《佛碑集》中有《海慧院藏經記碑(陳舜俞撰 宋治平年間·1064—1067年)》《隆平寺藏經記碑(陳林撰 宋元豐五年·1082年)》《永定講寺藏經記碑(行中撰 元至正十五年·1355年)》三篇,其標題均應如書中的《布金禪寺經藏記碑(陳舜俞撰 宋嘉祐七年·1062年)》,作"經藏記"。"經藏"指存放佛教經典之府庫,亦稱"經堂""藏殿""輪藏"等(華夫主編《中國名物大典》下卷,第762頁),故"經藏記"多記載寺院藏書場所的建設經過,若爲"藏經記",則應該記載藏書聚散的始末了。"海慧院"一篇,據筆者查考,陳舜俞《都官集》,正德、崇禎兩部《松江府志》,以及光緒《重輯楓涇小志》均題作《經藏記》,"隆平寺""永定講寺"兩篇雖未細查,但碑記中可見"植巨軸,貫兩輪""藏殿"等記載,似也可確定爲"經藏記"了。

其六,其他值得收錄的碑文有待增補。以筆者所知,《佛碑集》中所輯,位于今金山區境內的碑刻文獻,有《金山法忍寺集右軍書碑》等三十餘篇,而在此之外,尚有北宋慶曆《大宋秀州華亭縣顧亭林法雲寺重修護伽藍神堂碑》(見清宣統《江蘇通志稿》)、元至大《松江寶雲寺記》(見國圖數字圖書館拓片圖像)、清嘉慶《法忍寺達真禪師塔銘》(見嘉慶《朱涇志》)、清道光《釣灘庵船子和尚真像贊》(見宗琿《施蟄存與船子和尚》一文,載《新文學史料》2001年第3期)等(請參看拙文《亭林寶雲寺碑刻考略》,刊《上海文博論叢》2014年第1期),也屬《佛碑集》可以輯入的範圍。當然,碑刻文獻汗牛充棟,"全集"可望而不可即,潘、柴兩位先生歷經"十年努力"(原書《後記》)苦心搜羅尚不能盡收,文獻之浩瀚,令人望洋興嘆。

卷八　附録

一、圖版

09.　重修泖橋澄鑒寺記(明崇禎元年戊辰・1628 年)(來源:《興塔志》)

10a.　皇清誥授光禄大夫經筵講官太子太傅武英殿大學士兼工部尚書加三級贈少傅諡文恭王公墓志銘(清雍正四年丙午・1726 年)(黄兆歡攝于 2014 年 7 月 12 日)

10b.　皇清誥授光禄大夫經筵講官太子太傅武英殿大學士兼工部尚書加三級贈少傅諡文恭王公墓志銘拓片局部(清雍正四年丙午・1726 年)(黄兆歡攝于 2014 年 10 月 18 日)

10c.　王頊齡及妻李氏兩沈氏合葬志(來源:《北圖中國歷代石刻拓本彙編》第 68 册第 38 頁)

11.　修金山衛城墙殘碑(清乾隆三十九年甲午・1774 年)(黄兆歡攝于 2014 年 10 月 18 日)

12a.　長浜廟示禁碑(清乾隆五十九年甲寅・1794 年)(黄兆歡攝于 2013 年 10 月 5 日)

12b.　長浜廟示禁碑局部(清乾隆五十九年甲寅・1794 年)(黄兆歡攝于 2013 年 10 月 5 日)

13.　姚節母何太君墓志銘(民國四年乙卯・1915 年)(來源:《李叔同姚節母何太君墓志銘楷書册》,載《杭州師范大學學報(社會科學版)》2014 年第 4 期)

14.　大覺禪寺置田告示碑(民國九年庚申・1920 年)(黄兆歡攝于 2014 年 7 月 20 日)

01．大唐蘇州華亭縣顧亭林市新創法雲禪寺記（唐大中十四年庚辰·860年）（來源：國家數字圖書館網站）

亭林八景遺存之一的楞嚴塔中段殘迹，石刻有陀羅尼經，現豎立在亭新中心小學内

02. 一切如來白傘蓋大佛頂陀羅尼真言石幢(唐咸通二年辛巳·861 年)(來源:《亭林鎮志》)

03. 顧亭林法雲寺感夢伽藍神記（後晋開運二年乙巳·945年）（來源：國家數字圖書館網站）

04. 大宋秀州華亭縣顧亭林法雲寺重修護伽藍神堂碑（北宋慶曆七年丁亥·1047 年）
（來源："中研院史語所"網站）

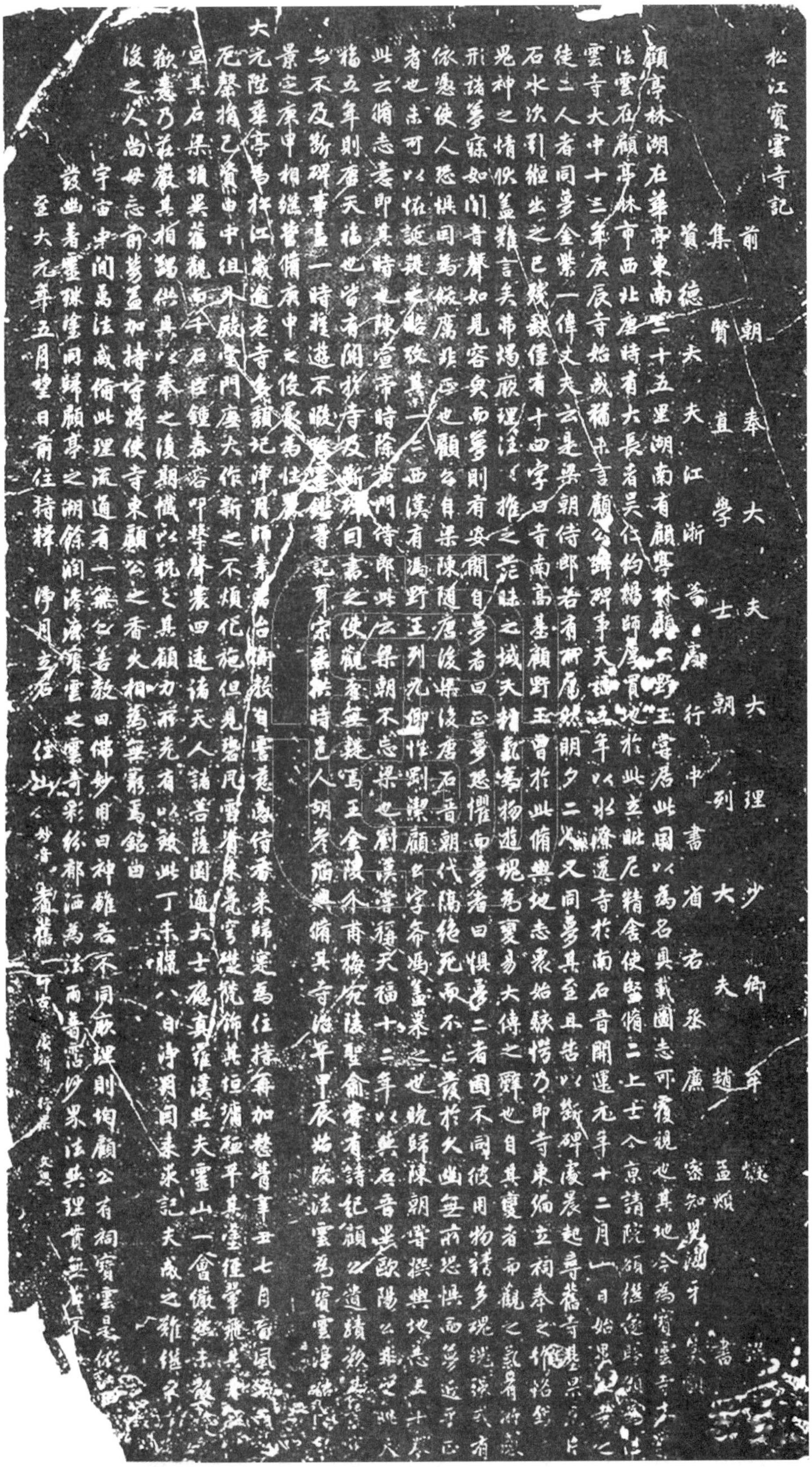

05a. 松江寶雲寺記(元至大元年戊申・1308 年)(來源：國家數字圖書館網站)

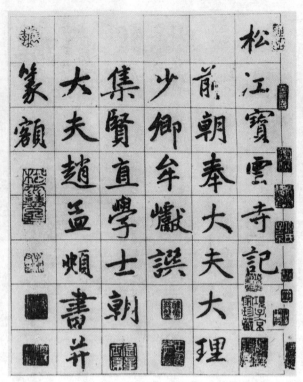

05b. 松江寶雲寺記墨迹本(元至大元年戊申·1308 年)(來源:《墨迹大觀》上冊第 83 頁)

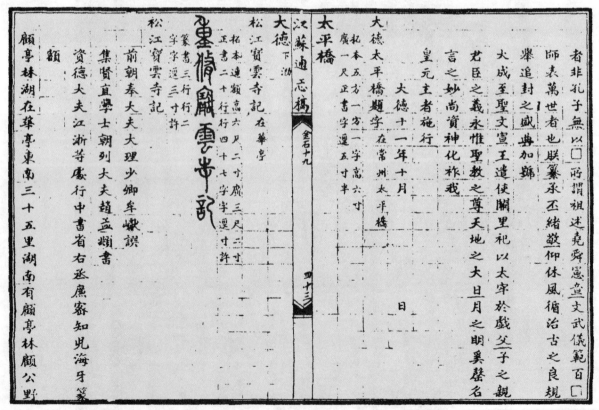

05c. 松江寶雲寺記篆額(元至大元年戊申·1308 年)(來源:《石刻史料新編》第一輯第 13 冊《江蘇通志稿》第 9933 頁)

元代呂良佐墓碑

06a. 故義士呂公墓志銘（元至正十九年己亥·1359 年）（來源：《呂巷鎮志》）

06b. 故義士呂公墓志銘（元至正十九年己亥·1359 年）（來源：《上海唐宋元墓》第 192 頁）

07. 明故昭勇將軍前金山衛指揮使翁公墓志銘(明正德九年甲戌・1514 年)(來源:《翁勳考——一字之差引起的思考》)

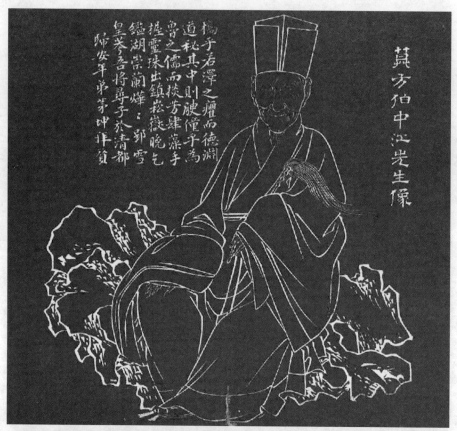

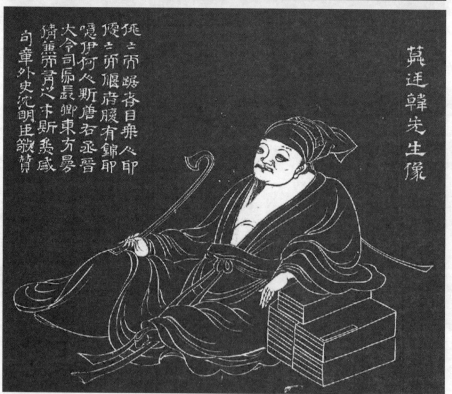

08a. 崇蘭館帖之《秋日泛卿記》局部一（明泰昌元年庚申・1620 年）（來源：
　　《名帖善本》第 121 頁）

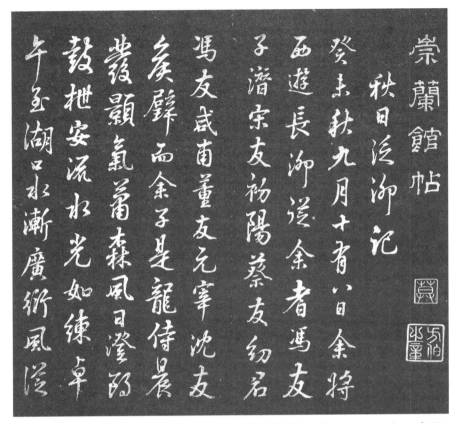

08b. 崇蘭館帖之《秋日泛泖記》局部二（明泰昌元年庚申・1620 年）（來源：
《名帖善本》第 122 頁）

09. 重修泖橋澄鑒寺記（明崇禎元年戊辰・1628 年）（來源：《興塔志》）

10a. 皇清誥授光禄大夫經筵講官太子太傅武英殿大學士兼工部尚書加三級贈少傅諡文恭王公墓志銘
（清雍正四年丙午・1726 年）（黄兆歡攝于 2014 年 7 月 12 日）

10b. 皇清誥授光禄大夫經筵講官太子太傅武英殿大學士兼工部尚書加三級贈少傅諡文恭
王公墓志銘拓片局部（清雍正四年丙午・1726年）（黄兆歡攝于2014年10月18日）

10c. 王頊齡及妻李氏兩沈氏合葬志（來源：《北圖中國歷代石刻拓本彙編》第 68 册第 38 頁）

11. 修金山衞城墻殘碑(清乾隆三十九年甲午・1774 年)(黄兆歡攝于 2014 年 10 月 18 日)

12a. 長浜廟示禁碑(清乾隆五十九年甲寅·**1794** 年)(黄兆歡攝于 2013 年 10 月 5 日)

12b. 長浜廟示禁碑局部（清乾隆五十九年甲寅・1794 年）（黄兆歡攝于 2013 年 10 月 5 日）

姚節母何太君墓誌銘

金山高燮撰文

平湖李息書丹

醴陵傅尃篆蓋

姚氏有賢節母曰何太君

自宗族親戚鄉黨故舊以

及百工僕役苟得曹親節

母之聲容笑貌莫不歡忻

頌德交口稱之無間言而

節母之待人也亦無貧富

貴賤親疏老幼莫不殷勤

感乎將應周至是故人之

造姚氏門者無論貧富貴

賤親疏老幼莫不頼見節

13. 姚節母何太君墓志銘（民國四年乙卯·1915 年）（來源：《李叔同姚節母何太君墓志銘楷書册》，
載《杭州師范大學學報（社會科學版）》2014 年第 4 期）

14. 大覺禪寺置田告示碑（民國九年庚申·1920 年）（黄兆歡攝于 2014 年 7 月 20 日）

高燮(1879—1958),字時若,號吹萬,又號寒隱、黄天、葹叟,別署志攘,清江蘇省金山縣張堰鄉(今上海市金山區張堰鎮)人。南社耆舊,藏書十餘萬卷,尤以《詩經》最詳備,爲江南著名藏書家。有《吹萬樓文集》《憤悱録》《吹萬樓日記節鈔》等。中國人民大學出版社1999年8月出版《高燮集》,高燮撰,高銛、高鋅、谷文娟編。(100、116、176、178、179、180、185)

葛其仁,字元胒,一字鐵生,清江蘇省嘉定縣(今上海市嘉定區)人。嘉慶二十四年(1819)乙卯舉人,官景山官學教習、歙縣教諭,道光十六年(1836)前後任金山縣學訓導。(050)

貢師泰(1298—1362),字泰甫,號玩齋,元寧國路宣城縣(今安徽省宣城市宣州區)人,官至户部尚書。《元史》有傳。有《玩齋集》。(126)

龔嶸,字岱生,號澹庵,清福建省福州府閩縣(今屬福建省福州市)人,其裕子。貢生。康熙二十二年(1683)官余杭知縣,後陞松江知府,官至江西饒九南道。(075)

顧純,明代南直隸松江府華亭縣(今屬上海市)人,成化八年(1472)壬辰進士,官刑部員外郎。(064)

顧光旭(1731—1797),字華陽,號晴沙,又號響泉,清代江蘇省常州府無錫縣(今江蘇省無錫市)人。乾隆十七年(1752)壬申進士,官至甘肅乾涼道、署四川按察司使。工書法,有《響泉集》《梁溪詩鈔》。(081)

顧劍鳴,民國時人。(104、121)

顧瑜,清道光年間人。(051)

貫雲石(1286—1324),字浮岑,號酸齋、成齋、疏仙、蘆花道人。畏兀兒人,本名小雲石海涯,元朝開國大將阿里海涯之孫。大德末襲父貫只哥爵位,爲兩淮萬户府達魯花赤,出鎮永州。皇慶間拜翰林侍讀學士、中奉大夫,知制誥同修國史。延祐初辭官,隱居杭州。善書法,能詩文,尤工散曲。與徐再思(號甜齋)齊名,民國任訥輯兩家散曲,合稱《酸甜樂府》。新疆人民出版社1986年1月出版《貫雲石作品輯注》,楊鐮輯注。(059)

歸有光(1507—1571),字熙甫,號震川,又號項脊生,世稱"震川先生",明代蘇州府太倉州昆山縣(今江蘇省昆山市)人。嘉靖十九年(1540)庚子舉人,嘉靖四十四年(1565)乙丑進士,歷官長興知縣、順德通判、南京太僕寺丞,留掌内閣制敕房,與修《世宗實録》。著名古文家,與唐順之、王慎中并稱"嘉靖三大家"。有《震川集》《三吳水利録》等。(141)

H

何松年,字君喬,南宋潮州府海陽縣(今廣東省梅州市大埔縣)人。諸生。(197)

黄溍(1277—1357),字文晋,一字晋卿,元婺州路總管府義烏縣(今屬浙江省義烏市)人。延祐間進士,官至侍講學士、知制誥,卒封江夏郡公,謐文獻。擅書法,纂《義烏縣志》,有《日損齋稿》《黄文獻集》。(057)

黄考祥,字履上,一字纘亭,清江蘇省高郵州興化縣(今江蘇省興化縣)人。乾隆三十一年(1766)丙戌貢生,官金山訓導。(082)

黄英復,南宋淳祐間(1241—1252)官奉議郎、特差通判平江府兼勸農事。(014)

黄之雋(1668—1748),字若木、石牧,號堂,晚號石翁、老牧,清代松江府華亭縣(今屬上海市)人,一説今上海市奉賢區人。康熙六十年(1721)辛丑進士,授翰林院編修,出爲福建學政,遷中允。與修《明史》、江浙兩省通志,任《江南通志》總裁,有《唐堂集》。(157、160)

J

焦袁熹(1660—1735),字廣期,齋號此木軒,時稱南浦先生,清代江蘇省金山縣松隱(今屬上海市金山區亭林鎮)人。康熙三十五年(1696)丙子舉人,官山陽教諭。有《此木軒文集》《此木軒删後録》《此木軒雜著》《此木軒直寄詞》等。(035、042、075、156)

K

亢樹滋(1817—1889),字儞卿,號鐵卿,晚號贅翁,清蘇州府吴縣(今屬江蘇省蘇州市)人。文人、巨商,有《隨安廬詩集》《隨安廬文集》《隨安廬詩文集》《隨安廬題畫詩》《鄧尉探梅詩》《贅翁吟草》《市隱書屋詩稿》《市隱書屋文稿》《市隱卮言》等。(092)

L

林希逸(1193—1271),字肅翁,號竹溪,又號鬳齋、獻機,南宋福安府福清縣漁溪(今屬福建省福清市)人。端平二年(1235)乙未進士,官考功員外郎。理學家,工詩,擅書畫,事見《宋元學案》卷四七。有《竹溪十一稿》《鬳齋集》《易講》《春秋正附篇》等。(015)

樓鑰(1137—1213),字大防,一字啓伯,號攻媿主人,南宋明州鄞縣(今屬浙江寧波)人。隆興元年(1163)癸未進士,官至吏部尚書兼翰林侍講、參知政事、資政殿大學士,卒謐宣獻。有《攻媿集》《北行日録》。(124、186)

陸省身,清代乾隆年間(1736—1795)人。(111)

陸樹聲(1509—1605),字與吉,號平泉,明代松江府華亭縣(今屬上海市)人,析縣後爲青浦縣(今上海市青浦區)人。初隨母姓林,及貴乃復陸姓。嘉靖二十年(1541)辛丑進士,會試第一,選翰林院庶吉士,官至吏部尚書,卒諡文定,贈太子太保,賜祭葬。有《陸文定公集》《茶寮記》等。(032、033、144)

盧文弨(1717—1796),字紹弓,號磯漁,又號檠齋,晚號弓父,時稱抱經先生,清浙江省杭州府仁和縣(今屬浙江省杭州市)人。乾隆十七年(1752)壬申進士,探花及第,授翰林院編修,官至侍讀學士、提督湖南學政。歸主江浙各地書院,主講經義二十餘年。有《報經堂文集》《磯漁詩稿》《抱經堂匯刻書》《群書拾補》等。(168)

吕益柔,字文剛,號松澤叟,北宋松江府華亭縣(今屬上海市)人,一説秀州嘉興縣(今浙江省嘉興市)人。元祐三年(1088)戊辰進士,榜眼及第,官刑部侍郎,以顯謨閣待制致仕。有《吕益柔文集》。(010)

M

毛滂(1060—約1124),字澤民,號東堂居士,北宋衢州江山縣(今屬浙江省衢州市)人。政和年間任詞部員外郎、秀州(今嘉興市)知州。有《東堂集》《東堂詞》。(107)

繆荃孫(1844—1919),字炎之,號筱珊,晚號藝風老人,室名云自在龕、藝風堂,清代江蘇省常州府江陰縣(今江蘇省江陰市)人。光緒二年(1876)進士,改翰林院庶吉士,授編修,官至國史館總纂。1914年任清史館總纂。與王壬秋、張季直、趙爾巽齊名,稱四大才子。擅金石目録之學,富藏書。有《藝風堂文集》《藝風堂文漫存》《藝風堂藏書記》《碧香詞》《常州詞録》《云自在龕刻名家詞》等。(200)

莫如忠(1508—1588),字子良,號中江,明代南直隸松江府華亭縣(今屬上海市)人,莫是龍之父。嘉靖十七年(1538)戊戌進士,官浙江布政使。工書法,董其昌之師。有《莫中江集》《崇蘭館集》等。(140、143、145、187)

Q

錢大昕(1728—1804),字曉徵,號辛楣,又號竹汀,晚號潛研老人,清代江蘇省嘉定縣(今上海市嘉定區)人。乾隆十九年(1754)甲戌進士,歷官編修、侍讀、少詹事等,主講鐘山、婁東、紫陽等書院。公推爲一代儒宗,著述有《潛研堂全集》《經典文字考異》《廿二史考異》等。(162)

錢楷(1760—1812),字宗範,號裴山,清浙江省嘉興府(今浙江省嘉興市)人。乾隆五十四年(1789)乙酉進士,選翰林院庶吉士,歷官廣西、湖北、安徽巡撫。擅書畫,有《緑天書屋存草》等。(087)

錢良臣,字師魏,一字友魏,南宋紹興二十四年(1154)甲戌進士,歷官軍器少監、中書

舍人兼侍講、參知政事、鎮江知府、建康知府等，資政殿學士，卒謚文惠。嘉慶《松江府志》卷五十有傳。(012、034)

　　錢溥(1408—1488)，字原溥，號九峰，別號瀛洲遺叟，明南直隸松江府華亭縣(今屬上海市)人。正統四年(1439)己未進士，授檢討，遷左贊善，出使安南，官至南京禮部尚書，卒謚文通。與弟博并稱"二錢"。擅書法，有《使交録》《秘閣書目》。(024、060、063)

　　錢福(1461—1504)，字與謙，號鶴灘，明代松江府華亭縣(今屬上海市)人。成化二十二年(1486)丙午舉人，弘治三年(1490)庚戌進士，狀元及第，授翰林院修撰。有《鶴灘集》。(135)

　　錢龍錫(1579—1645)，字稚文，號機山，明松江府華亭縣(今屬上海市)人。萬曆三十五年(1607)丁未進士，由庶吉士授翰林院編修，官禮部尚書兼東閣大學士，加太子太保，改文淵閣大學士，主持定魏忠賢逆案。後因袁崇焕殺毛文龍等事牽連下獄，戍定海衛(今浙江省舟山市定海區)十二年。南明福王1645年即位南都，命復官歸里。《明史》有傳。有《蟲龢存稿》。(036、072)

　　清世宗胤禛(1678—1735)，清朝第五位皇帝，入關後第三位皇帝，清聖祖康熙第四子，1722年至1735年在位，年號雍正，去世後廟號世宗。有《世宗憲皇帝御製文集》等。(155、192)

S

沈珹，唐吴興郡(今浙江省湖州市)人。(002)

　　沈愷(1492—1571)，字舜臣，號鳳峰，明松江府華亭縣(今屬上海市)人。嘉靖八年(1529)己丑進士，官至太僕少卿。有《環溪集》《夜燈管測》等。(138、139)

　　沈礪(1879—1946)，字勉後，號道非，別署嘍公，民國江蘇省金山縣(今上海市金山區)人，原籍浙江嘉善。中國同盟會會員，南社社員。1912年任松江軍政分府參謀長，1913年任上海衛戍司令，1927年任南京國民政府秘書，10月任南京市財政局局長兼土地局局長，1929年任國民政府文官處參事，後改任文官處秘書。1941年起兼任文官處人事室主任。(120)

　　沈若潛，號介亭，清江蘇省金山縣朱涇(今上海市金山區朱涇鎮)人。諸生。有名于時，乾隆三十八年(1773)創立金山同善堂。(045)

　　沈泰，字杲之。清乾隆十八年(1753)癸酉舉人，道光十八年(1838)戊戌詔以"孝子"旌。明代侍講學士沈度十三世孫，清代禮部侍郎沈荃曾孫，太常寺少卿沈宗敬孫。(161)

　　沈惟賢(1866—1940)，字思齊，一字師徐，晚號逋翁、逋居士，清松江府華亭縣(今屬上海市)人。光緒十七年(1891)辛卯舉人,鄉試第五,歷官石門、新城、嘉興、錢塘、仁和等縣知縣,1911年任松江軍政府副司令兼司法部長,1912年當選江蘇省議員,1916年當選省議會議長,後又當選國會參議員。《松江縣志》總纂,《三百年大事記》編撰,有《通居士集》《兩漢匈奴表》《晋五胡表》《唐書西域傳注》等。(119)

申時行(1535—1614),字汝默,號瑤泉,晚號休休居士,明代南直隸蘇州府長洲縣(今江蘇省蘇州市)人。嘉靖四十一年(1562)壬戌狀元,授翰林院編修,歷任禮部右侍郎、吏部右侍郎兼東閣大學士、首輔、太子太師、中極殿大學士,卒諡文定。《明史》有傳。有《賜閑堂集》(又名《申文定公文集》)等。(142)

釋道忞(1596—1674),字木陳,號山翁、夢隱、木陳老人,俗姓林,清潮州府大埔縣(今廣東省梅州市大埔縣)人,住浙江天童山。順治十六年(1659)賜號弘覺禪師。有《布水臺集》《北游集》。(049)

釋知禮(960—1028),字約言,俗姓金,北宋四明白塔巷(今浙江省寧波市鄞州區)人,稱法智大師、四明尊者。刻版名工。(012)

釋居簡(1164—1246),字敬叟,俗姓王,南宋潼川府(四川省綿陽市三臺縣)人,曾于杭州净慈寺之北磵構築一室,名"葦室",故世稱"北磵居簡"。有《北磵文集》《北磵詩集》等。(011)

釋靈鑑,北宋天台宗僧人,釋遵式弟子,慶曆間(1041—1048)住杭州西湖石函寶勝蘭若,嘉祐中(1056—1063)居華亭(今上海市松江區)。(005、006)

釋清濬(1328—1392),字元淵,號隨庵,俗姓李,明代台州府黃岩縣(今浙江省台州市黃岩區)人,居寧波天童寺。洪武元年(1368)主四明萬壽寺。(022)

釋悟開,字豁然,號水雲道人,清代江蘇省吳縣(今屬江蘇省蘇州市)人,道光間荆溪顯親寺僧人。有《幻居詩》等。(049)

釋智圓(976—1022),字無外,號中庸子、潛夫,俗姓徐,北宋臨安府錢塘縣(今屬浙江省杭州市)人。八歲受具足戒于杭州龍興寺,天台宗山外派義學名僧,賜諡法惠大師。有《閑居編》。(009)

釋明本(1263—1323),號中峰,俗姓孫,元杭州府錢塘縣(今屬浙江省杭州市)人。主天目山獅子院,元貞、大德年間(1295—1307)遍游大江南北,所至結庵,皆名"幻住",聞名朝廷,賜號"佛慈圓照廣慧禪師",賜諡"普應國師"。工詩,有《梅花百咏》《中峰廣錄》。(016)

崧駿(?—1891),字鎮青,清代滿洲鑲藍旗人,瓜爾佳氏。咸豐八年(1858)戊午舉人,歷官兵部筆帖式、廣東高州知府、山東沂州知府、廣西按察使、直隸布政使、漕運總督,光緒

十二年(1886)任江蘇巡撫,卒于官。《清史稿》有傳。(096)

宋濂(1310—1381),字景濂,號潛溪,別號龍門子、玄真遁叟,元末明初金華浦江(今浙江省金華市浦江縣)人。官至翰林院學士承旨知制誥,兼太子贊善大夫,謚文憲。與高啓、劉基并稱爲"明初詩文三大家",又與章溢、劉基、葉琛并稱爲"浙東四先生",明太祖朱元璋譽爲"開國文臣之首",學者稱太史公、宋龍門。《元史》總裁官,有《宋文憲公全集》。(021)

孫承恩(1485—1565),字貞甫,號毅齋,明南直隸松江府華亭縣(今屬上海市)人。正德六年(1511)辛未進士,授翰林院編修,官至禮部尚書兼翰林院學士,掌詹事府,卒謚文簡。爲王良佐刻行《鶴坡集》,爲戚韶、王良佐、張冕刻行《雲間三詩人集》。有《孫文簡集》。(136)

T

談思永(1703—?),清蘇州府長洲縣(今江蘇省蘇州市)人。乾隆二年(1737)丁巳進士。(044)

唐文治(1865—1954),字穎侯,號蔚芝,晚號茹經,清江蘇省太倉州(今江蘇省太倉市)人,民國元年(1912)定居無錫,1954年病逝于上海。光緒十八年(1892)壬辰進士,官至農工商部左侍郎。與胡蘊、高燮、錢名山并稱"江南四大儒",有《茹經堂文集》等。(102、118、182)

唐志大,字子迪,號左溪,明松江府上海縣(今屬上海市)人。嘉靖二十年(1541)辛丑進士,官南京行人司左司副。有《高廟聖政記》。(030)

田毓璠(1865—1954),字魯璵,一字魯漁,號孚庵,晚號耐傭老人,清江蘇省淮安府山陽縣(江蘇省淮安市淮安區)人。光緒二十九年(1903)癸卯進士,歷官寧國、太和、六安、泗州等地知縣、知州。(183)

屠沂(?—1725),字艾山,號酌滄,又號文亭,清湖廣布政使司漢陽府孝感縣(今湖北省孝感市)人。康熙三十三年(1694)甲戌進士,官至浙江巡撫,兼理海關。有《雙峰詩集》。(153)

W

王鏊(1450—1524),字濟之,號守溪,晚號拙叟,學者稱震澤先生,明蘇州府吳縣(今屬江蘇省蘇州市)人。成化十一年(1475)乙未進士,會試第一,探花及第,授翰林院編修,官至户部尚書、武英殿大學士,卒謚文恪。《明史》有傳。有《震澤編》《震澤集》《震澤長語》《震澤紀聞》《姑蘇志》等。(133)

王昶(1724—1806)，字德甫，一字琴德，號述庵，又號蘭泉，清江蘇省松江府青浦縣(今上海市青浦區)人。乾隆十九年(1754)甲戌進士，二十二年高宗南巡召試一等，授內閣中書，充軍機章京，官至刑部侍郎。《清史稿》有傳。與錢大昕等齊名，號吳中七子。通經學，精考證，好金石考古之學，有《春融堂詩文集》《金石萃編》《湖海詩傳》《湖海文傳》《明詞綜》《國朝詞綜》等。(083、169)

王大經，字倫表，號石袍，又號待庵居士、廬阜逸史，明末清初揚州府泰州東臺(今江蘇省東臺市)人。康熙間，御史魏雙鳳薦之，不起。又詔舉"博學鴻儒"，亦不就。卒年七十二歲，門人私謚文介先生。事見《清史列傳》。有《獨善堂文集》《字書正訛》《柳城塾課》《泰州中十場志》《重修靖江縣志》等。(093)

王芑孫(1755—1817)，字念豐，號鐵夫，又號惕甫、惕夫、楞伽山人，晚號檞隱老人、老鐵，清蘇州府長洲縣(今江蘇省蘇州市)人。乾隆五十三年(1788)召試舉人，嘉慶元年(1796)官華亭教諭、候補國子監典簿。事見《清史列傳》。有《淵雅堂集》《淵雅堂編年詩稿》《惕甫未定稿》《楞伽山房集》《碑版廣例》等。(084、195)

王勳，清代湖北布政司黃州府楚黃(今湖北省麻城市)人。舉人，乾隆五十七年(1792)任華亭知縣。(084)

王世貞(1526—1590)，字元美，號鳳洲，又號弇州山人，明代南直隸蘇州府太倉州(今江蘇省太倉市)人。嘉靖二十六年(1547)丁未進士，官至刑部尚書，卒贈太子少保。與李攀龍等并稱"後七子"，有《弇州山人四部稿》《弇州山人續稿》《弇山堂別集》等。(144)

王顯曾，字周謨，號文園，清江蘇省松江府金山縣(今上海市金山區)人，紹曾胞弟，頊齡曾孫，廣心玄孫。乾隆二十五年(1760)庚辰進士，選翰林院庶吉士，授主事，擢監察御史，晉禮科掌印給事中，出視南漕，巡撫臺灣，并多建白，移疾歸里。有《研堂全集》《雙峰草堂詩稿》、乾隆《華亭縣志》、張堰《王氏家譜》、《蔣氏秘函四種》《地理簡易編》《本草綱目輯要》《濟生堂醫案》等。(158、159、164)

王無欲，清代江蘇省松江府婁縣楓涇(今上海市金山區楓涇鎮)人，順治六年(1649)建梵香林。(039)

吳履剛(1833—?)，原名履墀，字授書，改字子柔，號梅心，一號楣辛，清代江蘇省松江府金山縣松隱鎮南首駁岸(今上海市金山區亭林鎮松隱社區)人。金山縣學優廩膳生，同治九年(1870)庚午科優貢第三，軍功保獎五品頂戴。有《衛鄉要略》。(097)

X

夏寅，字正夫，明代南直隸松江府華亭縣(今屬上海市)人。正統十三年(1448)戊辰進

士,官至通奉大夫、山東布政司使布政使。《明史》有傳。有《史咏紀行集》。(132)

蕭世賢(1478—1528),字若愚,號梅林,明泰和(江西省泰和縣)人。弘治十八年(1505)乙丑進士,授南京刑部主事,升浙江嘉興知府,以治行爲兩浙之首,遷湖廣副使,赴任途中卒,囊無餘金,以故服入殮。有《梅林詩集》。(065)

徐階(1503—1583),字子昇,號少湖,一號存齋,明南直隸松江府華亭縣(今屬上海市)人。嘉靖二年(1523)癸未進士,探花及第,授翰林院編修,官至吏部尚書、東閣大學士,四十一年繼嚴嵩爲首輔,卒贈太師,謚文貞。《明史》有傳。有《世經堂集》《少湖文集》等。(066、067、069、070、137)

徐祖鎏(1739—1818),字香沙,一字薌沙,號織山瀨叟,清江蘇省松江府金山縣(今上海市金山區)人。任婁縣訓導,與修嘉慶《朱涇志》。(152、163)

許克昌,字上達,號玉川,南宋嘉興府華亭縣(今屬上海市)人,先世自洪州服賈秀州,遂居華亭,後徙海寧與海鹽(《清代硃卷集成》第136册第191頁許辰珠條)。一説字紹祖,襄邑人(《南宋館閣録》卷十)。一説奉賢竹岡人(光緒《重修奉賢縣志》)。紹興三十年(1160)庚辰進士第一,以有官改第二,榜眼及第,官至右正言。乾道七年(1171),奏請重修新涇塘。(055)

Y

楊葆光(1830—1912),字古醖,號蘇盦,又號紅豆詞人,清代同治間江蘇婁縣(今屬上海市)人。諸生,歷官高昌、龍游、新昌、景寧知縣。有《蘇盦集》《蘇盦詞録》《天台游記》等。(113、114)

楊宏聲,清直隸省趙州柏鄉縣(今河北省邢臺市柏鄉縣)人。乾隆十六年(1751)辛未進士,二十六年(1761)任金山縣知縣。工書,有《春秋困學録》。(079)

楊維禎(1296—1370),又名維楨,字廉夫,號鐵崖,又號東維子、鐵笛道人,元紹興路諸暨州(今浙江省諸暨市)人。泰定四年(1327)丁卯進士,歷官天台縣尹、杭州四務提舉、建德路總管府推官,入明不仕,晚居松江。《明史》有傳。元末詩壇領袖,詩風奇詭,號“鐵崖體”,有“文妖”之譏。與陸居仁、錢惟善并稱“元末三高士”。有《東維子集》《鐵崖先生古樂府》《麗則遺音》等。(058、109、125、127、128)

楊瑄,字玉符,一字玉斧,號楷庵,清華亭(今上海市金山區)人,父枝起,明崇禎七年(1634)甲戌進士,户科給事中。康熙十五年(1676)丙辰進士,選翰林院庶吉士,授編修,康熙十七年(1678)主順天鄉試。康熙二十九年(1690),以撰文誤,遣戍奉天。三十四年(1695)赦歸,特起原官,後陞内閣學士,兼禮部侍郎,四十八年(1709)致仕。雍正元年

(1723)再戍黑龍江,卒于戍所。有《楷庵詩草》《塞外草》。又有《楊閣學羅村詩稿》,清代華亭張虛谷校刊。(041)

楊應標,字勝林,號南城,清嘉興府嘉善縣(今浙江省嘉興市嘉善縣)人。順治十二年(1655)乙未進士,官劍州知州。有《永思堂集》。(040)

姚昌照,清代光緒、宣統年間人。(115)

姚椿(1777—1853),字子壽,一字春木,號樗寮子,又號魯亭,清江蘇省松江府婁縣(今屬上海市)人。國子監生。師從姚鼐,歷主河南夷山、湖北荆南、松江景賢等書院。工詩文,有《晚學齋文集》《通藝閣詩録》《通藝閣續詩録》《通藝閣詩三録》《樗寮詩話》《灑雪詞》《國朝文録》等。(173)

姚光(1891—1945),一名後超,字鳳石,號石子,又號復廬,民國江蘇省金山縣張堰(今上海市金山區張堰鎮)人,高燮之甥。南社社員,後期主任,又與高燮創辦國學商兌會。家饒于資,建懷舊樓,藏書五萬册。有《復廬文稿》《倚劍吹簫室詩集》《自在室讀書隨筆》等,刊印《南社叢刊》二十二集。社會科學文獻出版社 2007 年出版《姚光全集》,姚昆群、昆田、昆遺編。(099、179、181)

姚思孝,字永言,明揚州府江都縣(今江蘇省揚州市江都區)人。崇禎元年(1628)戊辰進士,改翰林院庶吉士,授兵科給事中,官至大理寺卿,後削髮爲僧。《明史》有傳。有《樸庵疏草》。(148)

尹繼善(1695—1771),字元長,號望山,清代滿洲鑲黄旗人,章佳氏,東閣大學士兼兵部尚書尹泰之子。雍正元年(1723)癸卯進士,歷官編修,雲南、川陝、兩江總督,文華殿大學士兼翰林院掌院學士,協理河務,參贊軍務,卒謚文端。《清史稿》有傳。有《尹文端公詩集》等,與修《江南通志》。(076、193)

宇文公諒,字子貞,元代湖州路吳興(今浙江省湖州市吳興區)人。至順四年(1333)癸酉進士,官至嶺南廉訪司僉事,卒後門人私謚純節先生。《元史》有傳。有《折桂集》《觀光集》《闢水集》《以齋詩稿》《玉堂漫稿》《越中行稿》。(108)

虞集(1272—1348),字伯生,號道園,世稱紹庵先生,元代撫州路崇仁縣(今江西省撫州市崇仁縣)人。官至翰林院直學士兼國子祭酒。《元史》有傳。其文與揭傒斯、柳貫、黄溍并稱元儒四家,其詩與楊載、揭傒斯、范梈并稱元詩四家。有《道園學古録》《道園遺稿》。(020)

愚公谷人,唐代人。(001)

Z

章枚(1832—?),字韻之,號次柯,清江蘇省松江府婁縣(今屬上海市)人。同治十二年

（1873）拔貢生。劉熙載龍門書院弟子，《清儒學案》有傳。有《柏鄉學略》《春秋内外傳箋辭考正》《張澤志稿》《張澤志》《張澤詩徵》《雲間詩鈔》等。（026、095）

張伯行（1651—1725），字孝先，號恕齋，晚號敬庵，清代河南省開封府儀封縣（今屬河南省蘭考縣）人。康熙二十四年（1685）乙丑進士，官至禮部尚書，卒贈太子太保，諡清恪。學宗程、朱，及門受學者數千人。光緒初年，從祀文廟。有《正誼堂文集》《困學録》《居濟一得》《二程語録》等。（198）

張蕭（?—1629），字世調，號侗初，明南直隸松江府華亭縣（今屬上海市）人。萬曆三十二年（1604）甲辰進士，官至南京禮部右侍郎，卒諡文節。有《寶日堂集》等。（071）

張鴻卓（1800—1876），字偉甫，號筱峰，亦作小峰、嘯峰，清江蘇省松江府婁縣（今屬上海市）人。貢生，歷官常州、元和、嘉定、寶山訓導。有《緑雪館詞》《緑雪館詞鈔二集》《百和詞》等。（092、093、094）

張世美，號西谷，明代南直隸松江府華亭縣（今屬上海市）人。嘉靖貢士，官至福建等處提刑按察司經歷。嘉靖二十二年（1543）刊印《玉臺新詠》。有《西谷集》《家藏集》。（110、140）

張天駿，名駿，字天駿，號南山，明南直隸松江府華亭縣（今屬上海市）人。景泰四年（1453）癸酉舉人，成化初爲中書舍人，值文華殿，官至禮部尚書。工書，與張弼齊名，時號“二張”。（025）

張廷玉（1672—1755），字衡臣，號硯齋、硯齋，晚號澄懷居士，清安徽省安慶府桐城縣（今安徽省桐城市）人，大學士張英次子。康熙三十九年（1700）庚辰進士，歷任《親征平定朔北方略》纂修官，《省方盛典》《清聖祖實録》副總裁官，《明史》《四朝國史》《大清會典》《世宗實録》總裁官，卒諡文和，賜祭葬，配享太廟，爲清代唯一配享太廟之漢臣。《清史稿》有傳。有《澄懷園全集》《傳經堂集》《焚餘集》等。（154、156）

張文虎（1808—1885），字孟彪，號嘯山，又號天目山樵、華谷里民，清江蘇省松江府南匯縣周浦（今屬上海市浦東新區）人。道光六年（1826）貢生，曾于金山錢氏坐館三十年，佐金山錢熙祚輯《守山閣叢書》，復爲其弟錢熙輔、錢培名校《續藝海珠塵》《壬癸集》《小萬卷樓叢書》。同治七年（1871）入曾國藩幕，掌軍械局，後主金陵書局十餘年，晚歲主南菁書院教席。《清史稿》有傳。纂修華亭、奉賢、南匯縣志，有《舒藝室全集》《湖樓校書記》《古今樂律考》《索笑詞》等。（170、172、174、175、200）

張益（1395—1449），字士謙，號蠢庵，明代應天府江寧縣（今江蘇省南京市江寧區）人。永樂十三年（1415）乙未進士，由庶吉士授中書舍人，與修《宣宗實録》成，改翰林院修撰，進侍讀學士，正統十四年（1449）入直文淵閣，死于土木堡之難，贈翰林學士，諡文僖。《明史》

有傳。工書畫,有《文僖公集》《畫法》等。(023)

張悦(? —1503),字時敏,號定庵,明松江府華亭縣漕涇鎮(今上海市金山區漕涇鎮)人。天順四年(1460)庚辰進士,官至南京兵部尚書,卒謚莊簡。《明史》有傳。有《定庵集》五卷,附《榮壽録》一卷。(026、029、095、129、130、131)

張之翰(1243—1296),字周卿,號西岩老人,元代邯鄲(今湖北省邯鄲市)人。至元三十年(1293)以翰林侍講學士知松江府,有古循吏風,元貞二年(1296)卒于官。事見《大明一統志》卷九。有《西岩集》。(056)

趙孟堅(1199—?),字子固,號彝齋,南宋嘉興府海鹽縣廣陳(今浙江省平湖市廣陳鎮)人,宋太祖趙匡胤十一世孫。寶慶二年(1226)丙戌進士,官至提轄左帑,卒謚文簡。工詩善文,擅書畫,富收藏,有《彝齋文編》《論書法》等。(013)

鄭虎文(1714—1784),字炳也,號誠齋,一作城齋,清浙江省嘉興府秀水縣(今屬浙江省嘉興市)人。乾隆七年(1742)壬戌進士,改翰林院庶吉士,授編修,歷官湖南、廣東學政。歸主徽之紫陽書院,及杭之紫陽、崇文兩書院。事見《清史列傳》。有《吞松閣集》。(164)

鄭人康,清代四川廣安(今四川省廣安市)人,嘉慶五年(1800)、六年(1801)、十二年(1807),道光二年(1822),四任金山縣知縣。(047)

朱棟(1746—?),字木東,號二垞居士,室名十三硯齋,清江蘇省松江府金山縣干巷鎮(今屬上海市金山區吕巷鎮)人,朱熹二十二世孫。州同知。年三十二徙居青浦章練塘,晚歲行醫,寓蓮花寺。光緒《金山縣志》卷二十一有傳。有嘉慶《朱涇志》、嘉慶《干巷志》、《二垞詩稿》《湖山到處吟》《二白詞》《硯小史》《讀書求甚解》等。(001、046、048、085、086、152、163、166、167)

朱方增(? —1830),字虹舫,清浙江省嘉興府海鹽縣(今浙江省海鹽縣)人。嘉慶六年(1801)辛酉進士,選翰林院庶吉士,授編修,道光四年(1824)擢内閣學士,官至江蘇學政。《清史稿》有傳。有《從政觀法録》。(171)

朱珔(1769—1850),字玉存,號蘭坡,清安徽省涇縣(今安徽省涇縣)人。嘉慶七年(1802)壬戌進士,選翰林院庶吉士,授編修,歷官右贊善、中允、洗馬、侍講。與修《明鑑》,坐承纂官處分,降編修。道光元年(1821)入直上書房,復遷贊善。《清史稿》有傳。有《小萬卷齋文稿》《説文假借義證》《經文廣異》《國朝古文彙鈔》《詁經文鈔》等。(089)

朱煦,字文山,明代南直隸松江府華亭縣松隱(今上海市金山區亭林鎮松隱社區)人。嘉靖年間邑博士弟子。(031、034、137)

朱彝尊(1629—1709),字錫鬯,號竹垞,又號金風亭長,晚號小長蘆釣魚師,清浙江省嘉興府秀水縣(今屬浙江省嘉興市)人。康熙十八年(1679)舉博學鴻詞科,授翰林院檢討,入直南書房,與修《明史》,出典江南省試。博通經史,詩與王士禎稱南北兩大宗;詞開浙西詞派,與陳維崧并稱"朱陳"。有《曝書亭集》《經義考》《日下舊聞》《食憲鴻秘》《明詩綜》《詞綜》等。吉林文史出版社 2009 年 12 月出版《曝書亭全集》,王利民等點校。(151)

朱宗衡,民國四川省奉節縣(今重慶市奉節縣)人,民國九年(1920)任金山縣知事。(054)

周大烈(1901—1976),字迪前,一作逖潛,號述廬,民國江蘇省松江縣亭林鎮東街(今屬上海市金山區亭林鎮)人,高燮甥婿,姚光妹夫。國學商兑會會員。抗戰爆發後避居滬上二十餘年。有《書目考》《知見輯佚書目補》《南史藝文志》《清代校勘學書目》《南齊書校注》《四庫附存簡明目録》《清代詞人徵略》《谷水詞徵》等。(185)

周鼎(1401—1487),字伯器,號桐村,別署疑舫,明代浙江布政司嘉興府嘉善縣(今浙江省嘉興市嘉善縣)人。正統中官沭陽典吏,罷歸,居大桐圩(今西塘鎮錢家浜),自署室名桐村書屋。遨游三吳,鬻文爲生,吳中一帶墓志銘、譜牒多出其手。卒祀魏塘書院,與陳舜俞、吳鎮并稱邑中三高士。與修《杭州府志》,有《桐村集》《疑舫齋集》《土苴集》等。(027)

三、參考文獻

金山縣志：

1. 乾隆《金山縣志》，清常琬修，焦以敬等纂，見《中國方志叢書》華中地方第 405 號，成文出版社，1983 年 3 月影印。

2. 咸豐《金山縣志稿》，清錢熙泰撰，見《中國方志叢書》華中地方第 431 號，成文出版社，1983 年 3 月影印。

3. 光緒《金山縣志》，清龔寶琦等修，黃厚本等纂，見《中國方志叢書》華中地方第 140 號，成文出版社，1983 年 3 月影印。

4. 民國《金山縣鑑》1936 年 3 月第一期，金山縣鑑社朱履仁、姚石子、丁迪光、王傑士編。

5. 民國《金山縣鑑》1937 年 7 月第二期，金山縣鑑社丁迪光、朱履仁、姚石子、王傑士編。

6. 民國《金山縣鑑》1947 年 2 月第三期，金山縣鑑社編。

7. 民國《金山縣鑑》1948 年 12 月第四期，金山縣鑑社朱履仁、丁迪光、王傑士編。

8.《金山縣志》，上海市金山縣縣志編纂委員會編，朱炎初總纂，上海人民出版社，1990 年 10 月。簡稱"九〇《金山縣志》"。

鄉鎮舊志：

9. 正德《金山衛志》，明張奎修，夏有文纂，正德十二年(1517)刊本，見中國國家數字圖書館網站。

10. 嘉慶《干巷志》，清朱棟纂，見《中國地方志集成·鄉鎮志專輯》第 1 冊，上海書店出版社，1992 年 7 月影印，以下版本相同。

11. 嘉慶《朱涇志》，清朱棟纂，見《中國地方志集成·鄉鎮志專輯》第 1 冊。

12. 光緒《重輯楓涇小志》，清許光墉、葉世雄、貴澐修輯，見《中國地方志集成·鄉鎮志專輯》第 2 冊。

13. 宣統《續修楓涇小志》，清程兼善重纂，見《中國地方志集成·鄉鎮志專輯》第 2 冊。

14. 民國《重輯張堰志》，民國姚裕廉、范炳垣修輯，見《中國地方志集成·鄉鎮志專輯》第 2 冊。

15. 嘉慶《干巷志》點校本，董桂蘭、楊艷娟整理，見《上海鄉鎮舊志叢書》第 5 冊，上海社會科學院出版社，2005 年 1 月影印，以下版本相同。

16. 嘉慶《朱涇志》點校本，郭子建標點，見《上海鄉鎮舊志叢書》第 5 冊。

17. 民國《重輯張堰志》點校本，戎濟芳標點，見《上海鄉鎮舊志叢書》第 5 冊。

18. 光緒《重輯楓涇小志》點校本，姜漢椿、姜漢森標點，見《上海鄉鎮舊志叢書》第 6 冊。

19. 宣統《續修楓涇小志》點校本，姜漢椿、王順意標點，見《上海鄉鎮舊志叢書》第 6 冊。

鄉鎮志：

20. 《漕涇志》，漕涇志編纂委員會、胡秀龍編，上海古籍出版社，1995 年 2 月。

21. 《楓涇鎮志》，楓涇鎮志編纂室、袁炳榮編，漢語大詞典出版社，1993 年 8 月。

22. 《金衛志》，上海市金山縣金衛鄉人民政府、徐伯勤、陸惠明編，上海科學普及出版社，1992 年 9 月。

23. 《廊下志》，上海市金山縣廊下鄉人民政府、曹雲輝、陳剛、吳昌輝，上海科學普及出版社，1991 年 10 月。

24. 《山陽志》，金山縣山陽鄉《山陽志》領導小組、朱錫延編，上海社會科學院出版社，1994 年 12 月。

25. 《新農志》，金山縣新農志編寫組，內部發行，1987 年。

26. 《朱涇鎮志》，朱涇鎮志編纂委員會、金麗勤編，上海浦江出版服務社，1993 年 12 月。

府志：

27. 正德《松江府志》，明陳威修、顧清纂，見《天一閣藏明代方志選刊續編》第 5、6 冊，上海書店出版社，1990 年 12 月影印。

28. 崇禎《松江府志》，明方岳貢修，陳繼儒纂，見《日本藏中國罕見地方志叢刊》，書目文獻出版社，1991 年 10 月影印。

29. 嘉慶《松江府志》，清宋林如修，孫星衍等纂，見《中國地方志集成·上海府縣志輯》第 1、2 册，上海書店出版社，1991 年 6 月影印。

30. 光緒《松江府續志》，清博潤修，姚光發等纂，清光緒九年刊本，見《中國地方志集成·上海府縣志輯》第 3 册。

華亭縣志：

31. 正德《華亭縣志》，明聶豹修，明沈錫等纂，郭子建點校，見《上海府縣舊志叢書·松江縣卷》，上海市地方志辦公室、上海市松江區地方志辦公室編，上海古籍出版社，2011 年 10 月影印。

32. 乾隆《華亭縣志》，清馮鼎高等修，王顯曾等纂，見《中國方志叢書》華中地方第 462 號，成文出版社，1983 年影印。

33. 光緒《重修華亭縣志》，清楊開第修，姚光發等纂，見《中國方志叢書》華中地方第 45 號，成文出版社，1970 年影印。

婁縣志：

34. 乾隆《婁縣志》，清楊壽楠修，陸錫熊等纂，見《中國地方志集成·上海府縣志輯》第 5 册。

35. 光緒《婁縣續志》，清汪坤厚修，張雲望等纂，見《中國地方志集成·上海府縣志輯》第 5 册。

其他方志：

36. 紹熙《雲間志》點校本，宋朱端常等纂，上海市松江區地方史志辦公室編，方志出版社，2008 年 8 月。

37. 《雲間志略》，明何三畏撰，見《中國史學叢書》第三編，劉兆祐主編，學生書局，1987 年影印。

38. 至元《嘉禾志》，元徐碩撰，見《中國方志叢書》華中地方第 566 號，成文出版社，1983 年影印。

39. 光緒《嘉善縣志》，清江峰青修，顧福仁等纂，見《中國方志叢書》華中地方第 59 號，成文出版社，1970 年影印。

40. 光緒《青浦縣志》,清陳其元等修,熊其英等纂,見《中國地方志集成·上海府縣志輯》第 6 册,上海書店出版社,2010 年 6 月影印。

41. 同治《上饒縣志》卷二十三《藝文·碑版》,清王恩溥等修,李樹藩等纂,見《石刻史料新編》第三輯第 12 册,臺灣新文豐出版公司,1977 年影印,以下版本相同。

42. 咸豐《重修興化縣志》,清梁園棣修,趙之僑等纂,見《中國地方志集成·江蘇府縣志輯》第 1 册,江蘇古籍出版社,1991 年 6 月影印。

43. 乾隆《江南通志》,清黄之雋等撰,見《中國省志彙編》,臺灣京華書局,1967 年影印。

44. 宣統《江蘇通志稿·金石》,清繆荃孫總纂,見《石刻史料新編》第一輯第 13 册。

45. 《華婁續志殘稿》點校本,松江縣地方史志編纂委員會辦公室,1994 年 10 月。

46. 《江蘇藝文志·揚州卷》,南京師範大學古文獻整理研究所編,江蘇人民出版社,1995 年 1 月。

47. 《清雍正朝〈浙江通志〉》,浙江省地方志編纂委員會編,中華書局,2001 年。

專志:

48. 《華嚴寶塔歷朝題詩碑文志》,編者、年月不詳,封面題下注"一九五七年丁酉三月重錄",鈔本複印件,金山丁克平惠贈。

49. 《金山縣海塘志》,金山縣水利局編,陳積鴻主編,河海大學出版社,1991 年。

50. 《金山縣地名志》,金山縣地名志編纂委員會編,漢語大詞典出版社,1992 年 11 月。

51. 《金山文化志》,上海市金山區文化廣播電視管理局編,陳積鴻主編,上海社會科學院出版社,2003 年 8 月。

52. 《金山藝文志》,民國姚光撰,見《姚光全集》,姚昆群、昆田、昆遺編,社會科學文獻出版社,2007 年。

53. 《上海舊政權建置志》,王國忠、楊震方等編,上海社會科學院出版社,2001 年 8 月。

文集:

54. 《抱經堂文集》,清盧文弨撰,見《四部叢刊》初編集部第 1830 至 1837 册,張元濟等編,商務印書館,1922 年影印。

55. 《曝書亭集》,清朱彝尊撰,見《清代詩文集彙編》第 116 册,上海古籍出版社,2010

年影印。

56.《北磵文集》,宋釋居簡撰,早稻田大學藏覆宋本。

57.《貝瓊集》,元貝瓊撰,李鳴校點,吉林文史出版社,2010 年 12 月。

58.《陳眉公全集》,明陳繼儒撰,上海中央書店,1936 年。

59.《崇蘭館集》,明莫如忠撰,萬曆十四年馮大受董其昌等刻本,見《四庫全書存目叢書》集部第 105 册,齊魯書社出版社,1997 年 7 月影印,以下版本相同。

60.《此木軒文集》,清焦袁熹撰,見《清代詩文集彙編》第 207 册。

61.《賜閑堂集》,明申時行撰,見《四庫全書存目叢書》集部第 134 册。

62.《春融堂集》,清王昶撰,見《續修四庫全書》集部第 1437 册,上海古籍出版社,2002 年影印。

63.《憺園文集》,清徐乾學撰,見《續修四庫全書》集部第 1412 册。

64.《定庵集》,明張悅撰,見《四庫全書存目叢書》集部第 37 册。

65.《都官集》,北宋陳舜俞撰,見《宋集珍本叢刊》第 13 册,綫裝書局,2004 年影印。

66.《東里文集》,明楊士奇撰,見《四庫全書存目叢書》集部第 28 册。

67.《東維子文集》,元楊維禎撰,四部叢刊本,民國商務印書館涵芬樓影印江南圖書館舊鈔本。

68.《高燮集》,民國高燮撰,高銛、高鋅、谷文娟編,中國人民大學出版社,1999 年 8 月。

69.《高旭集》,民國高旭撰,郭長海、金菊貞編,社會科學文獻出版社,2003 年 5 月。

70.《攻媿集》,宋樓鑰撰,見《四部叢刊》初編集部第 1128 至 1157 册。又見《叢書集成初編》第 2003—2022 册,王雲五主編,商務印書館,1935 年。

71.《古廉文集》,明李時勉撰,見《景印文淵閣四庫全書》第 1242 册,臺灣商務印書館,1984 年影印。

72.《環溪集》,明沈愷撰,見《四庫全書存目叢書》集部第 92 册。

73.《黄文獻集》,元黄溍撰,見《叢書集成初編》第 2081 至 2088 册,王雲五主編,商務印書館,1935 年。

74.《金華黄先生文集》,元黄溍撰,見《叢書集成續編》第 136 册,臺灣新文豐出版公司,1988 年影印。

75.《潛研堂文集》,清錢大昕撰,見《續修四庫全書》第 1438、1439 册。

76.《聖祖仁皇帝御製文集》,清聖祖玄燁撰,見《景印文淵閣四庫全書》第 1298、1299 册。

77.《牟氏陵陽集》，宋牟巘撰，見《景印文淵閣四庫全書》第 1188 册。

78.《茹經堂文集》，民國唐文治撰，見《民國叢書》第五編第 94、95 册，上海書店出版社，1996 年。

79.《少湖先生文集》，明徐階撰，見《四庫全書存目叢書》集部第 80 册。

80.《世經堂集》，明徐階撰，見《四庫全書存目叢書》集部第 79 册。

81.《世宗憲皇帝御文集》，清世宗胤禛撰，見《景印文淵閣四庫全書》第 1300 册。

82.《舒藝室雜著賸稿》，清張文虎撰，見《清代詩文集彙編》第 630 册。

83.《舒藝室雜著乙編》，清張文虎撰，見《清代詩文集彙編》第 630 册。

84.《受恒受漸齋集》，清沈曰富撰，見《清代詩文集彙編》第 628 册。

85.《宋濂全集》，明宋濂撰，羅月霞主編，浙江古籍出版社，1999 年 12 月。

86.《惕甫未定稿》，清王芑孫撰，見《續修四庫全書》第 1480、1481 册。

87.《晚學齋文集》，清姚椿撰，見《清代詩文集彙編》第 522 册。

88.《玩齋集》，元貢師泰撰，見《景印文淵閣四庫全書》第 1215 册，臺灣商務印書館，1986 年影印。

89.《文簡集》，明孫承恩撰，見《景印文淵閣四庫全書》第 1271 册。

90.《唐堂集》，清黃之雋撰，見《四庫全書存目叢書》集部第 271 册。

91.《西岩集》，元張之翰撰，見《景印文淵閣四庫全書》1204 册。

92.《學福齋集》，清沈大成撰，見《清代詩文集彙編》第 292 册。

93.《學餘堂文集》，清施閏章撰，見《景印文淵閣四庫全書》第 1313 册。

94.《姚光全集》，姚昆群、昆田、昆遺編，社會科學文獻出版社，2007 年。

95.《弇州山人續稿碑傳》，明王世貞撰，見《明代傳記叢刊》綜録類第 55 種，周駿富輯，臺灣明文書局，1986 年。

96.《彝齋文編》，南宋趙孟堅撰，見《景印文淵閣四庫全書》第 1181 册。

97.《籜石齋文集》，清錢載撰，見《清代詩文集彙編》第 314 册。

98.《震川集》，明歸有光撰，見《景印文淵閣四庫全書》第 1289 册。

年譜、族譜：

99. 乾隆《曹氏族譜》，清曹鑑咸續修，乾隆三十年(1765)刻本，嘉善圖書館藏，電子文檔，嘉善戴麗女士惠贈。

100. 民國《曹氏族譜附録》稿本，清嘉善曹葆宸輯，嘉善圖書館藏，電子文檔，嘉善戴麗女士惠贈。

101.《宣統庚戌二次重修金山黃氏族譜》,複印件,金山丁克平先生惠贈。

年譜:

102.《楊維禎年譜》,孫小力著,復旦大學出版社,1997 年 4 月。

103.《焦南浦先生年譜》,清焦以敬、焦以恕原編,杜宏佐、徐逵照參訂,吳履剛重校,見《北京圖書館藏珍本年譜叢刊》第 88 册,北京圖書館出版社,1999 年。

104.《毛滂年譜》,曹辛華、李世紅撰,《河南師範大學學報(哲學社會科學版)》第 26 卷第 2 期,1999 年。

105.《毛滂年譜新編》,周旭撰,廣西師範大學碩士論文,2011 年 4 月。

106.《虞集年譜》,羅鷺著,鳳凰出版社,2010 年。

其他書籍:

107.《碑傳集》,清錢儀吉編,見《清代碑傳全集》,陳金林、齊德生、郭曼曼編,上海古籍出版社,1987 年 11 月影印。

108.《北京圖書館藏墓志拓片目錄》,徐自强主編,冀亞平、王巽文編輯,中華書局,1990 年 3 月。

109.《北京圖書館藏中國歷代石刻拓本匯編》,北京圖書館金石組編,中州古籍出版社,1989 年 5 月。

110.《北山談藝録》,施蟄存著,沈建中編,文匯出版社,1999 年 12 月。

111.《船子和尚撥棹歌》,上海文獻叢書編委會編,華東師範大學出版社,1987 年 10 月。內容爲上海圖書館藏海內孤本元刻同名書,加華東師範大學藏清刻《續機緣集》影印。

112.《金山文史資料》,金山縣政協文史資料工作委員會主持,《金山文史資料》編輯部編輯,主編錢榮國,副主編蔡仁甫,1985 年 1 月出版試刊號,至 1993 年共出版《金山文史資料》13 期,油印。

113.《明清時期上海地區的著姓望族》,吳仁安著,上海人民出版社,1997 年 9 月。

114.《浦東碑刻資料選輯》,華偉東主編,諸來明、柴志光副主編,浦東新區檔案館編印出版,內部資料,1998 年 10 月。

115.《金山衛春秋》,上海金山衛地方志編委會編著,上海辭書出版社,2008 年 3 月。

116.《名帖善本》,施安昌主編,上海科學技術出版社、商務印書館(香港)有限公司,2009 年 3 月。

117.《清實録》,中華書局,1985 年 10 月影印。

118.《全唐文》,清董誥等編,中華書局,1983 年 11 月影印。

119.《全唐文新編》,周紹良主編,吉林文史出版社,2000 年 12 月。

120.《全宋文》,曾棗莊、劉琳主編,上海辭書出版社、安徽教育出版社,2006 年 9 月。

121.《全元文》,李修生主編,江蘇古籍出版社,1989 年 9 月。

122.《聆聽文明的步履聲》,王宏剛、張安巡主編,上海文藝出版社、上海百家出版社,2010 年 4 月。

123.《上海佛教碑刻文獻集》,柴志光、潘明權主編,上海古籍出版社,2004 年 4 月。

124.《上海明墓》,何繼英主編,文物出版社,2009 年 11 月。

125.《上海方志通考》,陳金林、徐恭時著,上海辭書出版社,2007 年 12 月。

126.《上海佛教碑刻資料集》,潘明權、柴志光編,復旦大學出版社,2014 年 10 月。

127.《〈上海佛教碑刻文獻集〉校補》,錢倩撰,南京師範大學碩士論文,2009 年 4 月 29 日。

128.《上海宗教史》,阮仁澤、高振農主編,上海人民出版社,1992 年 7 月。

129.《淞故漫談》,吳貴芳著,上海人民出版社,1991 年 12 月。

130.《吳中水利全書》,明張國維編,見《景印文淵閣四庫全書》第 578 册。

131.《續碑傳集》,清繆荃孫纂録,見《清代傳記叢刊》綜録類第四種,周駿富輯,臺灣明文書局,1985 年。

132.《趙孟頫墨迹大觀》,王連起、郭斌編,上海人民美術出版社,1995 年 5 月。

133.《柘湖宦游録》,清張良朔編,見《近代中國史料叢刊三編》第四十三輯,臺灣文海出版社,1988 年 6 月。

134.《中國科舉辭典》,翟國璋主編,江西教育出版社,2004 年。

135.《中國書法史·元明卷》,黄惇著,江蘇教育出版社,2009 年 4 月。

期刊:

136.《瀛寰瑣紀》1873 年 12 月第十四卷,月刊,申報館刊行。

137.《青鶴雜志》1937 年第 16 期,半月刊,青鶴雜志社刊行。

138.《〈松江寶雲寺記〉釋文摘疵》,朱葆華撰,見《東方論壇》2005 年第三期。

139.《翁勳考——一字之差引起的思考》,陸雪梅撰,見《蘇州文博論叢》,2010 年第一輯。

140.《興塔禪寺誕地名》,良孫撰,見 2010 年 3 月 28 日《楓涇報》。

141.《施蟄存與船子和尚》,宗璉撰,見《新文學史料》2001 年第 3 期。

142.《亭林寶雲寺碑刻考略》,黄兆歡撰,見《上海文博論壇》2014 年第 1 期。

143.《圖畫時報》1930 年第 16 期,總第 667 期,周刊,上海時報社刊行。

144.《溧陽學宫遺址發現〈平定青海告成太學碑〉》,狄富保撰,見《東南文化》2006 年第 5 期。

145.《〈平定青海告成太學碑〉芻議》,陳財經撰,見《碑林集刊》2000 年第六輯。

後記

"山中何所有，嶺上多白雲。祇可自怡悦，不堪持贈君。"

告訴讀者諸公一個小小的秘密：這部小書的輯校過程，可以説是快樂至極，發現碑文而後納入收藏的愉悦感受，無與倫比。我還深深記得，某天獨自整理碑文的時候，四顧無人，唯有清風吹拂，真是快活似神仙。

但奇怪的是，書稿初定後，却没有什麽成就感，也没有如釋重負的輕鬆，反而有點失落，茫然彷徨，不知道向何處去。隨之而來的，還有漫長的等待。我時常想起見過的那些"稿本"，都是前人没能出版的著作，他們都像寶石一樣會閃閃發光，但都缺少一個面世的機緣。而等待越久，我越覺得這很可能是稀鬆平常的事情。直到有機會瞭解到金山區檔案局（館）"打開歷史，服務現實"的理念，以整理和宣傳金山歷史文化爲己任，近年來不斷推出文化成果，讓人們瞭解家鄉的歷史文化，激發起建設美好金山的熱情。通過商討和專業的論證，檔案局（館）同意出版此書。確信有機會可以出版自己的作品，我纔明白，生活在這個新時代的自己，真是非常幸運。

"書到集成夢始安"，在此我想真誠地感謝金山區檔案局諸位領導、同志們給予的大力扶持；感謝金山區機關事務管理局的陳霞同志，她爲此書提供了很多寶貴的、具有建設性的重要意見；感謝家人的支持，母親張金娥照顧全家生活，妻子沈静芳撫育子女，我兒恩媛、其方給了我無限歡樂和幸福，對他們的愛，是我奮鬥不息的力量源泉。最後，我想把這部書獻給先父楊初，他自幼過繼娘舅家，一輩子飽經風霜，在含辛茹苦幫助我成家立業後，却早早病逝。他給我講過根據張堰舊志尋找歷史遺迹的經歷，我還深深地記在心裏，每次想起都令我傷心落泪，他的話語歷久彌新，我的記憶遂留長恨，願他安息。

黄兆歡

2019 年 6 月

圖書在版編目(CIP)數據

金山碑刻資料選輯 / 上海市金山區檔案局編；黄兆
歡輯校. —上海：上海古籍出版社，2021.5
ISBN 978-7-5325-9944-8

Ⅰ.①金… Ⅱ.①上… ②黄… Ⅲ.①碑文－彙編－
上海 Ⅳ.①K877.42

中國版本圖書館 CIP 數據核字(2021)第 066259 號

ISBN 978-7-5325-9944-8

9 787532 599448 >

金山碑刻資料選輯

上海市金山區檔案局　編

黄兆歡　輯校

上海古籍出版社出版發行

(上海瑞金二路 272 號　郵政編碼 200020)

(1) 網址：www.guji.com.cn

(2) E-mail：guji1@guji.com.cn

(3) 易文網網址：www.ewen.co

上海盛通時代印刷有限公司印刷

開本 889×1194　1/16　印張 29.75　插頁 4　字數 700,000

2021 年 5 月第 1 版　2021 年 5 月第 1 次印刷

ISBN 978-7-5325-9944-8

K·2993　定價：280.00 元

如有質量問題,請與承印公司聯繫